第 **4** 版

張敏蕾　増訂版

稅務法規
解析與應用

東華書局

國家圖書館出版品預行編目資料

稅務法規解析與應用 / 張敏蕾編著. -- 4 版. -- 臺北市：臺灣東華, 2019.10

430 面；19x26 公分

ISBN 978-957-483-983-4（平裝）

1. 稅法

567.023　　　　　　　　　　　　108016544

稅務法規解析與應用

編 著 者	張敏蕾
發 行 人	陳錦煌
出 版 者	臺灣東華書局股份有限公司
地　　址	臺北市重慶南路一段一四七號三樓
電　　話	(02) 2311-4027
傳　　眞	(02) 2311-6615
劃撥帳號	00064813
網　　址	www.tunghua.com.tw
讀者服務	service@tunghua.com.tw
門　　市	臺北市重慶南路一段一四七號一樓
電　　話	(02) 2371-9320
出版日期	2020 年 9 月 4 版增訂版

ISBN　　978-957-483-983-4

版權所有・翻印必究

自 序

　　這本書,我姑且將之稱為「用書」。

　　顧名思義,就是希望此書能夠陪伴莘莘學子,能快速而有效地進入租稅法規的領域,獲得稅法的專業知識,理解稅法的理論與實務應用;甚至能通過種種與稅法相關的考試,奠定一生的生活基礎。

　　稅法如影隨形地緊黏著人生,不同階段、不同情境和不同領域,會涉及到不同稅法;了解和掌握稅法,才能更為妥當地弄清我們的各種義務,並在合法的範圍內進行租稅規劃,以便能更清楚地區隔公與私、公平與不公平、合理與不合理。

　　稅法就是人生,它們不是死的條文,而是人日常生活的肌里;懂了稅法,才能了解自己的義務,規劃自己的人生,完善自己的日常生活。

　　這本書,將制式的條文和扣緊現實的解釋連結起來,讓法條和實務上的運用串接,增強其可被理解的程度,縮短理解稅法所需的時間,讓稅法的學習變得更有效率也更有趣。

　　而且,為了方便同學和考生修習課程與準備考試,本書在每章都編排了相關的考古題;並且在未來都會隨著條文修改與新考題的加入,隨時更新內容。

　　我希望這本「用書」,能夠真正幫助同學、考生或所有讀者,成為他們的案頭或床頭書。

　　這本書的出版,需感謝中原大學張光正校長的鼓勵、前財政部長張盛和講座教授的指導。同時也感謝東華書局謝松沅副總經理的鼓勵和幫忙,以及編輯部鄧秀琴經理的費心編輯;此外,感謝李嘉悌、麥筑渲、吳椒樺、彭敏、洪若婷、郭芷伶以

及簡奴軒同學的幫忙整理。經由和同學們之間的討論和切磋，給了我不少助益；再加上稅法領域的先進前輩們，也給我很多的建議和鞭策，在此也一併表達無比的感恩之意。

第四版除了持續呈現最新的稅法規定、與時俱進之外，還加上最新的國際租稅趨勢、電子商務課稅、移轉計價報告書的最新規定；同時整本書的重點調整以會計師考試的稅法種類為主，以利同學證照考試的準備。

繁忙的授課和研究之餘，整理與撰寫此書，總有未盡完善之處，還望各界先進，惠予批評指正。

為因應快速變遷的工商環境，近年稅法屢有更新修法，相關的解釋函令也時常調整與更新，為使讀者能夠持續追蹤稅法的修法與調整，本人還設有以下粉絲專頁，歡迎大家按讚並追蹤：

1. 「蕾蕾的稅稅念」：整理與追蹤最新稅法時事。
2. 「烤蕾的稅法書」：解答讀者的疑惑，提供建議及回應交流的園地。

張敏蕾 謹序於桃園

民國 108 年 9 月

目 錄

CHAPTER 1　租稅法規的基本概念　1
第一節　租稅法之定義與特質　2
第二節　租稅法之原則與專有名詞　2
第三節　租稅課徵之分類　5
第四節　我國稅務機關簡介　9

CHAPTER 2　租稅法規之架構與原則　13
第一節　租稅法規之架構　14
第二節　租稅法規之法源與特質　16
第三節　租稅法規之重要原則　20
第四節　租稅罰法　27

CHAPTER 3　綜合所得稅　31
第一節　納稅義務人與課稅範圍　32
第二節　綜合所得稅應納稅額之計算　39
第三節　綜合所得稅應繳或應退稅款　93
第四節　綜合所得稅之稽徵程序　99
第五節　所得基本稅額條例：個人部份　104
第六節　房地合一課徵所得稅制度：個人部份　110

CHAPTER 4 營利事業所得稅　　123

第一節	創業：所得稅上的準備	124
第二節	納稅義務人與課稅範圍	129
第三節	營利事業所得額	138
第四節	營利事業所得稅之應納稅額與應繳（退）稅款	144
第五節	房地合一課稅：營利事業部份	155
第六節	所得基本稅額：營利事業部份	161
第七節	營利事業網路交易之課稅問題	167

CHAPTER 5 營利事業所得稅之申報、稽徵與反避稅等所得稅相關議題　　173

第一節	營利事業所得稅之申報	174
第二節	就源扣繳	187
第三節	自繳、調查與獎懲	195
第四節	反避稅相關法規	201

CHAPTER 6 加值型及非加值型營業稅　　227

第一節	課稅範圍與納稅義務人	228
第二節	營業稅之減免範圍	237
第三節	加值型營業稅之稅率與稅額計算	248
第四節	非加值型營業稅稅率與稅額計算	265
第五節	兼營營業人之稅額計算	272
第六節	營業稅之申報與稽徵程序	279
第七節	罰則	292
附　錄	個人網路交易之營業稅問題	295

CHAPTER 7 遺產贈與稅 297

- 第一節 遺產稅 298
- 第二節 贈與稅 325
- 第三節 遺產稅及贈與稅之稽徵程序 335

CHAPTER 8 土地稅 345

- 第一節 土地課稅相關之名詞 346
- 第二節 地價稅 349
- 第三節 土地增值稅 365
- 第四節 罰則 383

CHAPTER 9 稅捐稽徵法 385

- 第一節 基本規範 386
- 第二節 納稅義務 390
- 第三節 稅捐徵收與稽徵程序 393
- 第四節 稅捐之保全與財產擔保 404
- 第五節 調查、搜查及保密 409
- 第六節 租稅行政救濟 411
- 第七節 強制執行與罰則 417

CHAPTER 1
租稅法規的基本概念

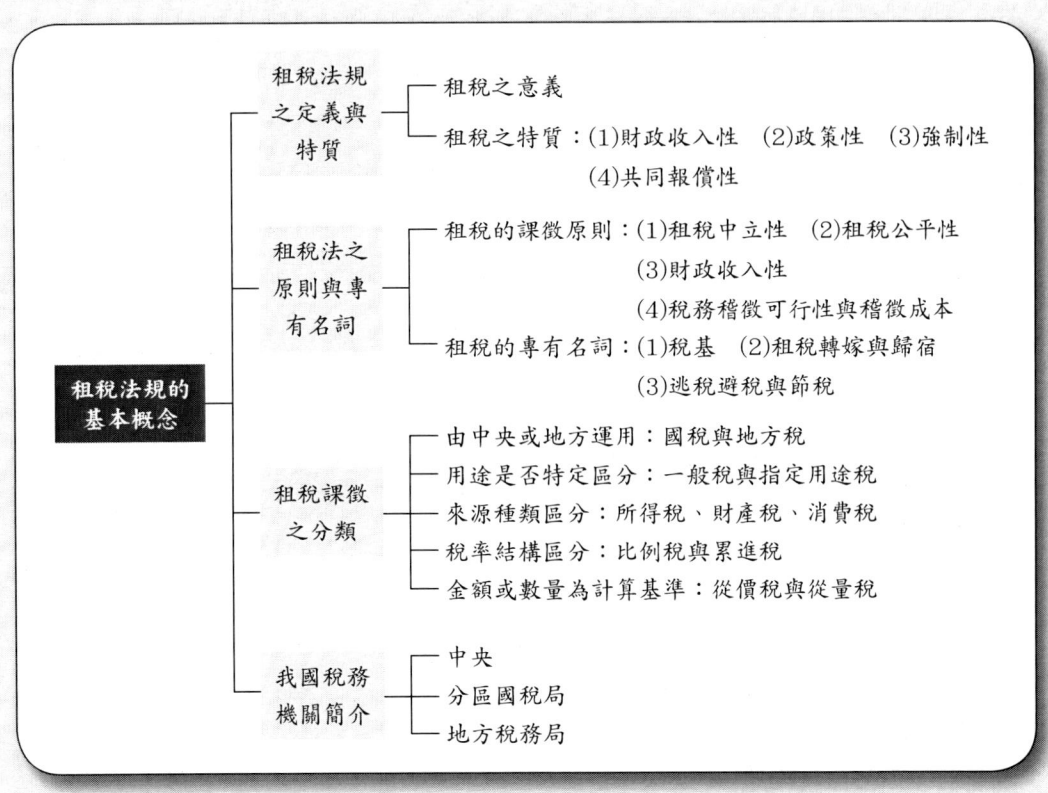

第一節　租稅法之定義與特質

壹、租稅之意義

租稅是國家為其行政支出上的需要，或為達成某特定政策目的（包括：經濟發展調控、社會福利政策及產業政策等），而強制將人民手中的部份財富移轉給政府，僅具共同報償而無個別報償。

貳、租稅之特質

一、**財政收入性**：租稅課徵的主要目的在獲取財政收入以滿足政務支出之所需。
二、**政策性**：租稅在達成所得重分配、平均社會財富、促進資本形成等政策上，具有其功能性意義。
三、**強制性**：租稅是國家依據法律所賦予的公權力，強制向人民徵收的收入。
四、**共同報償性**：租稅並沒有直接對等的個別報償，僅有共同報償；此與規費收入（例如公有停車場的收費、申請戶籍謄本的工本費等），有所不同，後者具備個別報償或對等報償的特性。

（B）下列何者不是租稅的特性？（103 身障四等）
　　(A)強制性　(B)個別回饋性　(C)財政性　(D)政策性

第二節　租稅法之原則與專有名詞

壹、租稅的課徵原則

一、租稅中立性 (Tax Neutrality)

所謂租稅中立性，即要求租稅的課徵，以不干擾市場經濟的最適資源配置為主要考量；避免因租稅課徵造成各種經濟行為的改變，進而影響資源配置，使課稅產生的「利益」遠低於人民因繳納租稅而產生的「損失」。

二、租稅公平性 (Tax Equity)

所謂租稅的公平性，一般有兩種標準：

(一) **水平公平** (horizontal equity)，租稅能力相同的人應負擔相同的租稅。
(二) **垂直公平** (vertical equity)，租稅能力不相同的人應負擔不同的稅額。

租稅能力則是依所得額或財產金額高低來認定。

三、財政收入性

租稅課徵最主要係以獲取政府行政所需的收入為主。因此,租稅法制的規劃與設計,其最根本的目的是希望能儘量滿足政府收入上的需要。

四、稅務稽徵可行性與稽徵成本

租稅課徵需考慮法規的周延清晰,同時需兼顧行政上的可行性與稽徵成本的節省,才不致引起許多的爭議,同時也能確實施行。

(D) 亞當斯密(Adam Smith)的四大租稅原則不包括:(105普考)
　　(A) 確實原則　(B) 便利原則　(C) 節約原則　(D) 經濟發展原則
【解析】亞當斯密的四大租稅原則包括:公平原則、確實原則、便利原則、節約原則

貳、租稅的專有名詞

一、稅基 (Tax Base)

稅基:稅基為計算稅額的基礎;稅法上在計算應繳納之稅捐時,係以稅法規範之金額或數量,乘上稅率作為計算基準。按照稅法規範,在劃定一個課稅範圍後,產生的數量或金額則稱之為稅基。

稅基的侵蝕:稅基會因為法律的或個人行為的安排,而減少縮小,稱之為稅基的侵蝕。以下分為兩類說明,而一個健全的稅制,應儘可能地避免下述第二種租稅侵蝕的情況發生:

(一) **法律上的安排**:稅法在制定過程中,有時會基於以下因素,將不易課徵或查核困難的租稅項目,排除在課稅範圍之列,或提供減免及優惠的項目,或做為課稅額的減除項目:
　(1) 稅務行政
　(2) 稽徵成本
　(3) 經濟產業政策
　(4) 社會福利政策
　(5) 國際互惠或外交慣例
　(6) 重複課稅的避免

(二) **個別行為的安排**:個人或法人有時因為要減輕稅負,採取不合法的租稅逃漏,或鑽法律漏洞的避稅行為。

二、租稅轉嫁 (Tax Shifting) 與歸宿 (Tax Incidence)

租稅轉嫁：租稅的納稅義務人透過交易或其他經濟行為，將其支付的稅負移轉給其他人負擔，這樣的情況稱之為租稅的轉嫁。由於租稅的課徵過程，往往會發生租稅的繳稅者與真正承擔租稅的人並不一定相同的情況，透過交易價格的調整，或其他經濟活動與行為，會使租稅轉由其他人來負擔，稱之為轉嫁。

租稅歸宿：租稅經過多次轉嫁至最後無法再轉嫁出去，此最後的著落處稱之為租稅歸宿。

三、逃稅 (Tax Evasion)、避稅 (Tax Avoidance) 與節稅 (Tax Saving)

逃稅：納稅義務人違反稅法規定，以達免納或少納租稅目的之行為，其應受法律制裁。

避稅（租稅規避）：納稅義務人為求租稅之減輕，採取鑽法律漏洞之情況，雖具備合法的外觀，但實質上卻與稅法之立法意旨相違背。

節稅（租稅規劃）：納稅義務人在合於稅法規範與立法意旨的考量下，為達成同一經濟目的而有不同的稅負選擇時，可採取稅負最輕、負擔較少的行為加以計算稅額，即名為節稅。

(B) 1. 下列何者係納稅義務人基於獲得租稅利益，違背稅法之立法目的，濫用法律形式，規避租稅構成要件之該當，以達成與交易常規相當之經濟效果？（103 身障四等）
(A)租稅規劃　(B)租稅規避　(C)節省租稅　(D)逃漏租稅

2. 試比較說明逃稅、避稅、節稅之異同點。並比較說明下列三種各屬逃稅、避稅或節稅？（改自 99 特種三等）
   (1) 選擇在民國 107 年 1 月 1 日結婚，以增加綜合所得稅分開申報之邊際效益。
   (2) 雖已在民國 107 年 1 月 1 日結婚，但不去辦理結婚登記以維持綜合所得稅分開申報之權利。
   (3) 雖已在民國 106 年 12 月 31 日結婚，但民國 108 年申報 107 年綜合所得稅時仍分開申報。

【解析】
A、說明逃稅、避稅、節稅之異同點

	節稅	避稅	逃漏稅
是否合法	是	是	否
是否符合立法意旨與道德規範	是	否	否
是否面臨法律訴訟風險	否	是	是

B、依現行所得稅法之規定，年度中結婚或離婚，則當年度的綜合所得稅可以選擇和配偶分開或合併辦理結算申報。至於離婚當年度的扶養親屬，可以協議由其中一方申報或分別由雙方申報，否則應該由離婚後實際扶養的一方申報。(所得稅法第 15 條)(財政部 66 年 9 月 3 日台財稅第 35934 號)

(1) 依前述規定，此情況屬節稅之安排；此對夫妻於 107 年與 108 年分別申報 106 年與 107 年的綜合所得稅時，皆可分開申報，避免稅負因合併申報而加重。
(2) 此情況屬避稅之安排；夫妻雙方為避免因結婚而使稅負加重，因而選擇隱匿其結婚之事實，規避夫妻合併申報綜合所得稅之規定。
(3) 此情況屬逃稅之安排；夫妻雙方為避免因結婚而使稅負加重，應合併申報卻未採行，違反所得稅法 #15 規定之納稅義務人本人、配偶以及合於規定之扶養親屬之所得，應由納稅義務人合併申報及計算稅額。

第三節 租稅課徵之分類

壹、依稅收由中央或地方運用，可以分成國稅或地方稅[1]

國稅 (National Tax)[2]：屬於中央政府可支用的稅收；除關稅及進口之營業稅、貨物稅及菸酒稅由海關負責徵收外，其餘國稅的負責徵收單位為財政部各地的國稅局。

---

[1] 目前我國中央與地方的收入分配，係依照「財政收支劃分法」之規定處理。部份國稅收入會有一定比例由中央統籌分配給地方；而地方稅在直轄市和縣(市)以及鄉鎮，也會按照稅收來源，依一定比例在地方間加以分配，或由中央提撥部份比例統籌分配。

[2] 財政收支劃分法 #8 規定，下列各稅為國稅：
一、所得稅。
二、遺產及贈與稅。
三、關稅。
四、營業稅。
五、貨物稅。
六、菸酒稅。
七、證券交易稅。
八、期貨交易稅。
九、礦區稅。
前項第一款之所得稅總收入百分之十、第四款之營業稅總收入減除依法提撥之統一發票給獎金後之百分之四十及第五款之貨物稅總收入百分之十，應由中央統籌分配直轄市、縣(市)及鄉(鎮、市)。
第一項第二款之遺產及贈與稅，應以在直轄市徵起之收入百分之五十給該直轄市；在市徵起之收入百分之八十給該市；在鄉(鎮、市)徵起之收入百分之八十給該鄉(鎮、市)。
第一項第六款之菸酒稅，應以其總收入百分之十八按人口比例分配直轄市及臺灣省各縣(市)；百分之二按人口比例分配福建省金門及連江二縣。

地方稅 (Local Tax)[3]：地方政府可支用的稅收；目前我國的地方政府，有直轄市及縣（市）政府，負責徵收的單位為稅捐稽徵處及地方稅務局。

國稅與地方稅之分類與稽徵單位請詳表1-1：我國國稅與地方稅之分類現況。

表1-1　我國國稅與地方稅之分類現況[4]

分類	稅目	主管機關	備註
國稅	關稅	財政部關務署負責徵收。	
	礦區稅（停徵）	由經濟部礦務局代為徵收。	礦區稅自92年12月31日起改徵礦產權利金，不納入國稅
	所得稅	由財政部所屬各地區國稅局負責稽徵。（臺北市由財政部臺北國稅局辦理）	營業稅自88年7月1日起改為國稅並委託各地稅捐稽徵處代徵；92年1月1日起由國稅局自行稽徵。菸酒稅自91年1月1日施行。特種貨物及勞務稅自100年6月1日施行（自105年1月1日起，訂定銷售契約銷售不動產者，停徵特種貨物及勞務稅）。
	遺產及贈與稅		
	貨物稅		
	證券交易稅		
	期貨交易稅		
	營業稅		
	菸酒稅		
	特種貨物及勞務稅		

---

[3] 財政收支劃分法#12規定，下列各稅為直轄市及縣（市）稅：
一、土地稅，包括下列各稅：
　(一)地價稅。
　(二)田賦。
　(三)土地增值稅。
二、房屋稅。
三、使用牌照稅。
四、契稅。
五、印花稅。
六、娛樂稅。
七、特別稅課。
前項第一款第一目之地價稅，縣應以在鄉（鎮、市）徵起之收入百分之三十給該鄉（鎮、市），百分之二十由縣統籌分配所屬鄉（鎮、市）；第二目之田賦，縣應以在鄉（鎮、市）徵起之收入全部給該鄉（鎮、市）；第三目之土地增值稅，在縣（市）徵起之收入百分之二十，應繳由中央統籌分配各縣（市）。
第一項第二款之房屋稅，縣應以在鄉（鎮、市）徵起之收入百分之四十給該鄉（鎮、市），百分之二十由縣統籌分配所屬鄉（鎮、市）。
第一項第四款之契稅，縣應以在鄉（鎮、市）徵起之收入百分之八十給該鄉（鎮、市），百分之二十由縣統籌分配所屬鄉（鎮、市）。
第一項第六款之娛樂稅，縣應以在鄉（鎮、市）徵起之收入全部給該鄉（鎮、市）。
第一項第七款之特別稅課，指適應地方自治之需要，經議會立法課徵之稅。但不得以已徵貨物稅或菸酒稅之貨物為課徵對象。

[4] 整理自 http://0rz.tw/Esgn8

分類	稅目	主管機關	備註
地方稅	印花稅	由各直轄市及縣(市)地方政府所屬的稅捐機關負責稽徵。 (臺北市由臺北市稅捐稽徵處辦理)	
	使用牌照稅		
	地價稅		
	田賦(停徵)		
	土地增值稅		
	房屋稅		
	契稅		
	娛樂稅		

(**D**) 1. 依財政收支劃分法，稅課劃分為國稅、直轄市及縣(市)稅，下列稅目何者非國稅之範圍？(98 高考)
(A)所得稅　(B)營業稅　(C)菸酒稅　(D)土地稅

(**C**) 2. 依照財政收支劃分法之規定，下列國稅應由中央統籌分配直轄市、縣(市)及鄉(鎮、市)之比例何者正確？(103 五等)
(A)所得稅總收入百分之四十
(B)營業稅總收入減除依法提撥之統一發票給獎金後之百分之十
(C)貨物稅總收入百分之十
(D)證券交易稅收入百分之十

(**A**) 3. 依財政收支劃分法規定，下列何項中央稅課收入項目，不須統籌分配直轄市、縣(市)及鄉(鎮、市)等地方政府？(103 地特五等)
(A)證券交易稅　(B)貨物稅　(C)所得稅　(D)營業稅

(**A**) 4. 依財政收支劃分法規定，娛樂稅中縣應以在鄉(鎮、市)徵起之收入多少比重給該鄉(鎮、市)？(105 身障四等)
(A)100%　(B)90%　(C)80%　(D)70%

貳、依租稅收入之用途是否特定區分：一般稅與指定用途稅

一般稅 (General Tax)：收入用於國家一般性支出的租稅。例如：所得稅、貨物稅等。

指定用途稅 (Earmarked Tax)：收入指定用於某特定用途的租稅。例如：菸品健康福利捐等。依菸品健康福利捐分配及運作辦法 #3 規定，菸品健康福利捐依本法第四條第四項規定用於菸農及相關產業勞工之輔導與照顧，以受輔導與照顧者因配合本法之施行，致無法繼續從事於本法施行前已從事與菸草種植相關之工作，且其配合確符本法之立法目的，防制菸害發生者為限。

參、依課稅來源種類區分

所得稅（Income Tax）：對法人或個人的所得額加以課徵之租稅。例如：綜合所得稅與營利事業所得稅等。

財產稅（Property Tax）：對法人或個人持有之財產加以課稅。例如：土地稅與房屋稅等。

消費稅（Consumption Tax）：對於消費行為或消費品加以課稅。例如：加值型與非加值型營業稅、貨物稅、特種貨物及勞務稅等。

肆、依稅率結構區分

比例稅（Proportional Tax）：即單一稅率，不論完稅價格與數量多少，皆使用一固定稅率計算稅額。例如：加值型營業稅之稅率定為 5%。

累進稅（Progressive Tax）：將數量或價格由小至大分成若干等級，隨各等級之增加稅率呈漸增的趨勢。可分為超額累進與全額累進稅率：

1. **超額累進稅率**：超過某一等級的部份方能適用該等級的稅率；亦即若金額落在第一等級，則全部適用第一等級的稅率；若金額落在第二等級，則在第一等級的金額適用第一等級的稅率，超過第一等級的金額的部份則適用第二等級的稅率。例如：現行綜合所得稅的稅率即採用超額累進的稅率。

2. **全額累進稅率**：依據該金額或數量之適用等級，全部按該稅率計算。

補充說明

假設李雷雷依所得稅法計算的所得額為 800 萬元，當時稅法規的所得稅稅率級距如下表，請依據下列情況計算李雷雷之所得稅稅額？

級距	所得額	稅率
1	0～500 萬元	10%
2	超過 500 萬元～1,000 萬元	20%
3	超過 1,000 萬元	30%

情況一：所得稅率採取全額累進稅率計稅

所得稅額 = 800 萬元 × 20% = 160 萬元

情況二：所得稅率採取超額累進稅率計稅

所得稅額 = 500 萬元 × 10% +（800 萬元 － 500 萬元）× 20% = 110 萬元

伍、依租稅課徵是按照金額或數量為計算基準區分

從價稅（ad Valorem Tax）：計稅方式係按照價格或金額做為計算依據者。例如：加值與非加值型營業稅。

從量稅（Specific Tax）：計稅方式係按照數量單位做為計算依據者。例如：部份貨物稅（油氣類及水泥類）、使用牌照稅、菸酒稅等。

貨物稅是對下列商品之進口與產製課徵之租稅；其應納稅額的計算可分為下列二種：

(一) 水泥及油氣類：採從量課稅，按其單位應徵稅額乘以當月份出廠應稅數量課徵。

$$出廠應稅數量 \times 單位稅額$$

(二) 其餘類目（橡膠輪胎、飲料品、平板玻璃、電器類、汽車類）：採從價課稅，是按每單位「完稅價格」乘以該項貨物適用的稅率再乘以當月份出廠應稅數量課徵。完稅價格之計算，應包括該貨物之包裝從物價格，並視其為國產貨物或進口貨物而有不同。（貨物稅條例 #6 至 #13）

$$出廠應稅數量 \times 單位完稅價格 \times 稅率$$

使用牌照稅係對使用公共水陸道路之交通工具，包括車輛與船舶，課徵之租稅。車輛依種類以及汽缸總排氣量，訂有不同稅額；船舶係按總噸位數不同而訂有不同稅額。

(**D**) 1. 有關我國現行貨物稅的課徵，下列敘述何者正確？（103 地特五等）
(A) 水泥及油氣類採從價課徵　　(B) 橡膠輪胎及油氣類採從量課徵
(C) 飲料品及平板玻璃採從量課徵　(D) 橡膠輪胎及車輛類採從價課徵

(**C**) 2. 下列何項貨物係採從量課徵貨物稅？（104 初等）
(A) 橡膠輪胎　(B) 果汁　(C) 水泥　(D) 電冰箱

第四節　我國稅務機關簡介

一、中央

(一) 財政部賦稅署

直屬財政部之行政機關，主要職掌為賦稅法規之擬訂、修改及解答；國稅稽徵業務之規劃、指揮、監督及考核；地方稅稽徵業務之規劃、督導及考核；各地區國稅局監察業務之指揮、監督及考核；重大逃漏稅案件之稽核；有關賦稅行政、稅務資訊之規劃、

考核及租稅教育與宣傳等之推動。

(二) 財政部財政資訊中心

　　財政部為辦理財政部及所屬機關（構）資訊業務，特設財政資訊中心。主要負責財政部資訊體系之整體規劃、協調及研考。財政部與所屬機關（構）資訊作業計畫、設備之審議、作業檢查及績效評核；以及資訊安全之規劃、宣導及評核。財政資訊作業之整體規劃、系統設計、處理手冊及規範之審訂、訓練及作業之輔導、督導、管制。並依稅捐稽徵法與其他相關法律規定執行資料之蒐集、資訊處理及運用。政府採購及民間參與公共建設資訊體系之建立與管理等以及其他有關財政資訊事項。

二、分區國稅局：負責國稅之稽徵查核等相關業務

(一) 財政部臺北國稅局

　　執掌台北市國稅稽徵，轄下包括：四個分局，九個稽徵所。分別為：
1. 松山分局、大安分局、信義分局、中正分局。
2. 大同稽徵所、中北稽徵所、萬華稽徵所、北投稽徵所、南港稽徵所、文山稽徵所、中南稽徵所、士林稽徵所、內湖稽徵所。

(二) 財政部高雄國稅局

　　執掌高雄市國稅稽徵，轄下包括：兩個分局，十個稽徵所。分別為：
1. 三民分局、鳳山分局。
2. 新興稽徵所、鹽埕稽徵所、苓雅稽徵所、鼓山稽徵所、左營稽徵所、前鎮稽徵所、小港稽徵所、楠梓稽徵所、岡山稽徵所、旗山稽徵所。

(三) 財政部北區國稅局

　　執掌北區國稅稽徵，轄區包括：新北市、桃園市、新竹市、新竹縣、基隆市、宜蘭縣、花蓮縣、金門縣、連江縣。有七個分局，十五個稽徵所，兩個服務處。分別為：
1. 板橋分局、桃園分局、新竹分局、竹北分局、基隆分局、宜蘭分局、花蓮分局。
2. 三重稽徵所、中和稽徵所、新莊稽徵所、新店稽徵所、汐止稽徵所、羅東稽徵所、中壢稽徵所、楊梅稽徵所、大溪稽徵所、淡水稽徵所、竹東稽徵所、七堵稽徵所、信義稽徵所、玉里稽徵所、金門稽徵所。
3. 馬祖服務處、瑞芳服務處。

(四) 財政部中區國稅局

　　執掌中區國稅稽徵，轄區包括：苗栗縣、臺中市、南投縣、彰化縣、雲林縣。有六個分局，十三個稽徵所。分別為：
1. 豐原分局、彰化分局、雲林分局、南投分局、苗栗分局、台中分局。
2. 竹南稽徵所、大屯稽徵所、沙鹿稽徵所、員林稽徵所、北斗稽徵所、東勢稽徵所、埔

里稽徵所、大智稽徵所、東山稽徵所、民權稽徵所、竹山稽徵所、虎尾稽徵所、北港稽徵所。

(五) **財政部南區國稅局**

執掌南區國稅稽徵，轄區包括：嘉義縣、嘉義市、臺南市、屏東縣、臺東縣、澎湖縣。有七個分局，七個稽徵所。分別為：

1. 嘉義市分局、嘉義縣分局、新營分局、台南分局、屏東分局、台東分局、澎湖分局。
2. 民雄稽徵所、安南稽徵所、新化稽徵所、佳里稽徵所、東港稽徵所、潮州稽徵所、恆春稽徵所。

三、地方稅務局：負責地方稅之稽徵查核等相關業務

1. 臺北市稅捐稽徵處
2. 新北市政府稅捐稽徵處
3. 宜蘭縣政府地方稅務局
4. 桃園市政府地方稅務局
5. 新竹縣政府稅捐稽徵局
6. 新竹市稅務局
7. 苗栗縣政府稅務局
8. 臺中市政府地方稅務局
9. 彰化縣地方稅務局
10. 南投縣政府稅務局
11. 雲林縣稅務局
12. 嘉義市政府稅務局
13. 嘉義縣財政稅務局
14. 臺南市政府財政稅務局
15. 高雄市稅捐稽徵處
16. 屏東縣政府稅務局
17. 臺東縣稅務局
18. 花蓮縣地方稅務局
19. 澎湖縣政府稅務局
20. 基隆市稅務局
21. 金門縣稅務局
22. 連江縣稅捐稽徵處

CHAPTER 2
租稅法規之架構與原則

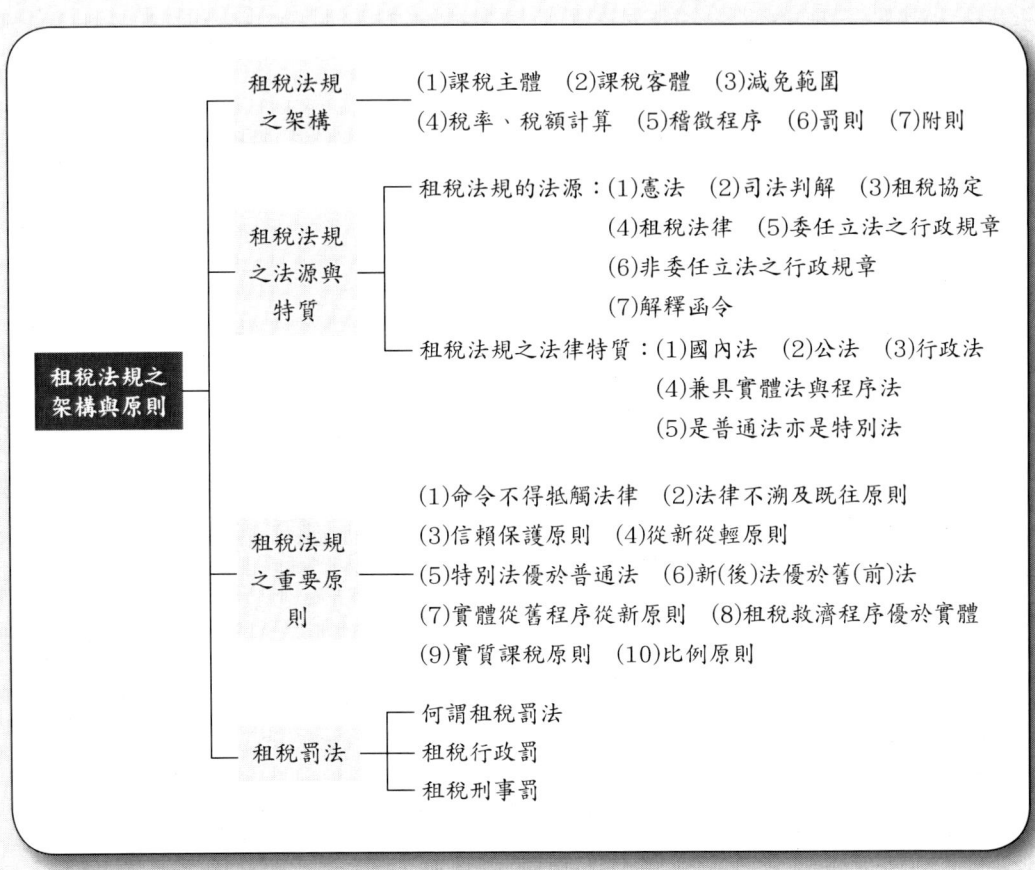

第一節　租稅法規之架構

不論課徵何種租稅，在制定稅法法律時，都至少會涵蓋以下幾種項目，形成租稅法律規範的主要內容。

一、課稅主體 (tax subject)──Who？

指負擔租稅的經濟單位（生產者或消費者）或個人。**課稅的主體是「人」，包括自然人及法人**。租稅法律一定會規範何人負有申報或繳納租稅之義務，稱之為納稅義務人。以營利事業所得稅為例，納稅義務人為以營利為目的之營利事業；房屋稅原則上是以房屋所有權人為納稅義務人。

二、課稅客體 (tax object)──What?

指課稅的經濟行為、標的物或某一事實；亦即以某物或某種行為做為**課稅「對象」**。稅法會針對所得、財產以及消費行為等，制定相關租稅，而這些經稅法定義並規範其課稅範圍者，稱之為租稅客體。例如：所得稅以所得作為課稅之標的；營業稅以銷售行為作為課稅之認定依據等。

現有稅法對於課稅範圍的認定有兩種方式，分別為屬人主義以及屬地主義：

屬人主義：依據是否具有某國國籍，或是否符合某國的居住者身分，作為課稅主體之認定；一旦主體確認後，該主體不論其課稅客體或事實之發生地或來源地為何，均應課稅；也就是說，不論是否發生在國內或國外，皆應負有納稅義務。所以，若某國家的所得稅採屬人主義，而該國是以一年內在其境內居住滿一定天數作為租稅主體認定，則老李在符合上述居住者條件的情況下，不論其在該國境內與境外賺取之所得，均應依該國所得稅法之規定，計算並繳納所得稅。

屬地主義：依據課稅客體或事實是否在本國境內發生，作為租稅義務之認定基準。所以，若某國家的所得稅採屬地主義，則老李僅就來源於該國境內的所得，依該國所得稅法之規定計算並繳納所得稅。

按照我國目前的稅法規定，採屬地主義的稅種有綜合所得稅、營業稅、土地稅等。採屬人兼屬地主義的則有營利事業所得稅、遺產贈與稅等。

(A) 1. 我國下列各稅制何者採屬人主義：（103 普考）
　　(A)遺產稅　(B)營業稅　(C)綜合所得稅　(D)土地稅

(A) 2. 課稅範圍採屬人兼屬地主義，下列陳述，何者錯誤？（103 普考）
　　(A)綜合所得稅　(B)營利事業所得稅　(C)遺產稅　(D)贈與稅

三、減免範圍

基於產業政策、社會福利政策、照顧弱勢或特定族群、以及由於稽徵成本考量，所採取的租稅優惠、減免等之規定。

四、稅率、稅額計算——How much?

任一稅種之稅額計算皆以稅基乘上稅率而得。稅基透過前述的課稅客體（範圍）與租稅優惠減免加以界定，稅率則需仰賴稅法的進一步規範；依據課稅政策決定採用比例稅或累進稅率，以及稅率的水準。因此，任一稅法必定會就稅額計算方式與稅率等部份明確規範，以利納稅義務人計算出應繳納之稅額。

五、稽徵程序——When and Where?

租稅徵繳之各種程序，包括申報期限、調查核定、稅單填送、稅款繳納、催報催徵及主管稽徵機關等。除了散見於各法的稽徵程序外，我國另制定有「稅捐稽徵法」，統一各稅種的稽徵程序（不包括關稅及礦稅）。

六、罰則

稅法制定既要求人民執行，則必須就不符合稅法規定的違法行為，規範相關的處罰。

七、附則

主要是施行日期及子法的授權等項目。

問題探討

✪ 何謂重複課稅？

重複課稅是指對同一經濟事項課徵兩次以上之租稅；或對同一人同一標的課徵兩次以上的租稅均屬之。可以分為兩大類：

其一是相同租稅客體的重複課稅，像企業階段產生的所得，先課徵營利事業所得稅；稅後盈餘分配給股東時，股東階段又課一次綜合所得稅。同一租稅客體被課了兩次以上的租稅，即屬此類。我國自民國 87 年至 106 年，實施兩稅合一制度，合併營利事業所得稅與個人綜合所得稅，其目的就是要消除此一重複課稅之情況，將公司階段繳納的所得稅，於股利分配計入股東所得額時，可以在股東應納稅額中扣除。

其二是國際間的重複課稅，由於租稅管轄權的重疊，導致不同的課稅主權對同一課稅客體課稅。以營利事業所得稅為例，因採屬人兼屬地主義，因此，總機構在我國境內的營利事業，均應就其境內外所得合併課徵所得稅。而這些產生於境外的所得，當地政府亦會對其課稅，因而產生了同一筆所得，外國政府與我國政府均對其課稅之

情況。解決此種重複課稅的方式，可以利用國外已納稅額扣抵之規定，或我國與他國簽定租稅協定等方式加以消除。

第二節 租稅法規之法源與特質

壹、租稅法規的法源

租稅的施行，在民主法治的國家需要有法律作為租稅課徵的依據。因此，有關納稅義務的規範應以法律定之，此即**租稅法律主義**。[1]

憲法 #19：人民有依法律納稅之義務。

由憲法的規定可知，非依法律規定，國家不得以命令或其他方式要求人民負擔租稅。國家要求人民行使繳納稅捐之義務或給予人民減免稅捐之優惠時，應就租稅主體、租稅客體、稅基、稅率等租稅構成要件，以法律定之。

租稅規範相關的法律依據有下述幾種：

一、憲法

憲法為民主法治國家課徵租稅之最高法律依據。

二、司法判解[2]

(一) **大法官解釋**：依憲法第78條、憲法增修條文第5條規定，司法院大法官負責解釋憲法、統一解釋法律及命令。且依釋字第185號解釋，司法院大法官所為之解釋，有拘束全國各機關及人民之效力，其中涉及租稅之部分，對租稅之課徵均具有約束力。[3]

(二) **最高法院判例**：法院之判決經最高法院依法定手續，將具代表性之判決列為判例；作為判例的判決對其後的案件具有參考價值與法律約束力，可以成為日後法官審判類似案件的基本準則。

---

[1] 法律之規定不能鉅細靡遺，有關課稅之技術性及細節性事項，必要時會以行政命令為之釋示。故主管機關於職權範圍內適用之法律條文發生疑義者，本於法定職權就相關規定予以闡釋。

[2] 可參考 http://law.moj.gov.tw/Law/LawSearchJudge.aspx。

[3] 大法官解釋令可自以下網站查詢：http://www.judicial.gov.tw/constitutionalcourt/p03.asp

大法官解釋範例

大法官解釋

解釋字號	釋字第 746 號【逾期繳納稅捐加徵滯納金及滯納利息案】
解釋公布院令	中華民國 106年2月24日 院台大二字第1060005256號
解釋爭點	（一）稅捐稽徵法第20條及遺產稅及贈與稅法第51條第1項規定，逾期繳納稅捐應加徵滯納金，是否違憲？ （二）財政部中華民國80年4月8日台財稅第790445422號函及81年10月9日台財稅第811680291號函，認為納稅義務人就復查決定補徵之應納稅額依法提起訴願，逾繳納期限始繳納應納稅額半數時，應就該半數加徵滯納金是否違憲？ （三）遺產稅及贈與稅法第51條第2項規定，就應納稅款及滯納金，自滯納期限翌日起加徵滯納利息，是否違憲？
解釋文	稅捐稽徵法第20條規定：「依稅法規定逾期繳納稅捐應加徵滯納金者，每逾2日按滯納數額加徵百分之一滯納金；逾30日仍未繳納者……。」及遺產及贈與稅法第51條第1項規定：「納稅義務人，對於核定之遺產稅或贈與稅應納稅額，逾第30條規定期限繳納者，每逾2日加徵應納稅額百分之一滯納金；逾期30日仍未繳納者……。」係督促人民於法定期限內履行繳納稅捐義務之手段，尚難認違反憲法第23條之比例原則而侵害人民受憲法第15條保障之財產權。 [1] 財政部中華民國80年4月8日台財稅第790445422號函及81年10月9日台財稅第811680291號函，就復查決定補徵之應納稅額逾繳納期限始繳納半數者應加徵滯納金部分所為釋示，符合稅捐稽徵法第20條、第39條第1項、第2項第1款及遺產及贈與稅法第51條第1項規定之立法意旨，與憲法第19條之租稅法律主義尚無抵觸。 [2] 遺產及贈與稅法第51條第2項規定：「前項應納稅款及滯納金，應自滯納期限屆滿之次日起，至納稅義務人繳納之日止，依郵政儲金匯業局一年期定期存款利率，按日加計利息，一併徵收。」就應納稅款部分加徵利息，與憲法財產權之保障尚無抵觸；惟就滯納金部分加徵利息，欠缺合理性，不符憲法比例原則，與憲法保障人民財產權之意旨有違，應自本解釋公布之日起失其效力。 [3]

資料來源：http://www.judicial.gov.tw/constitutionalcourt/p03_01_1.asp?expno=746

本案件的爭論點在於遺產及贈與稅之滯納金是否應再加徵利息？

經上述函令解釋：遺產及贈與稅滯納金加徵利息，有違憲法保障人民財產權。此函令一出，財政部隨即發函五區國稅局及行政執行署，自 106 年 2 月 24 日後即不可再對遺贈稅滯納金加徵利息。當時其他各稅目滯納金加徵利息規定之稅法尚有所得稅、營業稅、貨物稅、菸酒稅等，財政部亦一併檢討修法。（整理自經濟日報 106.3.16 報導）

106 年 5 月 26 日立法院三讀通過，並於同年 6 月 16 日生效，修正「遺產及贈與稅法」第 51 條、「所得稅法」第 112 條、「加值型及非加值型營業稅法」第 50 條、第 60 條、「貨物稅條例」第 31 條、「菸酒稅法」第 18 條、第 23 條及「規費法」第 20 條，主要內容包括：

一、刪除上開稅法及規費法有關滯納金加徵利息之規定。

二、刪除所得稅法、加值型及非加值型營業稅法、貨物稅條例及菸酒稅法有關滯報金、怠報金加徵滯納金及利息之規定。

三、增訂上開稅法有關因不可抗力或不可歸責於納稅義務人之事由，致不能於法定期間內繳清稅捐，得於其原因消滅後 10 日內，提出具體證明，向稽徵機關申請延期或分期繳納經核准者，免予加徵滯納金之規定。

三、租稅協定

「租稅協定」係「避免所得稅雙重課稅及防杜逃稅協定」(Agreement for the Avoidance of Double Taxation and the Prevention of Fiscal Evasion with respect to Taxes on Income) 之簡稱，為雙方締約國家為消除跨境投資、經貿往來及文化交流活動，因課稅差異而造成的障礙；因此，我國之租稅協定政策主要為避免雙重課稅、防杜逃漏稅及增進雙方經貿及投資關係、文化交流及人民往來。涉及租稅之國際條約，具有特別法優先適用之性質。

簽訂之租稅協定主要係參照經濟合作暨發展組織 (OECD) 及聯合國 (UN) 稅約範本，並考量雙方之政治、財政、經濟及貿易狀況而商訂。截至 106 年 11 月 30 日，我國已與三十二個國家簽訂全面性租稅協定，另有十三個海、空或海空國際運輸所得互免所得稅單項協定。[4]

我國目前對非居住者之股利按 21%；權利金按 20% 扣繳；債券、短期票券、證券化商品及附條件交易之利息所得扣繳率為 15%，其餘各種利息之扣繳率為 20%。若簽訂租稅協定，則股利、利息及權利金之扣繳率減低至 5%-15% 之範圍。

四、租稅法律

租稅法律係在不違反憲法規定之前提下，由立法院三讀通過並經總統公佈之法律，是人民依法納稅的主要依據。按中央法規標準法之規定，法律得定名為**法、律、條例**或**通則**。例如：所得稅法、房屋稅條例、地方稅法通則等。法律的制定包括以下幾個步驟：1. 提案（立法院之立法委員及行政院皆具有租稅法律之提案權）。2. 審查。3. 討論。4. 決議。5. 公布。

五、委任立法之行政規章

立法院於制定租稅法律時，在法律中訂定專條，授權行政機關另訂必要之規定。例如：營利事業所得稅查核準則。（依據所得稅法 #80 第 5 項：「稽徵機關對所得稅案件進行書面審核、查帳審核與其他調查方式之辦法，及對影響所得額、應納稅額及稅額扣抵計算項目之查核準則，由財政部定之。」）所得稅法施行細則、固定資產耐用年數表及遞耗資產耗竭率表（依據所得稅法 #121：「本法施行細則、固定資產耐用年數表及遞耗資產耗竭率表，由財政部定之」）。稅捐機關管理營利事業會計帳簿憑證辦法（依據所得稅法 #21：「帳簿憑證及會計紀錄之設置、取得、使用、保管、會計處理及其他有關事項之管理辦法，由財政部定之。」）

六、非委任立法之行政規章

財稅機關非基於立法授權，而是基於行政權，考量實務上的需要，所發布之各種行

---

[4] 本部份參考自 http://investtaiwan.nat.gov.tw/cht/show.jsp?ID=58。

政規章,不違反租稅法律及委任立法行政規章始有權力。例如:營利事業所得稅結算申報案件擴大書面審核實施要點;財政部稅務預先核釋作業要點等。

七、解釋函令

財政部於租稅法律或規章適用發生疑義時,為闡明其真意及適用正確之釋示,並配合經濟環境之變遷所做的解釋,即為解釋函令,屬於行政命令;另外,財政部也可能因考量實務上的需要,而為單純之宣告或指示,亦屬解釋函令。

如何查詢最新法令:全國法規資料庫 http://law.moj.gov.tw/

貳、租稅法規之法律特質

一、租稅法是國內法

租稅法的適用僅限於我國主權管轄範圍所及之地區,並非國際間所公認的法則,故其為國內法。

二、租稅法具有公法的性質

(一) **公法**:規範國家與國家之間,或國家與人民之間權利關係的法律。
(二) **私法**:則係指規範人民與人民之間,私權關係的法律。

租稅法是國家向人民課稅的法律依據，屬於規範國家與人民之間權利義務關係的法律，故具有公法的性質。

三、租稅法是行政法

行政法是規範國家行政權運作法規的總稱，涉及行政機關執行職務時的各項法律；租稅法為政府行使租稅行政權之依據，舉凡租稅課徵執行機關、租稅規範內容、稽徵程序等，均為租稅相關行政法之內容。

四、租稅法兼具實體法與程序法

實體法：租稅法對**租稅主體、客體、稅率或減免等課稅的權利與義務**均有所規定，而涉及此類規定者，稱之為實體法。

程序法：租稅法也有對租稅稽徵、租稅繳納之手續等，規定**如何實現租稅實體**部份的法律，屬於程序法。

由於租稅法規同時包含了實體與程序的規定，故兼具實體法與程序法之性質。

五、租稅法是普通法亦是特別法

普通法：普通法是相對於特別法而言的，舉凡具有共同、普遍以及通行於全國的意義者，稱之為普通法；像一些全國一致適用的法律，如民法、刑法等，多為普通法。

特別法：僅對特定身份的人、特定事項、特定時間或特定地區適用的法律。

公司法是民法的特別法，所得稅法是公司法的特別法；而稅捐稽徵法又是所得稅法的特別法，是故所謂的特別法與普通法，還是要看相互比較的兩個法律，何者適用的範圍較廣，規範的人時地物較另一法為普遍。

第三節 租稅法規之重要原則

一、命令不得牴觸法律原則

憲法是一國的根本大法，任何的法律不得違反憲法。租稅法律位階的順序如下：位階低的行政命令不得牴觸法律，否則歸於無效。依據中央法規標準法 #11：「法律不得牴觸憲法，命令不得牴觸憲法或法律，下級機關訂定之命令不得牴觸上級機關之命令。」

(一) 憲法
(二) 司法判解（大法官會議解釋）
(三) 租稅協定
(四) 租稅法律

(五) 委任立法之行政規章
(六) 非委任立法之行政規章
(七) 解釋函令

此外，行政機關所制定之命令非但不得牴觸法律，並且須有法律之依據；某些重要之事項（例如，關係到人民權利義務，以及國家組織等事項）應由法律加以規範，不得逕行以命令為之。依據中央法規標準法第 6 條規定：應以法律規定之事項，不得以命令定之。此即為「法律保留原則」之具體表現。

(A) 下列有關租稅相關之法規，何者位階最低？（103 五等）
　(A) 財政部發布之解釋令　　　　　(B) 大法官對稅法之解釋文
　(C) 最高行政法院有關稅務案件之判例　(D) 租稅法律

二、法律不溯及既往原則

由於法治國家不能期待人民於現在行為時遵守未來制訂之法令。因此，租稅法律之適用，就時間上的效力來看，僅適用於租稅法公佈實施以後所發生之事項，而不得溯及租稅法律公佈實施以前已發生者。

(D) 民國 98 年增訂稅捐稽徵法第 12 條之 1 實質課稅原則規定，涉及租稅事項之法律，其解釋應本於租稅法律主義之精神，依各該法律之立法目的，衡酌經濟上之意義及實質課稅之公平原則為之。甲援引上述規定適用民國 95 年度稅捐事件，調增所得補稅，請問違背何項原則？（106 特種稅務人員）
　(A) 租稅法律主義　　　　　　　(B) 實體從舊，程序從新原則
　(C) 租稅公平原則　　　　　　　(D) 法律不溯及既往原則

三、信賴保護原則

人民基於信賴舊法秩序的情況下，進行一項活動並預期產生利益；而新法公布後該活動尚未完結者，立法者應衡量情況，適度採用「信賴保護原則」。例如，解釋函令規定對某一特定團體捐贈，可准予列報捐贈扣除，納稅人信賴該項解釋而為捐贈，已經為一定之行為時，此時若有新法令頒布調整此捐贈扣除之規定，則為避免納稅義務人遭受不測之損害，即有信賴保護之必要。依據行政程序法 #8 規定，「行政行為，應以誠實信用之方法為之，並應保護人民正當合理之信賴。」

信賴保護的基礎架構在以下三個層面，第一，信賴基礎，亦即人民在行為時，信賴當時施行的法律或命令之規範。第二，信賴表現，人民依據其當時所施行的法律與命令，作成決策並安置財產。第三，值得信賴保護，被保護之人民應具有誠實、善意及正

當,同時並斟酌公眾利益與個人利益之損害。

至於如何保障其信賴利益,是要採取減輕或避免其損害的方法,亦或是要採取避免影響其依法所取得法律上地位等方法,就必須要衡酌法律秩序變動所追求之政策目的、國家財政負擔能力等公益因素;以及信賴利益之輕重、信賴利益所依據之基礎法規所表現之意義與價值等為合理之規定。所以,如果要維護之公益大於信賴利益,信賴即不值得保護(司法院釋字第589號)。

信賴保護之情況說明如下:

(一) 信賴保護之情況一:不利於納稅義務人之新解釋函令不溯及既往,但有利於納稅義務人者,對於尚未核課確定之案件適用之。納稅義務人已完成之經濟活動所具有之稅法上的納稅義務,應不受新解釋令影響;除非涉及舊的解釋令函明顯違法。而若納稅人進行稅捐規避,則無信賴保護之必要。因此,稅捐稽徵法#48-3規定:「納稅義務人違反本法或稅法之規定,適用裁處時之法律。但裁處前之法律有利於納稅義務人者,適用最有利於納稅義務人之法律」。

(二) 信賴保護之情況二:基於信賴之保護,制定或發布行政規則之機關應採取合理之補救措施或訂定過渡期間之條款,俾減輕損害。依司法院釋字第525號解釋「信賴保護原則」指出,除法規預先有施行期間或因情事變遷而停止適用,不生信賴保護問題外,其因公益之必要廢止法規或修改內容,致人民客觀上具體表現其因信賴而生之實體法上利益受損害,應採取合理之補救措施,或訂定過渡期間之條款,俾減輕損害,方符合憲法保障人民權利之意旨。

因此,稅捐稽徵法#1-1第2項規定指出,「財政部發布解釋函令,變更已發布解釋函令之法令見解,如不利於納稅義務人者,自發布日起或財政部指定之將來一定期日起,發生效力;於發布日或財政部指定之將來一定期日前,應核課而未核課之稅捐及未確定案件,不適用該變更後之解釋函令。」此外,所得基本稅額條例#16亦基於信賴保護原則,定有過渡期間之緩衝規定,使條例施行前已取得租稅優惠之免稅項目,得以不用計入其基本所得額計算之列。

四、從新從輕原則

中央法規標準法#18:「各機關受理人民聲請許可案件適用法規時,除依其性質應適用行為時之法規外,如在處理程序終結前,據以准許之法規有變更者,適用新法規。但舊法規有利於當事人而新法規未廢除或禁止所聲請之事項者,適用舊法規。」

此外,刑法#2亦規定,「行為後法律有變更者,適用行為時之法律。但行為後之法律有利於行為人者,適用最有利於行為人之法律。」同時,稅捐稽徵法#1-1第1項規定,「財政部依本法或稅法所發布之解釋函令,對於據以申請之案件發生效力。但有

利於納稅義務人者，對於尚未核課確定之案件適用之。」而在加值及非加值型營業稅法 #53-1 亦有從新從輕原則之應用，「營業人違反本法後，法律有變更者，適用裁處時之罰則規定。但裁處前之法律有利於營業人者，適用有利於營業人之規定。」

(C) 1. 納稅義務人如有違反稅捐稽徵法或稅法之相關規定者，依稅捐稽徵法規定，在租稅罰法方面，應依下列何種原則辦理？（103 身障五等）
　　(A) 實體從舊原則　　　　(B) 程序從新原則
　　(C) 從新從輕原則　　　　(D) 程序優先實體原則

(B) 2. 依稅捐稽徵法對納稅義務人違反本法或稅法之規定，所裁處之處罰係採下列何種原則？（103 五等）
　　(A) 從舊從輕原則　(B) 從新從輕原則　(C) 從舊從重原則　(D) 從新從重原則

五、特別法優於普通法

中央法規標準法 #16：「法規對其他法規所規定之同一事項而為特別之規定者，應優先適用之。其他法規修正後，仍應優先適用。此即特別法優於普通法之原則。」

(B) 依據中央法規標準法第 16 條之規定：「法規對其他法規所規定之同一事項而為特別之規定者，應優先適用之。」此乃何項租稅法原則的明確說明？（104 初等）
　　(A) 新法優於舊法原則　　　(B) 特別法優於普通法原則
　　(C) 法律不溯及既往原則　　(D) 實體從舊程序從新原則

六、新(後)法優於舊(前)法

同一事項已定有新法規並公布或發布施行者，原法規即應廢止，亦即新法之效力優於舊法之原則。中央法規標準法 #17：「法規對某一事項規定適用或準用其他法規之規定者，其他法規修正後，適用或準用修正後之法規。」

新法優於舊法原則的兩種情況：
(一) 新法與舊法有**相同之名稱**：此時是新法將舊法加以修正，並不存在新法與舊法兩法並存的問題；因此，一旦新法經公布施行，舊法便宣告廢止失效。
(二) 新法與舊法有**不同之名稱，但位階相同**：當同一事項若有兩種位階相同（同為普通法或同為特別法）的法律加以規範；因此，在兩種法律同時適用情況下，為避免適用上的困擾，應適用新法優於舊法原則。
(三) 新法與舊法有**不同之名稱，且位階亦不相同**：此時對同一事項有兩種位階不同的法規加以規範，而此兩種不同法規，必屬普通法與特別法的關係，此時適用「**特別法優於普通法原則**」；即舊特別法優於新普通法，新特別法優於舊普通法。

(D) 依據租稅法之原則，若所得稅課徵時所適用之相關稅法規定發生競合現象，則應以下列何者之規定優先適用？（97 特種四等）
(A) 所得稅法　　　　　　(B) 促進產業升級條例
(C) 中小企業發展條例　　(D) 所得基本稅額條例

七、實體從舊程序從新原則

租稅法不但對租稅主體、客體、稅率或減免（實體）等權利義務加以規定，亦對繳納租稅之手續（程序）詳加規定，兼具實體法與程序法之性質。在稅法修正時，稅負之計算，亦即稅法之實體，應按納稅義務發生時有效之稅法規定為準；但對於不影響稅額計算等實體部份以外之報繳程序等，則依報繳時之有效法稅法為準，以利徵納之進行。

案例：實體從舊

一、實體從舊

遺產稅法曾於98年1月23日修正生效，稅率調降為10%之單一稅率，免稅額由779萬元提高為1,200萬元。若某甲繼承之事實發生於97年12月25日，申報遺產稅的期限為死亡之日起六個月內，也就是98年6月25日前應申報遺產稅。此時的問題是，納稅義務人是要按1,200萬元計算免稅額並按10%單一稅率計算？還是要按舊的遺產稅法規定，以免稅額779萬並以累進稅率計算？

由於稅率調降與免稅額提高，皆屬於實體之規定，因此，按實體從舊的原則，某甲申報遺產稅時，仍應適用97年時的免稅額與稅率；亦即按被繼承人死亡時（97年底）之遺產贈與稅規範，以779萬元之免稅額並按累進稅率計算稅額。繼承事實發生於98年1月23日以後，方能適用1,200萬元的免稅額以及單一稅率。

註：自106年5月12日始，遺產贈與稅之稅率由單一稅率10%改為3階段累進稅率，最高20%。遺產稅課稅門檻為遺產淨值0～5,000萬元稅率10%、超過5,000萬～1億元稅率15%、超過1億元以上稅率20%；贈與稅依贈與淨額0～2,500萬元稅率10%、超過2,500萬～5,000萬元稅率15%、超過5,000萬元以上稅率20%，依3階段稅率課稅。

二、程序從新

綜合所得稅的申報期間，自民國91年1月13日所得稅法#71修正後，從以往的每年2月20日至3月31日，更改為5月1日至5月31日。此舉使得於91年申報90年度所得的納稅義務人產生疑問，不確定是要按修法前的申報期間2月20日至3月31日，亦或是按修法後的申報期間5月1日至5月31日進行申報？由於申報期間的調整是屬於程序部份的變動，因此，依據程序從新的原則，91年新法令頒布的當年，便應按新申報期間之規定，亦即5月1日至5月31日，申報前一年度（90年度）的所得。

八、租稅救濟程序優於實體

租稅救濟中無論是行政救濟或司法救濟，程序法之適用均優先於實體法；亦即救濟案件實體之審理，以已符合程序規定者為前提，程序不合即不加審理而予駁回。例如：納稅義務人對於稽徵機關核定的稅捐如有不服，依核定稅額通知書所載有應納稅額或應補繳稅額者，應於繳納期間屆滿之翌日起算三十日內，申請復查；因此，納稅義務人若要進行復查申請，須先符合程序條件，必在繳納期間屆滿之翌日起算三十日內提出申請，超過三十日則不能再提起復查；此即為程序規定要先符合才能進行救濟。

(**B**) 有關租稅法的適用原則，下列敘述何者錯誤？（103 地特五等）
(A) 實體從舊程序從新原則　(B) 實體優先救濟程序原則
(C) 實質課稅原則　(D) 租稅刑事罰以處罰故意行為為原則

九、實質課稅原則

稅法之規定在於掌握人民之納稅能力，所重視者為足以表徵納稅能力之經濟事實，而非其外觀之法律形式。因此，在解釋及適用稅法時，所應根據者為經濟事實，即使經濟行為本身是違法的，但若有涉及租稅課徵義務者，仍須對之加以課稅。

由於過去在運用實質課稅原則時，常生租稅訴訟之爭議；因此稅捐稽徵法 #12-1，完善有關實質課稅的規定如下：

- 涉及租稅事項之法律，其解釋應本於租稅法律主義之精神，依各該法律之立法目的，衡酌經濟上之意義及實質課稅之公平原則為之。
- 稅捐稽徵機關認定課徵租稅之構成要件事實時，應以實質經濟事實關係及其所生實質經濟利益之歸屬與享有為依據。
- 納稅義務人基於獲得租稅利益，違背稅法之立法目的，濫用法律形式，規避租稅構成要件之該當，以達成與交易常規相當之經濟效果，為租稅規避。
- 前項租稅規避及第二項課徵租稅構成要件事實之認定，稅捐稽徵機關就其事實有舉證之責任。
- 納稅義務人依本法及稅法規定所負之協力義務，不因前項規定而免除。
- 稅捐稽徵機關查明納稅義務人及交易之相對人或關係人有第二項或第三項之情事者，為正確計算應納稅額，得按交易常規或依查得資料依各稅法規定予以調整。

案例：實質課稅原則

約定於被繼承人死亡時，給付其所指定受益人之人壽保險金額，依遺產贈與稅法 #16 之規定，不列入被保險人之遺產。

但是納稅義務人如果企圖利用投保保險之給付免除課徵遺產稅之規定,以重病投保、高齡投保、舉債投保、躉繳投保(一次繳足全部保費)或保險給付低於所繳之保險費等的方式,以規避遺產稅者,稽徵機關有權依據有關稅法規定或稅捐稽徵法#12-1所定實質課稅原則辦理;亦即會將此保險給付併入遺產總額計稅,並就所漏稅額處以相關罰鍰。

案例內容:某甲於90年2月7日至4月15日期間因腎動脈狹窄合併慢性腎衰竭住院治療,某甲於90年4月2日,以本人為要保人及被保險人,並指定其孫(繼承人)為身故保險金受益人,以舉債躉繳方式繳納保險費2,578萬元(投保時約77歲)。其後某甲於91年6月27日死亡時,此時某甲之身故保險理賠金2,509萬9,455元。此案例是藉由保單投保方式,移轉財產給繼承人並規避遺產稅,國稅局依實質課稅原則將此筆保險給付併入遺產課稅,並就所漏稅額予以處罰。(最高行政法院98年度判字第1145號判決)

十、比例原則

國家若為達成某目的(如課徵租稅),而必須限制人民之權利,在達成該目的手段有許多種時,須選擇有助於達成目標之措施,此為「適當性原則」。同時,在多種手段與方法中,必須選擇對人民侵害最小的那一種,此即為「必要性原則」。而即使是數種手段中對人民侵害最小的一種,還是必須衡量該手段與目的的關係,該手段所造成之損害必須小於其欲達成之目的所獲致之利益,此即為「狹義的比例原則」。

依行政程序法#7規定:「行政行為,應依下列原則為之:一、採取之方法應有助於目的之達成。二、有多種同樣能達成目的之方法時,應選擇對人民權益損害最少者。三、採取之方法所造成之損害不得與欲達成目的之利益顯失均衡。」

(B)關於租稅法適用之原則,下列敘述何者正確?(105初等)
(A)對同一事項新舊法規有不同規定時,舊法應優先於新法適用
(B)法規對其他法規所規定之同一事項為特別之規定者,應優先適用之。其他法規修正後,仍優先適用
(C)實體從新,程序從舊
(D)租稅之行政救濟,實體法之適用優先於程序法

第四節 租稅罰法

壹、何謂租稅罰法

為使國家課稅權得以順利行使,對於違反稅法規定者必須給予懲罰。稅法中對違反租稅法規定事項者所訂定之處罰規範,即為租稅罰法。租稅罰法之處罰對象**不限**納稅義務人,而其處罰之性質又可分**租稅行政罰**與**租稅刑事罰**,採從新從輕原則。而依稅捐稽徵法 #48-3:「納稅義務人違反本法或稅法之規定,適用裁處時之法律。但裁處前之法律有利於納稅義務人者,適用最有利於納稅義務人之法律。」

貳、租稅行政罰

定義:凡對違反租稅法規定之行為處以刑名以外之制裁者,即為行政罰;方式包括處以罰鍰、停止營業、沒入貨物、撤銷登記、滯納金、怠報金等。

會面臨此項處罰的情況:違反租稅法規定的行為。違反稅法規定的行為人如果不能舉證證明自己無過失且不知情時,即應受罰;且不能以不知情或不了解法規而免除行政處罰;主要由稽徵機關裁罰。數行為違反同一或不同行政法上義務之規定者,分別裁處之。(行政罰法 #25)

租稅行政罰的分類:

1. 行為罰:係納稅義務人應作為而不作為,或應不作為而作為時所施予之處罰。由於稅法中常會要求納稅義務人,應執行某些事項,例如:開立發票、保存憑證等,一旦違反此類要求規範時,所面臨的行政罰,稱之為租稅行為罰。例如:加值型及非加值型營業稅法 #45,#46,#47,#48,#48-1,#49,#50。#53 第 1 項等。
2. 漏稅罰:當納稅義務人有逃漏稅之事實,而遭遇到的處罰稱為漏稅罰。

上述行為罰與漏稅罰同時存在時該如何懲處?採**擇一從重**處罰。例如:加值型及非加值型營業稅法 #51,#52 等。

由於稅法要求納稅義務人執行的某些事項,納稅義務人並未執行,而面臨行為罰;有時候卻也伴隨著漏稅罰的發生;例如:要求營業人開立發票,營業人漏未開立,處以行為罰;但是漏開發票,使得營業稅漏報,有漏稅罰。此情況會使納稅義務人同一行為,即面臨行為罰與漏稅罰之情況。依據「**一事不二罰**」之概念,同一行為不宜作多次處罰,故僅就稅法之規定,擇一從重處罰之。

案例

案例說明：A公司涉嫌短漏開統一發票及短漏報銷售額500萬元，同時A公司向廠商進貨330萬元，亦未依規定取得進項憑證。

A公司此一違法行為可能面臨的處罰如下：

一、行為罰：A公司涉嫌短漏開統一發票，違反稅捐稽徵法#44：「應給與他人憑證而未給與」之規定，應按查獲金額處以5%的罰鍰，亦即25萬元，此屬行為罰。

二、漏稅罰：A公司因短漏開上述統一發票，導致短漏報銷售額500萬元，因而逃漏營業稅稅額25萬元，屬於違反加值型及非加值型營業稅法#51第1項第3款「短漏報銷售額」規定，除補徵本稅外，應按所漏稅額處以1.5倍的罰鍰，即37.5萬元，此屬漏稅罰。(最高可罰至所漏稅額之五倍)

A公司同時觸犯行為罰及漏稅罰，依財政部85年4月26日台財稅第851903313號函釋，擇一從重處罰之解釋，本案例就漏開發票部份處以37.5萬元之罰鍰。

此外，A公司向廠商進貨3,300,000元，未依規定取得進項憑證之行為，則違反稅捐稽徵法#44：「應自他人取得憑證而未取得」之規定，應按查獲金額處以5%的罰鍰，即16.5萬元(行為罰)。

(案例參考自 https://www.etax.nat.gov.tw/etwmain/front/ETW118W/CON/444/7897329062308067131?tagCode=)

(A) 1. 王大明因漏開發票同時觸犯加值型及非加值型營業稅法第51條的漏稅罰與稅捐稽徵法第44條「未依規定給予憑證」之行為罰時，應如何處罰？（103 五等）
  (A) 擇一從重處罰　　　(B) 漏開發票應處以加值型營業稅之漏稅罰
  (C) 採從新從輕處罰原則　(D) 只需裁處行為罰

(B) 2. 下列有關租稅行政罰之敘述何者錯誤？（103 地特三等）
  (A) 主要由稽徵機關裁罰
  (B) 同一行為觸犯稅法上之行為罰時，僅能就罰鍰、沒入貨物或其他種類行政罰擇一處罰，不得併為裁處
  (C) 同一行為同時觸犯稅法上之行為罰及漏稅罰時，採擇一從重
  (D) 數行為違反同一行政法上之義務之規定者，分別裁處之

參、租稅刑事罰

定義：租稅刑事罰，處以自由刑或罰金等刑名之制裁，包括：有期徒刑、拘役或罰金等。

會面臨此項處罰的情況：依刑法 #13，所謂故意是指行為人對構成犯罪之事實，明知並有意使其發生者。刑事罰由於涉及人身自由、沒收等較嚴重的處罰，故應慎重判處，因此以處罰故意為其責任條件；故意包括「**明知**」且「**有意使其發生**」兩個重要的考量依據。因此，若涉及以故意、惡意或不正當的方法，逃漏稅捐者，則會涉及租稅刑事罰之罰則。

租稅刑事罰以處罰故意行為為原則，由法院判決處罰，現行稅法中有關刑事罰之規定，最主要的是稅捐稽徵法 #41、#42、#43、#47。

(一) 納稅義務人以詐術或其他不正當方法逃漏稅捐者，處五年以下有期徒刑、拘役或科或併科新台幣六萬元以下罰金。（稽 #41）

(二) 代徵人或扣繳義務人以詐術或其他不正當方法匿報、短報、短徵或不為代徵或扣繳稅捐者，處五年以下有期徒刑、拘役或科或併科新台幣六萬元以下罰金。

代徵人或扣繳義務人侵占已代徵或已扣繳之稅捐者，亦同。（稽 #42）

(三) 教唆或幫助犯第四十一條或第四十二條之罪者，處三年以下有期徒刑、拘役或科新臺幣六萬元以下罰金。

稅務人員、執行業務之律師、會計師或其他合法代理人犯前項之罪者，加重其刑至二分之一。

稅務稽徵人員違反第三十三條規定者，處一萬元以上五萬元以下罰鍰。（稽 #43）

(四) 稅捐稽徵法關於納稅義務人、扣繳義務人及代徵人應處徒刑之規定，於下列之人適用之：

(a) 公司法規定之公司負責人。
(b) 民法或其他法律規定對外代表法人之董事或理事。
(c) 商業登記法規定之商業負責人。
(d) 其他非法人團體之代表人或管理人。

前項規定之人與實際負責業務之人不同時，以實際負責業務之人為準。（稽 #47）

(C) 1. 下列何者屬於租稅刑事罰？（99 普考）
   (A) 停業　(B) 加徵滯納金　(C) 罰金　(D) 撤銷登記

(D) 2. 下列處罰何者不屬於租稅行政罰的範圍？（102 特種五等）
   (A) 滯納金　(B) 沒入貨物　(C) 停止營業　(D) 拘役

(A) 3. 有關租稅行政罰範圍，下列陳述，何者錯誤？（103 普考）
   (A) 罰金　(B) 罰鍰　(C) 沒入貨物　(D) 停業處分

CHAPTER 3 綜合所得稅

綜合所得稅

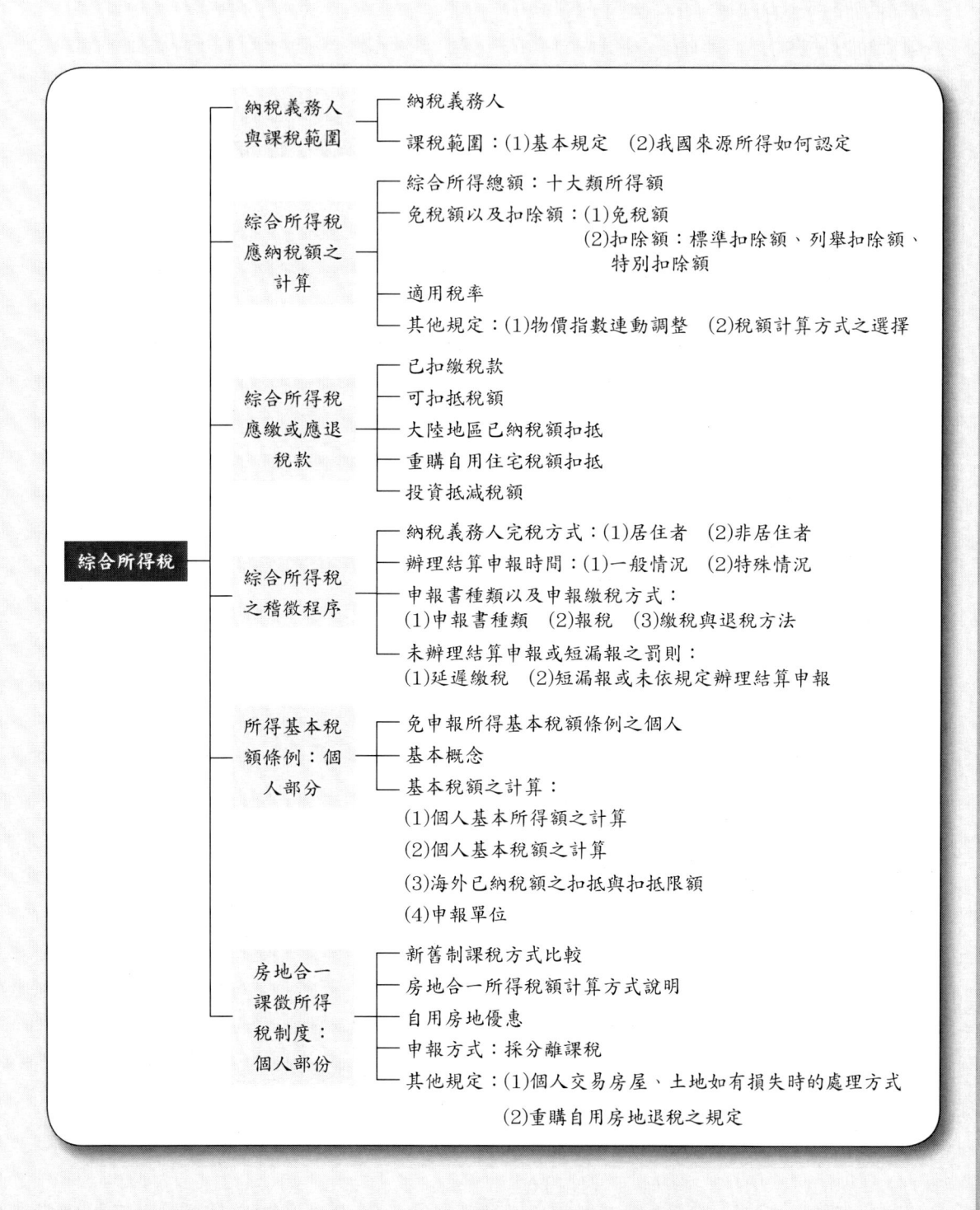

- 納稅義務人與課稅範圍
  - 納稅義務人
  - 課稅範圍：(1)基本規定　(2)我國來源所得如何認定

- 綜合所得稅應納稅額之計算
  - 綜合所得總額：十大類所得額
  - 免稅額以及扣除額：(1)免稅額
    　　　　　　　　　(2)扣除額：標準扣除額、列舉扣除額、特別扣除額
  - 適用稅率
  - 其他規定：(1)物價指數連動調整　(2)稅額計算方式之選擇

- 綜合所得稅應繳或應退稅款
  - 已扣繳稅款
  - 可扣抵稅額
  - 大陸地區已納稅額扣抵
  - 重購自用住宅稅額扣抵
  - 投資抵減稅額

- 綜合所得稅之稽徵程序
  - 納稅義務人完稅方式：(1)居住者　(2)非居住者
  - 辦理結算申報時間：(1)一般情況　(2)特殊情況
  - 申報書種類以及申報繳稅方式：
    (1)申報書種類　(2)報稅　(3)繳稅與退稅方法
  - 未辦理結算申報或短漏報之罰則：
    (1)延遲繳稅　(2)短漏報或未依規定辦理結算申報

- 所得基本稅額條例：個人部分
  - 免申報所得基本稅額條例之個人
  - 基本概念
  - 基本稅額之計算：
    (1)個人基本所得額之計算
    (2)個人基本稅額之計算
    (3)海外已納稅額之扣抵與扣抵限額
    (4)申報單位

- 房地合一課徵所得稅制度：個人部份
  - 新舊制課稅方式比較
  - 房地合一所得稅額計算方式說明
  - 自用房地優惠
  - 申報方式：採分離課稅
  - 其他規定：(1)個人交易房屋、土地如有損失時的處理方式
    　　　　　(2)重購自用房地退稅之規定

我國目前所得稅法將所得稅分為綜合所得稅及營利事業所得稅。(所得稅法 #1，以下簡稱「所」)綜合所得稅是針對**自然人**規範的所得稅，**以家庭為課稅單位**，各類所得(如薪資所得、租金、利息所得等)合併計算其所得稅額，因各種所得合併在一起計算所得稅額，因此，又稱之為**綜合所得稅**。

針對自然人所得課稅額的計算方式還有另外兩種：
1. **分類所得稅**：不同種類的所得，分別適用不同的稅率及計算稅額的方式。
2. **分類綜合所得稅**：即同時採用綜合與分類方式計算所得稅額。一般多在一定金額以下的所得，適用分類所得稅；在一定金額以上者，適用綜合所得稅。

我國並未針對公司法人，設定單一的所得稅法；而以營利事業所得稅法規範獨資、合夥以及公司組織等以營利為目的之企、事業單位，其所得稅額之計算與徵繳將在下一章說明；本章先介紹綜合所得稅。

第一節　納稅義務人與課稅範圍

本節學習重點：
✦ 誰是綜合所得稅的納稅義務人
✦ 如何認定居住者與非居住者
✦ 綜合所得稅的課稅範圍
✦ 如何認定我國來源所得

壹、納稅義務人

納稅義務人：係指依所得稅法規定，應申報或繳納所得稅之人。(所 #7)

一、何謂人，何謂個人？(所 #7 第 1 項)
- 所得稅法所稱之「人」，係指自然人及法人。所得稅法所稱之「個人」，係指自然人。

二、何謂在我國境內居住之個人及非在我國境內居住之個人？(所 #7 第 2、3 項)
  (一) 所得稅法所稱之中華民國境內居住之個人，指下列兩種：
      1. 在中華民國境內有住所，並經常居住中華民國境內者。
      2. 在中華民國境內無住所，而於一課稅年度內在中華民國境內居留合計滿一百八十三天者。
      ※ 無住所者如何計算其在我國境內居留天數？依據其護照之入出境期間計算，始日不計，末日計，入出境多次者，以實際居留天數累積計算，且每年需重新計算。

(二) 非中華民國境內居住之個人，係指前項規定以外之個人。

(三) 如何認定「在中華民國境內有住所，並經常居住在境內」：以個人於一課稅年度內在中華民國境內**設有戶籍**，且有下列情形之一者為判斷原則：(財政部 101.09.27 台財稅字第 10104610410 號)

1. 於一課稅年度內在中華民國境內居住合計**滿 31 天**。
2. 於一課稅年度內在中華民國境內居住合計在 1 天以上未滿 31 天，其**生活及經濟重心在中華民國境內**。

※ 什麼是「生活及經濟重心在中華民國境內」？應衡酌個人之家庭與社會關係、政治文化及其他活動參與情形、職業、營業所在地、管理財產所在地等因素，參考下列原則綜合認定：(1) 享有全民健康保險、勞工保險、國民年金保險或農民健康保險等社會福利。(2) 配偶或未成年子女居住在中華民國境內。(3) 中華民國境內經營事業、執行業務、管理財產、受僱提供勞務或擔任董事、監察人或經理人。(4) 其他生活情況及經濟利益足資認定生活及經濟重心在中華民國境內。

(四) 一課稅年度指的是每年的 **1 月 1 日至 12 月 31 日**，183 日之計算**不能跨年計算**。

(C) 1. 老張是旅居美國之華僑，具有美國與中華民國之國籍，老張並同時在中華民國境內設有戶籍，若老張在今年度全年在臺灣只居住 2 個月，下列敘述何者正確？(改自 103 五等)
(A) 老張取得中華民國境內之薪資所得免稅
(B) 老張取得美國蘋果公司之股利須計入綜合所得總額課徵我國綜合所得稅
(C) 老張會被認定為居住者，採用結算申報完稅
(D) 老張為非居住者，採用就源扣繳完稅

(B) 2. 依所得稅法及其相關法規規定，下列有關所得稅法居住者之定義何者正確？(105 年記帳士)
(A) 陳董為中華民國國民，在我國境內設有戶籍。生活重心在境內，若陳董一年在臺停留合計未滿 31 天，則非為我國境內居住者
(B) 王先生有中華民國國籍，長年住在國外，生活重心在境外，但因某些因素在我國境內仍設有戶籍，若王先生一年在臺停留合計滿 31 天，則視為我國境內居住者
(C) 約翰屬於美國籍公民，雖因工作因素一年在臺居留合計滿 183 天，仍不會被視為我國居住者

(D) 張先生為華僑，擁有雙重國籍，但長年居住在外，在我國並無戶籍，若張先生一年合計在臺停留超過 183 天，則張先生在我國境內與大陸地區取得之所得應合併課徵綜合所得稅，辦理結算申報

貳、課稅範圍

一、基本規定

(一) 我國綜合所得稅採**屬地主義**。（所 #2）
(二) 課稅範圍：中華民國來源所得。
(三) 大陸地區來源所得：有大陸地區來源所得者，**應併同**臺灣地區來源所得課徵所得稅。但其在大陸地區已繳納之稅額，得自應納稅額中扣抵。（臺灣地區與大陸地區人民關係條例 #24）
(四) 香港或澳門來源所得：臺灣地區人民有香港或澳門來源所得者，其香港或澳門來源所得，**免納所得稅**。（港澳關係條例 #28）

二、我國來源所得如何認定（所 #8）

所得稅法稱中華民國來源所得，係指下列各項所得：

(一) 依中華民國公司法規定設立登記成立之公司，或經中華民國政府認許在中華民國境內營業之外國公司所分配之股利。
  ※ 依公司法規定在中華民國境內設立登記之公司所分配之股利。
  ※ 不包括外國公司在中華民國境內設立之分公司之盈餘匯回。
  ※ 依外國法律規定設立登記之外國公司，其經中華民國證券主管機關核准來臺募集與發行股票或臺灣存託憑證，並在中華民國證券交易市場掛牌買賣者，該外國公司所分配之股利，非屬中華民國來源所得。

(二) 中華民國境內之合作社或合夥組織營利事業所分配之盈餘。屬營利所得。
  ※ 依合作社法規定在中華民國境內設立登記之合作社所分配之盈餘，或在中華民國境內設立登記之獨資、合夥組織營利事業所分配或應分配之盈餘。

(三) 在中華民國境內提供勞務之報酬。
  ※ 對於個人來說：是指在中華民國境內提供勞務取得之薪資、執行業務所得或其他所得；但是，非中華民國境內居住之個人，於一課稅年度內在中華民國境內居留合計不超過九十天者，其自中華民國境外僱主所取得之勞務報酬不列入我國來源所得課稅。
  ※ 中華民國政府派駐國外工作人員，及一般雇用人員在國外提供勞務之報酬，仍應

視為我國來源所得。以各該人員在駐在國提供勞務之報酬，享受駐在國免徵所得稅待遇者為適用範圍。

※ 對於營利事業來說：指依下列情形之一提供勞務所取得之報酬：
1. 提供勞務之行為，全部在中華民國境內進行且完成者。
2. 提供勞務之行為，需在中華民國境內及境外進行始可完成者。
3. 提供勞務之行為，在中華民國境外進行，惟須經由中華民國境內居住之個人或營利事業之參與及協助始可完成者（指需提供設備、人力、專門知識或技術等資源。但不包含勞務買受人應配合提供勞務所需之基本背景相關資訊及應行通知或確認之聯繫事項）。

※ 對於個人或營利事業在中華民國境外為中華民國境內個人或營利事業提供下列電子勞務者，為在中華民國境內提供勞務：
1. 經由網路傳輸下載至電腦設備或行動裝置使用之勞務。
2. 不須下載儲存於任何裝置而於網路使用之勞務。
3. 其他經由網路或電子方式使用之勞務。

※ 提供勞務之行為，全部在中華民國境外進行及完成，且合於下列情形之一者，外國營利事業所取得之報酬非屬中華民國來源所得：
1. 在中華民國境內無固定營業場所及營業代理人。
2. 在中華民國境內有營業代理人，但未代理該項業務。
3. 在中華民國境內有固定營業場所，但未參與及協助該項業務。

(四) 自中華民國各級政府、中華民國境內之法人及中華民國境內居住之個人所取得之利息。

※ 所稱利息指公債、公司債、金融債券、各種短期票券、存款、依金融資產證券化條例或不動產證券化條例規定發行之受益證券或資產基礎證券分配及其他貸出款項之利息所得。

※ 依外國法律規定設立登記之外國公司，經中華民國證券主管機關核准來臺募集與發行，或依外國法律發行經中華民國證券主管機關核准在臺櫃檯買賣之外國公司債券，其所分配之利息所得，非屬中華民國來源所得。

(五) 在中華民國境內之財產因租賃而取得之租金。

※ 指出租下列中華民國境內之財產所取得之租金：
1. 不動產：在中華民國境內之不動產，如房屋、土地。
2. 動產：
   (1) 在中華民國境內註冊、登記之動產，如船舶、航空器、車輛等；或經中華民國證券主管機關核准在臺募集與發行或上市交易之有價證券，如股票、

債券、臺灣存託憑證及其他有價證券。
(2) 在中華民國境內提供個人、營利事業或機關團體等使用之財產，如直接或間接提供生產之機（器）具、運輸設備（船舶、航空器、車輛）、辦公設備、衛星轉頻器、網際網路等。

(六) 專利權、商標權、著作權、秘密方法及各種特許權利，因在中華民國境內供他人使用所取得之權利金。

※ 指將下列無形資產在中華民國境內以使用權作價投資，或授權個人、營利事業、機關團體自行使用或提供他人使用所取得之權利金：

1. 著作權或已登記或註冊之專利權、商標權、營業權、事業名稱、品牌名稱等無形資產。
2. 未經登記或註冊之秘密方法或專門技術等無形資產：包括秘密處方或製程、設計或模型、計畫、營業秘密，或有關工業、商業或科學經驗之資訊或專門知識、各種特許權利、行銷網路、客戶資料、頻道代理及其他具有財產價值之權利。所稱秘密方法，包括各項方法、技術、製程、配方、程式、設計及其他可用於生產、銷售或經營之資訊，且非一般涉及該類資訊之人所知，並具有實際或潛在經濟價值者。
3. 中華民國境內營利事業取得前項無形資產之授權，因委託中華民國境外加工、製造或研究而於境外使用所給付之權利金，屬中華民國來源所得。但中華民國境內之營利事業接受外國營利事業委託加工或製造，使用由該外國營利事業取得授權之無形資產且無須另行支付權利金者，非屬中華民國來源所得。

※ 以網路或其他電子方式提供前述第 1 項無形資產在中華民國境內供他人使用，非屬規定之提供或銷售電子勞務，應適用本點規定。

(七) 在中華民國境內財產交易之增益。

財產交易所得：依財產所在地認定，在我國境內財產交易之增益，認定為我國來源所得。財產包括：

1. 不動產：在中華民國境內之不動產，如房屋、土地。
2. 動產：
(1) 在中華民國境內註冊、登記之動產，如船舶、航空器、車輛等；或經中華民國證券主管機關核准在臺募集與發行或上市交易之有價證券，如股票、債券、臺灣存託憑證及其他有價證券（如香港指數股票型基金（ETF）來臺上市交易）等。但經中華民國證券主管機關核准且實際於境外交易之有價證券（如臺灣指數股票型基金（ETF）於境外上市交易），不在此限。
(2) 前目以外之動產：

            a. 處分動產之交付需移運者,其起運地在中華民國境內。
            b. 處分動產之交付無需移運者,其所在地在中華民國境內。
            c. 透過拍賣會處分者,其拍賣地在中華民國境內。
        3. 無形資產:
            (1) 依中華民國法律登記或註冊之專利權、商標權、營業權、事業名稱、品牌名稱等無形資產。
            (2) 前目以外之無形資產,其所有權人為中華民國境內居住之個人或總機構在境內之營利事業。但依外國法律規定在中華民國境外登記或註冊者,不在此限。
(八) 在中華民國境內經營工商、農林、漁牧、礦冶等業之盈餘。
    ※ 營利事業在中華民國境內從事屬本業營業項目之營業行為(包含銷售貨物及提供勞務)所獲取之營業利潤。
    ※ 營利事業在中華民國境外銷售電子勞務(包括:A. 經由網路傳輸下載至電腦設備或行動裝置使用之勞務。B. 不須下載儲存於任何裝置而於網路使用之勞務。C. 其他經由網路或電子方式使用之勞務)予中華民國境內個人或營利事業者,屬前項在中華民國境內從事營業行為。但其銷售電子勞務符合下列情形之一者,非屬中華民國來源所得:
        1. 經由網路或其他電子方式傳輸下載儲存至電腦設備或行動裝置單機使用之中華民國境外產製完成之勞務(如單機版軟體、電子書),且無須中華民國境內居住之個人或營利事業參與及協助提供者。
            (1) 前項營業行為同時在中華民國境內及境外進行者,營利事業如能提供明確劃分境內及境外提供服務之相對貢獻程度之證明文件,如會計師查核簽證報告、移轉訂價證明文件、工作計畫紀錄或報告等,得由稽徵機關核實計算及認定應歸屬於中華民國境內之營業利潤。
            (2) 該營業行為如全部在中華民國境外進行及完成,且合於下列情形之一者,外國營利事業所收取之報酬非屬中華民國來源所得:
                a. 在中華民國境內無固定營業場所及營業代理人。
                b. 在中華民國境內有營業代理人,但未代理該項業務。
                c. 在中華民國境內有固定營業場所,但未參與及協助該項業務。
        2. 經由網路或其他電子方式銷售而實體勞務提供地點在中華民國境外之勞務。
            ※ 外國營利事業對中華民國境內之個人、營利事業或機關團體銷售貨物,符合下列情形之一者,按一般國際貿易認定:
                1. 外國營利事業之國外總機構直接對中華民國境內客戶銷售貨物。

2. 外國營利事業直接或透過國內營利事業（非屬代銷行為）將未經客製化修改之標準化軟體，包括經網路下載安裝於電腦硬體中或壓製於光碟之拆封授權軟體（sh-rinkwrapsoftware）、套裝軟體（packagedsoftware）或其他標準化軟體，銷售予國內購買者使用，各該購買者或上開營利事業不得為其他重製、修改或公開展示等行為。

3. 在中華民國境內無固定營業場所及營業代理人之外國營利事業，於中華民國境外利用網路直接銷售貨物予中華民國境內買受人，並直接由買受人報關提貨。

(九) 在中華民國境內參加各種競技、競賽、機會中獎等之獎金或給與。

競技競賽及機會中獎所得：依舉辦地認定，舉辦所在地在我國境內者，認定為我國來源所得。

(十) 在中華民國境內取得之其他收益。

中華民國境內取得之其他收益：依取得地認定，取自我國境內者，認定為我國來源所得。

(C) 1. 依所得稅法第 8 條第 1 項第 3 款規定之內涵，非中華民國境內居住之個人，於一課稅年度內在中華民國境內居留合計至少超過幾天，自境外僱主取得之勞務報酬屬於中華民國來源所得，應併同境內取得之各類所得申報繳納綜合所得稅？（104 身障四等）
(A) 30 天　(B) 60 天　(C) 90 天　(D) 183 天

(D) 2. 下列何者非所得稅法第 8 條規定之中華民國來源所得？（103 身障四等）
(A) 在中華民國境內之財產因租賃而取得之租金　(B) 中華民國政府派駐國外工作人員，及一般雇用人員在國外提供勞務之報酬　(C) 專利權在中華民國境內供他人使用所取得之權利金　(D) 在中華民國境外營業之外國公司所分配之股利

(C) 3. 依所得稅法相關規定，我國境內居住之個人，其下列何項所得無須繳納綜合所得稅？（105 地特五等）
(A) 出售位於北京的房屋所產生的財產交易所得　(B) 註冊於境外的專利權在我國境內供他人使用所取得之權利金　(C) 位於香港的房屋租賃所得　(D) 取自花旗銀行臺灣分行的利息所得

第二節 綜合所得稅應納稅額之計算

本節學習重點：
- 綜合所得總額之認列基礎
- 如何計算綜合所得總額；包括如何分辨十大類所得以及所得額之計算
- 免稅額之計算
- 扣除額之選擇與計算
- 應納稅額之計算：綜合所得淨額與綜合所得稅稅率

綜合所得稅之應納稅額

= 綜合所得淨額 × 適用稅率 − 累進差額

=【綜合所得總額 − 免稅額 − 扣除額 − 基本生活費差額】× 適用稅率 − 累進差額

基本生活費差額 = 當年度基本生活所需費用 × 申報戶人數 −（免稅額 + 標準扣除額或列舉扣除額擇一 + 儲蓄投資特別扣除額 + 身心障礙特別扣除額 + 教育學費特別扣除額 + 幼兒學前特別扣除額 + 長期照顧特別扣除額）。

前述基本生活費差額為**正值者**方可列入應納稅額計算之減除；基本生活費差額為負值者，以零計入。

所得額之認列基礎：採現金收付制

本年度五月份申報計算前一年度（1月1日至12月31日）之所得時，以實際收到之所得認定為應申報之所得並計算稅額。

依據所得稅法之規定，綜合所得稅，就個人綜合所得總額，減除免稅額、扣除額以及基本生活費差額，所得到之綜合所得淨額計徵之。（所 #13）

壹、綜合所得總額

綜合所得總額 = 十大類所得額（**不含分離課稅並排除免稅所得**）（所 #14；所 #14-1；所 #4）

個人之綜合所得總額，以其全年之**十大類所得合併計算**之，包括：(1) 營利所得，(2) 執行業務所得，(3) 薪資所得，(4) 利息所得，(5) 租賃所得及權利金所得，(6) 自力耕作漁牧林礦之所得，(7) 財產交易所得，(8) 競技競賽及機會中獎之獎金或給與，(9) 退職所得，(10) 其他所得。關於所得認定範圍以及所得額之計算分別說明如下：

✪ 個人免納所得稅之整理：

下列各種所得，免納所得稅：(所#4)

1. 傷害或死亡之損害賠償金，及依國家賠償法規定取得之賠償金。
2. 個人因執行職務而死亡，其遺族依法令或規定領取之撫卹金或死亡補償。個人非因執行職務而死亡，其遺族依法令或規定一次或按期領取之撫卹金或死亡補償，應以一次或全年按期領取總額，與第十四條第一項規定之退職所得合計，其領取總額以不超過第十四條第一項第九類規定減除之金額為限。
3. 公、教、軍、警人員及勞工所領政府發給之特支費、實物配給或其代金及房租津貼。公營機構服務人員所領單一薪俸中，包括相當於實物配給及房租津貼部分。
4. 依法令規定，具有強制性質儲蓄存款之利息。
5. 人身保險、勞工保險及軍、公、教保險之保險給付。
6. 中華民國政府或外國政府，國際機構、教育、文化、科學研究機關、團體，或其他公私組織，為獎勵進修、研究或參加科學或職業訓練而給與之獎學金及研究、考察補助費等。但受領之獎學金或補助費，如係為授與人提供勞務所取得之報酬，不適用之。
7. 各國駐在中華民國使領館之外交官、領事官及其他享受外交官待遇人員在職務上之所得。
8. 各國駐在中華民國使領館及其附屬機關內，除外交官、領事官及享受外交官待遇之人員以外之其他各該國國籍職員在職務上之所得。但以各該國對中華民國駐在各該國使領館及其附屬機關內中華民國籍職員，給與同樣待遇者為限。
9. 自國外聘請之技術人員及大專學校教授，依據外國政府機關、團體或教育、文化機構與中華民國政府機關、團體、教育機構所簽訂技術合作或文化教育交換合約，在中華民國境內提供勞務者，其由外國政府機關、團體或教育、文化機構所給付之薪資。
10. 個人出售土地（未採房地合一課徵所得稅者適用），或個人出售家庭日常使用之衣物、家具。
11. 因繼承、遺贈或贈與而取得之財產。但取自營利事業贈與之財產，不在此限。
12. 個人稿費、版稅、樂譜、作曲、編劇、漫畫及講演之鐘點費之收入。但全年合計數以不超過十八萬元為限。
13. 政府機關或其委託之學術團體辦理各種考試及各級公私立學校辦理入學考試，發給辦理試務工作人員之各種工作費用。

♦ 自中華民國79年1月1日起，證券交易所得停止課徵所得稅，證券交易損失亦不得自所得額中減除。（所#4-1）

- 依期貨交易稅條例課徵期貨交易稅之期貨交易所得，暫行停止課徵所得稅；其交易損失，亦不得自所得額中減除。（所 #4-2）
- 營利事業提供財產成立、捐贈或加入符合下列各款規定之公益信託者，受益人享有該信託利益之權利價值免納所得稅，不適用所 #3-2 及所 #4 第一項第十七款但書規定：
  1. 受託人為信託業法所稱之信託業。
  2. 各該公益信託除為其設立目的舉辦事業而必須支付之費用外，不以任何方式對特定或可得特定之人給予特殊利益。
  3. 信託行為明定信託關係解除、終止或消滅時，信託財產移轉於各級政府、有類似目的之公益法人或公益信託。

第一類：營利所得

營利所得共包含下列五類，其所得額列報之計算方式如下：

(一) 公司股東獲配之股利（現金股利與股票股利）：

1. 87 年 1 月 1 日～106 年 12 月 31 日

   股利總額 = 股利憑單所載股利淨額 + 可扣抵稅額

   　　可扣抵稅額 = 股利淨額 × 可扣抵稅額比率 × 50%（自 104 年起，可扣抵稅額減半）

2. 107 年 1 月 1 日之後

   - 個人居住者（內資股東）之股利所得課稅（現金或股票股利，股票股利為盈餘轉增資者，按面額計算），按下列兩種選擇稅負較低者適用：

   (1) 合併入營利所得計稅：股利併入綜合所得總額課稅，並按股利之 8.5% 計算可抵減稅額，抵減應納稅額，**每一申報戶**可抵減金額以 8 萬元為限。

   　　營利所得 = 領取之股利金額

   　　可抵減稅額 = Ⓐ 領取之股利金額（合併盈餘分配等之金額合計）× 8.5%
   　　　　　　　　Ⓑ 8 萬元
   　　　　　　　　Ⓐ、Ⓑ 取低者，抵減應納稅額

   (2) 分開按不同稅率計稅：股利按 28% 稅率分開計算稅額，與其他類別所得計算之應納稅額合併報繳。

   　　股利部份之應納稅額 = 領取之股利金額 ×28%
   　　　與其他類別所得計算之應納稅額合併報繳

- 個人非居住者(外資股東)不必按綜合所得申報計稅,因此,領取之股利所得按扣繳率21% 就源扣繳。(外資扣繳率原為 20%)

(二) **合作社社員或其他法人出資者所獲分配之盈餘總額**:同股利之計算。

(三) **獨資合夥組織營利事業**
- 小規模獨資合夥組織:**按當年度核定之營利事業所得額**列入獨資資本主或合夥人之營利所得。
- 一般獨資合夥組織:
  1. 104 年至 106 年:**按當年度核定營利事業所得額減去應納稅額之半數**作為獨資資本主或合夥人之營利所得(所 #71)
     = 當年度核定之營利事業所得額 −(營利事業全年應納稅額 × 50%)
  2. 107 年 1 月 1 日起,獨資合夥組織所得免徵營利事業所得稅,直接歸課出資人之綜合所得稅;亦即按當年度核定之營利事業所得額列入獨資資本主或合夥人之營利所得。

> **關於獨資合夥組織所得稅申報規定之整理**
>
> 獨資、合夥組織之營利事業**應依所 71 第 1 項規定辦理結算申報,無須計算及繳納其應納之結算稅額**;其營利事業所得額,應由獨資資本主或合夥組織合夥人依所 14 第 1 項第 1 類規定列為營利所得,依本法規定課徵綜合所得稅。
>
> 但其為小規模營利事業者,無須辦理結算申報,由稽徵機關核定其營利事業所得額,直接歸併獨資資本主或合夥組織合夥人之營利所得,依本法規定課徵綜合所得稅。(所 71)

(四) **個人一時貿易之盈餘**:個人銷售商品或提供勞務,及個人銷售飾金之行為,如屬非經常性交易,按銷貨收入的 6% 計算所得。

所得額 = 銷售額 × 6%

個人提供古董及藝術品在我國參加拍賣會,自 105 年 1 月 1 日起,所得計算方式為以下兩種方式:
1. 能提示足供認定交易損益之證明文件者,以交易時之成交價額減除原始取得之成本及因取得、改良及移轉該項資產而支付之一切費用後之餘額為所得額。
2. 未能提示足供認定交易損益之證明文件者,以拍賣收入按 6% 純益率計算課稅所得。

(五) **多層次傳銷事業之個人參加人,銷售商品或提供勞務給消費者**:自 105 年度起,其全年進貨累積金額在 77,000 元以下者,**免按**建議價格(參考價格)計算銷售額核計個人營利所得;全年進貨累積金額超過 77,000 元者,應就其超過部分計算零售利

潤。(財政部 2015.12.15 台財稅字第 10404684260 號令)

所得計算方法有:

1. 核實認定:個人參加人提供之憑證屬實者,可依收入減去成本費用計算營利所得。
2. 稽徵機關得依個人參加人之進貨資料按建議價格(參考價格)計算銷售額,依一時貿易盈餘之純益率 6% 核計個人營利所得課徵綜合所得稅。
3. 如查無參考售價,則參考參加人進貨商品類別,依當年度各該營利事業同業利潤標準之零售毛利率核算之銷售價格計算銷售額,再依一時貿易盈餘之純益 6% 核定所得額。

例如:個人參加人雷小姐 107 年度銷售商品予消費者,全年進貨累積金額 200,000 元,建議售價總額 260,000 元。雷小姐可在以下兩個所得額計算方法中選擇:

(1) 提供憑證核實認定營利所得。

(2) 稽徵機關得依其進貨金額超過 77,000 元之部分,按比率計算屬超過部分之建議價格,再依一時貿易盈餘之純益率 6% 核計其營利所得 9,594 元【即 $\frac{260,000}{200,000} \times (200,000 - 77,000) \times 6\%$】。

(六) 寄行計程車駕駛人之所得:自 84 年 1 月 1 日起得選擇比照有關個人經營計程車客運之課稅方式辦理,無須辦理營業登記,亦不課徵營業稅及營利事業所得稅,依稽徵機關查定之營業額標準,按擴大書面審核實施要點之純益率核算其營利所得,核課個人綜合所得稅。

(C) 經營個人計程車行之車資收入,應申報綜合所得總額之那一類所得?(**財稅專業證照題庫**)

(A)執行業務所得　(B)薪資所得　(C)營利所得　(D)利息所得

個人網路交易如何計算所得稅?

個人的網路交易主要可以分為三種類型:第一是出售個人的二手商品。第二是非經常性地在網路上銷售貨物。第三是以營利為目的,頻繁而經常性地進銷貨。以下就各情況分別說明:

第一:出售個人的二手商品

據所得稅法規定,個人出售家庭日常使用之衣物、家具,其出售所得免稅。因此,個人透過拍賣網站出售 (1) 自己使用過之二手商品;(2) 不適用而拍賣之全新或八成新的商品;(3) 他人贈送的物品等商品,均**不須課稅**。

但是，如果個人透過管道收購二手商品，再於網路銷售並賺取利潤，該行為即屬以營利為目的之網拍交易，仍須就所得部份申報納稅。

第二：個人非經常性地在網路上銷售貨物

若個人非經常性地於網路上拍賣商品，例如銷售自製之手工藝品等，是屬於一時貿易之所得，歸屬於營利所得，以收入的 6% 計算所得額，併入個人綜合所得計稅。

第三：以營利為目的，頻繁而經常性地進銷貨

個人以營利為目的，採進銷貨方式經營網路拍賣等網路交易，便應就所得申報繳納所得稅，但依據銷售額的多寡，又可以分為以下三種：

1. **平均每月銷售額低於八萬（銷售貨物）或四萬（銷售勞務）**
   (1) **不用**向國稅局辦理營業（稅籍）登記，也**不用**課徵營業稅，但是要在綜合所得稅中申報此交易所得。
   (2) 全年網路交易所得認列為營利所得，申報綜合所得稅。
   (3) 所得額的計算方式可以按實際收支認定；若未設帳且未保留相關憑證，則可比照一時貿易之盈餘以收入的 6% 計算所得。

2. **平均每月銷售額超過八萬（銷售貨物）或四萬（銷售勞務）但未達二十萬元者**
   (1) **要**向國稅局辦理營業（稅籍）登記，也**要**課徵營業稅，同時要在綜合所得稅中申報此交易所得。
   (2) 網路賣家自行向住（居）所或戶籍所在地的財政部各地區國稅局所屬分局、稽徵所、服務處辦理稅籍登記。
   (3) 銷售額依稅率 **1%** 由國稅局按季開徵營業稅。
   (4) 還須就**國稅局核定**之全年銷售額的 6% 計算營利所得，併入個人綜合所得稅課稅。

3. **平均每月銷售額超過二十萬元者**
   (1) **要**向國稅局辦理營業（稅籍）登記，也**要**課徵營業稅，同時要申報營利事業所得稅。如果是獨資或合夥組織，還要申報綜合所得稅。此情況每年銷售額已超過 240 萬元以上，具有相當經營規模，國稅局將核定其使用統一發票，稅率為 5%，但相關進項稅額可提出扣抵，且此類營業人必須每 2 個月向國稅局申報一次銷售額並自行繳納營業稅額。所得稅之申報，則視其經營型態為獨資、合夥之營利組織或公司而定。
   (2) 若納稅義務人為獨資、合夥之營利事業：
       自 107 年起免徵營利事業所得稅，直接按當年度之核定營利事業所得額，併入獨資資本主或合夥人之營利所得，計徵綜合所得稅。

(3) 若為公司型態，則以全年營利收入減除相關成本費用後為營利事業所得額，課徵 17%(99 年～106 年)或 20%(107 年起)之營利事業所得稅。

由前述規定可知，網路交易所得之課稅與否以及稅額多寡，是依據交易目的，交易的頻繁程度以及銷售額而定，實務上常見以團購網揪團購買商品，並以團購網交易平臺業者提供的團購憑證向店家預約取貨或訂位，這類的店家是透過團購網平臺銷售貨物或勞務，也是屬營業行為，依前述規定的金額決定營業登記的辦理以及營業稅所得稅的課徵情況。

第二類：執行業務所得

(一) 何謂執行業務者？

指律師、會計師、建築師、技師、醫師、藥師、助產士、著作人、經紀人、代書人、工匠、表演人及其他以技藝自力營生者。

執行業務所得之判定條件為：(1) 執行業務者在其自主原則下執行業務；(2) 執行業務者須自行負擔成本費用；(3) 執行業務者須負擔工作成敗責任；(4) 執行業務者須承擔風險自負盈虧。

(二) 執行業務所得額之計算

1. 核實認列（通知查帳）

執行業務所得 = 業務或演技收入 − 執行業務所產生必要的成本與費用

業務或演技收入，減除業務所房租或折舊、業務上使用器材設備之折舊及修理費，或收取代價提供顧客使用之藥品、材料等之成本、業務上雇用人員之薪資、執行業務之旅費及其他直接必要費用後之餘額為所得額；執行業務所得之計算，以**收付實現**（即現金收付制）**為原則**。

凡執行業務之執行業務者至少應設置日記帳一種，詳細記載其業務收支項目；業務支出，應取得確實憑證。

帳簿及憑證最少應保存**五年**；帳簿、憑證之設置、取得、保管及其他應遵行事項之辦法，由財政部定之。

執行業務者為執行業務而使用之房屋及器材、設備之折舊，依固定資產耐用年數表之規定。執行業務費用之列支，準用本法有關營利事業所得稅之規定；其帳簿、憑證之查核、收入與費用之認列及其他應遵行事項之辦法，按財政部定之「**執行業務所得查核辦法**」。

2. 書面審核（按書審純益率或前三年平均純益率核定所得額）

執行業務所得 = 業務或演技收入 × 書審純益率或前三年平均純益率

依「財政部綜合所得稅執行業務及其他所得申報案件書面審核要點」執行。執行業務者依法設帳、登記驗印，並依法辦理結算申報；且申報收入與稽徵機關蒐集收入資料相符，無逃漏稅收入等情事者。其申報或調整之純益率達各該行業規定之標準以上者，可逕按書審純益率或前三年平均純益率核定其所得額。

3. 財政部頒定之標準（部訂標準）

執行業務所得＝執行業務或演技收入之核定額×（1－核定費用率）

執行業務者若未依法辦理結算申報，或已申報但未依法設帳記載並保存憑證；或已申報並設帳，但未能提供證明所得額之帳簿文據者，依「財政部收入及費用標準核定之適用對象」決定執行業務或演技收入之核定標準（詳稽徵機關核算107年度執行業務者收入標準）或核定費用率（詳107年度執行業務者費用標準）決定執行業務所得額。

（三）稿費版稅等之所得計算

個人稿費、版稅、樂譜、作曲、編劇、漫畫及講演之鐘點費之收入免稅，但此免稅幅度有限額，以**全年合計數以不超過十八萬元為限**（所#4第1項第23類）。因此，個人稿費、版稅、樂譜、作曲、編劇、漫畫及講演之鐘點費之收入，在十八萬元以內免稅，但超過十八萬元的部份，可減除必要的成本與費用後，計入所得計算綜合所得稅。必要成本與費用的減除有兩種：

1. 核實認定

檢具成本及必要費用之憑證，減除後以其餘額申報為執行業務所得。

2. 部訂標準

如無法提供相關證明文件時，亦可參照財政部頒定之執行業務者費用標準，非屬自行出版者可減除30%、屬自行出版者減除75%的成本費用，以其餘額申報為執行業務所得，併入綜合所得總額計算稅額。

非自行出版之執行業務所得＝（稿費版稅收入總額－18萬元）×（1－30%）

自行出版之執行業務所得＝（稿費版稅收入總額－18萬元）×（1－75%）

（D）1. 劉先生今年共計獲得稿費300,000元（皆非自行出版），則當年申報綜合所得稅之課稅所得為何？（改自97會計師）
(A)營利所得84,000元　　(B)其他所得300,000元
(C)薪資所得120,000元　(D)執行業務所得84,000元

（B）2. 陳淑貞與李英雄夫妻綜合所得稅係採合併申報，陳淑貞有稿費收入15萬元及作曲收入12萬元，李英雄有版稅收入20萬元，依所得稅法相關規定，夫妻二人今年應課稅收入（尚未減除必要費用）為多少元？（102記帳士）
(A) 2萬元　(B) 11萬元　(C) 29萬元　(D) 47萬元
【解析】按個人稿費收入總額分別減除18萬元計算

(C) 3. 王吉祥與顏如意是夫妻，在今年度王吉祥的稿費收入為 20 萬元，漫畫收入 5 萬元；顏如意的版稅收入為 10 萬元，著作人費用標準為 30%，夫妻合併申報其執行業務所得為多少？（改自 104 普考）
(A) 0 元　(B) 14,000 元　(C) 49,000 元　(D) 119,000 元

(四) 多層次傳銷事業之業績獎金或各種補助費

個人因為下層直銷商向傳銷事業進貨或購進商品累積積分額（或金額）達一定標準，而自該事業取得的業績獎金或各種補助費，屬於**佣金收入**，認定為**執行業務所得**。所得額之計算：

1. **核實認定**：收入額減除直接必要費用後的餘額為所得額。
2. **部訂標準**：個人參加人如果沒有依法記帳及保存憑證，或不能提供證明所得額的帳簿文據者，則可適用財政部核定各該年度經紀人費用率（107 年度一般經紀人為 20%）減除其必要費用後計算所得額。

(C) 依所得稅法及其相關法規規定，多層次傳銷事業的個人參加人，因為下層直銷商向傳銷事業進貨或購進商品累積積分額（或金額）達一定標準，而自該事業取得的業績獎金，應申報為何類所得？（105 年會計師）
(A) 營利所得　(B) 薪資所得　(C) 執行業務所得　(D) 其他所得

(五) 公益彩券個人經銷商

公益彩券經銷商分為甲、乙兩類，甲類經銷商是銷售傳統型或立即型彩券，由身心障礙者、原住民或低收入單親家庭經營，因不是採營利事業組織型態經營，其經銷商銷售彩券之所得，應併計其綜合所得總額申報課稅。此種由個人銷售公益彩券所取得之批售折扣，即所謂**佣金收入**，屬所得稅法規定之**執行業務所得**，應課徵綜合所得稅。所得額計算方法有兩種：

1. 其所得應依所 #14 第 1 項第 2 類規定，依法設帳記載並取得相關憑證供稽徵機關核實認定其所得額。
2. 如未依規定設帳記載者，得以其收入減除財政部核定之各該年度一般經紀人費用率（107 年度公益彩券甲類經銷商為 60%）計算之必要費用後之餘額為所得額，計入個人綜合所得總額，課徵綜合所得稅。（財政部 89 年 9 月 4 日台財稅第 0890455700 號函）

第三類：薪資所得

(一) 範圍與例外

凡公、教、軍、警、公私事業職工薪資及提供勞務者之所得，以在職務上或工作上取得之各種薪資收入為所得額。包括：薪金、俸給、工資、津貼、歲費、獎金、紅利及

各種補助費。

惟以下列舉之支出項目，需視情況決定是否列入員工的薪資所得：

1. **伙食費**：每月 2,400 以內免稅。
2. **加班費**：員工每人每月可享 **46 小時內加班費免稅**的優惠；特定假日的加班費也免稅（不休假獎金），但須符合《勞基法》相關規定。
3. **出差之差旅費與日支費**：因執行職務而支領的差旅費、日支費，在稅法的**限額內**可免納所得稅。
4. **為員工投保團體保險**：營利事業為員工投保團體壽險，並由營利事業負擔保險費，以營利事業或被保險員工及其家屬為受益人，且列支保險費，則**每人每月在新臺幣 2,000 元以內之金額**，准予列報為營利事業費用，免被視為員工之薪資所得；超過部分則視為對員工之補助費，應轉列各該被保險員工之薪資所得。
5. **退休金或年金保險**：依勞工退休金條例規定自願提繳之退休金或年金保險費，合計在每月工資**百分之六**範圍內，不計入提繳年度薪資所得課稅；年金保險費部分，不適用第十七條有關保險費扣除之規定。
6. **員工旅遊**：
   (1) 舉辦全體員工均可參加的國內外旅遊所支付費用，不論營利事業有無依法成立職工福利委員會，均不視為員工薪資所得。
   (2) 現金定額補貼或僅招待特定員工：
      ① 該筆給付若屬職工福利委員會舉辦，則視為員工的其他所得；若超過職工福利金動支標準部份，由公司負擔時，屬公司舉辦，視為薪資所得。
      ② 營利事業未依法成立職工福利委員會時，該筆支付屬營利事業對員工之補助，認列為員工薪資所得。
7. **教育補助費**：以在校成績以及操行來決定是否取得補助者，如同獎學金性質者，則**免視為薪資所得**，否則一般情況下的教育補助費應併計員工的薪資所得。另員工參加進修課程，如國內大專院校之各項在職進修課程，如經查明確實屬於「因業務需要且經公司同意」，並出具公司證明者，其所領取「由公司給付的學分費及學費補助」，都可比照財政部「69 年 10 月 17 日台財稅第 38644 號」函，依所得稅法第 4 條第 1 項第 8 款規定，免納所得稅。
8. **健檢補助與醫療支出**：企業依勞工安全衛生法規定，支付員工定期健康檢查以及特定項目健康檢查費用（不包括體格檢查），將可列為職工福利，**不視為勞工薪資所得**。否則一般情況下，若只是補助員工健康檢查費用，則將視為員工薪資所得。員工若因執行職務所導致的傷病，公司依法需補償其必須的醫療費用，由於這筆費用具有「損害賠償」的性質，可免視為薪資而課稅，但若屬於普通傷病的補助費，則要列為

員工薪資所得。

9. **員工各項活動舉辦以及制服製作**：舉辦員工慶生會、年終晚會等員工活動所支付的費用，全部**免視為員工薪資所得**。

職工福利委員會給付員工的各項補助或禮品，如果**屬於「員工自提」**部分則**免納入**薪資所得；反之則應列入員工薪資。

公司職工福利委員會以職工福利金名義，補助員工購買或製作制服，如果確實屬於業務上的需要，則該項制服補助費用，**可不視為員工薪資**。

10. 政府機關或其委託之學術團體辦理各種考試及各級公私立學校辦理入學考試，發給辦理試務工作人員之各種工作費用，免納所得稅。

> **觀念釐清**
>
> 公私機關、團體、事業和各級學校，聘請學者、專家專題演講而發給的鐘點費為「講演鐘點費」，屬執行業務所得。而如果是開課或舉辦各項訓練班、講習會或其他類似性質的活動聘請授課人員講授課程所發的鐘點費屬於「授課鐘點費」（授課人員並不一定要具有教授、副教授、講師、助教或教員的身分），屬薪資所得。大學兼任教師之授課鐘點亦經大法官解釋確認為薪資所得。

(C) 1. 公司員工所領員工分紅股票，在申報綜合所得稅時，應列為何種所得？（98 會計師）
(A) 其他所得　(B) 營利所得　(C) 薪資所得　(D) 執行業務所得

(D) 2. 簡律師被某上市公司聘為法務部門主管，其按月所領之報酬，在申報綜合所得稅時該報酬應列為何種所得？（100 會計師）
(A) 其他所得　(B) 營利所得　(C) 執行業務所得　(D) 薪資所得

(B) 3. 甲公司為員工投保團體健康保險，每人每月保險費為 3,000 元，由甲公司負擔保險費，以被保險員工為受益人，下列何者正確？（105 高考）
(A) 全部視為對員工之補助費，轉列員工所得　(B) 每人每月保險費超過 2,000 元部分應轉列員工薪資所得　(C) 每人每月保險費超過 2,400 元部分應轉列員工其他所得　(D) 全數認定為公司保險費，無須轉列員工所得

(二) 薪資所得額之認定

1. 舊制（107 年以前）

以職務上取得之各種**薪資收入的金額**（**薪資所得給付總額**）認列薪資所得額。

薪資所得給付總額 ＝ 薪資所得給付淨額 ＋ 扣繳稅額

2. 新制（自108年起）

  方式一：一般情況

  薪資所得 = 職務上或工作上取得之各種薪資收入 − 薪資所得特別扣除額

  ※ 上式餘額為負數者，以零計算

  ※ 108年薪資特別扣除額，每人每年扣除數額為以200,000元為限。

  方式二：必要費用大於薪資特別扣除額者適用

  薪資所得 = 職務上或工作上取得之各種薪資收入 − 與提供勞務直接相關且由所得人負擔之必要費用

  ※ 採用此方式者不可再扣除薪資特別扣除額

  ※ 必要費用情況整理如下表：

  薪資所得舉證減除之特定費用項目說明

項目	內容	每人全年可減除限額
職業專用服裝費	職業所必需穿著之**特殊服裝或表演專用服裝**，其購置、租用、清潔及維護費用。 例如：模特兒治裝費、律師買法袍支出等	以從事該職業薪資收入總額之3%
進修訓練費	參加符合規定之機構開設職務上、工作上或依法令要求所**需特定技能或專業知識相關課程**之訓練費用 例如：勞工購買職業書籍、課程	薪資收入總額之3%
職業上工具支出	購置專供職務上或工作上使用書籍、期刊及工具之支出。但其效能非2年內所能耗竭且支出超過一定金額者，應逐年攤提折舊或攤銷費用 例如：貨運司機購買貨車或搜救人員購置個人安全裝備。	以從事該職業薪資收入總額之3%
認列原則	與提供勞務直接相關且必要，實質負擔，重大性，共通性。 各費用之適用範圍、認列方式、應檢具之證明文件、符合規定之機構、一定金額及攤提折舊或攤銷費用方法、年限及其他相關事項之辦法，由財政部定之。	

3. 若屬員工分紅配股，亦應認列為薪資所得，所得額之計算如下：

  個人取得員工紅利轉增資發行股票，於**交付股票日**按標的股票之**時價**計算員工**薪資所得**。「時價」是指：

  (1) 上市或上櫃股票：交付股票日之收盤價，交付股票日無交易價格者，為交付股票日後第一個有交易價格日之收盤價；

  (2) 興櫃股票：為交付股票日之加權平均成交價格，交付股票日無交易價格者，為交付股票日後第一個有交易價格日之加權平均成交價格。

(3) 其他未上市、未上櫃或非屬興櫃股票者,為交付股票日之前一年內最近一期經會計師查核簽證之財務報告每股淨值,交付股票日之前一年內無經會計師查核簽證之財務報告者,為依交付股票日公司資產淨值核算之每股淨值。

個案討論:第一名模的欠稅官司

　　第一名模因漏報92到94年度薪資所得1,730餘萬元,遭國稅局要求補繳684餘萬元稅額,並罰鍰135萬餘元(這部份法官裁定免罰)。名模認為她領取的是「執行業務所得」,可扣除45%的成本費用,但官司打到最高法院,仍遭判敗訴定讞;名模不服這樣的判決結果而聲請釋憲,但未獲大法官受理。大法官拒絕受理的理由在於,釋憲聲請書僅在爭執自己的收入不該列為薪資,未具體說出財政部函文哪裡違憲,因此決議不受理。

　　模特兒、演員等此類表演人之收入,一般情況下是屬於執行業務所得,可以扣除必要的成本與費用後申報所得額。而此個案第一名模的表演收入卻被法院判決認定為薪資所得,不能扣除相關的成本與費用(只能扣除薪資特別扣除額)。

　　此個案關鍵在於第一名模與經紀公司簽定的合約被認定是屬於「僱傭關係」,因此,名模的收入屬薪資所得。兩方簽定的經紀契約書的協議,反映出名模與公司之間,具有業務主屬關係(包括合約期間不得再行委託他人擔任經紀人,亦不得從事任何未經經紀公司允許或同意安排之演出及活動等等),又經紀公司將取得之收入依法開立發票予客戶,並將該收入及必要費用列報為經紀公司之營業收入及成本,不符合執行業務者須自負盈虧的情況。

　　根據財政部於98年11月24日發佈之台財稅字第09804571410號函釋,模特兒之收入符合下列要件時,即應屬執行業務所得:1.模特兒與經紀公司間不具僱傭關係;2.經紀公司未提供教育訓練;3.經紀公司未提供勞工保險、全民健康保險、及退休金等員工權益保障;4.模特兒委任經紀公司以(模特兒)本人名義與業主簽訂表演合約;5.模特兒自行負擔表演之成本及直接必要費用(包含給付經紀公司之佣金)。

※ 這個故事其實還有後續……後來另外一位名模提出了釋憲請求,導致大法官會議同時將名模們的相關案件一併討論,作出下述釋字第745號解釋,認定薪資所得不能像執行業務所得一樣扣除必要成本的規定是違憲的。

※ 自108年1月1日起,與提供勞務直接相關且由所得人負擔之必要費用准予扣除。(詳所#14)

最新發展

> **大法官解釋**
>
> | | |
> |---|---|
> | 解釋字號 | 釋字第 745 號【薪資所得未許實額減除費用是否違憲案】 |
> | 解釋公布院令 | 中華民國 106 年 2 月 8 日 院台大二字第 1060003592 號 |
> | 解釋爭點 | （一）薪資所得未許額減除費用是否違憲？
（二）財政部函釋認大學兼任教師之授課鐘點費屬由薪資所得，而非執行業務所得，是否牴觸租稅法律主義？ |
> | 解釋文 | 所得稅法第 14 條第 1 項第 3 類第 1 款及第 2 款、同法第 17 條第 1 項第 2 款第 3 目之 2 關於薪資所得之計算，僅許薪資所得者就個人薪資收入，減除定額之薪資所得特別扣除額，而不許薪資所得者於該年度之必要費用超過法定扣除額時，得以列舉或其他方式減除必要費用，於此範圍內，與憲法第 7 條平等權保障之意旨不符，相關機關應自本解釋公布之日起二年內，依本解釋之意旨，檢討修正所得稅法相關規定。
財政部中華民國 74 年 4 月 23 日台財稅第 14917 號函釋關於大專院校兼任教師授課鐘點費亦屬薪資所得部分，與憲法第 19 條租稅法律主義及第 23 條規定尚無牴觸。 |

資料來源：http://www.judicial.gov.tw/constitutionalcourt/p03_01_1.asp?expno = 745

依上述大法官解釋令【薪資所得未許實額減除費用是否違憲案】指出：薪資所得之計算，僅許薪資所得者就個人薪資收入，減除定額之薪資所得特別扣除額，而不許薪資所得者於該年度之必要費用超過法定扣除額時，得以列舉或其他方式減除必要費用，於此範圍內，與憲法第 7 條平等權保障之意旨不符，相關機關應自本解釋公布之日起二年內，依本解釋之意旨，檢討修正所得稅法相關規定。

第四類：利息所得

(一) 範圍

凡公債、公司債、金融債券、各種短期票券、存款及其他貸出款項利息之所得：

1. 公債包括各級政府發行之債票、庫券、證券及憑券。
2. 有獎儲蓄之中獎獎金，超過儲蓄額部份，視為存款利息所得。
3. 短期票券指期限在一年期以內之國庫券、可轉讓之銀行定期存單、公司與公營事業機構發行之本票或匯票及其他經目的事業主管機關核准之短期債務憑證。

(二) 課稅方式

1. 分離課稅（所 #14-1）

此類利息所得**不需併入**綜合所得總額申報計算所得稅額，而是採就源扣繳的方式，在所得發生時按一定比率之稅率（多採單一稅率）計算所得稅額並扣繳稅款。由於是與

綜合所得合併計算所得額的方式不同,而是單獨就各筆所得發生時加以課稅,故稱之為「分離課稅」。

分離課稅之利息所得有以下情形。相關的扣繳率則為**居住者按 10%,非居住者按 15% 扣繳率扣繳。**

(1) 短期票券到期兌償金額超過首次發售價格部份之利息。
(2) 依金融資產證券化條例或不動產證券化條例規定發行之受益證券或資產基礎證券分配之利息。
(3) 公債、公司債或金融債券之利息。
(4) 以前三款之有價證券或短期票券從事附條件交易,到期賣回金額超過原買入金額部分之利息。

(B) 1. 以下何種所得不計入個人所得總額:(103 普考)
　　(A)大陸地區所得　(B)短期票券利息所得　(C)租賃所得　(D)股利所得

(A) 2. 依現行所得稅法規定,申報年度綜合所得稅時,下列何種所得需併入個人綜合所得總額中課稅?(改自 103 會計師)
　　(A)多層次傳銷事業參加人所獲取之業績獎金　(B)與銀行從事結構型商品之交易所得　(C)期貨交易所得　(D)短期票券利息所得

2. 免稅

(1) 依法令規定,具有強制性質儲蓄存款之利息。
(2) 依郵政儲金匯兌法第 20 條規定,本金在 100 萬以內之存簿儲金利息,應免一切稅捐。惟適用上須注意,由於郵局儲金分為存簿儲金、定期儲金及劃撥儲金等三種,利息**免稅之部份僅限存簿儲金之存款利息**。

3. 應稅利息所得──計入綜合所得總額中之利息

(1) 貸款給他人所取得之利息
(2) 金融機構存款或郵局定期儲金及劃撥儲金之利息
(3) 有獎儲蓄中獎獎金超過儲蓄額之部份
(4) 儲蓄性質信託資金收益

> **問題探討**
>
> ✪ **何謂短期票券？**
>
> 　　短期票券係指期限在一年以內之票券，種類包括：國庫券（TB）、銀行可轉讓定期存單（NCD）、銀行承兌匯票（B/A）、商業本票（CP）、資產基礎商業本票（ABCP）。對於短天期的閒置資金而言，投資票券的利息收入較一般活期存款為高，而且採分離課稅，稅率居住者按10%，非居住者按15%，對於適用稅率較高，且超過27萬儲蓄投資特別扣除額的個人來說，是一個不錯的短期資金操作商品。
>
> ✪ **何謂有獎儲蓄中獎獎金？**
>
> 　　民國38年政府進行金融改革，但當時的經濟與金融體系仍不穩定，為了充裕國庫資金，前省政府於民國39年委託臺灣銀行發行「節約救國有獎儲蓄獎券」，頭獎獎金1萬元，沒有中獎者可於2年後贖回本金；但因所有利息已充作中獎獎金，所以並無利息可支領；因此中獎獎金就如同利息的方式予以課稅。
>
> 　　目前尚有發行的儲蓄獎券是「軍人有獎儲蓄獎券」，採記名方式，區分為1萬元及10萬元面額，存期1年，可連續兌獎12次，期滿按面額還本。

第五類：租賃所得及權利金所得

(一) 範圍

租賃所得包括：

1. 租金收入與出典典價：財產出租之租金所得、財產出典典價經運用而產生之收入，因設定定期的永佃權和地上權而取得的各項收入
2. 押金或典價之設算利息：財產出租所收的押金或類似押金的款項所設算之利息，亦即若有收取押金或取得典價者，應按當地銀行業通行之一年期存款利率（即郵政儲金一年期定期儲金固定利率），計算利息收入，併計入租金收入中。但出典人能確實證明該項典價之用途，並已將運用所產生之所得申報者不在此限。
3. 承租人代出租人繳納之大樓或停車位管理費，以及修理費或擴建費等，應視為出租人之租金收入；至於水電費、電話、網路、保全連線費、有線電視費及瓦斯等費用，係承租人使用所衍生之費用，非屬出租人之租賃所得。

權利金所得包括：專利權、商標權、著作權、秘密方法及各種特許權利，供他人使用而取得之權利金所得。

(二) 所得額之計算

1. **核實認定：按實際收入與費用核實認列所得**

　　係以全年租賃收入或權利金收入，減除必要損耗及費用後之餘額為所得額。若是出租

房屋可列舉的損耗及費用包括：折舊、修理、地價稅、房屋稅及其附加捐、產物保險及向金融機構貸款購屋之借款利息等。

2. **部訂標準**

若沒有能夠提出確實的損耗及費用的證據者，可按財政部訂立的「財產租賃必要損耗及費用標準」，作為計算必要損耗及費用之依據。[1]

以出租房屋為例，可按租金收入的 43% 認列費用：

$$租賃所得 = 全年租金收入 \times (1 - 43\%)$$

以出租土地（非農地）為例，可減除之費用為地價稅：

$$土地租賃所得 = 全年租金收入 - 地價稅$$

出租農地者：出租人負擔水費者減除百分之三十六；不負擔水費者可減除百之三。

出租林地：出租人負擔造林費用或生產費用者減除百分之三十五；不負擔造林費用者，其租金收入額全數作為租賃所得額。

3. 租金收入之水準較一般行情為低者，國稅局得參照當地一般租金行情調整認定租金收入。

> 補充：押金設算利息之計算：假設租金收入 400,000 元，押金 100,000 元，當地銀行通行之一年期存款利率 1.5%，則押金設算利息為 100,000 元 × 1.5% = 1,500 元，須併計入租金收入課稅，亦即按 401,500 元計算租金收入。若採用部訂標準則此筆租賃收入應認列之所得為 401,500 × (100% − 43%) = 228,855。

(B) 張先生 106 年將房屋出租預收一年租金 36 萬元，押金 9 萬元，一年期存款利率為 1.2%，107 年 4 月 30 日租期屆滿退回押金 9 萬元，依所得稅法相關規定，則張先生辦理 107 年度綜合所得稅結算申報時，應申報租金收入（尚未減除必要費用）為多少元？（改自 102 記帳士）

(A) 0 元　(B) 360 元　(C) 12 萬元　(D) 12 萬 360 元

【解析】107 年未收租金，故僅設算押金利息，認列為租金收入：

$$90,000 \times 1.2\% \times \frac{4}{12} = 360$$

---

[1] 財產租賃必要損耗及費用標準可以詳
https://www.ntbsa.gov.tw/etwmain/web/ETW118W/CON/2398/8450205890565447866

問題探討

✪ 免費租房子給別人使用，因為沒有租金收入，是不是就不用列入所得課稅？

一、無償提供房屋給本人、配偶或直系親屬作 (1) 非營業用 (2) 行號或執行業務使用，因視同自用，所以可以不用設算租金收入。

二、無償提供房屋供其他第三人使用，作非營業用者，需訂有無償借用的租賃合約，且有第三人證明並且經由法院公證，證明確實免費供對方使用者，也可以不用設算租金收入。

除了以上兩種情況之外，即使不收租金無償借給別人使用，還是要參照當地一般租金行情，設算租金收入，列入所得課稅。

✪ 出租、出典與抵押房/地之比較？

擁有房/地的所有權人需要錢，但又不想賣房/地的時候，有幾種方式可以選擇：

第一，是將房/地設定抵押權，向銀行借錢，好處是房子仍由原所有權人在使用並持有，「抵押權」的設定是用來「擔保債權」。

第二，是將房/地出租，原所有權人(出租人)收取房租，並提供房/地給承租人，承租人對房/地取得「占有」、「使用」及「收益」的權利；屬債權行為。

第三，是將房/地出典，原所有權人(出典人)收取典價，並提供房/地給承典人，承典人對房/地取得「占有」、「使用」及「收益」的權利；屬物權行為，必須登記才生效力。這種就好比將此不動產「當」掉一樣，改天有錢再將其贖回。出典就是把不動產設定給別人使用；典價就是把不動產設定給別人使用時，所收取的金錢。設定典權期間，出典人要賣不動產時，典權人有留買權。

✪ 公益出租人之租金收入減免

「住宅法」增訂符合條件者的租金收入，每屋每月享有不超過1萬元免稅額，將自107年5月**申報106年度綜合所得稅時首度實施**。此規定實施年限為五年，其年限屆期前半年，行政院得視情況延長之，並以一次為限。

享有租金收入免稅額者，是指下列兩者：

1. 公益出租人，符合住宅法#15，出租房子給依本法規定接受主管機關租金補貼或其他機關辦理之各項租金補貼者。

    獎勵內容：**每屋每月**租金收入免稅額度以不超過**1萬元**為限，超過限額者，申報租金收入總額。

例如：某甲為「公益出租人」，107年度出租一屋，每月租金收入2萬元，全年租賃收入總額24萬元，減除12萬元免稅額後，列報租賃收入12萬元。

2. 符合住宅法 #23 規定的單位使用者，住宅所有權人依 #19 第一項第五款、第六款或第二項第四款規定，將住宅出租予主管機關、租屋服務事業轉租及代為管理，或經由租屋服務事業媒合及代為管理作為居住、長期照顧服務、身心障礙服務、托育服務、幼兒園使用。

獎勵內容：

(1) 住宅出租期間所獲租金收入，免納綜合所得稅。但每屋每月租金收入免稅額度不得超過新臺幣一萬元。

(2) 住宅出租期間之租金所得，其必要損耗及費用之減除，住宅所有權人未能提具確實證據者，依應課稅租金收入之 60% 計算。

例如：某乙若符合前述住宅法 #23 規定，全年租金收入 36 萬元，未能提出損耗及費用的確實證據者，全年租金收入總額可扣除 12 萬免稅額，並再按收入額之 60% 認列費用，故租賃所得＝（36 萬－12 萬）×（1－60%）＝9.6 萬元。

第六類：自力耕作、漁、牧、林、礦之所得

全年收入減除成本及必要費用後之餘額為所得額。自民國 78 年迄今，農民自力經營者，可減除之成本及必要費用標準設定為 **100%**。

第七類：財產交易所得

(一) 範圍

依所 #9 指出，財產交易所得及財產交易損失，係指納稅義務人並非為經常買進、賣出之營利活動而持有之各種財產，因買賣或交換而發生之增益或損失。

所有有價財產交易原則上應認列為財產交易所得，實務上包括以下幾種財產之交易所得（或損失）：房屋（**不適用房地合一者**；房地合一課稅規定請詳本章後續有專節說明）、預售屋、黃金存摺、投資外幣存款之匯兌收益、出售未發行股票之公司股份及股權、轉讓高爾夫球證利益、古董、珠寶、請求權與權利、無形資產以及轉售網路虛擬寶物、遊戲點數等。

不屬於此項所得計算之列的財產交易包括：土地（因課徵土地增值稅）、出售自用汽車（免稅）、股票等有價證券（自 105.1.1 起停徵證券交易所得稅）。

財產交易損失之扣除（財產交易損失特別扣除額）：上述財產交易所得如有損失，得自當年度財產交易所得中扣除，當年度無財產交易所得可資扣除，或扣除不足者，得自以後**三年度**之財產交易所得扣除。

財產交易所得免稅之項目：

1. 個人出售土地之交易所得，因已課徵土地增值稅，因此免徵所得稅。

2. 個人出售家庭日常使用之衣物、家具，其交易之所得免徵所得稅。
3. 自中華民國七十九年一月一日起，證券交易所得停止課徵所得稅，證券交易損失亦不得自所得額中減除。（所 #4-1）
4. 依期貨交易稅條例課徵期貨交易稅之期貨交易所得，暫行停止課徵所得稅；其交易損失，亦不得自所得額中減除。（所 #4-2）

(A) 1. 個人在網路上玩線上遊戲取得的寶物，轉售給他人而取得之報酬，在課徵綜合所得稅時，應列為下列何種所得？（106 身障特考三等）
　　(A) 財產交易所得　　　　　　　　(B) 營利所得
　　(C) 競技競賽及機會中獎之獎金或給與　(D) 其他所得

(C) 2. 柯先生出售家中已使用 5 年之自用舊車，獲利 10,000 元，依所得稅法規定，應如何申報綜合所得稅？（99 會計師）
　　(A) 屬應稅財產交易所得　　　　(B) 屬應稅營利所得
　　(C) 屬免稅財產交易所得　　　　(D) 屬免稅營利所得

(二) 財產交易所得額之計算

財產或權利原為出價取得者：
所得額 = 交易時之成交價額 − 原始取得之成本 − 因取得、改良及移轉該項資產而支付之一切費用

財產或權利原為繼承或贈與而取得者：
所得額 = 交易時之成交價額 − 繼承或受贈與時該項財產或權利之時價 − 因取得、改良及移轉該項資產而支付之一切費用

1. 個人出售房屋之房屋交易所得計算，有以下兩種；房屋交易所得之歸屬年度**以房屋所有權移登記日之所屬年度為準**。

　A、**核實認定**：按實際收入與費用核實認列所得，亦即：

　房屋交易所得 =
　　　實際售屋收入　　　　← 依合約議定之房屋出售價格
　減：房屋購入時之支付價金　← 買入則依合約價格；
　　　　　　　　　　　　　繼承或受贈取得者則按繼承或受贈時的房屋評定現值（自 106 年 3 月起，配偶相互間贈與不動產，於配偶出售時，其成本可用受贈前一次配偶的原始取得成本計算）[2]

---
[2] 配偶相互贈與可以參考 http://www.chinatimes.com/newspapers/20170307000134-260205

減：使房屋達可使用的狀態　← 契稅、印花稅、代書費、規費、仲介費、公證費等取得之必要費用
　　　　　　　　　　　　　　房屋取得前向金融機構借款的利息
　　　　　　　　　　　　　　可以增加房屋效能的支出
　　　　　　　　　　　　　　裝潢費、房屋修繕、水電衛浴工程等非兩年內所能耗竭的增置改良支出

減：移轉費用　　　　　　　← 仲介費、廣告費、清潔費、搬運費

不得列為成本或費用減除項目，包括取得房屋所有權後以及在出售前，所繳納的房屋稅、管理費及清潔費、金融機構借款利息等，都是屬於使用期間的相對代價。

實務問題

✪ 實務上的房屋交易合約，多半未區別土地與房屋的價格分別為多少，此時應如何計算出房屋部份的交易所得呢？

$$房屋部份之交易所得 = (房地售出總價 - 房地買進總價 - 出售房地之相關費用) \times \frac{房屋評定現值}{土地公告現值 + 房屋評定現值}$$

B、部訂標準

(1) **豪宅**：原則上應採核實認定計算財產交易所得，但若**稽徵機關僅查得，或納稅義務人僅提供交易時之實際成交金額**，而無法證明原始取得成本，符合下列情形之一者，應以查得之實際房地總成交金額，按出售時之房屋評定現值占公告土地現值及房屋評定現值總額之比例計算歸屬房屋之收入，再以該收入之15%計算其出售房屋之所得額：

● 如何認定豪宅？
　a. 台北市，房地總成交金額7千萬元以上。
　b. 新北市，房地總成交金額6千萬元以上。
　c. 臺北市及新北市以外地區，房地總成交金額4千萬元以上

● 豪宅如何計算房屋交易所得？
出售成交金額以及地區符合前述情況者，其所得額之計算方法為：

$$房屋交易所得 = 實際房地售出總成交金額 \times \frac{房屋評定現值}{土地公告現值 + 房屋評定現值} \times 15\%$$

(2) **一般非豪宅者**：無法提供實際成交金額或原始取得成本之資料者，又不適用前述（豪宅）之情況者，則依下列方式計算所得：

房屋交易所得 ＝ 房屋評定現值 × 依售屋當年公告之「出售房屋財產交易所得標準」[3]

2. **個人出售預售屋之所得計算**：僅能核實認定

預售屋交易所得 ＝ 出售收入 － 購入成本及換約手續費

綜合範例

✪ **出售房屋**：雷小姐於107年售出台北市文山區公寓一戶（不符合豪宅標準），因為不適用房地合一之課稅規定，但需要計算財產交易所得，於次年申報時併入綜合所得總額計算個人所得稅。依據雷小姐所能保存與收集之資料，雷小姐之房屋交易所得之計算方式分別如下：

● **情況一：未保存實際成交金額或原始取得成本之資料**

雷小姐因沒有學過稅法，完全不知道，賣房屋還要繳所得稅，因此，資料保管不完整，於次年報稅時，已無法找得到相關買入與售出之證明文件與憑證，此時出售房屋之交易所得為：房屋評定現值 × 依售屋當年公告之「出售房屋財產交易所得標準」。房屋評定現值則可依出售年度房屋稅申報書上所載之房屋現值資料或向台北市當地主管的稅捐稽徵處申請，經查房屋評定現值為50萬元。至於出售房屋財產交易所得標準則可查詢「107年度個人出售房屋之財產交易所得計算規定」按41%計算。依據上述查詢所得之資料，雷小姐之售屋所得為：

50萬元 × 41% ＝ 20萬5千元

● **情況二：可提供房屋的實際成交金額、原始取得成本以及相關費用之資料**

雷小姐因為在大學時代曾修過稅法，知道購屋與賣屋時均須保存合約記錄（房屋與土地之價款分開標示）以及相關憑證，可以依據核實認定的方法來計算。雷小姐售屋價格為700萬元，而購屋成本為450萬元，買入時契稅、印花稅、代書費、規費、監證或公證費、仲介費共計25萬元，持有十年中間在這個房屋上面花了裝潢費150萬元、房屋貸款利息72萬元，出售時又支付了仲介費、清潔費等共計18萬元。因此雷小姐的售屋所得為：

700萬元 －（450萬元 ＋ 25萬元 ＋ 150萬元 ＋ 18萬元）＝ 57萬元

---

[3] 出售房屋財產交易所得標準標準可詳
https://www.ntbsa.gov.tw/etwmain/web/ETW118W/CON/2398/8450205890565447866

注意：持有房屋期間的利息支出以及管理費、房屋稅等是不能作為成本費用扣除。

提醒：只要知道房屋成本者，應核實申報房屋交易所得，若故意隱瞞而採用房屋評定現值法（部定標準），一旦經國稅局追查，將補稅且處以差額的 **0.5~2 倍罰鍰**。

上述兩種情況看來，保存憑證似乎較為不利，但事實上並非如此。例如：雷小姐特別重視居家裝潢，因此，裝潢就花了 250 萬元，同樣的情況下，會變成有財產交易損失的情況發生：700 萬元 －（450 萬元 + 25 萬元 + 250 萬元 + 18 萬元）＝ －43 萬元；但此類損失認列為「財產交易損失特別扣除額」，僅能就當年度財產交易所得額中抵減，若當年無財產交易所得可以抵扣，則可於未來三年有財產交易所得時抵扣。

重點是，保存的憑證是要國稅局認可的，除了買賣合約之外，相關費用應提供統一發票或正式收據，寫有買受人姓名以及房屋地址等。

● **情況三**：可提供實際成交金額、原始取得成本以及相關費用，但為房屋與土地合併之價格

雷小姐在大學時代雖曾修過稅法，但因為畢業已久印象模糊，只知道要購屋與賣屋時均須保存合約記錄以及相關憑證，但卻忘了財產交易所得僅針對房屋課稅，因此，買賣時協議的合約價款是房屋與土地合併的價格。雷小姐出售房地的價格為 2,350 萬元，而購買房地的成本為 1,500 萬元，若是採核實認定的方法來計算，則還需要區隔出房屋的價款，因此，若其他相關費用同情況二，該土地出售時的公告現值為 180 萬元，房屋的評定現值為 50 萬元，則雷小姐之售屋所得為：

$$(2{,}350 \text{ 萬元} - 1{,}500 \text{ 萬元} - 25 \text{ 萬元} - 150 \text{ 萬元} - 18 \text{ 萬元}) \times \frac{50 \text{ 萬元}}{180 \text{ 萬元} + 50 \text{ 萬元}}$$

= 1,428,260 元

✪ **個人買賣房地的相關租稅**：實務上個人售屋大多是房屋連同土地一起出售，其所涉及的租稅包括：

一、賣方：**所得稅**（舊制的財產交易所得，併入個人綜合所得計算稅額；或新制的房地合一所得稅制）、**土地增值稅**。

二、買方：**契稅、印花稅**。

✪ **個人持有房地的相關租稅**：持有房屋每年需繳納**房屋稅**，持有土地每年需繳納**地價稅**。

> ⊙ **出售預售屋**：雷小姐於108年售出台北市文山區預售屋一戶，如何計算財產交易所得呢？
>
> 預售屋因房屋尚未建設完成，與前述出售房屋的情況並不相同，出售房屋是實體物權的移轉；而出售預售屋，則屬契約權利的移轉。一般房屋買賣有房屋評定現值可當作售屋所得依據，但預售屋沒有房屋現值（房子還沒蓋好），必須採核實課稅。雷小姐於108年2月與建商簽訂預售屋買賣契約，支付訂金及頭期款120萬元，並於同年5月將該契約轉讓與風先生，出售金額為180萬元。因此雷小姐的財產交易所得為180萬元 − 120萬元 = 60萬元

3. **黃金存摺買賣黃金之所得**計算：出售時之成交價額減除取得成本及相關費用後之餘額為所得額；至於黃金出售之成本認定，除可採個別辨認法外，亦可採用其他一致而有系統之方法例如先進先出法、加權平均法、移動平均法等方法計算。

4. **個人投資外幣存款產生之匯兌收益**：外幣存款之收益來源有兩個部份，一部分是本金所衍生的利息所得，另一部份是因存入和提出時點不同，匯率波動所產生之匯兌收益，此匯兌價差部分，屬財產交易所得，須在所得發生年度申報。

5. **出售未發行股票之公司股份及股權**：未發行股票之（股份）有限公司股東或有限公司的股權，轉讓股份或股權是屬於財產交易，由於轉讓股份或出資額時所出具之「股份轉讓證書」或「股份過戶書」，並非轉讓「證券」，故不須課徵證券交易稅，亦無證券交易所得稅免稅之適用，僅須就此交易所得申報財產交易所得。

6. **轉讓高爾夫球證利益**：由於大多數高爾夫球場係採會員制，參加人須先繳交一筆價金加入會員，取得高爾夫球證後，方能入場打球；此高爾夫會員證若有轉讓，其所得歸屬於財產交易所得。

7. **以技術等無形資產作價抵充出資股款**：該無形資產抵充出資股款之金額超過其取得成本部分，屬財產交易所得；嗣後股票轉讓時，其所得應屬所#4-1規定，停徵之證券交易所得。

(C) 李四於民國106年度擁有我國戶籍，但自105年12月1日離境至大陸工作後，106年間未再入境，其106年10月以100萬元出售祖傳草藥秘密配方（無登記、註冊）予日本甲公司，關於此項交易之所得類型、來源地，下列敘述何者正確？（改自103地特五等）
(A) 財產交易所得、中華民國來源所得　(B) 權利金所得、中華民國來源所得　(C) 財產交易所得、非中華民國來源所得　(D) 權利金所得、非中華民國來源所得

第八類：競技、競賽及機會中獎之獎金或給與

(一) 範圍
凡參加各種競技比賽及機會中獎之獎金或給與皆屬之。例如：電視、電臺所舉辦的競賽，有獎猜謎等活動；各機關、團體在報章雜誌所刊登的徵文比賽、常識測驗比賽；各種體育協會或社團舉辦的各項運動比賽、技藝、智能比賽等活動，以及統一發票中獎獎金等等都是。

(二) 所得額之計算
1. 參加競技、競賽所支付之必要費用，准予減除。
2. 參加機會中獎所支付之成本，准予減除。
3. 中獎若是以獎品發給，則給獎單位應按照購買獎品的統一發票或收據，或自行生產的成本金額計算所得額。

(三) 分離課稅
政府舉辦之獎券中獎獎金，包括統一發票、公益彩券中獎獎金等，採**分離課稅**，居住者與非居住者皆依 20% 之稅率扣繳稅款外，不併計綜合所得總額。前述分離課稅獎金每聯或每注**不超過 5,000 元**者，免予扣繳。

(B) 1. 下列有關我國競技、競賽及機會中獎獎金或給與之敘述，何者錯誤？（改自 101 記帳士）
  (A) 樂透彩每聯（組、注）中獎獎額不超過新臺幣 5,000 元者，免予扣繳 (B) 樂透彩每聯（組、注）中獎獎額超過新臺幣 5,000 元者，就其超過部分扣取 20% 之所得稅 (C) 政府舉辦的機會中獎之獎金，採分離課稅 (D) 非政府舉辦之一般中獎所得須併入所得總額中，以結算申報課稅

(C) 2. 依所得稅法之規定，個人下列何項所得應併計綜合所得總額計算？（103 地特五等）
  (A) 統一發票中獎獎金 (B) 個人海外所得 100 萬元以上 (C) 參加連鎖超商摸彩活動中獎，已扣繳之獎金 (D) 告發或檢舉獎金

實務問題

參加不同機構舉辦的獎項中獎，稅負不一定相同！

參加政府舉辦的獎券中獎，例如：大樂透、統一發票等活動，獎金每聯或每注不超過 5,000 元者，不用扣繳也不用課稅；超過 5,000 元者，則按 20% 的稅率扣繳。

運氣超好的雷小姐（居住者），統一發票中獎 1,000 萬元，按 20% 分離課稅，繳稅 200 萬元後，剩下 800 萬元就可以由雷小姐自行運用，不必併計到綜合所得總額計算；當然已繳的 200 萬元的稅也不可以在申報綜合所得稅時扣繳，算起來此筆所得稅負總計為 200 萬元。

　　但是，雷小姐如果參加的是百貨公司週年慶活動，同樣中獎 1,000 萬元，則必須由給付獎金的百貨公司先扣繳 10% 的稅額（即 100 萬元，若得獎人為非居住者則按 20% 扣繳），在申報綜合所得稅時，此筆中獎獎金 1,000 萬元（不是實拿的 900 萬元）還須併入綜合所得之競技、競賽及機會中獎獎金之所得項目中，計算稅額；此時，若雷小姐的綜合所得稅率是 40%，則此筆獎金的稅負是 1,000 萬元 × 40% = 400 萬元，再扣除已扣繳的稅款 100 萬元，還要再繳稅 300 萬元，此筆所得的稅負總計為 400 萬元。

第九類：退職所得

(一) 範圍

　　個人領取之退休金、資遣費、退職金、離職金、終身俸、非屬保險給付之養老金及依勞工退休金條例規定辦理年金保險之保險給付等所得。

　　但個人歷年自薪資所得中自行繳付之儲金或依勞工退休金條例規定提繳之年金保險費，於提繳年度已計入薪資所得課稅部分及其孳息，則不列入。

(二) 所得額之計算

1. 一次領取者，其所得額之計算方式如下，退職服務年資之尾數未滿六個月者，以半年計；滿六個月者，以一年計。
   (1) 一次領取總額在 18 萬元（適用於 106-108 年；102-105 年度為 17.5 萬元）乘以退職服務年資之金額以下者，所得額為零。
   (2) 超過 18 萬元（或 17.5 萬元）乘以退職服務年資之金額，未達 36.2 萬元（適用於 106-108 年；102-105 年度為 35.1 萬元）乘以退職服務年資之金額部分，以其半數為所得額。
   (3) 超過 36.2 萬元（或 35.1 萬元）乘以退職服務年資之金額部分，全數為所得額。
2. 分期領取者，以全年領取總額，減除 78.1 萬元（適用於 106-108 年；102-105 年度為 75.8 萬元）後之餘額為所得額。
3. 兼領一次退職所得及分期退職所得者，前二款規定可減除之金額，應依其領取一次及分期退職所得之比例分別計算之。
4. 前述退職所得減免幅度，每遇消費者物價指數較上次調整年度上漲達 3% 以上時，按

上漲程度調整之。調整金額以**千元**為單位，未達千元者按百元數四捨五入。消費者物價指數是以行政院主計處公布至上年度 10 月底止，十二個月的平均消費者物價指數計算之。

統整說明

		106-108 年	102-105 年
一次領取	全部免稅	小於 18 萬元 × N	小於 17.5 萬元 × N
一次領取	半數免稅	超過 18 萬元 × N 但未達 36.2 萬元 × N	超過 17.5 萬元 × N 但未達 35.1 萬元 × N
一次領取	全數課稅	超過 36.2 萬元 × N	超過 35.1 萬元 × N
分期領取	分期領取	78.1 萬元	75.8 萬元

註：N 為退職服務年資

(1) 全部一次領取

全部免稅	半數免稅	全數課稅
	18 萬元 × N	36.2 萬元 × N

(2) 一次領取占全部退休金比例為 r，分期領取占 (1 − r)

① 一次領取

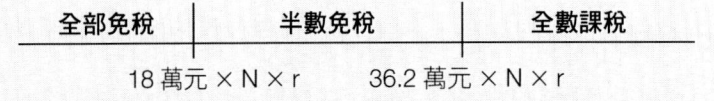

全部免稅	半數免稅	全數課稅
	18 萬元 × N × r	36.2 萬元 × N × r

② 分期領取

分期領取之應申報所得額 = 當年收入總額 − 78.1 萬元 ×(1 − r)

當年度同時有分期領取與一次領取之應申報所得稅額 = ① + ②

(3) 全部分期領取：

全部分期領取應申報所得額 = 年收入總額 − 78.1 萬元

綜合範例

1. 雷婆婆於 108 年 2 月 1 日於臺北公司退休，其服務年資為 25 年 4 個月，試按下列情況計算應申報之應課稅退職所得額為何？

   (1) 退休時一次領取退休金為 400 萬元。
   (2) 退休時一次領取退休金為 600 萬元。
   (3) 退休時一次領取退休金為 1,000 萬元。

【解析】
(1) 18 萬元 × 25.5 = 459 萬元 > 400 萬元 ➔ 申報所得額為 0 元
(2) 600 萬元 − 459 萬元 = 141 萬元
141 萬元 × 1/2 = 70.5 萬元 ➔ 申報所得額為 70.5 萬元
(3) 36.2 萬元 × 25.5 = 923.1 萬元
1,000 萬元 > 923.1 萬元
1,000 萬元 − [459 萬元 + (36.2 萬元 − 18 萬元) × 25.5 × 1/2]
= 308.95 萬元 ➔ 申報所得額

2. 雷公公於 108 年 2 月退休，服務年資為 30 年，試計算下列情況，申報之應課稅之退職所得額為何？
   (1) 領取月退俸，每月領取 7 萬元。
   (2) 退休時一次領取 1,000 萬元，又 108 年分期領取金額共 100 萬元，其分期領取之現值與一次領取的比例為 6：4。

【解析】
(1) 7 萬元 × 12 − 78.1 萬元 = 5.9 萬元 ➔ 申報所得額為 5.9 萬元
(2) 一次領取：1000 萬元 − [18 萬元 × 30 × 40% + (36.2 萬元 − 18 萬元) × 30 × 1/2 × 40%] = 1000 萬元 − 325.2 萬元 = 674.8 萬元
分期領取：100 萬元 − 78.1 萬元 × 60% = 53.14 萬元
674.8 萬元 + 53.14 萬元 = 727.94 萬元 ➔ 申報所得額為 727.94 萬元

(A) 3. 王小明原任職國內某私立小學，於今年 10 月 1 日退休，服務年資滿 30 年並一次領取退休金 520 萬元，依現行稅法規定，王小明應申報課稅之退職所得為多少？（改自 103 身障五等）
(A) 0 元　(B) 6.5 萬元　(C) 13 萬元　(D) 35 萬元

第十類：其他所得

範圍與所得額之認定：不屬於上列各類之所得者，包括：

(一) 所得額以收入總額或差額認列者
1. 職工福利委員會發給之**福利金**，不得扣除成本費用，以其收入額認定為其他所得。
2. **員工認股權憑證**，依執行權利日之時價超過認購股價之金額，認列為其他所得。
3. 參加多層次傳銷事業之個人，其直接向傳銷事業購買之商品之累積積分達到一定標準以上，而從該傳銷事業取得的業績獎金或各種補助費。
4. 個人接受**來自於營利事業**之贈與，其贈與額認列為其他所得。

5. 境內居住者從事違反公序良俗或違法交易，甚至是犯罪所賺取之所得，只要未經法院宣告沒入，基於量能課稅原則，均應依法列入其他所得，課徵所得稅。

(B) 依所得稅法規定，我國境內之居住者在我國賭博所賺取之賭金，課稅規定為何？（106 租稅達人王初賽題庫）
(A) 應歸屬為營利所得課稅
(B) 應歸屬為其他所得課稅
(C) 應歸屬為競技競賽及機會中獎之獎金課稅
(D) 不須課稅

(二) 所得額可以扣除成本費用者

1. **個人經營補習班、幼兒園、養護、療養院之所得**；收入額減除成本及必要費用後之餘額，認列為其他所得。[4] 但私立產後護理機構（即俗稱作月子中心），自 106 年度起，不再適用前述規定，應依所得稅法相關規定報繳營利事業所得稅；且非屬醫療勞務範圍之服務或商品銷售，應課徵 5% 營業稅。

2. 購買土地未過戶完成，便出售予他人，此時的買賣標的為「土地登記請求權」，買賣差價所賺取之所得，列為其他所得。但若已過戶完成，交易標的為土地，則免徵所得稅，而改課土地增值稅或適用房地合一所得稅。

3. 違約金、訂金之沒收以及賠償金，列入其他所得；但是可以扣除相關的損失以及成本費用。除非係依國家賠償法規定所取得的賠償金可以免稅外，其他的賠償收入皆須納入所得課稅，惟其相對的費用或損失亦可列報減除。例如：違反租賃合約之規定，沒收押金，屬個人其他所得。

4. 個人遷讓非自有房屋或土地，所取得之補償費，係屬其他所得，可減除必要成本及費用後之餘額為所得額，若無法提出成本費用憑證時，應以該項補償費半數作為所得，申報繳納所得稅。

(三) 減半課稅

1. 個人**非**因執行職務死亡，其遺族依法令或規定一次或按期領取之撫卹金或死亡補償，要和退職所得合計，其領取總額超過第 14 條第 1 項第 9 類規定減除之免稅金額後，屬領取撫卹金**遺族的所得**，免予計入遺產總額，並歸類為其他所得，半數免稅。但給付給死亡員工之喪葬費，應併入遺產總額計徵遺產稅。

2. 佃農因耕地出租人收回耕地，而依平均地權條例第 77 條規定取得的地價補償，屬其他所得，半數免稅。

(四) 分離課稅

1. 告發或檢舉獎金，採 20% 稅率扣繳後，不必併計到綜合所得總額之中。

---

[4] 105 年度私人辦理補習班幼兒園與養護、療養院所成本及必要費用標準可詳 https://www.ntbsa.gov.tw/etwmain/web/ETW118W/CON/2398/8450205890565447866

2. 與證券商或銀行從事結構型商品交易之所得,採 10% 稅率扣繳後,不必併計到綜合所得總額之中。

實務問題

✪ 何謂變動所得,變動所得如何課稅?

有些所得的產生係因長期投入累積而集中在一年內實現,此種集中於一個年度取得數年度累積的大筆所得稱之為變動所得。依目前所得稅法規定,此類課稅所得以半數計算所得額,其餘半數免稅。例如:

● 其他所得:
 1. 個人非因執行職務死亡,其遺族依法令或規定一次或按期領取之撫卹金或死亡補償,減除規定之免稅額後,減半課稅。(但個人因執行職務死亡,其遺族依法令或規定領取之撫卹金或死亡補償,免納所得稅。)
 2. 佃農因耕地出租人收回耕地,而依平均地權條例第 77 條規定取得的地價補償,屬其他所得,半數免稅。

● 薪資所得:
 受僱從事遠洋漁業,於每次出海後一次分配之報酬。

● 自力耕作漁牧林礦所得:
 自力經營林業之所得。

歸納整理

✪ 個人參加多層次傳銷活動所涉之所得稅共有三種:

	營利所得	執行業務所得	其他所得
情況	**零售利潤**:個人參加人銷售商品或提供勞務給消費者	**佣金**:個人參加人因下線向傳銷事業進貨或購進商品累積積分額(或金額)達一定標準,而自該事業取得之業績獎金或各種補助費。	**獎金**:個人參加人直接向傳銷事業購買商品,其累積積分達到一定標準以上,而從該傳銷事業取得的業績獎金或各種補助費。
所得額之計算	可扣除成本費用,計算方法有: 1. 核實認定 2. 全年進貨累積金額超過新臺幣 77,000 元者,就其超過部分銷售額所賺取之零售利潤計算。	可扣除成本費用,計算方法有: 1. 核實認定 2. 部訂標準,用財政部核定各該年度經紀人費用率(107 年度為 20%)計算其必要費用。	依收入總額認列。

(B) 1. 依現行所得稅法規定，下列綜合所得之歸屬及課稅方式，何者正確？（101 初考）
   (A) 告發或檢舉獎金屬其他所得，併入綜合所得總額結算申報 (B) 告發或檢舉獎金屬其他所得，採分離課稅 (C) 統一發票中獎獎金屬營利所得，採分離課稅 (D) 統一發票中獎獎金屬財產交易所得，併入綜合所得總額結算申報

(D) 2. 個人受僱從事遠洋漁業，於每次出海後一次分配之報酬為變動所得，應如何課稅？（103 身障五等）
   (A) 全數免稅 (B) 全數課稅 (C) 按 10% 扣繳稅款，不併計綜合所得總額 (D) 半數課稅

3. 阿土伯於今年 2 月非因職務死亡，其一次領取撫卹金及退休金各為 400 萬元與 800 萬元，在此之前阿土伯累積之年資為 19 年 8 個月，試計算申報之應課稅所得額為何？

【解析】
[400 萬元 + 800 萬元] − [18 萬元 × 20 + (36.2 萬元 − 18 萬元) × 20 × 1/2]
= 1,200 萬元 − 542 萬元 = 658 萬元
658 萬元 × 1/2 = 329 萬元 ➜ 申報所得額為 329 萬元

實務問題

高科技業（例如：IC 設計業、光電、網通）以及生技產業，由於研發成效影響著公司未來的發展，因此，特別重視人才的留任，一般會採取以下幾種方式來使員工的所得與企業的利益綁在一起，使員工能努力為企業打拚；而不同的獎勵方式其涉及的個人所得稅負為何？整理如下表：

	內容	個人所得認列項目	所得額之計算	課稅年度
員工分紅	發放獎金	薪資所得	以發放總額認定	取得獎金日
	公司以盈餘轉增資方式，讓員工分紅入股		時價	交付股票日
員工認股權證	員工依一定價格於未來執行權利日時認購公司股份之權利	其他所得	時價−履約價格	執行權利日
庫藏股轉讓員工	公司以庫藏股供員工依一定價格認購			可處分日
現金增資保留員工認購或限制員工權利新股	公司發行新股時，員工認購公司股份之權利			可處份日

註：緩繳所得稅五年之規定：依據產業創新條例#19-1，公司員工取得獎酬員工股份基礎給付，於取得股票當年度或可處份日年度按時價計算全年合計新臺幣500萬元總額內之股票，得選擇免予計入當年度應課稅所得額課稅，一經擇定不得變更。享有緩課者包括：員工酬勞之股票、員工現金增資認股、買回庫藏股發放員工、員工認股權憑證、限制員工權利新股（限制型股票）等五種；但適用員工排除公司兼任經理人之董事長及董監事。

限制員工權利新股，發行時有附帶條件，例如：規定員工兩年內不得離職；或必須達到一定績效等，才能取得股票等。在限制條件解除前，公司會先將限制員工權利新股信託，直到員工任職期滿或績效達到要求，才會轉讓給員工；倘若員工未達成條件，公司則有把股票收回之權利。

近年個人證券交易所得課徵所得稅之規定

年度	102 至 104 年	105 年起
應課稅範圍	證券：包括上市、上櫃、興櫃、未上市、未上櫃股票、新股權利證書、股款繳納憑證及表明其權利之證書。	停徵
非屬課稅範圍	公債、公司債、金融債券、可轉換公司債、共同信託基金、證券投資信託基金或期貨信託基金之受益憑證、指數股票型基金(ETF)、認購（售）權證、存託憑證（例如 TDR）及證券化商品等。	
課稅方式	有下列情形之一應強制核實課稅；其他證券交易所得以零計算。 (1)上市、上櫃、興櫃股票 　A. 當年度出售興櫃股票數量 100,000 股以上者。 　B. 初次上市、上櫃前取得之股票，於上市、上櫃以後出售者。（但排除下列情形：a. 屬 101 年 12 月 31 日以前初次上市、上櫃之股票。b. 屬承銷取得各該初次上市、上櫃公司股票數量在 10,000 股以下。C. 非中華民國境內居住之個人） (2)未上市未上櫃股票	

綜合考古題範例

(B) 1. 李先生為我國居住者，今年度所得資料如下：薪資 50 萬元，銀行利息所得 10 萬元，短期票券利息所得 10 萬元，稿費 10 萬元，樂透中獎 10 萬元，抽中百貨公司週年慶獎金 10 萬元，試問李先生應申報今年度之綜合所得總額為多少？（改自 103 五等）
(A) 60 萬元　(B) 70 萬元　(C) 80 萬元　(D) 90 萬元

(C) 2. 依所得稅法第 4 條規定，下列何種所得，非免納所得稅？（103 身障四等）
(A) 傷害之損害賠償金　(B) 依法令規定，具有強制性質儲蓄存款之利息　(C) 受領之獎學金，為授與人提供勞務所取得之報酬　(D) 因取自個人之贈與而取得之財產

(D) 3. 依現行所得稅法之規定，下列哪些項目免納所得稅？①依法具強制性質儲蓄存款之利息，②私立學校辦理入學考試之試務人員工作費，③公教保險之保險給付（104 記帳士）
(A)①② (B)①③ (C)②③ (D)①②③

(C) 4. 下列哪一種所得要課所得稅？（105 普考）
(A) 勞工保險之保險給付 (B) 傷害之損害賠償金
(C) 取自營利事業贈與之財產 (D) 公、教人員所領政府發給之特支費

(C) 5. 李小姐為國中老師，本年度取得薪資 800,000 元，參加高中入學考命題獲命題費 20,000 元，另在校課後輔導取得鐘點費 50,000 元，該年應申報綜合所得多少元？（改自 104 普考）
(A) 20,000 元 (B) 50,000 元 (C) 850,000 元 (D) 870,000 元

貳、免稅額以及扣除額

表 3-1　免稅額與扣除額項目與限額整理表　　　　　　　　　　（單位：元）

減除項目	可扣除對象	金額限制
免稅額	納稅義務人本人與配偶	106-108 年標準：88,000/人；年滿七十歲者增加 50%，為 132,000/人
	納稅義務人及其配偶之子女、同胞兄弟姊妹（未滿二十歲或滿二十歲在校就讀等）及受納稅義務人扶養之其他親屬或家屬	
標準與列舉扣除額擇一適用	標準扣除額 單身	104-106 年：90,000；107-108 年：120,000
	標準扣除額 有配偶者	104-106 年：180,000；107-108 年：240,000
	列舉扣除額：須檢附證明文件 對教育、文化、公益、慈善機關團體或機構之捐贈	每戶不超過綜合所得總額之 20%
	國防、勞軍、對政府、依行政法人法規定設立之中央或地方行政法人、中小企業發展基金、依文化資產保存法 #101 維護或修復古蹟捐贈	無限額
	實物捐贈	依前述二項捐贈對象併同計算適用限額。實物之捐贈扣除金額依「個人以非現金財產捐贈列報扣除金額的計算及認定標準」計算。若以買賣取得之非現金財產捐贈政府機關或團體，其捐贈列舉扣除金額，依所 #17-4 規定。 原則：**以取得之實際成本計算** 無法取得實際成本者，則依下列方式計算：

表 3-1　免稅額與扣除額項目與限額整理表（續）

減除項目	可扣除對象	金額限制
標準與列舉扣除額擇一適用 / 列舉扣除額：需檢附證明文件		1. 土地以捐贈日的公告現值、房屋以捐贈日評定標準現值，依照最新公布的物價指數回推至取得年度計算。但依都市計畫法指定之公共設施保留地及經政府闢為公眾通行道路之土地，依捐贈時公告土地現值 16% 計算。 2. 上市（櫃）、興櫃股票，以捐贈日或後一日之收盤價或加權平均成交價格計算。未上市（櫃）股票：以捐贈日最近一期經會計師查核簽證之財務報告每股淨值；前一年內無經會計師查核簽證之財務報告者，以捐贈日公司資產淨值核算之每股淨值計算之（105 年 11 月 16 日後捐贈之股票，**不需待受贈機關出售後方可依售價列報扣抵數額**）。[7] 其他非現金財產捐贈，如：大樓工程、綠美化工程、骨灰（骸）存放設施、救護車、文物等，以受贈政府機關或團體出具含有捐贈時時價之捐贈證明，並經主管稽徵機關查核屬實之金額計算。 詳細規定請詳「非現金財產捐贈列報扣除金額計算與認定標準」
	透過「私立學校興學基金會」對私立學校之捐贈	每戶不超過綜合所得總額之 50% 但未指定捐款學校者，無限額。
	對政黨、政治團體及擬參選人之捐贈	不得超過當年度申報綜合所得總額之 20%，其總額並不得超過新台幣 20 萬元。對同一擬參選人的捐贈限額 10 萬元，對不同擬參選人之捐贈限額 20 萬元。
	候選人之競選經費	候選人自選舉公告發布日起至投票日後 30 日內，所支付與競選活動有關的競選經費，於規定最高金額內減除政治獻金及依公職人員選舉罷免法 #43 規定政府補貼競選經費後的餘額，可於投票日年度列報扣除。
	保險費	納稅義務人、配偶或受扶養**直系**親屬，每人每年 24,000 元；但全民健保不受金額限制。
	醫藥及生育費	實際發生金額減除保險給付。
	災害損失	實際發生金額減除保險賠償。
	自用住宅購屋借款利息	購買自用住宅借款利息支出減除儲蓄投資特別扣除額，限額 30 萬元。
	房屋租金支出	納稅義務人、配偶及受扶養**直系**親屬，每戶每年 120,000 元。

---

[5] 財政部為防止納稅人套利，對於未上市櫃股票捐贈有做特別的規定，即納稅人買進未上市股票成本若每股一百元，但在捐贈時，若因市場波動導致股票價值大幅波動，公司淨值跌到每股 10 元時，則此時捐贈未上市櫃股票只能以 10 元做為成本扣除。

表 3-1　免稅額與扣除額項目與限額整理表（續）

減除項目	可扣除對象	金額限制
特別扣除額	財產交易損失扣除額	以當年度財產交易所得為限。
	薪資所得特別扣除額	104-106 年：128,000 元；107-108 年：200,000 元。
	儲蓄投資特別扣除額	270,000 元。
	身心障礙特別扣除額	104-106 年：128,000 元；107-108 年：200,000 元。
	教育學費特別扣除額	納稅義務人就讀大專以上院校之**子女**，**每人每年** 25,000 元。
	幼兒學前特別扣除額	**每人每年** 12 萬元（減除此扣除額及長期照顧特別扣除額後，適用稅率超過 20% 者不適用；股利及盈餘合計金額按 28% 稅率分開計稅不適用；基本所得額超過 670 萬元者亦不適用）。
	長期照顧特別扣除額	**每人每年** 12 萬元（減除此扣除額及長期照顧特別扣除額後，適用稅率超過 20% 者不適用；股利及盈餘合計金額按 28% 稅率分開計稅不適用；基本所得額超過 670 萬元者亦不適用）。
免稅額與扣除額等項目之調整	退職所得之免稅額 免稅額 標準扣除額 薪資所得特別扣除額 身心障礙特別扣除額	免稅額扣除額之基準應依所得水準及基本生活變動情形每三年調整一次。 每遇消費者物價指數較上次調整年度上漲達 3% 以上時，按上漲程度調整之。調整金額以**千元**為單位，未達千元者按百元數四捨五入。
課稅級距之金額		每遇消費者物價指數較上次調整年度上漲達 3% 以上時，按上漲程度調整之。調整金額以**萬元**為單位，未達萬元者按千元數四捨五入。
其他扣除項目	依納稅者權利保護法之基本生活保障	基本生活所需費用：106 年為 16.6 萬元，107 年為 17.1 萬元。

一、免稅額[6]

(一) 基本規定

　　免稅額係依據納稅義務人的扶養人口數多寡，其家庭負擔之輕重而給予的所得減免；免稅額扣除的情況包括：納稅義務人本人、配偶以及受納稅義務人扶養之下列親屬（所 #17）。可扣除之免稅額額度（**會隨物價指數調整**）為**每人** 88,000 元（106-108 年）；年滿**七十歲**之納稅義務人、配偶及受納稅義務人扶養之**直系**尊親屬，其免稅額為 **132,000** 元（106-108 年）。免稅額人數之計算包括：

---

[6] 扶養親屬免稅額可以參考以下補充：https://tw.news.yahoo.com/%E6%89%B6%E9%A4%8A%E8%A6%AA%E5%B1%AC%E6%80%8E%E9%BA%BC%E5%88%97%EF%BC%9F%E6%80%8E%E9%BA%BC%E5%A0%B1%EF%BC%9F%E9%9D%A2%E5%90%91%E4%B8%80%E6%AC%A1%E6%8E%8C%E6%8F%A1-103936712.html

1. 納稅義務人**本人**以及**配偶**。
2. 納稅義務人本人、配偶之**直系尊親屬**，年滿六十歲；或未滿六十歲但無謀生能力者，亦可扣除。兄弟姊妹二人以上共同扶養直系尊親屬，應由兄弟姊妹間協議推定其中一人申報扶養，不可以重複申報。
3. 納稅義務人本人、配偶之**子女、同胞兄弟姐妹**未滿二十歲，或滿二十歲以上因在校就學、身心障礙或無謀生能力，確係受納稅義務人扶養者。
4. 納稅義務人本人、配偶之**其他親屬**，未滿二十歲，或滿二十歲以上因在校就學、身心障礙或無謀生能力，確係受納稅義務人扶養者。包含叔、伯、舅、姪、甥、媳、孫等。其他親屬的扶養關係應合於民法有關「家長家屬間，互負扶養之義務」及「雖非親屬而以永久共同生活為目的而同居一家」之規定。
5. 前述未滿二十歲之扶養親屬，縱有所得，亦不得單獨申報，但已婚者除外。子女在年度中屆滿二十歲，可選擇單獨申報或與父母合併申報，其免稅額亦可全額扣除。
6. 在校就學是指具有正式學籍，含日夜間部、空大、國外留學、軍校或享有公費待遇之師範大學或師範學院，但不含暑修、補習班、國小師資班等。
7. 無謀生能力情形包括以下幾種情況：(1)當年度所得總額不超過免稅額。(2)領有身心障礙手冊或身心障礙證明者。身體傷殘、精神障礙、智能不足、重大疾病就醫療養或尚未康復或須長期治療無法工作者。
8. 納稅義務人列報扶養大陸地區親屬免稅額，其適用條件與列報扶養臺灣地區親屬免稅額相同。

(二) **特殊情況**
1. 年度中結婚生子，本人、配偶以及新生嬰孩之免稅額均可全額扣除。
2. 納稅義務人本人或配偶在營服役中，仍可全額扣除免稅額；但若納稅義務人之已成年子女在營服役則**不能**扣除扶養親屬免稅額。
3. 個人於年度中死亡
   (1) 配偶仍在世並為居住者，或由符合規定之納稅義務人列為扶養親屬：於次年度辦理結算申報，其免稅額及標準扣除額可全額減除。
   (2) 配偶已過世或無符合規定之納稅義務人列為扶養親屬：應分別按該年度死亡前日數，占全年日數之比例，換算減除。並由遺囑執行人、繼承人或遺產管理人於死亡人死亡之日起三個月內依規定辦理結算申報。
4. 個人於年度中離境者
   (1) 配偶仍為居住者：配偶於次年度辦理結算申報，其免稅額及標準扣除額可全額減除。
   (2) 配偶一同離境：應分別按該年度在我國居留日數，占全年日數之比例，換算減除。

CHAPTER 3　綜合所得稅

(A) 1. 下列何者不得列為所得稅法第 17 條規定免稅額之扶養親屬？（100 記帳士）
(A) 納稅義務人大學畢業但尚在補習班補習研究所考試之二十四歲女兒　(B) 納稅義務人年滿六十歲之父親　(C) 配偶之十八歲弟弟　(D) 納稅義務人之十二歲兒子

(A) 2. 綜合所得稅免稅額之調整，係以下列何者為依據？（103 身障四等）
(A) 每遇消費者物價指數較上次調整年度之指數上漲累計達 3% 以上時，按上漲程度調整之　(B) 每遇消費者物價指數較前一年度之指數上漲達 3% 以上時，按上漲程度調整之　(C) 每遇消費者物價指數較上次調整年度之指數上漲累計達 5% 以上時，按上漲程度調整之　(D) 每遇消費者物價指數較前一年度之指數上漲達 5% 以上時，每次調漲 1 萬元

二、扣除額

扣除額共包括兩類情況，可擇一適用：

納稅義務人就下列標準扣除額或列舉扣除額擇一減除外，並再減除特別扣除額（所 #17 第 2 項）。因此，扣除額可以有下列兩種選擇的組合，納稅義務人可以選擇扣除數額較大的組合，以利租稅節省：

● 組合一、**標準扣除額** ＋ **特別扣除額**
● 組合二、**列舉扣除額** ＋ **特別扣除額**

(一) 標準扣除額：不需任何證明文件

標準扣除額（會隨物價指數調整）為：

單身者 90,000 元（106 年）；**120,000 元**（107-108 年）

有配偶者 180,000 元（106 年）；**240,000 元**（107-108 年）

(二) 列舉扣除額：需要提供證明文件

 1. 捐贈

　(1) 對於教育、文化、公益、慈善機構或團體之捐贈；以及有關國防、勞軍及古蹟維護之捐贈等

　　① **捐贈範圍**：對合於民法總則公益社團及財團法人組織或依其他關係法令，經向主管機關登記或立案成立之教育、文化、公益、慈善機構或團體的捐贈，及依法成立、捐贈或加入符合規定的公益信託之財產。

對政府的捐獻或國防、勞軍之捐贈及依文化資產保存法規定出資贊助辦理古蹟、歷史建築、古蹟保存區內建築物、遺址、聚落、文化景觀之修復、再利用或管理維護者。

② **捐贈項目與捐贈額之衡量：**
現金捐贈：依捐贈額計算。
實物捐贈：包括捐贈土地、房屋、股票、大樓工程、綠美化工程、靈骨塔、救護車以及古蹟文物等。
實物捐贈之扣除金額，原則上**以買賣取得之實際取得成本計算**，無法取得實際成本者，則依「個人以非現金財產捐贈列報扣除金額的計算及認定標準」衡量。[7]（財政部原本規定，納稅人捐贈公共設施保留地一律以土地公告現值16%，做為捐贈列舉扣除成本；但這項規定被大法官會議宣告違憲，財政部遂規定，非現金捐贈可以實際買進價作為捐贈扣除成本。）
納稅義務人、配偶及受扶養親屬以非現金財產捐贈政府、國防、勞軍、教育、文化、公益、慈善機構或團體者，納稅義務人依第十七條第一項第二款第二目之一規定申報捐贈列舉扣除金額之計算，除法律另有規定外，應依實際取得成本為準。但有下列情形之一者，由稽徵機關依財政部訂定之標準核定之：
● 未能提出非現金財產實際取得成本之確實憑證。
● 非現金財產係受贈或繼承取得。
● 非現金財產因折舊、損耗、市場行情或其他客觀因素，致其捐贈時之價值與取得成本有顯著差異。
前項但書之標準，由財政部參照捐贈年度實際市場交易情形定之。
本法中華民國一百零五年七月十二日修正之條文施行前，納稅義務人、配偶及受扶養親屬已以非現金財產捐贈，而納稅義務人個人綜合所得稅尚未核課或尚未核課確定之案件，其捐贈列舉扣除金額之計算，適用第一項規定。
③ **限額：** 納稅義務人、配偶及受扶養親屬對於教育、文化、公益、慈善機構或團體之捐贈總額（**現金與實物合併計算**）最高不超過綜合所得總額百分之二十為限。
但有關國防、勞軍及古蹟維護之捐贈及對政府之捐獻，不受金額之限制。
④ **憑證：** 申報時應檢附收據正本作為查核憑據；實物捐贈者，須檢附受贈單位開立之收據正本，內容記載捐贈人姓名、捐贈標的、辦妥移轉登記日期等資料。若以購入的土地或符合殯葬管理條例設置的靈骨塔作為捐贈標的，除了前述收

---

[7] 個人以非現金財產捐贈列報扣除金額的計算及認定標準內容為：file:///C:/Users/User/Downloads/%E5%80%8B%E4%BA%BA%E4%BB%A5%E9%9D%9E%E7%8F%BE%E9%87%91%E8%B2%A1%E7%94%A2%E6%8D%90%E8%B4%88%E5%88%97%E5%A0%B1%E6%89%A3%E9%99%A4%E9%87%91%E9%A1%8D%E4%B9%8B%E8%A8%88%E7%AE%97%E5%8F%8A%E8%AA%8D%E5%AE%9A%E6%A8%99%E6%BA%96%E7%B8%BD%E8%AA%AA%E6%98%8E%E5%8F%8A%E9%80%90%E6%A2%9D%E8%AA%AA%E6%98%8E.pdf

據外,還要提供購入該捐贈土地或靈骨塔存放設施的買賣契約書及付款證明,或其他足資證明文件。

⑤ **生活實務**:生活中常有民眾赴寺廟安太歲、點光明燈、平安燈、參加法會等,國稅局認定**不能**於捐贈項下列舉扣除;但是,若是捐贈香油錢,則可以列舉申報。此外,個人對大陸地區的捐贈,應該要透過合於所得稅法規定的教育、文化、公益、慈善機關或團體,不能直接對大陸地區捐贈。這些捐贈應該要經過行政院大陸委員會依據所得稅法及相關規定審核許可,沒有經過許可或個人直接對大陸地區捐贈,不可以作為綜合所得稅的列舉扣除額。

(2) **政治獻金法規定之捐贈**
① **捐贈範圍**:對政黨、政治團體及擬參選人之捐贈。
② **限額**:每一申報戶可扣除之總額,不得超過當年度申報之綜合所得總額20%,其總額並不得超過20萬元。個人對同一擬參選人每年捐贈總額不得超過10萬元。
③ **認定條件**:有政治獻金法 #19 第 3 項規定情形之一者,例如:對於未依法登記為候選人或登記後其候選人資格經撤銷者之捐贈、收據格式不符者、或捐贈的政治獻金經擬參選人依規定返還或交受理申報機關辦理繳庫等,不得列報。對政黨之捐贈,政黨推薦的候選人於立法委員選舉**平均得票率未達 1% 者或收據格式不符者,不予認定**。目前推薦候選人得票率達 1% 以上的政黨包括:民主進步黨、中國國民黨、親民黨、時代力量、新黨、綠黨社會民主黨聯盟、台灣團結聯盟、信心希望聯盟及民國黨。捐贈發生之時點須於政治獻金法規定期間方可扣除。
④ **憑證**:監察院規定格式之「擬參選人政治獻金受贈收據」或「政黨、政治團體政治獻金受贈收據」正本。

(3) **個人對私立學校之捐款**
① **捐贈範圍**:個人透過財團法人私立學校興學基金會,對私立學校法人之捐贈。
② **限額**:其金額不得超過綜合所得總額50%;惟如未指定捐款予特定的學校法人或學校者,得全數列舉扣除。
③ **憑證**:須檢附受贈單位(財團法人私立學校興學基金會)開立之收據正本以供查核。

2. **公職人員選舉罷免法規定的競選經費**
(1) **認定範圍**:候選人自選舉公告日起至投票日後 30 日內,所支付與競選活動有關的競選經費。
(2) **計算方法**:於規定最高金額內減除政治獻金及依公職人員選舉罷免法第 43 條規定

政府補貼競選經費後之餘額。

(3) 憑證：
- 已開立政治獻金專戶收受政治獻金者，檢附向監察院申報的會計報告書影本、經監察院審核完竣的擬參選人政治獻金收支結算表及選舉委員會通知領取競選費用補貼的相關文件。
- 未開立政治獻金專戶收受政治獻金者，應依政治獻金法第20條第3項第2款規定項目將競選經費分別列示，並檢附競選經費支出憑據及選舉委員會通知領取競選費用補貼的相關文件或其他證明文件。

實務演練

本年度雷小姐之綜合所得總額為 10,000,000 元，當年度並有下列捐贈，依現行所得稅相關法規規定，請問其當年度可申報列舉扣除之捐贈金額各為多少？（改自102會計師）

(1) 捐贈一塊公告現值為 3,000,000 元之土地給某國立大學。土地取得成本 2,500,000 元，且已提出該取得成本之確實證據。
(2) 雷小姐以其持有之一批未上市（櫃）股票，於當年 8 月 29 日捐贈 100,000 股給某財團法人慈善基金會。該股票最近一期經會計師查核簽證之財務報告每股淨值為 13 元。
(3) 對 5 位不同參選總統之候選人各捐贈競選經費款 100,000 元。
(4) 透過教育部依法成立之「財團法人私立學校興學基金會」對特定私立學校捐款 6,000,000 元。
(5) 直接對某私立大學捐款 1,000,000 元。

【解析】
(1) 可扣除 2,500,000。捐贈予國立大學與捐贈給政府相同，無金額限制故可以全額扣除。實物捐贈以實際土地之取得成本認定，故捐贈金額為 2,500,000 元。（個人以實物捐贈政府或教育、文化、公益、慈善機關或團體列報捐贈列舉扣除之金額應以實際取得成本為準）
(2) 可扣除 1,300,000。未上市（櫃）股票以淨值乘上股數，認定為捐贈額；本情況捐贈額為 1,300,000 元，未超過 10,000,000 元之 20%，故扣除數額為 1,300,000 元。
(3) 可扣除 200,000。個人對同一擬參選人每年捐贈總額不得超過 100,000 元；且每一申報戶每年對政黨、政治團體以及擬參選人之捐贈扣除總額，不得超過當年度申報綜合所得總額之 20%，其總額並不得超過新臺幣 20 萬元，故本情況可扣除金額為 200,000 元

(4) 可扣除 5,000,000。透過「財團法人私立學校興學基金會」對特定私立學校捐款，認列扣除額不超過綜合所得總額之 50%，故僅能認列 10,000,000 元之 50%，為 5,000,000。
(5) 可扣除 700,000。1,000,000 元未超過綜合所得總額 10,000,000 元之 20%（＝ 2,000,000 元）。**但是**前述(2)和此捐贈項目，皆屬於對教育、文化、公益、慈善機關團體或機構之捐贈，應兩者加總計算其限額，股票捐贈已扣除 1,300,000 元，因此，本情況僅能再扣除 700,000 元。

3.保險費

(1) **範圍**：納稅義務人、配偶或受扶養**直系**親屬之人身保險（包括人壽保險、健康保險、傷害保險及年金保險）的保險費（含勞保、就業保險、軍公教保險、農保、學生平安保險、國民年金保險）。產險方面（例如汽車責任險）的保費支出，是**不可**以列報扣除；且其他非直系親屬如為兄弟姐妹等之保險費亦不能列報扣除。

(2) **條件**：被保險人與要保人應在同一申報戶內。

限額：每人每年扣除數額以不超過 24,000 元為限。但全民健康保險之保險費不受金額限制。

自 107 年 1 月 2 日起財政部廢止 96 年發布的解釋令，並發布新解釋令明定：以眷屬身分投保者，無論與被保險人是否為同一申報戶，其健保費均得由納稅義務人申報扣除。舊制下，依財政部 96 年 7 月 5 日台財稅字第 09604533120 號令規定，被保險人與要保人應在同一申報戶內，納稅義務人始得列舉扣除。

按新制規定，張老先生之健保係以其李老太太（即被保險人）之眷屬身分投保，李老太太在辦理綜合所得稅結算申報時並未列報張老先生為其配偶列於同一申報戶，而是由張小明（張老先生之子）列報張老先生為其扶養親屬，雖張老先生之健保係依附於李老太太，但張老先生健保費仍得由張小明於申報綜合所得稅時列舉扣除。

(3) **憑證**：收據正本或保險費繳納證明書正本。由機關或事業單位匯繳的員工保險費（由員工負擔部分），應檢附服務單位填發的證明。

（D）1. 張先生今年支付健保費 35,000 元，公保費 18,000 元，另購買郵政簡易人壽保險保費 200,000 元，汽車失竊險保費 100,000 元。則張先生申報今年度綜合所得稅時可列報的保險費共為多少？（改自 99 普考）
(A) 353,000 元　(B) 253,000 元　(C) 77,000 元　(D) 59,000 元
【解析】35,000＋24,000＝59,000

(B) 2. 王大智今年支出健保費 50,000 元，勞保費 20,000 元，郵局簡易人壽保險之保險費 200,000 元，王大智採列舉扣除額申報綜合所得稅，其可列報之保險費為多少？（改自 103 身障五等）
(A) 24,000 元　(B) 74,000 元　(C) 94,000 元　(D) 270,000 元

4. **醫藥及生育費**
   (1) **範圍**：納稅義務人、配偶或受扶養親屬之醫藥費及生育費，以付與公立醫院、全民健康保險特約醫療院、所，或經財政部認定其會計紀錄完備正確之醫院者為限。自 101 年 7 月 6 日起，納稅義務人、配偶或受扶養親屬如屬因身心失能無力自理生活而須長期照護者（例如失智症、中風以及其他重症需長期臥床者），其付與公立醫院、全民健康保險特約醫院及診所或其他合法醫院及診所的醫藥費，得依法扣除。
   (2) **限額**：此項目之扣除**沒有金額限制**，但受有保險給付部分，不得扣除。
   (3) **憑證**：有填具檯頭之單據正本或相關證明文件。單據已繳交服務機關申請補助者，須檢附服務機關證明的該項收據影本。
   (4) **生活實務**：
   ● 因身體殘障所裝配的助聽器、義肢、輪椅等各項支出，可以憑醫師出具的診斷證明與統一發票或收據，全數列報扣除。因身心障礙購買身心障礙者權益保障法 #26 規定的醫療輔具及同法 #71 第 2 項授權訂定的身心障礙者輔具費用補助辦法第 2 條所列「身體、生理與生化試驗設備及材料」、「身體、肌力及平衡訓練輔具」及「具預防壓瘡輔具」3 項輔具，經直轄市、縣（市）主管機關申請補助核准者，可以憑主管機關函復的審核結果及統一發票或收據影本，就超過補助部分的輔具支出，列報扣除；主管機關未予補助或納稅義務人未申請補助者，可以憑醫師出具的診斷證明及統一發票或收據正本，全數列報扣除。
   ● 付給養護中心的養護費並不在醫藥費列舉扣除項目中，但如果養護費中確有具醫療行為的支出費用，且為公立機構所開立之收據，只要將屬於醫療給付部分的費用，單獨開立收據，就可以申報扣除。
   ● 因牙病必須做鑲牙、假牙製作或齒列矯正的醫療費及器材費，也可以憑醫師或合於規定的醫療院、所出具的診斷證明及收據，列報扣除。但若是以美容為目的而為的支出，不可申報扣除。
   ● 因病赴國外就醫，只要能檢附國外公立醫院或國外財團法人組織的醫院、公私立大學附設醫院出具的證明，就可列報扣除。但往返交通費、旅費非屬醫藥費之範圍，不可申報扣除。

- 付給依法立案之公立單位或與全民健康保險具有特約關係之護理之家機構及居家護理機構的醫療費用，可檢附該機構出具之收費收據及醫師診斷證明書，申報列舉扣除。
- 給付公立、全民健康保險特約之設置救護車機構，因救護車執行勤務依緊急醫療救護法規定收取之費用，可憑該機構掣發載明設置救護車機構名稱及救護車許可字號之收款憑證申報列舉扣除。
- 納稅義務人、配偶或其受扶養親屬，在合於所得稅法 #17 第 1 項規定之醫療院、所治療，因病情需要急須使用該院所無之特種藥物，而自行購買使用者，其藥費可憑該醫療院、所之住院或就醫證明、主治醫師出具准予外購藥名、數量之證明及書明使用人為抬頭之統一發票或收據，申報醫藥及生育費列舉扣除。

5. **災害損失**
   (1) **範圍**：納稅義務人、配偶或申報受扶養親屬遭受不可抗力的災害（不含竊盜損失），如地震、風災、水災、旱災、蟲災、火災及戰禍等損失，以及自宅火災波及鄰房所給付的損害賠償費等。
   (2) **限額：無金額的限制**。但該災害損失受有保險賠償、救濟金或財產出售部分，不得扣除。
   (3) **申請**：如因前述的各種災害而受損失，必須在災害發生後 30 日內準備損失清單及證明文件，請戶籍所在地的稽徵機關派員勘查，並核發災害損失證明，於申報綜合所得稅時依該災害損失證明金額申報列舉扣除。如未依上開規定報經當地稽徵機關派員勘查，而能提出確實證據證明其損失屬實者，當地稽徵機關仍應核實認定。所以，在遭受災害損失時，千萬要注意不要因急著清理家園而破壞災害現場，因而喪失了申報災害損失扣除的權益，因此，災後應立即與稽徵機關聯繫。
   (4) **憑證**：國稅局所屬分局、稽徵所、服務處調查核發之證明文件（公文）或提出能證明其損失屬實的確實證據。

6. **購屋借款利息**
   (1) **範圍**：以貸款購置自用住宅者，其貸款的利息支出。
   (2) **限額**：購屋借款利息的可扣除額度，是以支付自用住宅購屋借款利息減去申報之儲蓄投資特別扣除額後，每一申報戶得於 30 萬元限額內申報扣除。
   (3) **條件**：列報扣除之**自用住宅須符合下列規定**：
      - 每一申報戶只能申報一屋，並不是按人頭計算，且房屋必須是屬於納稅義務人、配偶或受扶養親屬所有（所有權人為同一申報戶）。
      - 納稅義務人、配偶或受扶養親屬在課稅年度內於該地址已辦妥戶籍登記（以戶

- 房屋必須為自住用途，且無出租、供營業或執行業務使用。如果房屋有部分營業、部分自住，則購屋借款利息可按自住之比例扣除。納稅義務人可以房屋稅單上的課稅現值，區分出營業與住家比例，再用此比例算出有多少利息可歸為購置自用住宅的利息支出。
- 購屋借款**限於向金融機構借貸者**，向一般公司或個人之借款不得扣除。
- 以原有住宅向金融機構借款，或購買投資用的非自用住宅，其借款利息是不能扣除的。
- 納稅義務人、配偶及受扶養親屬購買以設定地上權方式之房屋使用權，並於課稅年度在該地址辦竣戶籍登記，且該房屋供自用住宅使用而無出租、供營業或執行業務使用者，其以該使用權向金融機構借款所支付之利息，得檢附房屋使用權擔保借款繳息清單等相關證明文件，列報購屋借款利息扣除額。

(4) **生活實務**：舉新償還舊債所支付之自用住宅購屋借款利息，只要是新債和舊債的借款房屋是同一棟房屋，且借款時間銜接，則在舊債未償還的額度內所支付者，還是可以申報扣除的。如因貸款銀行變動或換約者，則僅得就原始購屋貸款未償還額度內支付之利息列報，應提示轉貸之相關證明文件，如原始貸款餘額證明書及清償證明書等影本供核。

如果是以修繕貸款或消費性貸款名義借款，但確實是用以購買自用住宅並能提示相關證明文件如所有權狀影本、借款契約等，利息支出也可以申報，稽徵機關會依借款目的或借款與買房子時間相近程度決定是否認定。

(5) **憑證**：當年度繳納利息單據正本。利息單據上如未載明該房屋之座落地址、所有權人、房屋所有權取得日、借款人姓名或借款用途，應由納稅義務人自行補註及簽章，並提示建物權狀及戶籍資料影本。

(C) 1. 有關個人綜合所得稅現行購屋借款利息扣除額的適用條件，下列敘述何者正確？（104 記帳士）
①限納稅義務人本人購買自用住宅 ②以一屋為限 ③以向金融機構借款所支付之利息為限
(A)①② (B)①③ (C)②③ (D)①②③

2. 下表列示不同情況之各項利息收入、購屋借款利息，試計算各情況之可申報購屋借款利息

A 利息所得	B 可扣除之儲蓄投資 特別扣除額	C 自用住宅貸款 利息支出	D = C − B (≤ 30 萬) 可申報扣除之購屋借款利息
50 萬	27 萬	40 萬	13 萬
25 萬	25 萬	60 萬	30 萬
15 萬	15 萬	10 萬	0 萬

7. 房屋租金支出

(1) **範圍**：納稅義務人、配偶及申報受扶養直系親屬，在**我國境內**租屋，供自住且非供營業或執行業務使用者，其所支付之租金。

(2) **限額**：每一申報戶每年可以在 12 萬元的限額內列報減除。

(3) **條件**：如果申報有購屋借款利息者，原則上不得再適用此項扣除額；但若期間不重疊者，可以兩者皆扣除，但扣除限額須按比例計算。假設某甲君去年 1 至 4 月在外租房子、5 月買房子，由於期間不重疊，所以甲君可列扣房屋租金 4 萬元，5-12 月的購屋利息支出，則按比例計算，由於剩下八個月，所以最高限額為 20 萬元，(30 萬元 × $\frac{8}{12}$)。但前提是「期間沒重疊」。所以納稅義務人如同時有合乎規定之購屋借款利息與房屋租金支出時，應自行計算兩者可扣除之金額何者較大，選擇扣除數較高的方式申報減除。

(4) **憑證**：
- 承租房屋之租賃契約書及支付租金之付款證明影本（如：出租人簽收之收據、自動櫃員機轉帳交易明細表或匯款證明）。
- 納稅義務人、配偶或申報受扶養直系親屬中，實際居住承租地址之一人，於課稅年度於承租地址辦竣戶籍登記的證明，或納稅義務人載明承租之房屋於課稅年度內係供自住且非供營業或執行業務使用之切結書。

節稅安排

1. 雷先生為單身，於當年度認列儲蓄投資特別扣除額 22 萬元。當年度並有自用住宅購屋借款利息支出 30 萬元，該房屋登記為雷先生所有，並有雷先生設立之戶籍。另有房屋租金支出 20 萬元（雷先生申報扶養父母，由父親承租該房屋，並辦理戶籍登記供自用），以上收支均持有合於稅法規定憑證。請說明雷先生在申報當年度綜合所得稅時，最有利的扣除額為何？

【解析】
標準扣除額：90,000
列舉扣除額：方案一：用自用住宅購屋借款利息 30 萬元 − 22 萬元 ＝ 8 萬元
　　　　　　方案二：用房屋租金支出限額最高 12 萬元
故採列舉扣除，並選擇房屋租金支出，可扣除 12 萬元為最有利。

(A) 2. 王先生單身，當年度有下列支出均取得合法憑證：①醫藥費 5,000 元 ②扣除利息收入後的自用住宅購屋借款利息支出 40,000 元 ③可申報的保險費支出 24,000 元 ④租金支出 36,000 元，請問下列哪種組合申報方式對王先生最有利？（改自 104 身障四等）
　(A) 採用標準扣除額方式申報　(B) 採用列舉扣除①②③④方式申報
　(C) 採用列舉扣除①②③方式申報　(D) 採用列舉扣除①③④方式申報

(三) 特別扣除額

1. 財產交易損失

(1) **適用情況**：納稅義務人、配偶及受扶養親屬有財產交易損失者。

(2) **限額**：每年度扣除額，以不超過當年度申報之財產交易之所得為限；當年度無財產交易所得可供扣除，或扣除不足者，得以以後三年度之財產交易所得扣除之。

雷小姐今年財產交易所得與損失情況，其當年以及未來可列報之財產交易損失列示如下：

財產交易所得	財產交易損失	當年可扣除之財產交易損失	未來三年（107、108、109 年）扣除額
300 萬	100 萬	100 萬	－
50 萬	150 萬	50 萬	100 萬
0	50 萬	0	50 萬
200 萬	300 萬	200 萬	100 萬

2. 薪資所得特別扣除

(1) **適用情況**：納稅義務人、配偶或受扶養親屬有薪資所得者，可以扣除此薪資特別扣除額。

(2) **限額**：每人每年扣除數額以 128,000 元（106 年）；**200,000 元（107-108 年）**為限（會隨物價指數調整）。薪資所得未達此扣除數額者，以其薪資所得全數扣除。

3. 儲蓄投資特別扣除

(1) **適用情況**：① 納稅義務人、配偶及受扶養親屬於金融機構之存款利息。

② 儲蓄性質信託資金之收益。

③ 87年12月31日以前取得公開發行並上市之緩課記名股票，於轉讓、贈與或作為遺產分配、放棄適用緩課規定或送存集保公司時之營利所得。

(2) **排除**：① 依郵政儲金匯兌法規定免稅之存簿儲金利息。

② 依所得稅法規定分離課稅之利息。

③ 88年8月1日起取得公開發行並上市之記名股票股利（因股利已享有可扣抵稅額之減除）。

(3) **限額**：**全戶**合計全年扣除數額以27萬元為限。

(B) 1. 納稅義務人下列何項所得，依所得稅法規定，不得適用綜合所得稅之儲蓄投資特別扣除額？（103 身障五等）

(A) 銀行之定期存款利息 (B) 銀行發行之可轉讓定期存單利息 (C) 農會信用部之定期存款利息 (D) 中華郵政公司之定期存款利息

(B) 2. 陳君今年度綜合所得稅結算申報時，採列舉扣除，其合規定之自用住宅購屋借款利息支出35萬元，當年度陳君有以下數筆利息所得：①台灣銀行存款利息所得3萬元 ②台北公司利息所得1萬元 ③郵局存簿儲金利息所得1萬元 ④郵局定存利息所得1萬元 ⑤日本勸業銀行存款利息所得2萬元 ⑥台塑公司公司債利息所得2萬元，可列舉自用住宅購屋借款利息支出金額多少？（改自103 地特五等）

(A) 35萬元 (B) 29萬元 (C) 28萬元 (D) 25萬元

【解析】

可以列報在儲蓄投資特別扣除額者為：①④⑤共6萬元（35萬－6萬＝29萬元）排除②因借款給私人公司的利息不能列報儲蓄投資特別扣除額（但仍應列入利息所得計稅）；排除③因免計入利息所得；排除⑥因分離課稅

4. 身心障礙特別扣除

(1) **適用情況**：納稅義務人、配偶或受扶養親屬如為領有身心障礙手冊或身心障礙證明者，及精神衛生法#3第4款規定之病人。

(2) **限額**：每人每年扣除128,000元（106年）；**200,000元（107-108年）**（會隨物價指數調整）

5. 教育學費特別扣除

(1) **適用情況**：納稅義務人就讀大專以上院校之**子女**之教育學費。大專以上院校包括國內外之大學、研究所、二技、四技以及五專第四年以後的學生。

納稅義務人孫子女之父母，因死亡、失蹤、長期服刑或受宣告停止親權情形，以致不能扶養其子女者，可依規定減除。

(2) **限額**：每人每年之扣除數額以 25,000 元為限。領有獎學金或已接受政府補助者，須先將獎學金或補助金額自實際教育支出金額中扣除再申報。

(3) **排除**：空中大學、空中專校及五專前三年及已接受政府補助者，不得扣除。公教人員領取的子女教育補助費，是屬於薪資所得，並不是「政府補助」，因此可以列報教育學費特別扣除額。納稅義務人本人、配偶或申報扶養的兄弟姊妹等其他親屬就讀於大專以上院校，是**不能**申報扣除的。

(B) 106 年度以黃小姐為納稅義務人之申報戶中有五人在學：其弟就讀於某國立大學碩士班、其夫就讀於某國立大學博士班、其女就讀於經教育部認可之美國某大學之博士班，其長子就讀於某國立大學夜間部，其次子於依法立案之升大學補習班中就讀。上述每人之學費均在 25,000 元以上，請問可扣除之教育學費特別扣除額為多少？（改自 103 會計師）
(A) 25,000 元　(B) 50,000 元　(C) 75,000 元　D) 100,000 元

6. 幼兒學前特別扣除

(1) **適用情況**：納稅義務人申報扶養 5 歲以下之子女。

納稅義務人孫子女之父母，因死亡、失蹤、長期服刑或受宣告停止親權情形，以致不能扶養其子女者，可依規定減除

(2) **限額**：每人每年扣除 25,000 元（106 年）；**120,000 元（107-108 年）**。

(3) **排富條款**：如有下列情形之一者，不得扣除：

- 經減除本特別扣除額及長期照顧特別扣除額後，全年綜合所得稅適用稅率在 20% 以上，或採本人或配偶之薪資所得或各類所得分開計算稅額適用稅率在 20% 以上。
- 選擇股利或盈餘按 28% 單一稅率分開計稅。
- 納稅義務人依所得基本稅額條例規定計算之基本所得額超過同條例規定之扣除金額 670 萬元。

7. 長期照顧特別扣除（自 108.1.1 起）

(1) **適用情況**：納稅義務人、配偶或受扶養親屬為符合中央衛生福利主管機關公告須長期照顧之身心失能者。

(2) **限額**：每人每年扣除 120,000 元（108 年）。
(3) **排富條款**：同前述幼兒學前特別扣除額之規定。

三、基本生活費差額

依據納稅者權利保護法 #4 規定，納稅者為維持自己及受扶養親屬享有符合人性尊嚴之基本生活所需之費用，不得加以課稅。此立法目的在使納稅人可以在維持基本生活所需費用的前提下，行有餘力再就超出的部份繳納所得稅，以落實憲法所保障之生存權。維持基本生活所需之費用，是由中央主管機關參照中央主計機關所公布最近一年全國每人可支配所得中位數百分之六十定之，並於每二年定期檢討。據此，財政部公告 106 年度為 16.6 萬元，107 年為 17.1 萬元，108 年為 17.5 萬元。

而依據 107 年 12 月 26 日修正的納稅者權利保護法施行細則 #3 規定，本法第四條第一項所稱維持基本生活所需之費用，不得加以課稅，指納稅者按中央主管機關公告當年度每人基本生活所需之費用乘以納稅者本人、配偶及受扶養親屬人數計算之基本生活所需費用總額，超過其依所得稅法規定得自綜合所得總額減除之本人、配偶及受扶養親屬免稅額及扣除額合計數之金額部分，得自納稅者當年度綜合所得總額中減除。前項扣除額**不包括財產交易損失及薪資所得特別扣除額**。新舊計算規定整理如下表：（✓ 表示可減除之項目）

所得適用年度	免稅額	標準或列舉扣除額擇一	特別扣除額						財產交易損失
			儲蓄投資	教育學費	幼兒學前	身心障礙	長期照顧特別扣除額	薪資	
106 年	✓	✓						✓	
107 年以後	✓	✓	✓	✓	✓	✓			
108 年以後	✓	✓	✓	✓	✓	✓	✓		

申報 108 年度以後之所得：

基本生活費差額 = 當年度基本生活所需費用 × 申報戶人數 －（免稅額 ＋ 標準扣除額或列舉扣除額擇一 ＋ 儲蓄投資特別扣除額 ＋ 身心障礙特別扣除額 ＋ 教育學費特別扣除額 ＋ 幼兒學前特別扣除額 ＋ 長期照顧特別扣除額）

範例

納稅者及配偶,扶養 2 名在學子女及未滿 70 之尊親屬 1 名共 5 口之單薪家庭

所得適用年度	基本生活費總額(1)	免稅額(2)	標準扣除額(3)	儲蓄投資(4)	教育學費(5)	幼兒學前(6)	身心障礙(7)	薪資(8)	計算結果	可申報之基本生活費差額
				特別扣除額						
107年度	85.5萬 每人17.1萬	44萬 每人8.8萬	24萬	2萬	5萬	0	0	20萬	(1)-(2)-(3)-(4)-(5)=10.5萬	10.5萬
108年度	87.5萬 每人17.5萬	44萬 每人8.8萬	24萬	2萬	5萬	0	0	20萬	(1)-(2)-(3)-(4)-(5)=12.5萬	12.5萬

參、適用稅率

綜合所得應納稅額 = 綜合所得淨額(= 綜合所得總額 − 免稅額 − 扣除額 − 基本生活費差額) × 適用稅率 − 累進差額

表 3-2　綜合所得稅速算公式表

級別	107-108年適用 綜合所得淨額	稅率	累進差額	106年適用 綜合所得淨額	稅率	累進差額
1	0-540,000	5%	0	0-540,000	5%	0
2	540,001-1,210,000	12%	37,800	540,001-1,210,000	12%	37,800
3	1,210,001-2,420,000	20%	134,600	1,210,001-2,420,000	20%	134,600
4	2,420,001-4,530,000	30%	376,600	2,420,001-4,530,000	30%	376,600
5	4,530,001 以上	40%	829,600	4,530,001-10,310,000	40%	829,600
6				10,310,001 以上	45%	1,345,100

註:自 107 年 1 月 1 日起,刪除最高稅率級距 45%。

> **綜合範例**

108 年度 55 歲的吳自強為五口之家的家長。家中尚有妻子及三個子女。老大就讀私立大學研究所一年級,有薪資所得 6 萬元,全年學費 5 萬元。老二就讀空中大學二年級,幼子目前就讀小學三年級。吳自強有薪資所得 200 萬元,扣繳稅額 10 萬元;銀行存款利息 20 萬元,扣繳稅額 2 萬元。妻有銀行存款利息 10 萬元,扣繳稅額 1 萬元。吳自強因購置自用住宅,向金融機構借款所支付之利息為 11 萬元。另吳自強本人有醫藥費共計 3 千元,保險費共計 15 萬元(包括健保費 3 萬元;其他人身保險費 12 萬元)。妻子健保費 5 千元。三名子女健保費每人各 5 千元,以上皆取得合法憑證。在申報 108 年度的個人綜合所得稅時,請代吳家計算:綜合所得總額、免稅額總額、扣除額總額、基本生活費差額、綜合所得淨額以及應納稅額與實際應繳稅額。(改自 98 記帳士)

【解析】

(1) 綜合所得總額 = 200 萬元 + 20 萬元 + 10 萬元 + 6 萬元 = 236 萬元

(2) 免稅額總額 = 5 × 88,000 元 = 440,000 元

(3) 扣除額總額

標準扣除額:240,000 元

列舉扣除額:3,000 元 + 30,000 元 + 24,000 元 + 5,000 元 + 5,000 元 × 3 = 77,000 元

選擇前述兩者較高者,故選擇標準扣除額 240,000 元

特別扣除額:200,000 元 + 60,000 元 + 270,000 元 + 25,000 元 = 555,000 元

(4) 基本生活費差額 = 0(17.5 萬 × 5 - 44 萬 - 24 萬 - 29.5 萬 < 0)

(5) 綜合所得淨額 = 2,360,000 元 - 440,000 元 - 240,000 元 - 555,000 元 - 0 元
    = 1,125,000 元

(6) 綜合所得應納稅額 = 1,125,000 元 × 12% - 37,800 元 = 97,200 元

(7) 實際應繳(或應退稅款)= 97,200 元 - 100,000 元 - 20,000 元 - 10,000 元
    = - 32,800 元

故排除已扣繳稅款後,可退稅 32,800 元;需經由申報綜合所得稅,方能取得此筆退稅款。

肆、其他規定

一、物價指數連動調整(所 #5,#5-1,#14)

(一) 下列各項目,每遇消費者物價指數較上次調整年度之指數上漲累計達百分之三以上

時，按上漲程度調整之。調整金額以千元為單位，未達千元者按百元數四捨五入。
   1. 退職所得之免稅額度
   2. 免稅額
   3. 標準扣除額
   4. 薪資所得特別扣除額
   5. 身心障礙特別扣除額
(二) **課稅級距**，每遇消費者物價指數較上次調整年度之指數上漲累計達百分之三以上時，按上漲程度調整之。調整金額以萬元為單位，未達萬元者按千元數四捨五入。
(三) 扣除額及免稅額之基準，應依所得水準及基本生活變動情形，每三年評估一次。
(四) 物價指數之計算，是以行政院主計處公布至上年度十月為止之十二個月平均消費者物價指數。

二、稅額計算方式之選擇

依據所得稅法的規定，夫妻雙方均有所得時，一定要合併辦理綜合所得稅結算申報，但可就其薪資所得或各類所得分開計算稅額，但仍然必須由納稅義務人合併填報在同一份申報書內申報繳納（如果利用綜合所得稅結算電子申報繳稅軟體辦理申報，申報軟體會自動選擇稅額最低之方式計算），因此，稅額計算方式整理如下，納稅義務人可以自下列五種方式中，選擇應納稅額最低者進行申報：

第 1 種方式：夫妻所得合併計稅合併申報
全戶應納稅額 ＝ 綜合所得淨額（全戶合併計算）× 適用稅率 － 累進差額

第 2 種方式：將夫的薪資所得分開計稅，合併申報
夫薪資所得淨額 ＝ 夫薪資所得總額 － 夫之免稅額 － 夫之薪資特別扣除額
夫薪資所得應納稅額 ＝ 夫薪資所得淨額 × 適用稅率 － 累進差額…(1)
不含夫薪資所得之應納稅額 ＝（綜合所得淨額 － 夫之薪資所得淨額）
　　　　　　　　　　　　　× 適用稅率 － 累進差額…(2)
全戶應納稅額 ＝ (1) ＋ (2)

第 3 種方式：將妻的薪資所得分開計稅，合併申報
妻薪資所得淨額 ＝ 妻薪資所得總額 － 妻之免稅額 － 妻之薪資特別扣除額
妻薪資所得應納稅額 ＝ 妻薪資所得淨額 × 適用稅率 － 累進差額…(1)
不含妻薪資所得之應納稅額 ＝（綜合所得淨額 － 妻之薪資所得淨額）
　　　　　　　　　　　　　× 適用稅率 － 累進差額…(2)
全戶應納稅額 ＝ (1) ＋ (2)

第 4 種方式：將夫的各類所得分開計稅，合併申報
夫各類所得淨額 ＝ 夫各類所得總額 － 夫之免稅額 － 夫之薪資特別扣除額

－夫之儲蓄投資特別扣除額＊－夫之財產交易損失

－夫之身心障礙特別扣除額

＊夫之儲蓄投資特別扣除額＝270,000－［分開計算稅額之他方（妻）利息所得

＋受扶養親屬利息所得］

夫各類所得應納稅額＝夫各類所得淨額×適用稅率－累進差額…(1)

不含夫各類所得之應納稅額＝（綜合所得總額－夫之各類所得總額

－不含夫之免稅額－不含夫之扣除額）

×適用稅率－累進差額

＝（綜合所得淨額－夫各類所得淨額）

×適用稅率－累進差額…(2)

全戶應納稅額＝(1)＋(2)

第5種方式：將妻的各類所得分開計稅，合併申報

妻各類所得淨額＝妻各類所得總額－妻之免稅額－妻之薪資特別扣除額

－妻之儲蓄投資特別扣除額＊－妻之財產交易損失

－妻之身心障礙特別扣除額

＊妻之儲蓄投資特別扣除額＝270,000－［分開計算稅額之他方（夫）利息所得＋

受扶養親屬利息所得］

妻各類所得應納稅額＝妻各類所得淨額×適用稅率－累進差額…(1)

不含妻各類所得之應納稅額＝（綜合所得總額－妻之各類所得總額

－不含妻之免稅額－不含妻之扣除額）

×適用稅率－累進差額

＝（綜合所得淨額－妻各類所得淨額）

×適用稅率－累進差額…(2)

全戶應納稅額＝(1)＋(2)

> **綜合範例**
>
> 1. 雷家於今年度的所得資料如下：雷先生的薪資所得為840,000元，利息所得200,000元，雷太太的薪資所得為500,000元，利息所得170,000元，兒子（念高中）入薪資所得10,000元，利息所得50,000元，該雷家採標準扣除額並且僅考慮薪資特別扣除額與儲蓄投資特別扣除額，請幫忙雷家算出最省稅的稅額計算方式。（不考慮基本生活費差額）

家戶成員（3口之家）	夫	妻	受扶養親屬	合計
所得結構					
薪資所得	840,000 元	500,000 元	10,000 元	
利息所得	200,000 元	170,000 元	50,000 元	
小計	**1,040,000 元**	**670,000 元**	**60,000 元**	**1,770,000 元**
免稅額	88,000 元	88,000 元	88,000 元	264,000 元
標準扣除額	240,000 元			240,000 元
薪資所得特別扣除額	200,000 元	200,000 元	10,000 元	410,000 元
儲蓄投資特別扣除額	夫各類所得分開計稅			
	50,000 元	170,000 元	50,000 元	270,000 元
	妻各類所得分開計稅			
	200,000 元	**20,000 元**	50,000 元	270,000 元

第 1 種方式：夫妻所得合併計稅合併申報

1,770,000 − 264,000 − 240,000 − 410,000 − 270,000 = 586,000

586,000 × 12% − 37,800 = 32,520

第 2 種方式：將夫的薪資所得分開計稅，合併申報

840,000 − 88,000 − 200,000 = 552,000

552,000 × 12% − 37,800 = 28,440⋯(1)

(586,000 − 552,000) × 5% = 1,700⋯(2)

(1) + (2) 合計 30,140

第 3 種方式：將妻的薪資所得分開計稅，合併申報

500,000 − 88,000 − 200,000 = 212,000

212,000 × 5% = 10,600⋯(1)

(586,000 − 212,000) × 5% = 18,700⋯(2)

(1) + (2) 合計 29,300

第 4 種方式：將夫的各類所得分開計稅，合併申報

1,040,000 − 88,000 − 200,000 − 50,000* = 702,000

(* 50,000 = 270,000 − 170,000 − 50,000)

702,000 × 12% − 37,800 = 46,440⋯(1)

(586,000 − 702,000) × 5% = −5,800⋯(2)

(1) + (2) 合計 40,640

第 5 種方式：將妻的各類所得分開計稅，合併申報

670,000 − 88,000 − 200,000 − 20,000* = 362,000

(* 20,000 = 270,000 − 200,000 − 50,000)

$362{,}000 \times 5\% = 18{,}100\dots(1)$

$(586{,}000 - 362{,}000) \times 5\% = 11{,}200\dots(2)$

(1) + (2) 合計 29,300

結論：可以選擇第三種或第五種之計算方法，皆可以得到最低之應納稅額

(D) 2. 納稅義務人及其配偶選擇各類所得分開計算稅額時，其配偶不得減除下列何項扣除額？(**105 地方三等**)
　(A)財產交易損失特別扣除額　(B)儲蓄投資特別扣除額
　(C)身心障礙特別扣除額　　　(D)幼兒學前特別扣除額

第三節　綜合所得稅應繳或應退稅款

本節學習重點：
✦ 哪些項目可以自應納稅額中減除
✦ 計算綜合所得稅之應補繳或應退稅款

※ **情況一：股利盈餘併入綜所總額計稅**

應補或應退稅額（多退少補）

= 綜合所得稅之應納稅額
　－全部扣繳稅額
　－股利及盈餘可抵減稅額
　－大陸地區已繳納所得稅可扣抵稅額
　－重購自用住宅扣抵稅額
　－投資抵減稅額
　＋基本稅額與一般所得稅額之差額之差額扣抵海外已繳納所得稅可扣抵稅額後之餘額（詳本章第五節）

※ **情況二：股利及盈餘按單一稅率 28% 分開計稅**

應補或應退稅額（多退少補）

= 綜合所得稅之應納稅額
　＋股利及盈餘分開計稅應納稅額
　－全部扣繳稅額
　－大陸地區已繳納所得稅可扣抵稅額
　－重購自用住宅扣抵稅額
　－投資抵減稅額
　＋基本稅額與一般所得稅額之差額之差額扣抵海外已繳納所得稅可扣抵稅額後之餘額（詳本章第五節）

壹、已扣繳稅款

所得在給付時，會由扣繳義務人將所得扣繳部份稅款，繳至國庫，納稅義務人得到的是扣繳稅款後的金額。此部份的已扣繳稅款，代表納稅義務人已經先繳稅的部份，因此，可以在應納稅額中減除。

● **哪些所得會扣繳稅款？**（所 #88）

納稅義務人有下列各類所得者，應由扣繳義務人於給付時，依規定之扣繳率或扣繳辦法，扣取稅款，並依所 #92 規定繳納之：

一、公司分配予**非**中華民國境內居住之個人及總機構在中華民國**境外**之營利事業之**股利淨額**；合作社、合夥組織或獨資組織分配予非中華民國境內居住之社員、合夥人或獨資資本主之**盈餘淨額**。

二、機關、團體、學校、事業、破產財團或執行業務者所給付之**薪資**、利息、租金、佣金、權利金、競技、競賽或機會中獎之獎金或給與、退休金、資遣費、退職金、離職金、終身俸、非屬保險給付之養老金、告發或檢舉獎金、結構型商品交易之所得、執行業務者之報酬，及給付在中華民國境內無固定營業場所或營業代理人之國外營利事業之所得。

三、第二十五條規定之營利事業，依第九十八條之一之規定，應由**營業代理人**或給付人扣繳所得稅款之營利事業所得。

四、第二十六條規定在中華民國境內無分支機構之國外影片事業，其在中華民國境內之營利事業所得額。

● **誰是扣繳義務人？**（所 #89）

一、公司分配予非中華民國境內居住之個人及總機構在中華民國境外之營利事業之股利淨額；合作社分配予非中華民國境內居住之社員之盈餘淨額；獨資、合夥組織之營利事業分配或應分配予非中華民國境內居住之獨資資本主或合夥組織合夥人之盈餘，其**扣繳義務人為公司、合作社、獨資組織或合夥組織負責人**；納稅義務人為非中華民國境內居住之個人股東、總機構在中華民國境外之營利事業股東、非中華民國境內居住之社員、合夥組織合夥人或獨資資本主。

二、薪資、利息、租金、佣金、權利金、執行業務報酬、競技、競賽或機會中獎獎金或給與、退休金、資遣費、退職金、離職金、終身俸、非屬保險給付之養老金、告發或檢舉獎金、結構型商品交易之所得，及給付在中華民國境內無固定營業場所或營業代理人之國外營利事業之所得，其**扣繳義務人為機關、團體、學校之責應扣繳單位主管、事業負責人、破產財團之破產管理人及執行業務者**；納稅義務人為取得所得者。

三、依前條（所 #88）第一項第三款規定之營利事業所得稅扣繳義務人，為營業代理人或給付人；納稅義務人為總機構在中華民國境外之營利事業。

四、國外影片事業所得稅款扣繳義務人，為營業代理人或給付人；納稅義務人為國外影片事業。

扣繳義務人未履行扣繳責任，而有行蹤不明或其他情事，致無從追究者，稽徵機關得逕向納稅義務人徵收之。

貳、股利及盈餘可抵減稅額

自 107 年 1 月 1 日起，廢除兩稅合一部分設算扣抵制，刪除營利事業設置股東可扣抵稅額帳戶、相關記載、計算與罰則。股東領取之股利或合作社社員之盈餘分配，可選擇採併計入營利所得，並按股利之 8.5%（每戶上限 8 萬元）計算可抵減稅額；或按 28% 稅率分開計稅之方式。

若採股利盈餘併入所得總額計算者，股利及盈餘可抵減稅額計算如下：全戶公司、合作社及其他法人分配股利或盈餘合計數 × 8.5% 每戶可抵減金額上限 8 萬元。

參、大陸地區已納稅額扣抵

臺灣地區人民、法人、團體或其他機構有大陸地區來源所得者，應併同臺灣地區來源所得課徵所得稅。但其在大陸地區已繳納之稅額，得自應納稅額中扣抵。

扣抵限額：前項扣抵數之合計數，不得超過因加計其大陸地區來源所得，而依臺灣地區適用稅率計算增加之應納稅額。

> **實務演練**
>
> 雷小姐今年度綜合所得總額為 120 萬元，其中含有大陸地區來源所得為 20 萬元，若雷小姐免稅額與扣除額合計 25 萬元，則大陸地區的可扣抵稅額上限為何？若此筆大陸來源所得已納大陸地區所得稅 2 萬元，則應繳（或應退）稅額為何？若此筆大陸來源所得已納大陸地區所得稅 5 萬元，則應繳（或應退）稅額為何？
>
> 【解析】
> 包括大陸地區來源所得的應納稅額
> =（1,200,000 － 250,000）× 12% － 37,800 = 76,200…(1)
> 不包括大陸地區來源所得的應納稅額
> =（1,200,000 － 200,000 － 250,000）× 12% － 37,800 = 52,200…(2)
> (1) － (2) = 大陸地區可扣抵稅額上限 = 70,200 － 52,200 = 24,000

情況一：大陸已納稅 20,000，低於 24,000；可以全數扣除
因此，應再繳納 76,200 − 20,000 = 56,200 元
情況二：大陸已納稅 50,000，高於 24,000；只能扣除 24,000
因此，應再繳納 76,200 − 24,000 = 52,200 元

肆、重購自用住宅稅額扣抵

1. **適用情況**：如果出售自用房地，**不適用房地合一新制者**，而是**計算財產交易所得，併入綜合所得稅額計稅者**；同時，納稅義務人出售自用住宅房屋已繳納該財產交易所得部份之綜合所得稅。原財產交易所得已依本法規定自財產交易損失中扣抵之部份則不適用。

2. **適用條件**：須以下各項同時符合
   期間要求：凡在完成移轉登記之日起兩年內重購自用住宅，不論是先買後賣或是先賣後買。
   價格要求：其新購屋之價格超過原房屋出售價額者。
   所有權人限制：出售或重購之房屋係以納稅義務人本人或其配偶名義登記。
   用途限制：納稅義務人出售或重購之房屋均須為**自用住宅**。亦即，房屋所有權人**本人或其配偶、受扶養直系親屬**於該地辦竣戶籍登記，不論先買後賣或先賣後買，房屋出售及重購年度**均無出租或供營業使用**。

3. **稅額扣抵限額**：
   (1) 包括出售自用住宅房屋（不含土地）的財產交易所得在內的應納綜所稅額。
   (2) 不包括出售自用住宅房屋（不含土地）的財產交易所得在內的應納綜所稅額。
   ➜ (1) − (2) = 重購自用住宅可申請扣抵或退還之所得稅額上限

4. **申請重購自用住宅稅額扣抵應檢附之證件**：
   (1) 戶口名簿影本。
   (2) 房屋所有權狀影本。
   (3) 重購及出售自用住宅房屋之買賣契約書及收付價款證明影本；或向地政機關辦理移轉登記買入、賣出之契約文件影本。以兩次登記日計算，相距期間應為兩年內。委建房屋如無法取得地政機關移轉登記之契約文件影本，應以委建契約、建築執照及使用執照影本代替，並以建物總登記所屬年度，視為重購自用住宅完成移轉登記年度。

5. **其他規定**：
   (1) 納稅義務人出售自用住宅房屋，於 2 年內重購樓房乙棟，其中第 1 層出租或供營

業使用，第 2、3 層供自用住宅使用，如該 2、3 層之房屋價款超過原出售自用住宅價款者，仍可以適用重購抵稅。
(2) 納稅義務人出售自用住宅的房屋後，以自建方式取得自用住宅之房屋，得適用本項之規定。
(3) 納稅義務人及其配偶分別出售自用住宅 2 棟，並於 2 年內重購自用住宅乙棟以上，重購房屋總價超過出售房屋總價額者，原出售自用住宅所繳納之綜合所得稅額，可適用重購自用住宅扣抵稅額。
(4) 納稅義務人以本人或其配偶名義出售自用住宅之房屋，而另以其配偶或本人名義重購者，仍得適用重購自用住宅扣抵稅額之規定。
(5) 申請扣抵或退還之綜合所得稅額，係指出售該年度（以所有權完成移轉登記日所屬年度為準）綜合所得稅確定時，因增列該財產交易所得後所增加之綜合所得稅額。
(6) 申請扣抵或退還年度，先售後購者，為重購之所有權移轉登記年度；先購後售，為出售之所有權移轉登記年度。

實務演練

雷先生於今年度 2 月 5 日出售自用住宅房屋一棟，該房屋買進成本為 400,000 元，賣出價額為 500,000 元（不包括土地價款），應申報之財產交易所得為 100,000 元，該納稅義務人雷先生又於同年 12 月 25 日購買自用住宅房屋一棟，價額為 550,000，其今年度綜合所得總額（包括出售自用住宅之財產交易所得 100,000 元）為 549,000 元，已扣繳稅款為 2,500 元；免稅額 88,000 元，扣除額（包括標準扣除額單身者為 120,000 元及薪資所得特別扣除額 200,000 元）為 320,000 元，試問其重購自用住宅可申請扣抵或退還之所得稅額上限為何？雷先生之應納（或應退）稅款為何？

【解析】
(1) 包括出售自用住宅房屋之財產交易所得的應納稅額
　　$= (549{,}000 - 88{,}000 - 320{,}000) \times 5\% = 7{,}050$
(2) 不包括出售自用住宅房屋之財產交易所得的應納稅額
　　$= [(549{,}000 - 100{,}000) - 88{,}000 - 320{,}000] \times 5\% = 2{,}050$
(1) − (2) = 重購自用住宅房屋扣抵稅額 = 7,050 − 2,050 = 5,000
應納或應退稅款 = 7,050 − 2,500 − 5,000 = −450

⭐ 售出原有房地後又重購新的房地,如符合自用住宅的條件,可申請重購退稅的稅種有:

所得稅

不論適用舊制(併入綜合所得稅)或新制(房地合一),符合一定條件者可適用。

土地增值稅

不同稅種之自用住宅退稅規定,在有關「自用住宅」條件的認定上,不完全相同,此點應特別注意,可詳本書房地合一專節以及土地增值稅專章之說明。

伍、投資抵減稅額

政府為扶助產業發展,獎勵環保或研發項目等的支出,會針對公司或企業單位的相關支出或投資,給予**應納稅額之減除**,此即所謂的**稅額抵減**的方式。有關此投資抵減之相關租稅優惠規範,包括獎勵民間參與交通建設條例(#33)之規定,可以申請以股東投資抵減。

獎勵民間參與交通建設條例 #33:個人或營利事業,原始認股或應募本條例所獎勵之民間機構因創立或擴充而發行之記名股票,其持有股票時間達二年以上者,得以其取得該股票之價款百分之二十限度內,抵減當年度應納綜合所得稅額或營利事業所得稅額;當年度不足抵減時,得在以後四年度內抵減之。前項投資抵減,其每一年度得抵減總額,以不超過該個人或營利事業當年度應納綜合所得稅額或營利事業所得稅額百分之五十為限。但最後年度抵減金額,不在此限。

實務演練

雷小姐於 102 年 11 月 23 日曾向符合獎勵民間參與交通建設條例第三十三條的乙公司,認購現金增資股票,價款計 500,000 元,且繼續持有至今年 11 月 23 日,其投資抵減稅額為 20,000 元。(1)雷小姐在申報今年度綜合所得稅時,計算出其全年應納稅額為 100,000 元,減去投資抵減稅額 20,000 元後,如無扣繳稅款時,其應再補繳稅款為 80,000 元;(2)雷小姐在申報今年度綜合所得稅時,計算出其全年應納稅額為 30,000 元,則雷小姐今年度投資抵減稅額,僅能就應納稅額 30,000 元的 50% 限額內減除 15,000 元,至於未抵減之投資抵減稅額 5,000 元,得在以後 4 年度內抵減之。

第四節　綜合所得稅之稽徵程序

本節學習重點：
- 納稅義務人有所得時要如何繳稅
- 結算申報的方法與步驟
- 沒有按時申報繳稅或逃漏稅的處罰

壹、納稅義務人完稅方式

一、居住者，經常居住於中華民國境內的個人

原則上採用**結算申報**課稅方式。

全年綜合所得總額超過免稅額以及標準扣除額之合計數時，應辦理綜合所得稅之結算申報。

為減少無謂的稽徵程序，凡一個申報戶全年綜合所得總額（包括納稅義務人、配偶及受扶養親屬之所得）不超過免稅額及標準扣除額之合計數者，且無須申請退還扣繳稅款及可扣抵稅額者，得**免辦**結算申報。例如：所得單純又無扶養親屬的單身上班族，若108年年所得低於40.8萬元（免稅額88,000＋標準扣除額120,000＋薪資特別扣除額200,000），就免結算申報及繳稅）。雙薪家庭年薪81.6萬元、雙薪4口之家（扶養2名5歲以下子女）年薪123.2萬元，可免結算申報及繳稅。

但對於**分離課稅**之項目，則按**就源扣繳**方式完稅。

另，房地合一所得稅制採與綜合所得分離課稅方式，但仍需由納稅義務人申報繳稅。

二、非居住者，非經常居住於中華民國境內的個人

原則上採用**就源扣繳**課稅方式，非中華民國境內居住之個人，採用扣繳稅款之方式完納稅捐。

若有非屬扣繳範圍內的所得，並於該年度所得稅申報期限開始前離境者，應離境前向該管稽徵機關辦理**申報**。

申報綜合所得稅四步驟

第一步：掌握去年所得資料：準備自己去年的所得及扣除額等相關報稅資料及證明文件。

第二步：依本章介紹之所得總額以及免稅額、扣除額等規定，計算綜合所得總額、免稅額、扣除額；並計算應納稅額以及應再繳或可退之稅款。

第三步：選擇報稅方法。

第四步：選擇繳稅或退稅方式。

> ✪ 哪些所得是分離課稅，採就源扣繳方式，申報綜合所得稅時不必計入：

一、按給付額扣取 10% 稅額
1. 短期票券到期兌償金額超過首次發售價格部份之利息。
2. 依金融資產證券化條例或不動產證券化條例規定發行之受益證券或資產基礎證券分配之利息。
3. 公債、公司債或金融債券之利息。
4. 以前三款之有價證券或短期票券從事附條件交易，到期賣回金額超過原買入金額部份之利息。
5. 與證券商或銀行從事結構型商品交易之所得。

二、按給付額扣取 20% 稅額
1. 告發或檢舉獎金。
2. 政府舉辦之獎券中獎獎金。
3. 受益人不特定或尚未存在之信託受益權及信託所得

貳、辦理結算申報時間

一、一般情況

每年 5 月 1 日至 5 月 31 日申報前一年度之綜合所得稅。

二、特殊情況

(一) 年度中死亡

1. **配偶仍為居住者**：由生存配偶於次年度辦理合併申報，可減除全額免稅額及有配偶之標準扣除額。有薪資所得時，可扣除「薪資所得特別扣除額」，並適用薪資所得或各類所得分開計稅規定；如有退稅款，則須以生存配偶的金融機構存款帳戶申請退稅。
2. **配偶已死亡**：由遺囑執行人、繼承人或遺產管理人，於死亡人死亡之日起三個月內，依所得稅法之規定辦理結算申報。如有特殊情形，得於結算申報期限屆滿前，報經稽徵機關核准延長其申報期限，但最遲不得超過遺產稅之申報期限（自死亡之次日起算六個月內）。個人在年度中死亡，免稅額及扣除額的減除，係按生存日數占全年日數比例來換算。

(二) 年度中離境

1. **配偶仍為居住者**：由配偶於次年度辦理合併申報，可減除全額免稅額及有配偶之標準扣除額。
2. **配偶一同離境**：個人在年度中廢止國內的住所或居所離境時，應該在離境以前就該年

度的所得辦理結算申報納稅，其免稅額和標準扣除額，應該按照離境日以前的天數，占全年天數比例計算。

委託他人代理申報：如果有特殊情形，不能在離境以前辦理申報，可以報經國稅局核准，委託國內居住的個人負責代理申報，如果有欠稅，或者沒有委託會計師或其他合法代理人代理申報納稅的話，國稅局可以通知內政部入出國及移民署，不予辦理出國手續。

(三) 年度中結婚生子

去年年度中結婚者（以完成戶政事務所之登記結婚者為準），今年申報所得時，可選擇夫妻各自單獨申報或夫妻合併申報。

去年年度中生子，今年申報時，免稅額與扣除額皆可全額扣除。

(四) 怨偶之一：客觀上已無法共同生活之夫妻

符合以下四要件之一的分居夫妻，可檢附法院裁定書或保護令等證明文件，**各自辦理結算申報，比照單身族分開計稅、分開申報**。

四個條件為：1.符合民法難以維持共同生活，不同居已達6個月以上的規定，向法院聲請宣告改用分別財產制。2.符合民法不繼續共同生活達6個月以上規定，法院依夫妻中一方、主管機關、社福機構等利害關係人請求，或依職權酌定關於未成年子女權利義務的行使或負擔。3.納稅義務人或配偶因受家庭暴力，並依據家庭暴力防治法規定取得通常保護令。4.納稅義務人或配偶因家暴取得通常保護令前，已取得暫時或緊急保護令。

> **(A)** 甲、乙二人為分居多年之夫妻，並於103年中向法院辦理宣告改用分別財產制，甲、乙103年度之綜合所得稅依法應採下列何種方式辦理結算申報？（104 高考）
> (A)甲、乙得檢具裁定證明，各自辦理綜合所得稅之結算申報及計算稅額
> (B)甲、乙之各類所得得分開計算稅額，但仍應合併申報
> (C)甲、乙之薪資得分開計算稅額，其餘各類所得仍應合併計算稅額，合併申報
> (D)甲、乙得分開申報，但申報書應填報配偶姓名及身分證號，由稽徵機關合併計算稅額

(五) 怨偶之二：感情不睦已分居不相往來者（不包括因工作因素分隔兩地或戶籍不同者）

由於彼此久未連絡，無法知悉對方行蹤或所得內容，以致形成合併申報困難時，納稅義務人必須在結算申報書上填明配偶姓名、身分證統一編號及註明「已分居」，**由稽徵機關予以歸戶合併計算全部應納稅額**。該部分應納稅額若經申請分別開單，准按個人所得總額占夫妻所得總額比率計算，減除其已扣繳及自繳稅款後，分別發單補徵。

(六) 變更申報主體

除前述特殊情況，納稅義務人與配偶，得各自依所得稅法規定辦理結算申報及計算稅額外，應由納稅義務人合併申報及計算稅額。「納稅義務人主體」一經選定，得於該申報年度結算申報期間屆滿之次日起算 6 個月內向戶籍所在地所轄分局、稽徵所申請變更。由於稅務案件如遇退稅、補稅、欠稅執行等處分之時，係以「納稅義務人主體」為對象，因此，如涉及課稅主體之變更，應由原申報之納稅義務人與配偶同時具名簽章，並於時限內提出申請。

參、申報書種類以及申報繳稅方式

一、申報書種類

綜所稅申報書分為簡式與一般申報書兩種。

1. **簡式申報書**之適用情況：若全年所得之種類僅包含薪資所得、利息所得、公司分配的股利（股利所得中含有借入有價證券所分配的股利者，則適用一般申報書）、合作社分配的盈餘、取自職工福利委員會的福利金、全年收入在 18 萬元以下的稿費；而且是採用標準扣除額，且無投資抵減稅額、重購自用住宅扣抵稅額、大陸地區來源所得，又無須依所得基本稅額條例規定辦理個人所得基本稅額申報者。
2. **一般申報書**之適用情況：不符合上述採用簡式申報書之情況。

二、報稅方法 [8]

有稅額試算、人工書面申報、二維條碼以及網路申報四種方式。

網路報稅最方便，可以一次解決上述查詢、計算、申報及繳稅四步驟。

如果是用 Windows 系統電腦，要至電子申報繳稅網站下載並安裝報稅軟體後，再登入報稅；至於使用 Mac、Linux 系統的電腦，則直接用瀏覽器直接上 WEB 版電子申報繳稅網站申報繳稅。網路報稅身分認證有四種，包括自然人憑證、金融憑證、「身分證字號＋戶號」以及「健保卡＋密碼」，登入後依系統指示將資料上傳，即完成申報。

三、繳稅與退稅方法

選擇繳稅方式，可採現金、信用卡及轉帳繳稅。

退稅則選擇指定帳戶或國稅局寄發的退稅憑單。納稅義務人結算申報，經核定有溢繳稅款者，稽徵機關應填發收入退還書或國庫支票，退還溢繳稅款。

---

[8] 相關網路報稅的步驟可以詳 http://blog.xuite.net/my_moica/blog/23379576-%E4%B8%8D%E7%9F%A5%E5%A6%82%E4%BD%95%E7%B6%B2%E8%B7%AF%E5%A0%B1%E7%A8%85%EF%BC%9F%E8%87%AA%E7%84%B6%E4%BA%BA%E6%86%91%E8%AD%89%E5%B9%AB%E6%82%A8%E8%BA%96%E5%82%99%E5%A5%BD%E4%BA%86%EF%BC%81

肆、未辦理結算申報或短漏報之罰則

一、延遲繳稅（所 #112）

納稅義務人逾限繳納稅款者，每逾二日按滯納之金額加徵百分之一滯納金；逾三十日仍未繳納者，除由稽徵機關移送強制執行外，其為營利事業者，並得停止其營業至納稅義務人繳納之日止。但因不可抗力或不可歸責於納稅義務人之事由，致不能於法定期間內繳清稅捐，得於其原因消滅後十日內，提出具體證明，向稽徵機關申請延期或分期繳納經核准者，免予加徵滯納金。

前項應納稅款，應自滯納期限屆滿之次日起，至納稅義務人繳納之日止，依第一百二十三條規定之存款利率，按日加計利息，一併徵收。

本法所規定之停止營業處分，由稽徵機關執行，並由警察機關協助之。

二、短漏報或未依規定辦理結算申報

未依規定申報之綜合所得稅納稅義務人及小規模營利事業，稽徵機關**並不會**寄發催報通知書等通知；其屆期未申報者，稽徵機關應即依查得之資料核定其所得額及應納稅額，通知依限繳納；嗣後如經稽徵機關調查另行發現課稅資料，仍應依稅捐稽徵法有關規定辦理。

所 #110 第 1-2 項：納稅義務人**已**依本法規定辦理結算，而對依本法規定應申報課稅之所得額有漏報或短報情事者，處以所漏稅額**二倍**以下之罰鍰。
納稅義務人**未**依本法規定自行辦理結算，而經稽徵機關調查，發現有依本法規定課稅之所得額者，除依法核定補徵應納稅額外，應照補徵稅額，處**三倍**以下之罰鍰。

三、虛增可抵減稅額

所 #14-3 第 2 項：公司、合作社或其他法人如有以虛偽安排或不正當方式增加股東、社員或出資者所獲配之股利或盈餘，致虛增所 #15 第 4 項之可抵減稅額者，稽徵機關得依查得資料，按實際應分配或應獲配之股利或盈餘予以調整。

所 #110: 綜合所得稅納稅義務人有下列情形之一，致虛增所 #15 第 4 項規定可抵減稅額者，處以所漏稅額或溢退稅額一倍以下之罰鍰：
(一) 未依 #15 第 4 項規定之抵減比率或上限金額計算可抵減稅額。
(二) 未依實際獲配股利或盈餘金額計算可抵減稅額。
(三) 無獲配股利或盈餘事實，虛報可抵減稅額。

第五節 所得基本稅額條例：個人部份

本節學習重點：
✦ 哪些個人應申報所得基本稅額
✦ 如何計算個人的所得基本稅額

壹、免申報所得基本稅額條例之個人

舉凡應課徵所得稅之個人；但排除以下各項：
1. 無須辦理結算申報之非中華民國境內居住之個人。
2. 未適用投資抵減獎勵及各項租稅減免優惠（所基 #12 第一項）之個人。
3. 基本所得額未超過新臺幣 670 萬元者。

貳、基本概念

個人 M = 個人一般所得稅額 = 綜合所得稅之應納稅額 − 投資抵減稅額

個人 L = 個人基本稅額 = (基本所得額 − 扣除額) × 稅率

情況一：個人 M ≧ 個人 L → 僅依綜合所得稅計算之稅額進行繳納

情況二：個人 M < 個人 L → 應繳綜合所得稅以及所得基本稅額

應再繳之稅額 = 個人 L − 個人 M

參、基本稅額之計算

一、個人基本所得額之計算

個人基本所得額 =

　　綜合所得淨額

+ 非中華民國來源所得

未計入綜合所得總額之非中華民國來源所得、依香港澳門關係條例 #28 第 1 項規定免納所得稅之所得。但一申報戶全年之本款所得合計數未達新臺幣**一百萬元**者，免予計入；超過新臺幣一百萬的部份**全數計入**。(99.1.1 施行)

必須同時符合下列兩項要件：
1. 是中華民國境內居住之個人。
2. 申報戶全年海外所得達新臺幣（下同）100 萬元以上者。

+ 特定保險給付

受益人與要保人非屬同一人之人壽保險及年金保險，受益人受領之保險給付。但死亡給付每一申報戶全年合計數在新臺幣 3,330 萬元以下部份，免予計入（此項目

之保險給付之免稅金額每遇消費者物價指數較上次調整年度之指數上漲累計達**百分之十**以上時，按上漲程度調整之。調整金額以新臺幣十萬元為單位，未達新臺幣十萬元者，按萬元數四捨五入；其調整之公告方式及所稱消費者物價指數，準用所得稅法第五條第四項規定）。

+ **私募證券投資信託基金之受益憑證之交易所得**

交易所得之計算，準用所#14第1項第7類（財產交易所得）第1款（出價取得）及第2款（繼承或受贈取得）之規定。其交易有損失者，得自當年度交易所得中扣除；當年度無交易所得可資扣除，或扣除不足者，得於發生年度之次年度起三年內，自其交易所得中扣除。但以損失及申報扣除年度均以實際成交價格及原始取得成本計算損益，並經稽徵機關核實認定者為限。

第1項第3款規定交易所得之查核，有關其成交價格、成本及費用認定方式、未申報或未能提出實際成交價格或原始取得成本者之核定等事項之辦法，由財政部定之。

私募基金受益憑證計入年度：1.受益憑證係轉讓與他人者，其交易所得應於**轉讓日**所屬年度，計入基本所得額。2.受益憑證係請求證券投資信託事業買回者，應以**契約約定核算買回價格之日**所屬年度，計入基本所得額。

+ **非現金捐贈**

申報綜合所得稅時，如有列報非現金之捐贈扣除金額，應將該扣除金額計入個人基本所得額。至於現金捐贈部份，則無須計入。

+ **其他新增之免稅額或扣除額**

二、個人基本稅額之計算

基本稅額＝【個人基本所得額－扣除額】×稅率

＝【個人基本所得額－新臺幣670萬元（103年度以後）】×20％

個人所得基本稅額之扣除額隨物價指數調整：扣除金額每遇消費者物價指數較上次調整年度之指數上漲累計達百分之十以上時，按上漲程度調整之。調整金額以新臺幣十萬元為單位，未達新臺幣十萬元者，按萬元數四捨五入；其調整之公告方式及所稱消費者物價指數，準用所得稅法第五條第四項規定。

> ◎ **特定保險給付之說明**
> 一、受益人與要保人為同一人之人壽保險及年金保險給付，無須計入基本所得額。
> 二、健康保險給付及傷害保險給付，亦無須計入基本所得額，包括：(1)健康保險：因疾病、分娩及其所致殘廢或死亡時，給付保險金額。例如：門診、住院或外科手術醫療時，以定額、日額或依實際醫療費用實支實付之保險金。(2)傷害保險：因意外傷害及其所致殘廢或死亡時，給付保險金額。例如：旅行平安保險、失能保險、意外傷害住院醫療保險等。

三、(一)受益人與要保人非屬同一人之人壽保險及年金保險給付中，屬於死亡給付部份，一申報戶全年合計數在 3,330 萬元以下者，免予計入基本所得額；超過 3,330 萬元者，其死亡給付以扣除 3,330 萬元後之餘額計入基本所得額。

(二)受益人與要保人非屬同一人之人壽保險及年金保險給付中，非屬死亡給付部份，應全數計入基本所得額，不得扣除 3,330 萬元之免稅額度。

✪ 私募證券投資信託基金之受益憑證之交易所得

(一)為何須列入基本所得額之計算：私募之證券投資信託基金，其成立條件及投資範圍等法令規定較公開募集者更為寬鬆，且可以投資未上市(櫃)及非屬興櫃公司股票。

(二)上市(櫃)及興櫃股票，與公開募集型證券投資信託基金受益憑證之交易所得，不計入基本所得額，故並不會對一般投資大眾及證券市場造成衝擊。此外，自 102 年 1 月 1 日起，未上市(櫃)及非屬興櫃的股票、新股權利證書、股款繳納憑證及表明其權利之證書等有價證券交易所得，不計入最低稅負制。

(三)將私募證券投資信託基金受益憑證之交易所得計入基本所得額，可避免納稅義人利用此管道進行租稅規避。

✪ 境外資金匯回的課稅問題

將境外之資金匯回，若非屬境外所得，是無須課稅的，例如：境外投資股本或財富管理本金之收回、向境外金融機構之借款、撤回原預計境外投資之資金、處分境外財產非屬增值部分及國際貿易存放於境外之資金等。但是，在境外從事各項投資、營運活動或提供勞務等所取得之所得，例如：獲配境外被投資企業盈餘或股利、提供勞務取得所得及處分境外資產產生所得等，皆應分別於獲配時、取得時及處分時依規定申報納稅。

依所得基本稅額條例規定，個人 99 年度以後取得之海外所得，同時符合下列三項門檻，才須繳納基本稅額：

一、一申報戶海外所得合計數在新臺幣 100 萬元(含)以上。

二、一申報戶基本所得額(綜合所得淨額 + 海外所得 + 特定加計項目)超過 670 萬元。

三、基本稅額〔(基本所得額 − 670 萬元) × 20%〕大於綜合所得稅一般所得稅額。

另外，個人如果有取自大陸地區來源之所得，依臺灣地區與大陸地區人民關係條例規定，該筆大陸地區來源所得應併同臺灣地區來源所得課徵所得稅。

三、海外已納稅額之扣抵與扣抵限額

　　由於非我國來源所得，超過一百萬元以上者，須全部計入基本所得額，因此，此筆所得在境外已繳納之所得稅可以扣抵所得基本稅額，惟扣抵之數有限額。此項扣抵，應提出所得來源地稅務機關發給之同一年度納稅憑證，並取得所在地中華民國使領館或其他經中華民國政府認許機構之簽證。

海外已納稅額扣抵限額

$$=（基本稅額－綜合所得稅應納稅額）\times \frac{計入基本所得之海外所得}{（基本所得額－綜合所得淨額）}$$

四、申報單位（所基 #14）

　　個人與其依所得稅法規定應合併申報綜合所得稅之配偶及受扶養親屬，有所基 #12 第 1 項各款金額者，應一併計入基本所得額。

綜合範例

1. 雷經理今年度所得資料如下：
   (1) 綜合所得稅淨額 500 萬元、應納稅額 200 萬元
   (2) 投資生技產業股票享有投資抵減稅額 20 萬元
   (3) 海外證券交易所得 600 萬元、已納海外所得稅 100 萬元
   (4) 其配偶領到父親過世給付的保險給付 5000 萬元
   (5) 配偶出售已上市股票交易所得 300 萬元，期貨所得 200 萬元，未上市股票交易所得 500 萬元、未上市股票交易損失 100 萬元。
   (6) 申報綜所稅時，以公共設施保留地捐給政府取得捐贈扣除取得 330 萬元列舉扣除。
   (7) 雷經理領有員工分紅配股 50,000 股，每股面額 10 元，可處分日次日之市價為 200 元。

   試問雷經理應申報繳納多少基本稅額？

   【解析】
   基本所得額 = 500 萬元（綜合所得淨額）+ 600 萬元 +（5,000 萬元 － 3,330 萬元）+ 330 萬元 = 3,100 萬元
   基本稅額 =（3,100 萬元 － 670 萬元）× 20% = 486 萬元
   海外已納稅額扣抵限額
   $$=（486 萬元 － 200 萬元）\times \frac{600 萬元}{（3,100 萬元 － 500 萬元）} = 66 萬元 < 海外所得實際$$
   已納稅負 100 萬元

→ 故僅能扣 66 萬元

應再繳納之所得稅額為：

一般所得稅額 = 200 萬元 − 20 萬元 = 180 萬元

基本稅額 = 486 萬元

故應再繳 486 萬元 − 180 萬元 − 66 萬元 = 240 萬元

2. 下列表中有三種情況，試計算各情況之個人總稅負：

項目	情況一	情況二	情況三
綜合所得淨額	2,000,000	5,000,000	6,000,000
海外所得	3,500,000	3,500,000	5,000,000
特定保險給付	0	1,000,000	1,000,000
私募證券投資信託基金之受益憑證之交易所得	0	1,500,000	1,500,000
非現金捐贈金額	0	500,000	500,000
基本所得額	5,500,000	11,500,000	14,000,000
基本稅額 (B)（基本所得額 − 670 萬元）× 20%	—	960,000	1,460,000
綜合所得應納稅額	274,600	1,225,600	1,280,000
投資抵減	20,000	20,000	20,000
一般所得稅額 (D)（綜所稅應納稅額 − 投資抵減）	254,600	1,205,600	1,260,000
B ≦ D 者，無須繳納基本稅額 B > D 者，其差額 (E)	B < D 無須繳納 基本稅額	B < D 無須繳納 基本稅額	200,000
申報基本稅額與否	不用申報	應申報	應申報
海外已納稅額扣抵金額 (C)	—	—	112,500
應繳納之基本稅額 (E) − (C)	—	—	87,500
總稅負 (D) + (E) − (C)	254,600	1,205,600	1,347,500
備註	基本所得額在 670 萬元以下，僅須按一般所得稅額繳稅，無須繳納基本稅額	一般所得稅額大於基本稅額，僅須按一般所得稅額繳稅，無須繳納基本稅額	1. 一般所得稅額小於基本稅額，除應按一般所得稅額繳稅外，應另就基本稅額減除一般所得稅額及海外已納稅額扣抵後之餘額繳稅

項目	情況一	情況二	情況三
			2. 假設海外已繳納稅額為 120,000，則海外稅額扣抵限額＝(1,460,000－1,280,000)×5,000,000÷(14,000,000－6,000,000)＝112,500 3. 海外已繳納稅額與海外稅額扣抵限額取低者，可扣除 112,500

(**B**) 5. 下列哪一所得項目不是我國所得基本稅額條例規定應計入基本所得額中的所得？(103 五等)
　　(A)　未計入綜合所得總額之非中華民國來源所得，金額在 100 萬元以上
　　(B)　員工分紅配股，可處分日次日之時價超過股票面額之差額部份
　　(C)　所得基本稅額條例施行後所訂立受益人與要保人非屬同一人之年金保險，受益人受領之保險給付
　　(D)　私募證券投資信託基金之受益憑證之交易所得

肆、罰則

(一) 營利事業或個人已依本條例規定計算及申報基本所得額，有漏報或短報致短漏稅額之情事者，處以所**漏稅額二倍**以下之罰鍰。

營利事業或個人未依本條例規定計算及申報基本所得額，經稽徵機關調查，發現有依本條例規定應課稅之所得額者，除依規定核定補徵應納稅額外，應按補徵稅額，處**三倍**以下之罰鍰。(所基 #15)

(二) 營利事業或個人與國內外其他個人或營利事業、教育、文化、公益、慈善機關或團體相互間，如有藉資金、股權之移轉或其他虛偽之安排，不當為他人或自己規避或減少納稅義務者，稽徵機關為正確計算相關納稅義務人之基本所得額及基本稅額，得報經財政部核准，依查得資料，按實際交易事實依法予以調整

第六節 房地合一課徵所得稅制度：個人部份[9]

本節學習重點：
✦ 個人出售房地何時適用房地合一新制
✦ 個人如何計算房地合一所得額及稅額
✦ 如何申報繳納房地合一所得稅

壹、新舊制課稅方式比較

房地合一課徵所得稅制度，係指房屋及土地出售時，應計算房屋、土地全部實際獲利，並減除已課徵土地增值稅的土地漲價總數額後，就餘額部份課徵所得稅，使房地交易所得按實價課徵所得稅；與舊有的僅房屋部份交易所得，併入財產交易所得計算綜合所得稅者不同，相關的比較如表 3-3。

> 我國自民國 105 年 1 月 1 日起實施「房地合一課徵所得稅制度」（以下簡稱新制），房屋及土地均應按實價計算交易所得課稅，相較於未實施新制前之房屋與土地交易所得之課稅規定（以下簡稱舊制），有哪些差異？試比較個人房屋與土地交易所得，在新制與舊制課稅規定之差異。（105 高考三級）

表 3-3　新舊制房地交易課徵所得稅比較表

	新制	舊制
課稅範圍	1. 自 105 年 1 月 1 日起交易下列房屋、土地者，其房屋與土地交易所得合一按實價課稅： (1) 103 年 1 月 2 日以後取得，且持有期間在 2 年以內。 (2) 105 年 1 月 1 日以後取得。 2. 105 年 1 月 1 日起取得以設定地上權方式的房屋使用權：視同房屋交易課徵所得稅。 3. 土地部份仍保留土地增值稅 4. 個人出售依農業發展條例申請興建的農舍，不論何時取得、出售，均按舊制規定，僅就房屋部分計算財產交易所得，課徵綜合所得稅。另個人出售農地（符合農業發展條例 #37 及 #38-1 規定）得申請不課徵土地增值稅，並經地方稅捐稽徵機關核准或認定者，其土地交易所得免納所得稅。	房屋交易所得：併入綜合所得稅之財產交易所得項下計算稅額。 土地交易所得：土地交易所得不列入所得課稅，另按公告土地現值所計算的土地漲價總數額課徵土地增值稅。

---

[9] 可以參考以下補充資料：
http://www.dot.gov.tw/dot/file/2016071001.pdf
http://www.dot.gov.tw/dot/file/2016071002.pdf

表 3-3　新舊制房地交易課徵所得稅比較表（續）

	新制	舊制
申報方式	分離課稅，完成所有權移轉登記日的次日起算 30 天內申報納稅。	併入年度綜合所得總額計稅，於次年 5 月辦理結算申報。
課稅所得之計算	房地收入 － 成本 － 費用 － 依土地稅法計算的土地漲價總數額	● 核實認定：房屋出售收入 － 成本 － 費用 ● 部定標準： 豪宅：房地總價 × $\frac{房}{房＋地}$ × 15% 非豪宅：房屋評定現值 × 各地區評定標準
適用稅率（境內居住者）	1. 一般情況： 依持有期間 N 認定： | N ≤ 1 年 | 45% | | 1 年 < N ≤ 2 年 | 35% | | 2 年 < N ≤ 10 年 | 20% | | N > 10 年 | 15% | 2. 因非自願因素：符合財政部公告的調職、非自願離職或其他非自願性因素，交易持有期間在 2 年以下的房地：20% 3. 以自有土地與營利事業合作興建房屋，自土地取得之日起算 2 年內完成並銷售該房屋、土地：20% 4. 符合自住房地優惠適用條件，課稅所得超過 400 萬元部分：10%	併入綜合所得總額按 5%-45%（106 年以前）或 5%-40%（107 年以後）之累進稅率課稅
適用稅率（非境內居住者）	依持有期間 N 認定： | N ≤ 1 年 | 45% | | N > 1 年 | 35% |	按所得額之 20% 扣繳率申報納稅

註：出售農地無論有無漲價，應先向鄉（鎮、市）公所或縣政府申請「農業用地作農業使用證明書」，並向本局及所屬分局申請不課徵土地增值稅，取得「土地增值稅不課徵證明書」後，其土地交易所得始免納所得稅。如屬土地交易損失，不適用個人土地交易損失減除的規定。

【問題探討】

✪ 什麼時候要用房地合一的所得稅制（新制）去計算房屋與土地之交易所得？

一、105 年 1 月 1 日以後取得的房屋（不包括依農業發展條例申請興建的農舍）、房屋及其座落基地或依法得核發建造執照的土地。

二、105 年 1 月 1 日以後取得以設定地上權方式的房屋使用權（營利事業除外）。

三、103 年 1 月 2 日以後取得的房屋（不包括依農業發展條例申請興建的農舍）、房屋及其座落基地或依法得核發建造執照的土地，且該房屋、土地的持有期間在兩年以內者。

※註：個人出售依農業發展條例申請興建的農舍，不論何時取得、出售，均按舊制規定，僅就房屋部分計算財產交易所得，課徵綜合所得稅。

個人出售的農地，如符合農業發展條例 #37 及 #38-1 規定，得申請不課徵土地增值稅，並經地方稅捐稽徵機關核准或認定者，其土地交易所得免納所得稅，但如屬土地交易損失，不適用個人土地交易損失減除的規定。

以上規定整理如下：

房地在 105 年 1 月 1 日以後出售，以「房地買入」時間點為基準：

- 取得時間在 105 年 1 月 1 日以後者：**新制**
- 取得時間在 104 年 12 月 31 日以前者：
  - 持有期間未超過兩年：**新制**
  - 持有期間超過兩年者：**舊制**（僅就房屋部分計算財產交易所得，課徵綜合所得稅）

例如：

納稅義務人	購入時間	出售時間	持有時間	適用規定
老李	105 年 2 月 1 日	105 年 12 月 1 日	不須討論	新制
王大哥	103 年 8 月 1 日	105 年 3 月 1 日	2 年以內	新制
陳先生	103 年 8 月 1 日	105 年 9 月 1 日	超過 2 年	舊制

圖形整理如下：⊗ 取得日；✬ 交易日（出售日）

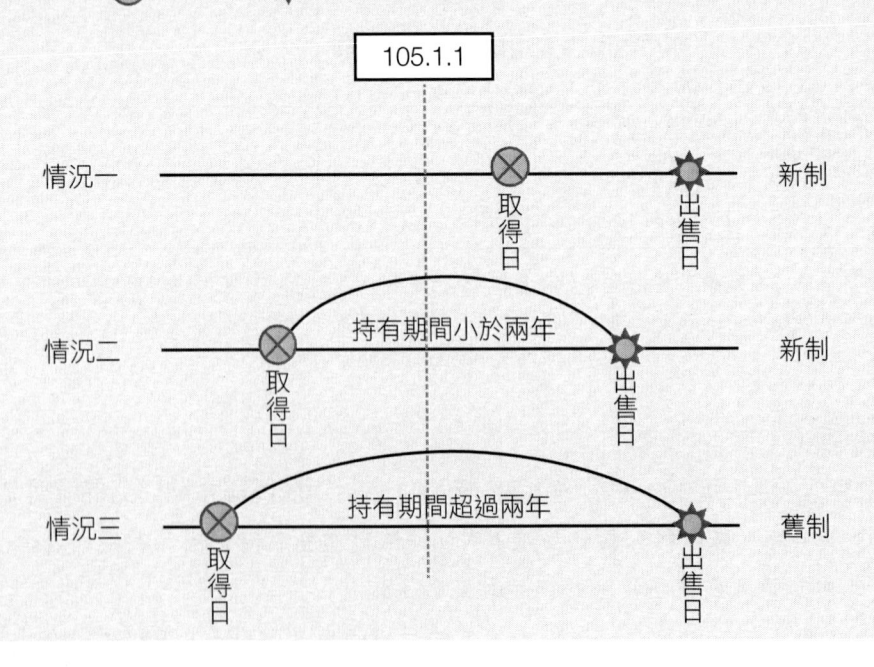

情況一：取得日（105.1.1 以後）→ 出售日　新制

情況二：取得日 → 持有期間小於兩年 → 出售日（105.1.1 以後）　新制

情況三：取得日 → 持有期間超過兩年 → 出售日（105.1.1 以後）　舊制

✪ 若是因繼承而取得，新制或舊制應如何選擇？

(一) 如屬 104 年 12 月 31 日以前繼承取得者，適用舊制課稅規定。

(二) 如屬 105 年 1 月 1 日以後繼承取得者：

1. 如該房地係被繼承人於 105 年 1 月 1 日以後取得，則應適用新制。
2. 如該房地係被繼承人於 104 年 12 月 31 日以前取得者，原則適用舊制規定，惟符合新制規定之自住房屋、土地，得選擇改按新制課稅規定計算房屋、土地交易所得，於完成所有權移轉登記日之次日起算 30 日內辦理申報納稅。

【例】

丁老先生名下有房地一戶，過世後將此房地由其子丁小光繼承，若其後丁小光將此房地出售，其課稅適用則依以下取得日與繼承出售日等，不同情況分別加以討論：

被繼承人（丁老先生）取得房地日期	繼承人（丁小光）繼承取得日期	出售時間	適用規定
105 年 1 月 2 日	105 年 2 月 2 日	105 年 12 月 1 日	新制
104 年 6 月 1 日	105 年 6 月 1 日	110 年 6 月 2 日	原則舊制，但如符合自住房地租稅優惠適用條件者，得改採新制
103 年 2 月 1 日	104 年 2 月 1 日	105 年 12 月 1 日	舊制

圖形整理如下：▲ 被繼承人取得日；⊗ 繼承取得日；✦ 交易日（出售日）

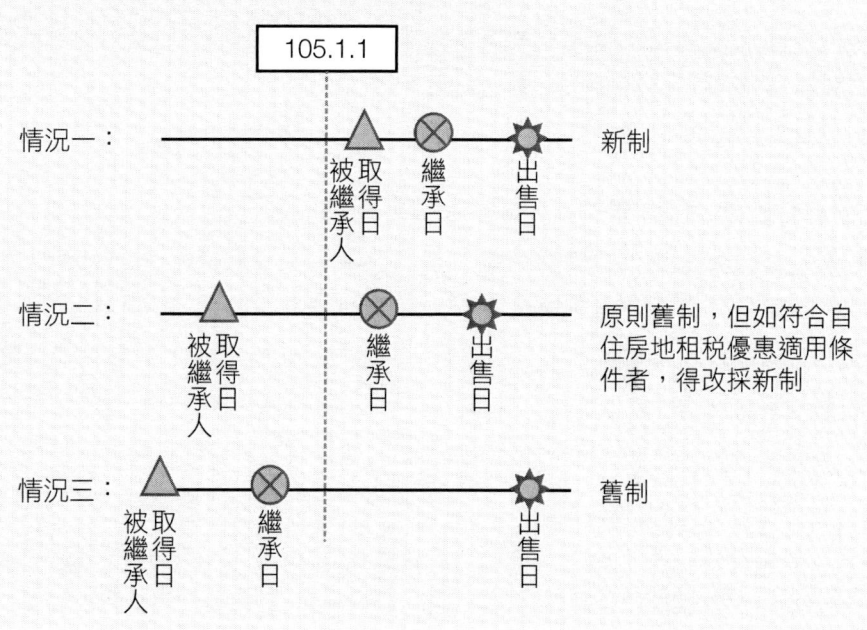

情況一：（被繼承人取得日、繼承取得日、出售日皆在 105.1.1 之後）新制

情況二：（被繼承人取得日在 105.1.1 前，繼承取得日、出售日在 105.1.1 後）原則舊制，但如符合自住房地租稅優惠適用條件者，得改採新制

情況三：（被繼承人取得日、繼承取得日在 105.1.1 前，出售日在 105.1.1 後）舊制

✪ 什麼是「地上權」？

「地上權」是指在他人土地之上下有建築物。例如：甲為了能在乙的土地上建築房屋，甲與乙協議以設定地上權的方式租用其土地，並辦理設定地上權登記，甲便成為該土地的地上權人，並取得物權。

在現行的法律制度下，建商或投資者需要運用他人之土地建築房屋時，通常運用三種方式：

一、直接取得土地所有權：用資金購買或是合建分屋等方式，需要雄厚資金。

二、租賃土地使用權。

三、設定地上權取得土地物權。

第二、三項都是以支付地主租金方式來取得使用土地的權利，而主要不同在於地上權的取得、喪失與變更，須經登記才有效力，且存續期間較長，還可以將地上權權利讓與他人，並得以地上權為抵押之標的物。土地租賃則為契約，本於契約自由原則，由出租人及承租人訂定契約，租賃權不得逾二十年，不得讓與，亦不可轉租。

✪ 為何個人以「設定地上權方式的房屋使用權」也要併入房地合一新制課徵所得稅？

地主以設定地上權方式，將土地提供開發商（地上權人）在該設定地上權的土地上興建房屋，惟因契約或法令限制，開發商不得移轉興建完成房屋的所有權，乃採讓與房屋使用權方式供個人長期使用房屋。考量個人交易該等設定地上權方式的房屋使用權，雖屬權利交易性質，惟經濟實質與房屋交易類同，新制乃明定個人在105年1月1日以後取得是類房屋使用權，其交易視同房屋交易，應按新制規定課稅，並得享有自住房地及長期持有等租稅優惠。

✪ 什麼情況符合財政部公告的非自願因素交易房地的情況？

一、個人或其配偶於工作地點購買房屋、土地辦竣戶籍登記並居住，且無出租、供營業或執行業務使用，嗣因調職或有符合就業保險法#11第3項規定之非自願離職情事，或符合職業災害勞工保護法#24規定終止勞動契約，須離開原工作地而出售該房屋、土地者。

二、個人依民法#796第2項規定出售於取得土地前遭他人越界建築房屋部分之土地與房屋所有權人者。

三、個人因無力清償債務（包括欠稅），其持有之房屋、土地依法遭強制執行而移轉所有權者。

四、個人因本人、配偶、本人或配偶之父母、未成年子女或無謀生能力之成年子女罹患重大疾病或重大意外事故遭受傷害，須出售房屋、土地負擔醫藥費者。

五、個人依據家庭暴力防治法規定取得通常保護令，為躲避相對人而出售自住房屋、土地者。

六、房屋或土地共有人未經他共有人同意，逕依土地法 #34-1 規定出售共有房屋或土地的情形，使其他共有人於非自願情形下交易共有房屋或土地的應有持分。

貳、房地合一所得稅額計算方式說明

應納房地合一所得稅
= 房地合一課稅所得 × 適用稅率
=（交易時成交價額－原始取得成本－因取得、改良及移轉而支付的費用
　－依土地稅法計算的土地漲價總數額）× 適用稅率
➢ 如未能提出相關費用者，按成交價額 5% 設算

房地合一課稅所得 ＝
　　　實際出售房地收入　　← 依合約議定之房地出售價格

減：原始取得成本　　← 買入依合約價格
　　　　　　　　　　　　無法找到取得成本，或因繼承、受贈取得者按取得時或繼承、受贈時的房屋評定現值以及土地公告現值，再按政府發布的消費者物價指數調整後的價值（自 106 年 3 月起，配偶相互間贈與不動產，於配偶出售時，其成本可用受贈前一次配偶的原始取得成本計算）。

減：因取得、改良而支付　← 契稅、印花稅、代書費、規費、仲介費，公證費等取得之必要費用
　　　　　　　　　　　　房地取得前向金融機構借款的利息
　　　　　　　　　　　　裝潢費等非兩年內所能耗竭的增置改良支出
　　　　　　　　　　　　改良土地已支付的 1.改良土地費用。2.工程受益費。3.土地重劃負擔總費用。4.因土地使用變更而無償捐贈作為公共設施用地其捐贈土地之公告現值總額。（可參考土地增值稅繳款書上的「土地改良費用」）

減：移轉費用　　　← 仲介費、廣告費、清潔費、搬運費

減：依土地稅法計算之
　　土地漲價總數額

一、**不得列為成本或費用減除項目**，包括取得房屋所有權後以及在出售前，所繳納的房屋稅、地價稅、管理費及清潔費、金融機構借款利息等，都是屬於使用期間的相對代價。

二、原始取得成本：原則上按實際取得成本認定。但若納稅義務人無法提示取得成本者，則以取得時房屋評定現值及公告土地現值，按消費者物價指數調整後之現值認定其成本。所謂按「消費者物價指數」計算調整後的價值，係指按交易日所屬年月已公告的最近臺灣地區消費者物價總指數調整（請參閱中華民國統計資訊網站 http://www.stat.gov.tw）。例如，購入時（或繼承或受贈時）的房屋評定現值及公告土地現值為 200 萬元，當時政府發布的消費者物價指數為 100，出售時政府發布的物價指數為 108，則調整後的價值 = 200 萬元 × $\dfrac{108}{100}$ = 216 萬元。

三、因取得、改良及移轉而支付的費用：原則上按實際發生的費用認定。

參、自用房地優惠

一、自用房地：個人或其配偶、**未成年子女**設有戶籍；持有並實際居住**連續滿六年**且無供營業使用或出租。

二、**免稅額：400 萬元**，按前述房地交易課稅所得計算，在 400 萬元以下免稅；**超過** 400 萬元部分，按 **10%** 稅率課徵。

三、次數限制：六年內以一次為限。

四、**提醒**：要**連續**住滿六年。而且如僅有已成年子女設籍，不可以適用。

五、如為繼承或受贈取得，如何計算自用房地的居住期間？

→ 除納稅義務人持有的期間外，還可以併計被繼承人、遺贈人及配偶的持有期間，惟持有人於該期間內亦須符合自住房地條件，即該個人、被繼承人、遺贈人或持有人的配偶、未成年子女須已於該房屋辦竣戶籍登記並居住，且無出租、供營業或執行業務使用情形。

　　(一) 因繼承所取得的房地：持有期間 = 個人持有期間 + 被繼承人持有期間

　　(二) 因遺贈所取得的房地：持有期間 = 個人持有期間 + 遺贈人持有期間

　　(三) 因配偶贈與所取得的房地：持有期間 = 個人持有期間 + 配偶持有期間

一、錢夫人為我國境內居住者，其於今年 6 月買入 A 房地，購入成本 1,300 萬元，於 115 年 4 月以 2,000 萬元出售 A 房地時，繳納土地增值稅 10 萬元（土地漲價總數額為 100 萬元），因取得、改良及移轉而支付的費用 150 萬元，試問錢夫人應納之房地合一所得稅額為多少？若該 A 房地符合自用住宅優惠的條件，則其應納稅額為何？

【解析】
(1) 房屋、土地交易所得
= 2,000 萬元 − 1,300 萬元 − 150 萬元 − 100 萬元 = 450 萬元
應納稅額 = 450 萬元 × 20% = 90 萬元
(2)（450 萬元 − 400 萬元）× 10% = 5 萬元

提醒：比較(1)(2)可以發現，若能符合自用住宅的條件，相同的售價、成本與持有期間，稅負的差異卻是非常大

二、老田 105 年 6 月 1 日取得 A 房地並設籍該房屋及自住，老田於 110 年 7 月 1 日過世，由其子小田繼承並繼續設籍及自住，小田於 111 年 7 月 1 日出售 A 房地時，小田可不可以適用自住房地租稅優惠？

【解析】小田持有期間 1 年（110 年 7 月 1 日至 111 年 7 月 1 日），加上老田持有期間 5 年多（105 年 6 月 1 日至 110 年 7 月 1 日），小田出售 A 房地前已連續居住滿 6 年期間，且均符合自住條件，如其本人、配偶、未成年子女未曾適用自住房地租稅優惠，則小田出售 A 房地便可適用自住房地租稅優惠。

肆、申報方式：採分離課稅

個人應於房屋、土地**完成所有權移轉登記日（取得日）**的次日起算 **30 日內**自行依規定格式填寫申報書，如有應納稅額，應先繳納後再檢附繳款收據併同契約書影本及其他有關文件，向國稅局申報。

1. 居住者：向**戶籍所在地**或居留證地址所在地國稅局辦理申報。（外籍人士居住於臺北市或高雄市者，應向其總局外僑股辦理申報）
2. 非居住者：向**交易的房屋、土地所在地**國稅局辦理申報。（外籍人士交易座落於臺北市或高雄市的房地者，應向其總局外僑股辦理申報）

該筆交易所得**不須**再併入交易年度綜合所得總額辦理申報。課稅所得為零或為負數（損失）者，仍應於期限內辦理結算申報。

一、免申報的情況：

(一) 符合農業發展條例第 37 條及第 38 條之 1 規定得申請不課徵土地增值稅的土地。
(二) 被徵收或被徵收前先行協議價購的土地及土地改良物。
(三) 尚未被徵收前移轉依都市計畫法指定的公共設施保留地。

二、特殊情況的取得日認定：

特殊取得情形		取得日
出價取得	參與法院拍賣取得房屋、土地所有權 因強制執行於辦理所有權登記前已取得所有權的房屋、土地	拍定人領得權利移轉證書之日
	買入無法辦理建物所有權登記（建物總登記）的房屋（如違章建築）	訂定買賣契約之日
	買入以設定地上權方式的房屋使用權	權利移轉之日
非出價取得	自行興建房屋	核發使用執照日（無法取得使用執照的房屋，為實際興建完成日）
	提供土地與營利事業合建分屋所分得的房屋	交換後完成所有權移轉登記日
	原有土地，因政府施行區段徵收該土地並領回抵價地	所有權人原取得被徵收土地之日
	原有土地，因土地重劃經重行分配而取得的土地	所有權人原取得重劃前土地之日
非出價取得	營利事業實施都市更新事業，依權利變換取得都市更新後的房屋、土地（抵費地）	都市更新事業計畫核定之日
	營利事業受託辦理土地重劃取得抵繳開發費用的抵費地	重劃計畫書核定之日
	夫妻關係消滅，配偶之一方因行使剩餘財產差額分配請求權取得的房屋、土地	配偶之他方原取得該房屋、土地之日
	因繼承取得的房屋、土地	繼承開始日
	因分割共有物取得與原權利範圍相當的房屋、土地	原取得共有物之日

三、房地合一所得稅申報實務上常見的問題：

1. 房地交易有虧損，所以不用申報？錯，除符合免申報規定之案件外，不論有無應納稅額，應於完成所有權移轉登記日之次日起算30日內申報納稅
2. 交換房屋、土地不屬房地合一新制之課稅範圍，所以不用申報？錯，交換房屋、土地一樣要申報房地合一所得稅。
3. 取得日或交易日係簽訂買賣契約之日？錯，是所有權移轉登記日
4. 二親等以內親屬間之買賣案件，已申報贈與稅，便不需申報房地合一所得稅？錯，贈與稅與所得稅是兩種不同稅種，故仍應申報房地合一所得稅。

伍、其他規定

一、個人交易房屋、土地如有損失時的處理方式

前述計算房地交易所得若為**負數**者，即為**房屋、土地交易損失**（該損失金額不得再減除當次交易依土地稅法規定計算的土地漲價總數額）。個人可在上開交易日**以後三年內**交易其他房屋、土地，計算結果如有交易所得，得先減除上開房屋、土地交易損失金

額，再以其餘額減除當次交易依土地稅法規定計算的土地漲價總數額，計算該次課稅所得額，按規定稅率計算繳納應納稅額。

二、重購自用房地退稅之規定

適用條件，需以下各項同時符合

1. **期間要求**：凡在完成移轉登記之日起**兩年內**重購自用房地，不論是先買後賣或是先賣後買。

2. **用途限制**：
   (1) 舊房地：個人買賣自住房屋、土地，本人、配偶及未成年子女，已於自住房地辦竣戶籍登記並居住。自住房地出售的前一年內無出租或供營業使用。
   (2) 重購的新房地：**於重購後五年內應供自住使用**，不得改作其他用途或再行移轉，否則應**退還**該重購退稅款。

3. **不限制**：
   面積不限，價格不限：納稅義務人換屋面積大小或價格高低，均可申請退稅。所有權人不同亦不限：當出售房屋的所有權人與重購房屋的所有權人，不是同一人之時，也就是以本人或其配偶名義出售自住房地，而另以其配偶或本人名義重購符合自用住宅房地者，仍可申請適用重購退稅優惠。

4. **可退稅稅額計算**：
   重購價額／出售價額 = R
   　　R ≥ 1；則應退還稅額 = 出售房地已繳納稅額
   　　R < 1；應退還稅額 = 出售房地已繳納稅額 × R

綜合範例

1. [**先賣後買**] 錢先生 105 年 1 月 1 日買入 A 房地並設籍居住，並於 108 年 6 月 1 日出售 A 房地，出售價額 3,000 萬元，並已繳納所得稅 25 萬元。而後於 110 年 4 月 1 日以 3,500 萬元買入 B 房地並設籍居住，錢先生可以申請適用重購退稅優惠嗎？可退多少稅額？

   【解析】
   (1) 錢先生出售 A 房地的前 1 年內並無出租或供營業使用，且出售 A 房地的移轉登記日至買入 B 房地的移轉登記日（108 年 6 月 1 日至 110 年 4 月 1 日）的期間在 2 年以內，錢先生得申請適用重購退稅優惠。
   (2) 因重購價額 3,500 萬元／出售價額 3,000 萬元 = 1.17 > 1
   錢先生可申請退還稅款金額 = 25 萬元（即出售 A 房地已繳納稅額）

2. [**先買後賣**] 陶先生 105 年 1 月 1 日買入 A 房地並設籍居住，於 108 年 6 月 1 日以 2,000 萬元買入 B 房地供自住使用，戶籍由 A 房地遷至 B 房地，110 年 4 月 1 日出售 A 房地，出售價額 2,500 萬元，原應繳納所得稅 20 萬元，陶先生可以申請適用重購扣抵稅額優惠嗎？可退多少稅額？

【解析】

陶先生出售 A 房地的前 1 年內並無出租或供營業使用，且買入 B 房地的移轉登記日至出售 A 房地的移轉登記日（108 年 6 月 1 日至 110 年 4 月 1 日）的期間在 2 年以內，陶先生得申請適用重購扣抵稅額優惠：

因重購價額 2,000 萬元／出售價額 2,500 萬元 ＝ 0.8 ＜ 1

可退還稅款為 20 萬元 × 0.8 ＝ 16 萬元

應再繳納稅額 20 萬元 ×（1 － 0.8）＝ 4 萬元

注意：如前述享有重購退稅的納稅義務人，於重購後 5 年內將房地改作其他用途，應向國稅繳回原退還稅額。

✪ 何時適用重購退稅？如何選擇適用新制或舊制？兩者的差別為何？

一、何時適用重購退稅：看買賣時間的差距

無論是先買後賣，或是先賣後買，只要買屋及賣屋之時間（以完成移轉登記之日為準）差距在 2 年以內，且符合所得稅法有關自住房屋、土地之規定，即可申請重購退稅。

二、重購退稅的新制與舊制的選擇：視出售的房地適用舊制或是新制而定

如果出售的房地適用新制，則按新制的重購退稅規定適用

如果出售的房地適用舊制，則按舊制的重購退稅規定適用

● 情況一：小春在 101 年購入文山區甲屋，104 年為了換屋而購入大安區乙屋，於 105 年將文山區甲屋賣掉。

→賣掉的甲屋是於 105 年 1 月 1 日以前取得，且持有期間超過 2 年

→申報甲屋的所得稅時適用舊制

→重購退稅按舊制規定辦理

● 情況二：小春在 104 年購入文山區甲屋，105 年出售文山區甲屋，並同時購入大安區乙屋。

→甲屋係於 105 年 1 月 1 日以前取得，且持有期間在 2 年以內

→申報甲屋的所得稅時適用新制

→重購退稅按新制規定辦理

三、重購退稅的新制與舊制的比較

	舊制（所 #17-2）	新制（所 #14-8）
期間要求	不論是先賣後買或先買後賣，完成移轉之日的差距在兩年以內	
價格要求	新購房屋價額超過原出售房屋價額	無 換大屋可全額退稅，但換小屋則按比例退稅
所有權人限制	沒有限定新舊房屋一定要同一人 納稅義務人以本人或其配偶名義出售自用住宅之房屋，而另以其配偶或本人名義重購者	
用途限制	自用住宅：本人、配偶或申報**受扶養直系親屬**於該地辦竣戶籍登記，且出售及重購年度均無出租或供營業使用	自用住宅：本人、配偶或**未成年子女**於該地辦竣戶籍登記，且無自住房地於出售前一年無出租或供營業使用
不適用或追繳退稅款	財產交易所得已依所得稅法規定自財產交易損失中扣抵部分不適用	退稅成功後**五年內**不得改做其他用途或再行移轉，否則會被國稅局追繳稅款
申請日期	先售後購者，為重購之所有權移轉登記年度； 先購後售，為出售之所有權移轉登記年度	於重購自住房屋、土地完成移轉登記或房屋使用權交易之次日起算五年內，申請按重購價額占出售價額之比率，自已繳納稅額中計算退還
次數與面積限制	面積次數均無限制	面積無限制 次數：六年內以一次為限

CHAPTER 4 營利事業所得稅

- 營利事業所得稅
  - 創業：所得稅上的準備
    - 營利事業稅籍登記：(1)設立登記與稅籍登記
    - 營利事業應設置之帳簿與憑證之取得與保管：(1)帳簿憑證與會計記錄 (2)憑證取得與保管 (3)未依規定設帳或取得與保管憑證之罰則
  - 納稅義務人與課稅範圍
    - 課稅主體與課稅範圍：(1)納稅義務人 (2)課稅範圍
    - 會計基礎、會計年度：(1)會計基礎 (2)會計年度
    - 免納營利事業所得稅之各項所得
  - 營利事業所得額
    - 營利事業所得額計算之基本規定
    - 營利事業所得額之計算基本公式
    - 特殊行業或特殊情況之營利事業所得額計算方法：(1)總機構在中華民國境內，經營海運業務之營利事業 (2)總機構在境外，在我國境內經營國際運輸、承包營建工程、提供技術服務或出租機器設備或出租影片收入者
  - 應納稅額與應繳(退)稅款
    - 如何從全年所得額計算出課稅所得額
    - 如何從課稅所得求出應納稅額並計算出應繳或應退稅款
  - 房地合一課稅：營利事業部份
    - 新舊制課稅方式比較
    - 所得額計算與完稅方式
    - 年度交易兩筆以上之土地，所得額之計算
    - 個人房地交易適用營利事業課稅規定之情況
    - 總機構在我國境外之營利事業交易境外公司股權
  - 所得基本稅額：營利事業部份
    - 免申報所得基本稅額條例之營利事業
    - 基本概念：
      (1)營利事業基本所得額之計算
      (2)證券交易等項目之損失處理
      (3)免予計入基本所得額之情況
      (4)海外已納稅額扣抵限額
  - 營利事業網路交易之課稅問題

第一節 創業：所得稅上的準備

本節學習重點：
- ✦ 營利事業設立的租稅準備：稅籍登記
- ✦ 營利事業所得稅的基本要求：應設置帳簿與取得並保管憑證

創業除了需要有資金、技術以及營運計畫之外，另一個無可避免的成本，便是租稅。經營一家以營利為目的的事業，不論是獨資、合夥或公司組織，一般情況下至少會涉及兩種租稅，分別為營利事業所得稅與營業稅，而獨資或合夥組織還會面臨綜合所得稅之課稅問題。本章主要就營利事業所得稅加以說明，另有專章介紹營業稅（加值及非加值型營業稅；以下簡稱「營」）。以下就設立營利事業在租稅上所涉及的步驟以及應具備的帳冊資料加以說明。

壹、營利事業設立登記與稅籍登記

(一) 步驟一：決定組織型態

決定組織型態（獨資、合夥還是公司），預查與登記名稱，銀行開戶並投入資本額以及驗資（公司組織需要會計師資本簽證）。

(二) 步驟二：辦理商業登記或公司登記[1]

1. 獨資合夥組織（商業登記法 #3、#4、#5）

(1) 以營利為目的，選擇以獨資或合夥方式經營者，適用商業登記法之規範。

(2) 除了經營攤販、家庭農、林、漁、牧業者、家庭手工業者、民宿以及每月銷售額未達營業稅起徵點者（銷售商品八萬，銷售勞務四萬）**不用辦理商業登記**之外。其他為了要取得合法營業之資格，均應向商業所在地主管機關辦理營業登記。未經設立登記而以商業名義經營業務或為其他法律行為者，商業所在地主管機關會要求營業人限期辦妥登記；屆期未辦妥者，處新臺幣一萬元以上五萬元以下罰鍰，並得按次處罰。

2. 公司組織（公司法 #1、#18、#19）

(1) 依公司法成立，以營利為目的之社團法人。

(2) 向經濟部工商發展局申請公司設立登記，惟若公司所在地位在新北市、臺北市、桃園市、台中市、台南市、高雄市者，則向所在地的市政府經濟發展局申辦。

(3) 未經設立登記，不得以公司名義經營業務或為其他法律行為。違反登記之規定者，行為人處一年以下有期徒刑、拘役或科或併科新臺幣十五萬元以下罰

---

[1] 目前已有設立登記一站式的線上申請系統，請詳 http://onestop.nat.gov.tw/

金，並自負民事責任；行為人有二人以上者，連帶負民事責任，並由主管機關禁止其使用公司名稱。

(三) **步驟三：辦理稅籍登記**[2]

所謂「稅籍登記」，就是營業人向國稅局申請營業稅籍，可供報繳營業稅、營所利事業所得稅及個人綜合所得稅之用。稅籍登記相關法規詳營 #28、#29、#45，#51。

問題探討

○ **營業稅起徵點的規定為何？**

依據財政部函令規定，小規模營業人（平均一個月的營業額不到20萬元者）如下：

一、買賣業、製造業、手工業、新聞業、出版業、農林業、畜牧業、水產業、礦冶業、包作業、印刷業、公用事業、娛樂業、運輸業、照相業及一般飲食業等業別之起徵點為每月銷售額新臺幣8萬元。

二、裝潢業、廣告業、修理業、加工業、旅宿業、理髮業、沐浴業、勞務承攬業、倉庫業、租賃業、代辦業、行紀業、技術及設計業及公證業等業別之起徵點為每月銷售額新臺幣4萬元。

○ **網路交易與稅籍登記**

不像傳統商家需要辦公室或店面，網路拍賣業者往往無實體店舖，因此，財政部目前正積極輔導網拍賣家，向國稅局的營業稅股辦理前述所稱之「稅籍登記」。主要目的在使營業人向國稅局申請營業稅籍，取得統一編號及稅籍編號，方便報繳營業稅、營利事業所得稅及個人綜合所得稅。

此外，自 **106年5月1日**起，在中華民國境內無固定營業場所之外國業者銷售電子勞務給境內自然人，應在我國辦理稅籍登記，並報繳營業稅。

○ **公司設立登記（或營業登記）與稅籍登記之不同：**

公司設立登記或商業登記主要是要告訴經濟部（或各縣市政府主管機關），有人要在這裡設一家公司（或開一家店舖），主管機關審核公司設立登記或商業登記的同時，還會針對營業地點審查可能涉及的營建、消防、衛生等問題等進行審核。

稅籍登記是告訴財政部（或各縣市租稅主管機關），有人在這裡營業，讓稽徵機關得以查核或通知營業人各項租稅義務。

完成公司登記或商業登記之後，營業人接著辦理稅籍登記。申請稅籍登記的同時，營業位置所在區域的「管區」稅務員（營業所在地的租稅主管機關），會至營業登

---

[2] 境外電子商務部份可以參考
https://www.ntbt.gov.tw/etwmain/front/ETW118W/CON/1815/7382609730261505849

記地址實地訪查，以確定營業的真實性，並非虛設行號，並依法核給統一發票的購票文件，完成稅籍登記。

若平均一個月的營業額不到 20 萬元，可向國稅局申請適用免用統一發票的**小規模營業人**。可以佐證的資料，包括每月交易存摺等。

✪ **如果經營的規模真的很小，不想辦營業登記，可以嗎？**

以公司的型態，是一定要辦理登記的。

以獨資或合夥型態，依據商業登記法規定，部份營業項目以及規模很小的獨資合夥事業，可以不用辦理商業登記。例如：1.經營攤販、家庭農、林、漁、牧業者、家庭手工業者、民宿業者。2.平均每月銷售額未達營業稅起徵點者（銷售商品 8 萬元，銷售勞務 4 萬元）。但是，建議稅籍登記還是要去辦理一下。

未辦理稅籍登記的處罰如下：營業人未依規定申請稅籍登記者，除通知限期補辦外，並得處新臺幣 3 千元以上 3 萬元以下罰鍰；屆期仍未補辦者，得按次處罰。

✪ **規模小的獨資合夥事業，僅辦理稅籍登記，有什麼影響？**

依據商業登記法規定，部份行號可以不用辦理營業登記者。所以，若是基於方便的考量，是可以僅辦理稅籍登記。但是，這樣做會有風險，因為沒有向營業所在地政府辦理營業登記，因此，無法取得名稱的專用權，未來行號名稱有可能被別人使用，這在經營的發展上某種程度是會受到衝擊與影響。

✪ **私立產後護理機構（作月子中心）之稅籍登記與課稅規定**

依護理人員法、同法施行細則及護理機構分類設置標準設立之「產後護理機構」。

一、稅籍登記與營業稅：自 105 年 12 月 21 日起應依法課徵營業稅並辦理稅籍登記。
 1. 免徵營業稅：醫療勞務收入，包括護理費（含護理評估、護理指導及處置等）、醫療診療及諮詢費等
 2. 應徵營業稅：非屬醫療勞務收入之部份，包括日常生活服務費用，例如：住房費、嬰兒奶粉及尿布、清潔衛生用品及一般飲食等。

二、所得稅：

自 106 年度起繳納營利事業所得稅（在此之前是由負責人列入其他所得繳納綜合所得稅）。此類應辦理稅籍登記之產後護理機構，符合所#11 第 2 項，以營利為目的，具備營業牌號或場所之「營利事業」，應依所得稅法相關規定，就所提供醫療及非醫療勞務服務之所得申報及繳納營利事業所得稅。營利事業是以年度收入總額減除各項成本、費用或損失後的純益額為所得額，按適用稅率計算應納稅額。

表 4-1　獨資、合夥與公司組織之比較表

	獨資與合夥組織	有限公司	股份有限公司
法令依據	商業登記法 商業登記申請辦法	公司法	
慣用組織名	商店 商行 企業社 實業社	有限公司 企業有限公 實業有限公司 貿易有限公司	股份有限公司 企業股份有限公司 實業股份有限公司 貿易股份有限公司
名稱 專用範圍	同縣市內不得重複	全國不得重複	全國不得重複
適合對象	創業一開始最常選擇的組織型態，適合小型商店、餐飲及個人或合夥工作室	屬於法人組織，有其資本額及組織設立的人數限制，適合已具備部份規模的小型及微型企業來運作	
出資者人數	獨資 1 人；合夥 2 人以上	股東 1 人以上 董事至少 1 人	股東 2 人以上 董事不得少於 3 人 監察人 1 人
資本額 資金證明	資本額不限 (特殊行業例外) 但大於 25 萬要資金證明	資本額不限 (特殊行業例外) 需要存款(資本)證明以及會計師簽證	資本額不限 (特殊行業例外) 需要存款(資本)證明以及會計師簽證
法人人格	不具備獨立的法人資格，因此獨資事業的資本主或合夥事業的合夥人必須對其事業所產生的債務負無限責任。	公司與出資人(股東)為不同的法律個體，各股東對於公司的責任，僅以其出資額為限，也就是說僅負有限責任。	
營業稅稅率	小規模：免使用統一發票，國稅局查定課徵，稅率 1% 一般：使用統一發票，稅率 5%	一定要使用發票，稅率 5%(部份特殊行業例外)	
所得稅	因獨資合夥組織的盈餘強制分配予出資者，因此，出資者須就組織獲利分配之所得申報綜合所得稅，依規模不同可分為： 小規模：僅申報綜合所得稅 非小規模：申報營利事業所得稅與綜合所得稅(104 年至 106 年)自 107 年起，不論是否為小規模均歸併至出資人之營利所得申報綜合所得稅。	公司本身僅申報營利事業所得稅，稅後盈餘待日後分配予股東時，股東方須申報綜合所得稅	

貳、營利事業應設置之帳簿與憑證取得與保管

一、帳簿憑證與會計紀錄

所 #21：營利事業應保持足**以正確計算**其營利事業所得額之帳簿憑證及會計紀錄。有關帳簿憑證及會計紀錄之設置、取得、使用、保管、會計處理及其他有關事項之管理辦法，由財政部定之。

營利事業應依「稅捐稽徵機關管理營利事業會計帳簿憑證辦法」[3]（依所得稅法第 21 條規定授權訂定，以下簡稱「帳簿憑證辦法」）規定**設置帳簿、如實記載並給與、取得及保存相關憑證**。詳細的設帳規定，可以詳「帳簿憑證辦法」#2、#3、#5、#6、#7、#9、#17、#19、#26。

應設置之帳簿依經營行業種類不同，或是否屬於商業會計法之採行範圍而有所差異，但不外是日記簿、分類帳以及存貨與生產等會計紀錄上應具備之相關帳簿。

◆ 使用新帳冊前，應先至國稅局所屬任一分局、稽徵所辦理登記驗印手續。
◆ 凡經核定免用統一發票之小規模營利事業，得設置簡易日記簿一種。
◆ 攤販得免設置帳簿。

營利事業設置之帳簿，除有關未結會計事項者外，應於會計年度決算程序辦理終了後，至少保存**十年**。但因不可抗力之災害而毀損或滅失，報經主管稽徵機關查明屬實者，不在此限。

所 #41：營利事業之總機構在中華民國境外，其在中華民國境內之固定營業場所或營業代理人，應單獨設立帳簿，並計算其營利事業所得額課稅。

二、憑證取得與保管

依「帳簿憑證辦法」#21、#22、#24、#25、#27。營利事業之帳簿憑證，除為緊急避免不可抗力災害損失、或有關機關因公調閱或送交合格會計師查核簽證外，應留置於營業場所，以備主管稽徵機關隨時查核。**營利事業之各項會計憑證**，除應永久保存或有關未結會計事項者外，應於會計年度決算程序辦理終了後，至少保存**五年**。

三、未依規定設帳或取得與保管憑證之罰則

營利事業未依「帳簿憑證辦法」之規定設置帳簿並記載者，除依稅捐稽徵法（以下簡稱「稽」）#45 之規定辦理外，並通知限期補正；屆期未辦理者，應依所 #83 之規定，核定其所得額。

---

[3] 稅捐稽徵機關管理營利事業會計帳簿憑證辦法請詳
http://law.moj.gov.tw/LawClass/LawAll.aspx?PCode=G0340010

(一) 帳冊設置、驗印與保管
1. 依規定應設置帳簿而不設置，或不依規定記載者，處新臺幣三千元以上七千五百元以下罰鍰，並應通知限於一個月內依規定設置或記載。
2. 期滿仍未依照規定設置或記載者，處新臺幣七千五百元以上一萬五千元以下罰鍰，並再通知於一個月內依規定設置或記載。
3. 期滿仍未依照規定設置或記載者，應予停業處分，至依規定設置或記載帳簿時，始予復業。
4. 依規定應驗印之帳簿，未於規定期限內送請主管稽徵機關驗印者，除通知限期補辦外，處新臺幣一千五百元以上一萬五千元以下罰鍰；逾期仍未補辦者，得連續處罰至補辦為止。
5. 不依規定保存帳簿或無正當理由而不將帳簿留置於營業場所者，處新臺幣一萬五千元以上六萬元以下罰鍰。

(二) 憑證取得與保管（稽 #44）
1. 營利事業依法規定應給與他人憑證而未給與，應自他人取得憑證而未取得，或應保存憑證而未保存者，應就其未給與憑證、未取得憑證或未保存憑證，經查明認定之總額，處 5% 罰鍰。
2. 營利事業取得非實際交易對象所開立之憑證，如經查明確有進貨事實及該項憑證確由實際銷貨之營利事業所交付，且實際銷貨之營利事業已依法處罰者，免予處罰。此項處罰金額最高不得超過新臺幣 100 萬元。

營業人進貨應取得實際交易對象開立之統一發票，若因故意或過失取得非實際交易對象開立之統一發票，充作進項憑證申報扣抵銷項稅額，除要依法補徵營業稅外，還須依加值型及非加值型營業稅法 #51 及稽 #44 規定，擇一從重處罰。此部份將會在加值型及非加值型營業稅法中詳細說明。

第二節 納稅義務人與課稅範圍

本節學習重點：
+ 營利事業所得稅的納稅義務人
+ 營利事業的課稅範圍以及完稅方式
+ 營利事業境外來源所得之處理
+ 營利事業所得稅之會計基礎與會計年度
+ 營利事業所得稅之免稅項目

壹、課稅主體與課稅範圍

一、納稅義務人

(一) 所得稅的納稅義務人是指依所得稅法規定，應申報或繳納所得稅之人。

(二) 凡在中華民國境內經營之營利事業，應依所得稅法之規定，課徵營利事業所得稅。

何謂營利事業？ 所得稅法定義之營利事業，係指公營、私營或公私合營，以營利為目的，具備營業牌號或場所之獨資、合夥、公司及其他組織方式之工、商、農、林、漁、牧、礦冶等營利事業。(所 #11 第 2 項)

二、課稅範圍 (所 #3)

我國營利事業所得稅採**屬人兼屬地主義**。

(一) **屬人主義：完稅方式 ➔ 結算申報**(採曆年制者於次年五月申報)

營利事業總機構在我國境內者，應就中華民國**境內外全部營利事業所得合併**課徵營利事業所得稅。有大陸與港澳地區來源所得者，應併同臺灣地區來源所得課徵所得稅。

重複課稅如何處理？ { 直接稅額扣抵(僅就該所得本身直接產生的稅負可以扣抵)
已納稅額扣抵法(僅限於實際繳納之稅負可以扣抵)

屬人主義的情況下，由於營利事業總機構在我國境內者，有國外(含港澳)與大陸地區來源所得需列入課稅，為避免重複課稅，因此，所得稅法允許列入課稅的境外(含大陸)來源所得，其已繳納之稅負准予扣抵。

但為避免以我國稅收之損失補貼其他國家或地區之租稅收入，會限制境外已納稅額扣抵之數額。

1. 扣抵限額

(1) 大陸來源所得扣抵之數不得超過因加計其大陸來源所得，而依國內適用稅率，計算增加之結算應納稅額。

(2) 國外(含港澳)所得扣抵之數不得超過因加計其國外所得，而依國內適用稅率計算增加之結算應納稅額

- **有大陸地區所得之已納稅扣抵限額計算如下：**

$A = (國內所得) \times 稅率 = 國內所得額之應納稅額$

$B = (國內所得 + 大陸所得) \times 稅率 = 國內以及大陸地區所得額之應納稅額$

$(B - A) = 因加計大陸地區所得，依國內適用稅率計算增加之應納稅額$

因此，大陸可扣抵之稅額最高僅能扣得 $(B - A)$ 之值。

若大陸已納稅額 Y 超過 $(B - A)$，則僅能扣除 $(B - A)$ 之值。

若大陸已納稅額 Y 小於 (B − A)，則可扣除 Y 之值。
亦即**可扣抵大陸已納稅額** = min { Y, (B − A)}

- **有國外所得之已納稅扣抵限額計算如下：**

C =【國內所得 + 大陸所得 + 國外所得 (含港澳)】× 稅率
　= 營利事業全部所得額之應納稅額
(C − B) = 因加計國外 (含港澳) 所得，依國內適用稅率計算增加之應納稅額

因此，國外 (含港澳) 可扣抵之稅額最高僅能扣得 (C − B) 之值。
若國外已納稅額 X 超過 (C − B)，則僅能扣除 (C − B) 之值。
若國外已納稅額 X 小於 (C − B)，則可扣除 X 之值。
亦即**可扣抵國外已納稅額** = min { X, (C − B)}。

2. 營利事業所得稅稅率 (所 #5)

營利事業所得稅起徵額及稅率如下：
(1) 營利事業全年課稅所得在 12 萬元以下者，免徵營利事業所得稅。
(2) 營利事業全年課稅所得超過 12 萬元者，就其全部課稅所得額課徵 20%。但其應納稅額不得超過營利事業課稅所得額超過 12 萬元部分之半數。
(3) 自 107 年度起，營利事業全年課稅所得額超過 12 萬元未逾 50 萬元者，就其全部課稅所得額按下列規定稅率課徵，107 年度稅率為 18%；108 年度稅率為 19%，109 年度以後始按 20% 稅率課稅。但其應納稅額不得超過營利事業課稅所得額超過十二萬元部分之半數。

表 4-2　營利事業所得稅稅率以及速算方式

課稅所得額	稅率 99 年～106 年	稅率 107 年起	累進差額	速算方式或 說明 99 年～106 年	107 年起
120,000 元以下	免稅		—	—	
超過 120,000 元	17%	20%	無	• 課稅所得超過 181,818.18 元者 應納稅額 = 課稅所得 × 17% • 課稅所得在 181,818.18 元以下者 應納稅額 = (課稅所得 − 120,000) ÷ 2	• 課稅所得超過 200,000 元者 應納稅額 = 課稅所得 × 20% • 課稅所得在 200,000 元以下者 應納稅額 = (課稅所得 − 120,000) ÷ 2 • 緩衝之特別稅率：課稅所得額超過 12 萬元未逾 50 萬元者：107 年度稅率 18%，108 年度稅率 19%，109 年度以後稅率 20%

進階說明（一）

⭐ **分公司與子公司之比較：**

	分公司（Branch）	子公司（Subsidiary）
意義	總公司（Head Office）之分支機構，受總公司（或稱本公司）之管轄	一定比例以上的股份被另一公司（母公司）所擁有或通過協議方式受到母公司實際控制的公司
獨立的法人人格	不具備企業法人資格，不獨立承擔民事責任	獨立的法人，對外以自己的名義進行活動，在經營過程中發生的債權債務由公司自身獨立承擔
公司架構	沒有自己的章程，沒有董事會等形式的公司經營決策和業務執行機關	有公司章程，具備董事會和公司的完整組織架構
名稱	分公司名稱應冠以隸屬公司的名稱，例如：××（總公司名稱）公司（地區別）分公司	擁有與母公司不同的獨立名稱
控制關係與操作方式	人事、業務、財產受總公司直接控制，在總公司的經營範圍內從事營運活動	母公司對子公司的控制，採較為間接的方式，通過任免子公司董事會成員和表決重大投資與營運決策來影響子公司的經營
總公司對子公司承擔的責任	分公司由於沒有自己獨立的財產，與總公司在營業利益上合併計算，因此分公司在營運過程中產生的負債由總公司負責清償	母公司作為子公司的最大股東，僅以其對子公司的出資額負有限責任

進階說明（二）

⭐ **境外分公司與境外子公司來源所得之稅額扣抵：**

1. **境外分公司所得**：境外分公司之盈餘，由國內總公司合併申報當年度營利事業所得稅；至於境外分公司依當地稅法規定繳納之所得稅，經提出符合規定之同一年度納稅憑證，得自其全部營利事業所得結算應納稅額中扣抵，但扣抵有限額。例如：雷芬公司之總公司設在臺北，其在 A 國設有一分公司，今年度總公司之所得為 600 萬元（新臺幣，以下同），分公司之所得為 300 萬元；此筆分公司之所得已在 A 國繳納 80 萬元之所得稅，雷芬公司今年度的營利事業所得稅應納稅額之可抵減稅額是多少？

   A =（600 萬元 + 300 萬元）× 20% = 180 萬元

   B = 600 萬元 × 20% = 120 萬元

   A － B = 180 萬元 － 120 萬元 = 60 萬元 < 80 萬元，故僅能扣除 60 萬元

   實際應繳稅款為 180 萬元 － 60 萬元 = 120 萬元

2. **轉投資國外公司的股利所得**：總機構在中華民國境內之營利事業，投資國外公司取得之股利所得，須計入所得額課稅。國外已納稅額可扣抵之情況如下：

被投資國外公司盈餘繳納之公司所得稅：不可抵

稅後盈餘分配股利課徵之股利所得稅：可以抵

雷芷公司今年度國內所得額 500 萬元，其於 B 國 100% 持股子公司 Arnon 公司前年度所得為 200 萬元（新臺幣，以下同），Arnon 公司已繳納 B 國的公司所得稅 60 萬元，而稅後盈餘 140 萬元於今年度全數分配予雷芷公司，雷芷公司獲配股利收入時，依 B 國稅法規定扣繳 10% 所得稅計 14 萬元。雷芷公司在計算今度營利事業所得稅結算申報時應如何計算可扣抵稅額？

【國內所得額 500 萬元 + 國外所得額 140 萬元】× 20% = 128 萬元

國內所得額 500 萬元 × 20% = 100 萬元

因加計國外所得而增加之結算應納稅額 = 128 萬元 − 100 萬元

= 28 萬元 > 14 萬元，僅能扣除 14 萬元

※Arnon 公司於 B 國繳納之公司所得稅 60 萬元不能抵，僅能抵掉此筆股利收入之已納國外稅額

雷芷公司今年度應繳稅款 = 128 萬元 − 14 萬元 = 114 萬元

案例

雷明公司之總機構設於臺北市，其年度營利事業所得稅境內外所得申報相關資料如下：（改自 100 記帳士）

1. 當年國內的課稅所得為 10,000,000 元（新臺幣，以下同）。
2. 於荷蘭投資 Achor 子公司，本年獲配現金股利新臺幣 1,800,000 元（已扣除股利扣繳稅款 200,000 元）。
3. 美國設立 Bchor 分公司，本年稅後所得新臺幣 2,800,000 元（已扣除所得 1,200,000 元）。
4. 香港設立 Cchor 分公司，本年度虧損新臺幣 1,500,000 元。
5. 於大陸設立之 Dchor 分公司，本年稅後所得新臺幣 4,000,000 元（已扣除所得稅 1,000,000 元）。

試計算雷明公司本年度營利事業所得稅結算申報之：

(1) 已納稅款之可扣抵稅額；(2) 應再繳稅款。

【解析】

國內所得應納稅額 A

A = 10,000,000 × 20% = 2,000,000 元

含大陸地區所得應納稅額 B
B＝(10,000,000＋5,000,000)×20%＝3,000,000 元
全球所得應納稅額 C
C＝(10,000,000＋2,000,000＋4,000,000－1,500,000＋5,000,000)×20%
　＝3,900,000 元
大陸地區可扣抵稅額 ＝ min{ 1,000,000,(B－A)}
　　　　　　　　　＝ min{ 1,000,000,(3,000,000－2,000,000)}＝1,000,000 元
國外所得可扣抵稅額 ＝ min{(200,000＋1,200,000),(C－B)}
　　　　　　　　　＝ min{ 1,400,000,(3,900,000－3,000,000)}＝900,000 元
(1) 已納稅款之可扣抵稅額 1,000,000＋900,000＝1,900,000 元
(2) 應再繳稅款 3,900,000－1,900,000＝2,000,000 元

(二) 屬地主義

營利事業之總機構在中華民國境外，而有中華民國來源所得者，應就其中華民國境內之營利事業所得，依本法規定課徵營利事業所得稅。

總機構在我國境外之完稅方式整理

類型	申報方式		申報或繳稅期限（以採曆年制為例）
在我國境內有固定營業場所	結算申報（所 #71）		次年5月份
在我國境內無固定營業場所，但有營業代理人（營業代理人無須辦理稅籍登記，但應向所轄稽徵機關申請核備以規範營業代理事實之申報及營業代理人申報納稅之責任）	申報納稅（所 #73）		次年5月份
在我國境內無固定營業場所及在我國境內無營業代理人	扣繳範圍之所得	就源扣繳所 #88	給付時
	非屬扣繳範圍之所得	由納稅義務人申報納稅（所 #73、細 #60）	最晚次年5月

✪ 何謂固定營業場所？

固定營業場所係指經營事業之固定場所，包括管理處、分支機構、事務所、工廠、工作場、棧房、礦場及建築工程場所。

但專為採購貨品用之倉棧或保養場所，其非用以加工製造貨品者，不在此限。

❂ 何謂營業代理人？

本法稱營業代理人係指符合於下列任一條件之代理人：

(一) 除代理採購事務外，並有權經常代表其所代理之事業接洽業務，並簽訂契約者。

(二) 經常儲備屬於其所代理之事業之產品，並代表其所代理之事業將此項貨品交付與他人者。

(三) 經常為其所代理之事業接受訂貨者。

貳、會計基礎及會計年度

一、會計基礎（所 #22）

1. **公司組織**：應採用權責發生制。
2. **非公司組織**：得因原有習慣或因營業範圍狹小，申報該管稽徵機關採用**現金收付制**。非公司組織所採會計制度，如果要變更，須於各會計年度開始三個月前申報該管稽徵機關。

二、會計年度（所 #23）

1. **原則**：曆年制，每年一月一日起至十二月三十一日止
2. **例外**：但因原有習慣或營業季節之特殊情形，經該管稽徵機關核准者，得變更起訖日期。
3. **變更會計年度**（所 #23；所 #40）：
   (1) 變更前之所得申報：營利事業報經該管稽徵機關核准變更其會計年度者，應於**變更之日起一個月內**，將變更前之營利事業所得額，依規定格式申報該管稽徵機關，於提出申報書前自行繳納之。
   (2) 變更前未滿一年之所得計算：營業期間不滿一年者，應將其所得額按實際營業期間相當全年之比例換算全年所得額，依規定稅率計算全年度稅額，再就原比例換算其應納稅額。營業期間不滿一月者以一月計算。

(**A**) 原為七月制會計年度之營利事業，決定自今年 1 月 1 日起變更會計年度為曆年制，則變更前會計期間（去年 7 月 1 日至去年 12 月 31 日）所得結算申報之最後期限為：（改自 97 會計師）
   (A) 今年 1 月 31 日　　(B) 今年 5 月 31 日
   (C) 今年 11 月 30 日　　(D) 明年 5 月 31 日

參、免納營利事業所得稅之各項所得 (所 #4)

1. 教育、文化、公益、慈善機關或團體，符合行政院規定標準者，其本身之所得及其附屬作業組織之所得。

   教育、文化、公益、慈善機關或團體，係以合於民法總則公益社團及財團之組織，或依其他關係法令，經向主管機關登記或立案成立者為限。教育、文化、公益、慈善機關或團體如符合行政院發布之「教育文化公益慈善機關或團體免納所得稅適用標準」(以下簡稱免稅標準)者，其本身之所得及附屬作業組織所得，**除銷售貨物或勞務之所得外**，免納所得稅。

2. 依法經營不對外營業消費合作社之盈餘。

   合作社，係指依合作社法組織，向所在地主管機關登記設立，並依法經營業務之各種合作社。但不合上項規定之組織，雖其所營業務具有合作性質者，不得以合作社論。

3. 營利事業出售土地(未採房地合一課徵所得稅者適用)。
4. 營利事業依政府規定為儲備戰備物資而處理之財產，其交易之所得
5. 各級政府機關之各種所得。
6. 各級政府公有事業之所得。
7. 外國國際運輸事業在中華民國境內之營利事業所得。但以各該國對中華民國之國際運輸事業給與同樣免稅待遇者為限。
8. 營利事業因引進新生產技術或產品，或因改進產品品質，降低生產成本，而使用外國營利事業所有之專利權、商標權及各種特許權利，經政府主管機關專案核准者，其所給付外國事業之權利金。
9. 經政府主管機關核定之重要生產事業因建廠而支付外國事業之技術服務報酬。
10. 外國政府或國際經濟開發金融機構，對中華民國政府或中華民國境內之法人所提供之貸款，其所得之利息。
11. 外國金融機構，對其在中華民國境內之分支機構或其他中華民國境內金融事業之融資，其所得之利息。
12. 外國金融機構，對中華民國境內之法人所提供用於重要經濟建設計畫之貸款，經財政部核定者，其所得之利息。
13. 以提供出口融資或保證為專業之外國政府機構及外國金融機構，對中華民國境內之法人所提供或保證之優惠利率出口貸款，其所得之利息。
14. 證券交易所得停止課徵所得稅，證券交易損失亦不得自所得額中減除。(所 #4-1)
15. 依期貨交易稅條例課徵期貨交易稅之期貨交易所得，暫行停止課徵所得稅；其交易損失，亦不得自所得額中減除(所 #4-2)。

16. 公司、合作社及其他法人之營利事業，因投資於國內其他營利事業，所獲配之股利或盈餘，**不計入所得額課稅**。自 107 年起，教育、文化、公益、慈善機關或團體，有前項規定之股利或盈餘，應計入所得額，並依「所得稅法」及「教育文化公益慈善機關或團體免納所得稅適用標準」規定徵免所得稅。

轉投資收益課稅整理

組織型態＼股利來源	總機構在我國境內之公司組織	依我國法令設立之教育、文化、公益、慈善機關或團體	總機構在我國境外之營利事業
投資**國內**其他營利事業獲配之股利淨額或盈餘淨額	不計入營利事業所得稅課徵（公司、合作社及其他法人之營利事業適用）	自 107 年 1 月 1 日起應計入所得額，並依所得稅法及免稅標準規定徵免所得稅	依所 #88 規定按 21%（107.1.1 起）扣繳稅款
投資**國外**其他公司所獲配之股利（包括 F 股）	計入營利事業所得課稅（投資收益）；股利所繳納之國外稅額可扣抵，但有限額	同上	不適用

註：

1. F 股的發行人係國外企業，並非「國內」營利事業，因此營利事業取得 F 股的投資收益，就不能適用所 #42 不計入課稅的規定，而是應依所得稅法 #3 第 2 項規定併計營利事業所得額課稅。關於此 F 股股利課稅，國稅局有一案例：甲公司 99 年度取得國外 A 公司發行的 F 股所分配之股票股利高達 2,500 多萬元，卻因誤認股利不計入所得課稅，漏未申報，除遭補稅 4 百多萬元外，更被處 3 百多萬元罰鍰，甲公司不服，提起行政救濟，但遭行政法院判決甲公司敗訴。
2. 股票股利之投資收益額，需視股票股利發放來源決定：
   (1) 由「資本公積－股本溢價」轉增資，配發的股票股利，由於僅增加持有股數，故不需計入所得額（日後再出售時，成本以 0 計算）。
   (2) 由「盈餘」轉增資，配發的股票股利，則依面額計算所得額（日後再出售時，成本以面額計算）。

第三節　營利事業所得額

本節學習重點：
✦ 營利事業所得額計算之基本規定
✦ 特殊行業之所得額計算：公式型所得

壹、營利事業所得額計算之基本規定

(一) 營利事業所得額 = 收入總額 − 成本 − 費用 − 損失 − 稅捐（所 #24）

商業會計處理準則第 33 條：營業收入指本期內因銷售商品或提供勞務等所獲得之收入；其科目分類如下：

1. 銷貨收入：指因銷售商品所賺得之收入；銷貨退回及折讓，應列為銷貨收入減項。
2. 勞務收入：指因提供勞務所賺得之收入。
3. 業務收入：指因居間、代理業務或受委託報酬所得之收入。

(二) 所得額之計算，涉有應稅所得及免稅所得者，其相關之成本、費用或損失，除可直接合理明確歸屬者，得個別歸屬認列外，應作合理之分攤；其分攤辦法，由財政部定之。

(三) 營利事業帳載應付未付之帳款、費用、損失及其他各項債務，**逾請求權時效尚未給付者**，應於**時效消滅年度**轉列**其他收入**，俟**實際給付**時，再以**營業外支出**列帳。

(四) 公司之應付股利，於股東會決議分配盈餘之日起，**六個月內**尚未給付者，**視同給付**（所細 #82）。雖然尚未領取，但股東應將此筆股利所得列入**營利所得**計稅；此亦為綜合所得稅現金基礎之例外。

(五) 營利事業有所 #14 第 1 項第 4 類利息所得中之短期票券利息所得，除依所 #88 規定扣繳稅款外，不計入營利事業所得額。但營利事業持有之短期票券發票日在中華民國九十九年一月一日以後者，其**利息所得應計入營利事業所得額課稅**。

(六) 自中華民國九十九年一月一日起，營利事業持有依金融資產證券化條例或不動產證券化條例規定發行之受益證券或資產基礎證券，所獲配之**利息所得應計入營利事業所得額課稅**，不適用金融資產證券化條例第四十一條第二項及不動產證券化條例第五十條第三項分離課稅之規定。

(七) 營利事業持有公債、公司債及金融債券，應按債券持有期間，依債券之面值及利率計算利息收入。前項利息收入依規定之扣繳率計算之稅額，得自營利事業所得稅結算申報應納稅額中減除。

營利事業於二付息日間購入第一項債券並於付息日前出售者，應以售價減除購

進價格及依同項規定計算之利息收入後之餘額為證券交易所得或損失。

　　自中華民國九十九年一月一日起，營利事業以第1項、前條第2項、第3項規定之有價證券或短期票券從事附條件交易，到期賣回金額超過原買入金額部分之利息所得，應依所#88規定扣繳稅款，並計入營利事業所得額課稅；該扣繳稅款得自營利事業所得稅結算申報應納稅額中減除。

(八) 經目的事業主管機關核准發行認購(售)權證者，發行人發行認購(售)權證，於該權證發行日至到期日期間，基於風險管理而買賣經目的事業主管機關核可之有價證券及衍生性金融商品之交易**所得或損失，應併計發行認購(售)權證之損益課稅**，不適用所#4-1及所#4-2規定。

　　但基於風險管理而買賣經目的事業主管機關核可之認購(售)權證與標的有價證券之交易損失及買賣依期貨交易稅條例課徵期貨交易稅之期貨之交易**損失，超過發行認購(售)權證權利金收入減除各項相關發行成本與費用後之餘額部分，不得減除**。

　　經目的事業主管機關核可經營之衍生性金融商品交易，其交易損益，應於交易完成結算後，併入交易完成年度之營利事業所得額課稅，不適用所#4-1及所#4-2規定。

(九) 公司組織之股東、董事、監察人代收公司款項不於相當期間照繳，或挪用公司款項，應按該等期間所屬年度一月一日臺灣銀行之基準利率計算公司利息收入課稅。但公司如係遭侵占、背信或詐欺，已依法提起訴訟或經檢察官提起公訴者，不予計算。公司之資金貸與股東或任何他人未收取利息，或約定之利息偏低者，除屬預支職工薪資者外，應按資金貸與期間所屬年度一月一日臺灣銀行之基準利率計算公司利息收入課稅。

✪ 什麼是請求權？請求權時效有多長？

(一) 要求他人為特定行為(作為或不作為)稱為請求權。債權為最主要的請求權。例如：甲借給乙100萬元，則甲對乙有100萬元的債權請求權。

(二) 民法#125：請求權，因**十五年**間不行使而消滅。但法律所定期間較短者，依其規定。

民法#126：利息、紅利、租金、贍養費、退職金及其他一年或不及一年之定期給付債權，其各期給付請求權，因**五年**間不行使而消滅。

民法#127：下列各款請求權，因**二年**間不行使而消滅：
1. 旅店、飲食店及娛樂場之住宿費、飲食費、座費、消費物之代價及其墊款。
2. 運送費及運送人所墊之款。

3. 以租賃動產為營業者之租價。
4. 醫生、藥師、看護生之診費、藥費、報酬及其墊款。
5. 律師、會計師、公證人之報酬及其墊款。
6. 律師、會計師、公證人所收當事人物件之交還。
7. 技師、承攬人之報酬及其墊款。
8. 商人、製造人、手工業人所供給之商品及產物之代價。

(三) 一般商業活動產生的應付帳款等，屬於前述民法#127之情況，其請求權時效為兩年。例如：甲公司於106年6月20日帳載應付費用-運送費100,000元，遲至108年底仍未給付，亦未接獲付款之請求，因該項運送費之請求權時效期間為2年，且並無時效中斷事由發生，甲公司就應將該筆應付費用-運送費100,000元轉列為108年度的其他收入。

(四) 請求權會因請求、承認或起訴等民法#128規定之情況而中斷，因此，營利事業因特殊情形，如請求權可行使之日與帳載債務發生日期不同，或有時效中斷情事，以致帳載債務雖逾前述規定之時效但實際未逾者，應由營利事業提出證明文件，由國稅局據以核實認定；營利事業如未能提出確實證明文件時，國稅局就會依帳載債務發生日期及民法規定消滅時效期間認定時效消滅年度，將逾請求權時效仍尚未給付之債務轉列為該年度的其他收入。

✪ 例題

(C) 1. 臺北公司去年度帳列應付帳款200萬元已過請求權時效尚未支付，直至今年10月30日才支付，請問臺北公司申報去年與今年營利事業所得稅時應如何處理？（改自103地特五等）
 (A) 去年度轉列營業收入、今年度以營業費用列帳
 (B) 去年度轉列其他收入、今年度以營業費用列帳
 (C) 去年度轉列其他收入、今年度以營業外支出列帳
 (D) 去年度轉為銷貨成本減項、今年度轉為銷貨成本加項

(D) 2. 依所得稅法施行細則規定，營利事業帳載應付未付之費用或損失，逾多久期限而尚未給付者，應轉列其他收入科目，俟實際給付時，再以營業外支出列帳？（97年記帳士）
 (A) 3個月　(B) 6個月　(C) 1年　(D) 2年

貳、營利事業所得額之計算公式（所細 #24）

營利事業所得之計算涉及收入、成本、費用以及損益等的認定，除所得稅法有規範之外，另外在「營利事業所得稅查核準則」（以下簡稱「所查」）有更具體之規範，以下就所得稅法中有關的基本規定進行說明。

一、買賣業

(1) 銷貨總額 －（銷貨退回 ＋ 銷貨折讓）＝ 銷貨淨額
(2) 期初存貨 ＋〔進貨 －（進貨退出 ＋ 進貨折讓）〕＋ 進貨費用 － 期末存貨 ＝ 銷貨成本
(3) 銷貨淨額 － 銷貨成本 ＝ 銷貨毛利
(4) 銷貨毛利 －（銷售費用 ＋ 管理費用）＝ 營業淨利
(5) 營業淨利 ＋ 非營業收益 － 非營業損失 ＝ **純益額**（即所得額）

二、製造業

(1)（期初存料 ＋ 進料 － 期末存料）＋ 直接人工 ＋ 製造費用 ＝ 製造成本
(2) 期初在製品存貨 ＋ 製造成本 － 期末在製品存貨 ＝ 製成品成本
(3) 期初製成品存貨 ＋ 製成品成本 － 期末製成品存貨 ＝ 銷貨成本
(4) 銷貨總額 －（銷貨退回 ＋ 銷貨折讓）＝ 銷貨淨額
(5) 銷貨淨額 － 銷貨成本 ＝ 銷貨毛利
(6) 銷貨毛利 －（銷售費用 ＋ 管理費用）＝ 營業淨利
(7) 營業淨利 ＋ 非營業收益 － 非營業損失 ＝ **純益額**（即所得額）

三、其他供給勞務或信用各業

(1) 營業收入 － 營業成本 ＝ 營業毛利
(2) 營業毛利 － 管理或事務費用 ＝ 營業淨利
(3) 營業淨利 ＋ 非營業收益 － 非營業損失 ＝ **純益額**（即所得額）

參、特殊行業或特殊情況之營利事業所得額計算方法

一、總機構在中華民國境內，經營海運業務之營利事業（所 #24-4）

自 100 年度起，總機構在中華民國境內經營海運業務之營利事業，符合一定要件，[4] 經中央目的事業主管機關核定者，其**海運業務收入**得選擇依下列規定按船舶淨噸位計算營利事業所得額；至於**海運業務收入以外之收入**，還是依所得稅法的相關規定辦理。

海運業務收入之營利事業所得額，得依下列標準按每年三百六十五日累計計算：

---
[4] 相關條件可詳 http://www.taipeicpb.org.tw/news/?id=3989

淨噸位數	每 100 噸的日所得額（單位：元）
1,000 噸以下	67
超過 1,000 噸～10,000 噸	49
超過 10,000 噸～25,000 噸	32
超過 25,000 噸	14

上述計算方法一經選定，應連續適用**十年**，不得變更。

適用期間如有不符合第一項所定一定要件，經中央目的事業主管機關廢止核定者，自不符合一定要件之年度起連續五年，不得再選擇依前項規定辦理。

營利事業海運業務收入選擇依第二項規定計算營利事業所得額者，其當年度營利事業所得稅結算申報，**不適用**下列規定：

1. 第三十九條第一項但書關於**虧損扣除**規定。
2. 其他法律關於**租稅減免**規定。

二、總機構在境外，在我國境內經營國際運輸、承包營建工程、提供技術服務或出租機器設備或出租影片收入者 (所 #25、[5] #26)

前述幾種特殊行業之所得計算方式整理如下表：

表 4-3　總機構在境外，在我國境內經營國際運輸、承包營建工程、提供技術服務或出租機器設備或出租影片收入之所得額計算方式整理

	國際運輸事業	承包營建工程 提供技術服務 出租機器設備	國外影片事業
特殊計算方法理由	總機構在我國境外，在我國境內經營之成本費用分攤計算困難		總機構在我國境外，製片成本難以計算
適用方式	向財政部申請核准或由財政部核定		不需申請
所得額之計算方法	不論其在中華民國境內是否設有分支機構或代理人，按其在中華民國境內營業收入之**10%**為營利事業所得額	不論其在中華民國境內是否設有分支機構或代理人，按其在中華民國境內營業收入**15%**為營利事業所得額	(1)境內設有分支機構者：出租影片的**成本**得按片租收入的**45%**計算 (2)境內沒有設分支機構，但有營業代理人者：按出租影片收入的**50%**計算營利事業所得額 (3)境內沒有設分支機構，也沒有營業代理人者：按出租影片收入的**50%**計算營利事業所得額

---

[5] 申請細節可參考 https://www.ntbna.gov.tw/etwmain/web/ETW118W/CON/2297/7622530503679970861

表 4-3　總機構在境外，在我國境內經營國際運輸、承包營建工程、提供技術服務或出租機器設備或出租影片收入之所得額計算方式整理（續）

	國際運輸事業	承包營建工程 提供技術服務 出租機器設備	國外影片事業
在我國境內營業收入之特別規定	一、海運事業：指自中華民國境內承運出口客貨所取得之全部票價或運費。 二、空運事業： (一)客運：指自中華民國境內起站至中華民國境外第一站間之票價。 (二)貨運：指承運貨物之全程運費。但載貨出口之國際空運事業，如因航線限制等原因，在航程中途將承運之貨物改由其他國際空運事業之航空器轉載者，按該國際空運事業實際載運之航程運費計算。 前項所稱中華民國境外之第一站，由財政部以命令定之。	無	無
完稅方式	境內設有分支機構：結算申報 境內沒沒有設分支機構，但有營業代理人者：由營業代理人（或給付人）按 20% 扣繳率扣繳 境內沒有設分支機構，也沒有營業代理人者：由給付人按 20% 扣繳率扣繳		
虧損扣除之適用	不適用		
不得申請者	1. 屬所得稅法第 11 條第 1 項規定之執行業務者或其事務所。 2. 大陸地區法人、事業、機構或團體	不適用	

綜合範例

1. Arpa 公司為國際運輸業，總機構在境外且在境內無固定營業場所，106 年在我國境內經營運輸事業之營業額為 1,000 萬元，其成本費用分攤計算困難，依所得稅法第 25 條第 1 項規定計算其營利事業所得額及應納稅額？

    【解析】經營國際運輸之營利事業所得額 = 1,000 萬 × 10% = 1,000,000

    應納稅額 = 1,000,000 × 20% = 200,000

(D) 2. 東京營造總公司在日本，在我國境內承包營建工程，今年營業收入 1 億元，且其成本費用分攤計算困難。去年核定虧損 100 萬元，今年經核准按營業收入百分比計算所得額，則今年應申報全年所得額：（改自 104 普考）
    (A) 900 萬元 (B) 1,000 萬元 (C) 1,400 萬元 (D) 1,500 萬元。

    【解析】1 億元 × 15% = 1,500 萬元 ➔ 不適用核定虧損

(A) 3. 依所得稅法之規定，國外影片事業在中華民國境內無分支機構，今年度經由營業代理人出租影片之收入計新臺幣 2,000 萬元，則其今年度於境內之營利事業所得稅額為多少？（改自 103 地特五等）
    (A) 200 萬元 (B) 220 萬元 (C) 240 萬元 (D) 340 萬元

    【解析】2,000 萬元 × 50% × 20% = 200 萬元～有營業代理人按 50% 計算所得，再按 20% 扣繳率扣繳

(D) 4. 若乙公司為法國影片公司，今年度在我國境內出租影片收入達 7,000 萬元，該公司在臺灣設有分公司，全年營業費用為 2,000 萬元，試問乙公司今年度之應納稅額為多少？（改自 104 初等）
    (A) 3,145,000 元 (B) 4,625,000 元 (C) 4,000,000 元 (D) 3,700,000 元

    【解析】[7,000 萬元 × (1 − 45%) − 2,000 萬元] × 20% = 370 萬元

第四節 營利事業所得稅之應納稅額與應繳（退）稅款

本節學習重點：
- 營利事業如何從全年所得額求到課稅所得
- 營利事業應納稅額之計算
- 營利事業應繳或應退稅額之計算

壹、如何從全年所得額計算出課稅所得額

經由前節討論收入、成本與費用之認列標準,據以計算出全年所得額後,再調整免稅、相關減除金額以及虧損扣除等項目之後,可求得課稅所得額:

```
全年所得額
－國際金融(證券、保險)業務分行(分公司)免稅所得(損失)
－停徵之證券、期貨交易所得(損失)
－免徵所得稅之出售土地增益(損失)
－合於獎勵規定之免稅所得
－中小企業增雇員工或加薪薪資費用加成減除金額
－智慧財產權讓與或授權收益範圍內之研發支出加倍減除金額
－前十年核定虧損本年度扣除額(藍色及簽證申報適用)
－適用噸位稅制收入之所得  ⎫
                          ⎬ 適用於總機構在我國境內經營海運業務之營利事業
＋依船舶淨噸位計算之所得   ⎭
＝課稅所得
```

由於總機構在我國境內經營海運業務之營利事業之特殊所得計算(所 #24-4),已於本章第三節說明;因此,以下將就國際金融(證券、保險)業務分行(分公司)免稅所得(損失)、停徵之證券、期貨交易所得(損失)、免徵所得稅之出售土地增益(損失)、合於獎勵規定之免稅所得、中小企業增雇員工或加薪薪資費用加成減除金額、智慧財產權讓與或授權收益範圍內之研發支出加倍減除金額、前十年核定虧損本年度扣除額(藍色及簽證申報適用),分別加以說明。

一、國際金融(證券、保險)業務分行(分公司)免稅所得(損失)

依據國際金融業務條例(以下簡稱「國」)之規定有關減免如下:
(一) 國際金融業務分行之所得,免徵營利事業所得稅(國 #13)。
(二) 國際證券業務分公司經營國際證券業務之所得,免徵營利事業所得稅(國 #22-7)。
(三) 國際保險業務分公司經營國際保險業務之所得,免徵營利事業所得稅(國 #22-16)。

國際金融(證券、保險)業務分行(分公司)之收入應先列為營業收入,經扣除相關成本費用後之淨額再自全年所得額中減除。

> **什麼是國際金融業務分行？**
>
> 　　國際金融業務分行(Offshore Banking Unit；OBU)，是以減少外匯管制，並透過租稅減免或優惠措施，以吸引國外法人或個人到本國銀行進行財務操作的金融單位。由於不受我國外匯管理條例、銀行法及中央銀行法等有關規定的限制，而另外依照「國際金融業務條例」、「國際金融業務條例施行細則」以及「國際金融業務分行管理辦法」(以下簡稱「國管」)的辦法加以規範。因此，具備了較大的自由與彈性，使資金操作更具靈活度；相關優惠(除另有規定外)包括：免提存款準備金(國 #11)；免徵營業稅(國 #14)、印花稅(國 #15)；由銀行與客戶自行約定利率(存款及授信)(國 #12)；所得免徵營利事業所得稅(國 #15)；部份情況免扣繳所得稅(國 #16) 等。
>
> 　　近年來，為強化 OBU 客戶身分程序及因應我國於 107 年接受亞太防制洗錢組織相互評鑑之準備，自 106 年 5 月 22 日開始，強化客戶身分確認程序，要求要與「共同申報準則」(CRS) 的揭露標準一致。例如：過去法人開戶只須提供境外公司註冊證書，個人開戶只要提供外國護照影本即可；現在個人帳戶需要另外提供護照及第二證件，法人戶要提交的資料也是為了穿透原則，揭露最終自然人股東的稅務國家及稅籍編號。

二、停徵之證券、期貨交易所得

　　符合所 #4-1 及所 #4-2 規定停徵之證券交易所得及期貨交易所得。以證券、期貨投資為業之營利事業出售證券、期貨收入應先列為營業收入，其交易所得再自全年所得額中減除。

三、免徵所得稅之出售土地增益

　　符合所 #4 第 1 項第 16 款規定免徵所得稅之出售土地增益；但若適用房地合一課徵所得稅制者，則土地交易所得不能適用免稅之規定。以房地買賣為業之營利事業出售屬存貨性質之土地收入，應列為營業收入，其增益再自全年所得額中減除。

四、合於獎勵規定之免稅所得

　　包含範圍有以下五項：
(一) 依廢止前促進產業升級條例 #9、#9-2、#10、#15、#70-1 規定免徵營利事業所得稅之所得額。
(二) 依獎勵民間參與交通建設條例 #28 規定免徵營利事業所得稅之所得額。
(三) 依促進民間參與公共建設法 #36 規定免徵營利事業所得稅之所得額。
(四) 依科學工業園區設置管理條例 #18 規定免徵營利事業所得稅之所得額。
(五) 依企業購併法 #42 規定免徵營利事業所得稅之所得額。

五、中小企業增雇員工或加薪薪資費用加成減除 [6]

(一) **法規原則**：中小企業發展條例 #36-2，明定經濟景氣指數達一定情形下，新投資創立或增資擴展之中小企業達一定投資額，增僱一定人數之員工且提高該企業整體薪資給付總額時，得就其每年增僱本國籍員工所支付薪資金額之 130% 限度內，自其增僱當年度營利事業所得額中減除。前述員工年齡在 24 歲以下者，得就每年增僱本國籍員工支付薪資金額之 150% 限度內，自其增僱當年度營利事業所得額中減除。（105.1.1 起適用）

(二) **啟動獎勵期間**：經濟景氣指數達一定情形時適用。優惠適用期間自 105 年 1 月 1 日至 113 年 5 月 19 日止。

六、智慧財產權讓與或授權收益範圍內之研發支出加倍減除金額：產業創新條例

產業創新條例（以下簡稱「產創」）於民國 99 年 5 月 12 日公布施行，內容規範多項扶持產業發展，獎勵創新活動之租稅優惠。

有關研發支出的租稅抵減，規範於產創 #10、#12-1，方式分別為投資抵減以及自應課稅所得額減除等方式，兩者擇一適用。

(一) 投資抵減

產創 #10（適用期間：106.11.24～118.12.31）：為促進產業創新，最近三年內無違反環境保護、勞工或食品安全衛生相關法律且情節重大情事之公司或有限合夥事業投資於研究發展之支出，得選擇以下列方式之一抵減應納營利事業所得稅額，一經擇定不得變更，並以不超過該公司當年度應納營利事業所得稅額百分之三十為限：

1. 於支出金額百分之十五限度內，抵減當年度應納營利事業所得稅額。
2. 於支出金額百分之十限度內，自當年度起三年內抵減各年度應納營利事業所得稅額。

(二) 自應課稅所得額中減除

產創 #12-1（適用期間：109.1.1～118.12.31）：為促進創新研發成果之流通及應用，我國個人、公司或有限合夥事業在其讓與或授權自行所有之智慧財產權取得之收益範圍內，得就當年度研究發展支出金額百分之兩百限度內自當年度應課稅所得額中減除。但公司或有限合夥事業得就本項及第十條研究發展支出投資抵減擇一適用。

我國個人、公司或有限合夥事業以其自行研發所有之智慧財產權，讓與或授權公司自行使用，所取得之新發行股票，得選擇免予計入取得股票當年度應稅所得額課稅。

---

[6] 詳細規定可詳 https://www.ntbt.gov.tw/etwmain/front/ETW118W/CON/1815/4769743462600090254?tagCode=

七、前十年核定虧損扣除本年度扣除額（盈虧互抵）(所 #39)

(一) **原則**：以往年度營業之虧損，不得列入本年度計算。

(二) **例外**：符合一定條件者，得將**前十年**內各期虧損，自本年純益額中扣除後，再行核課。所謂前十年的虧損是指經該管稽徵機關核定之 95 年度以後（含 95 年）之虧損，尚未依法扣除完畢者。

虧損允許扣除之適用條件：下列條件**同時符合**

　1. 公司組織之營利事業。
　2. 會計帳冊簿據完備：帳簿憑證符合所 #21 以及商業會計法 #14 之規定，並依法取得憑證。
　3. 虧損及申報扣除年度均使用第七十七條所稱藍色申報書或經會計師查核簽證。
　4. 如期申報者並繳納所得稅額。

(三) **補充說明**：

除適用年度結算申報外，亦適用清算申報，合作社、機關團體及醫療社團法人亦適用，前提是虧損及申報扣除年度均須經會計師查核簽證，並非僅申報扣除年度經會計師查核簽證。

教育、文化、公益、慈善機關或團體，銷售貨物或勞務之虧損，經會計師查核簽證並如期申報者，可比照公司組織之營利事業，自以後 10 年度銷售貨物或勞務之所得中扣除。注意，機關團體適用盈虧互抵僅限於銷售貨物或勞務之虧損，並不包括非銷售貨物或勞務之虧損（創設目的之虧損）。

(四) **可扣除數額計算**

　1. 經稽徵機關核定之虧損，允許於未來十年有盈餘時可以抵減之虧損金額計算須排除依所 #42 之規定免計入所得額之轉投資收益。例：108 年依課稅所得計算虧損 900 萬元，但 108 年免稅之轉投資收益 200 萬元，因此，在下年度若有盈餘可以扣除時，其虧損扣除數須加回轉投資收益之 200 萬元，僅能以虧損 700 萬元計算。

　2. 合於獎勵規定之免稅所得大於全年核定所得，因未發生實際虧損，故不能適用此虧損扣除之規定。因此，營利事業列報前 10 年核定虧損扣除額時，應先檢視課稅所得額為負數之原因，如果是因為扣除免稅所得所導致，不得列報盈虧互抵。

案例

1. 假設雷林公司各年度均符合盈虧互抵之要件，且申報所得額與稽徵機關核定所得相同，並且沒有轉投資收益，下表為該公司近年所得情況，以及該公司各年之申報課稅所得額情況。（以下單位為新臺幣）

年度	核定所得額	未來扣除額	應申報課稅所得額
106	(200,000)	200,000	0
107	400,000	0	200,000
108	(600,000)	600,000	0

2. 雷友公司 107 年度免計入所得額之投資收益為 800 萬元，該年度經稽徵機關核定虧損為 1,200 萬元，其 108 年度純益額為 1,500 萬元。依虧損扣除之規定，雷友公司自其 108 年度純益額中扣除 107 年度核定虧損時，應將免計入所得額之投資收益 800 萬元，自該年度核定虧損 1,200 萬元中抵減後，再以其虧損之餘額 400 萬元（即 1,200 萬元 − 800 萬元），自 108 年度純益額 1,500 萬元扣除；但是，雷友公司申報前 10 年核定虧損本年度扣除額時，沒有依規定先行減除虧損年度之投資收益，致遭國稅局調整補稅 160 萬元（800 萬元 ×20%）並加計利息。

3. 雷心公司 107 年度申報前 10 年虧損扣除額 3,000 萬元，依會計師簽證報告說明，該虧損扣除額係 105 年度經稽徵機關核定之虧損，惟經國稅局調閱該公司 105 年度核定資料發現，當年度經核定全年所得額為 3,000 萬元，因扣除合於獎勵規定之免稅所得 6,000 萬元後，才產生課稅所得額為虧損 3,000 萬元的情況，因此，不能列報此虧損扣除額。

貳、如何從課稅所得求出應納稅額並計算出應繳或應退稅款

一、應納稅額計算

(一) 營業期間滿一年

1. 公司組織

應納稅額 = 營利事業之課稅所得 × 稅率

2. 獨資合夥組織（非屬小規模營利事業）

自 107 年 1 月 1 日起，獨資合夥組織應申報營利事業所得額，但免計算及繳納營利事業所得稅，直接將營利事業所得併入綜合所得之營利所得課徵出資人之綜合所得稅。

(二) 營業期間未滿一年：需先換算年所得額計稅（所 #40），營業期間未滿一個月者，以一月計算。

$$應納稅額 =\left[營業期間課稅所得額 \times \frac{12}{實際營業月數}\right] \times 稅率 \times \frac{實際營業月數}{12}$$

營利事業所得稅之稅率，已在本章第二節介紹。

二、應繳或應退稅款

如何由應納稅額計算至應繳或可退稅款，計算如下：

```
  應納稅額                                                          PT
− 依境外所得來源國稅法規定繳納之所得稅可扣抵之稅額                    1
  （附所 #3 規定之納稅憑證及簽證文件）
− 大陸地區來源所得在大陸地區及第三地區已繳納之所得稅可扣抵稅額（附台  2
  灣地區與大陸地區人民關係條例施行細則 #21 之納稅憑證與文件）
− 依法律規定之**投資抵減稅額**，於本年度抵減之稅額                   3
+ 已扣抵國外所得稅額之基本稅額與一般所得稅之差額（詳本章專節說明）    4
− 行政救濟留抵稅額於本年度抵減額                                    5
− **本年度自行暫繳稅額**（含已繳納及核定未繳納稅額）                 6
− **本年度抵繳之扣繳稅額**                                         7
+ 總機構在中華民國境外，在境內有營業代理人者，交易符合所 #4-4 第 12  8
  項，24-5 第 4 項之房屋、土地及股權所得應納稅額（詳本章房地合一課稅之
  專節說明）
= **本年度應補繳之營利事業所得稅**                                  T
▶ K：本年度申請應退還之營利事業所得稅額
  K = (6 + 7 + T) − (PT − 1 − 2 − 3 + 4 − 5 + 8)
  若 (PT − 1 − 2 − 3 + 4 − 5 + 8) < 0 則以 0 計
```

三、行政救濟留抵稅額於本年度抵減（所 #100）

經復查、或訴願、或行政訴訟決定應退稅或補稅者，稽徵機關應填發繳款書，或收入退還書或國庫支票，送達納稅義務人，分別退補；應補稅之納稅義務人，應於繳款書送達後十日內繳納之。

四、投資抵減

現有有關所得稅投資抵減之規定，整理如下表：相關法規有廢止前的促進產業升級條例（促產 89.1.1-98.12.31）、產業創新條例（產創）、獎勵民間參與交通建設條例（獎參）、

促進民間參與公共建設法(促參)、企業購併法(企購)、發展觀光條例(發觀)、生技新藥產業發展條例(生藥)、資源回收再利用法(資回)、中小企業發展條例(中小)等。

表 4-4 投資抵減法規與內容之整理

法規	抵減項目與內容	支出可抵減比率	每年投資抵減限制
\multicolumn{4}{c}{特定項目設備或技術之投入}			
促產 #6	為促進產業升級需要，**公司得在下列用途項下支出金額：** 1. 投資於自動化設備或技術。 2. 投資於資源回收、防治污染設備或技術。 3. 投資於利用新及淨潔能源、節約能源及工業用水再利用之設備或技術。 4. 投資於溫室氣體排放量減量或提高能源使用效率之設備或技術。 5. 投資於網際網路及電視功能、企業資源規劃、通訊及電信產品、電子、電視視訊設備及數位內容產製等提升	按支出金額之 5%-20%，自當年度起五年內抵減各年度應納營利事業所得稅額。	每一年度得抵減總額，以不超過該公司當年度應納營利事業所得稅額 50% 為限。但最後年度抵減金額，不在此限。
促產 #6	企業數位資訊效能之硬體、軟體及技術。		
獎參 #29	本條例所獎勵之民間機構，支出下列項目： 1. 投資於興建、營運設備或技術。 2. 購置防治污染設備或技術。 3. 其他經行政院核定之投資支出。	按支出金額之 5%-20%。抵減當年度應納營利事業所得稅；當年度不足抵減時，得在以後四年度內抵減之。	每一年度得抵減總額，以不超過該公司當年度應納營利事業所得稅額 50% 為限。但最後年度抵減金額，不在此限。
促參 #37	民間機構得在所參與重大公共建設下列支出 1. 投資於興建、營運設備或技術。 2. 購置防治污染設備或技術。	按支出金額 5%-20% 限度內，抵減當年度應納營利事業所得稅額；當年度不足抵減時，得在以後四年度抵減之。	投資抵減，其每一年度得抵減總額，以不超過該公司當年度應納營利事業所得稅額 50% 為限。但最後年度抵減金額，不在此限。

表 4-4　投資抵減法規與內容之整理（續）

法規	抵減項目與內容	支出可抵減比率	每年投資抵減限制
原始認股或應募特定企業			

法規	抵減項目與內容	支出可抵減比率	每年投資抵減限制
促產 #8	為鼓勵對經濟發展具重大效益、風險性高且亟需扶植之新興重要策略性產業之創立或擴充，營利事業或個人原始認股或應募屬該新興重要策略性產業之公司發行之記名股票，持有時間達三年以上者。	營利事業以其取得該股票價款20%限度，自當年度起五年內抵減各年度應納營利事業所得稅額、內，抵減應納之營利事業所得稅額。 個人以其取得該股票之價款10%限度內，抵減應納之綜合所得稅額。	營利事業每年抵減額沒有限制。 個人每一年度之抵減金額，以不超過該個人當年度應納綜合所得稅額50%為限。但最後年度抵減金額，不在此限。
獎參 #33	個人或營利事業，原始認股或應募本條例所獎勵之民間機構因創立或擴充而發行之記名股票，其持有股票時間達二年以上者。	個人或營利事業以其取得該股票之價款20%限度內，抵減當年度應納綜合所得稅額或營利事業所得稅額；當年度不足抵減時，得在以後四年度內抵減之。	投資抵減，其每一年度得抵減總額，以不超過該個人或營利事業當年度應納綜合所得稅額或營利事業所得稅額百分之五十為限。但最後年度抵減金額，不在此限。
促參 #40	營利事業原始認股或應募參與重大公共建設之民間機構因創立或擴充而發行之記名股票，其持有股票時間達四年以上者。	營利事業以其取得該股票之價款20%限度內，抵減當年度應納營利事業所得稅額；當年度不足抵減時，得在以後四年度內抵減之。	投資抵減，其每一年度得抵減總額，以不超過該營利事業當年度應納營利事業所得稅額百分之五十為限。但最後年度抵減金額，不在此限。
生藥 #6	為鼓勵生技新藥公司之創立或擴充，營利事業原始認股或應募屬該生技新藥公司發行之股票，成為該公司記名股東達三年以上，且該生技新藥公司未以該認股或應募金額，依其他法律規定申請免徵營利事業所得稅或股東投資抵減者。	得以其取得該股票之價款百分之二十限度內，自其有應納營利事業所得稅之年度起五年內抵減各年度應納營利事業所得稅額。 認股或應募的營利事業如為創業投資事業，應由其營利事業股東按該創業投資事業按前述20%規定原可抵減之金額，依其持有該創業投資事業股權比例計算可享投資抵減金額，自創業投資事業成為該生技新藥公司記名股東第四年度起五年內抵減各年度應納營利事業所得稅額。	

表 4-4　投資抵減法規與內容之整理（續）

法規	抵減項目與內容	支出可抵減比率	每年投資抵減限制
研發支出			
促產 #6	公司得在投資於研究與發展及人才培訓支出金額	支出金額 35% 限度內，自當年度起五年內抵減各年度應納營利事業所得稅額；公司當年度研究發展支出超過前二年度研發經費平均數，或當年度人才培訓支出超過前二年度人才培訓經費平均數者，超過部分得按 50% 抵減之。	每一年度得抵減總額，以不超過該公司當年度應納營利事業所得稅額 50% 為限。但最後年度抵減金額，不在此限。
中小 #35	為促進中小企業研發創新，中小企業投資於研究發展之支出。	得選擇以下列方式抵減應納營利事業所得稅額；一經擇定，不得變更： 1. 於支出金額 15% 限度內，抵減當年度應納營利事業所得稅額。 2. 於支出金額 10% 限度內，抵減自當年度起三年內各年度應納營利事業所得稅額。	以不超過該公司當年度應納營利事業所得稅額 30% 為限。
產創 #10	為促進產業創新，最近三年內無違反環境保護、勞工或食品安全衛生相關法律且情節重大情事之公司，投資於研究發展之支出。	得選擇以下列方式之一抵減應納營利事業所得稅額，一經擇定不得變更 1. 於支出金額 15% 限度內，抵減當年度應納營利事業所得稅額。 2. 於支出金額 10% 限度內，抵減自當年度起三年內各年度應納營利事業所得稅額。	以不超過該公司當年度應納營利事業所得稅額 30% 為限。
促產 #15	公司為促進合理經營，經經濟部專案核准合併者，存續或新設公司得繼續承受消滅公司合併前依法已享有而尚未屆滿或尚未抵減之租稅獎勵。但適用免徵營利事業所得稅之獎勵者，應繼續生產合併前消滅公司受獎勵之產品或提供受獎勵之勞務，且以合併後存續或新設公司中，屬消滅公司原受獎勵且獨立生產之產品或提供之勞務部分計算之所得額為限；		

表 4-4　投資抵減法規與內容之整理（續）

法規	抵減項目與內容	支出可抵減比率	每年投資抵減限制
	適用投資抵減獎勵者，以合併後存續或新設公司中，屬消滅公司部分計算之應納稅額為限。		
獎參 #29	本條例所獎勵之民間機構，投資於研究與發展、人才培訓之支出。	支出金額5%至20%限度內，抵減當年度應納營利事業所得稅額；當年度不足抵減時，得在以後四年度內抵減之。	投資抵減，其每一年度得抵減總額，以不超過該公司當年度應納營利事業所得稅額50%為限。但最後年度抵減金額，不在此限。
促參 #37	民間機構得在所參與重大公共建設之研究發展、人才培訓之支出。	按支出金額5%-20%限度內，抵減當年度應納營利事業所得稅額；當年度不足抵減時，得在以後四年度抵減之。	投資抵減，其每一年度得抵減總額，以不超過該公司當年度應納營利事業所得稅額50%為限。但最後年度抵減金額，不在此限。
生藥 #5	為促進生技新藥產業升級需要，生技新藥公司得在投資於研究與發展及人才培訓支出。	支出金額35%限度內，自有應納營利事業所得稅之年度起五年內抵減各年度應納營利事業所得稅額；生技新藥公司當年度研究與發展支出超過前二年度研發經費平均數，或當年度人才培訓支出超過前二年度人才培訓經費平均數者，超過部分得按50%抵減之。	投資抵減，其每一年度得抵減總額，以不超過該生技新藥公司當年度應納營利事業所得稅額50%為限。但最後年度抵減金額，不在此限。
其他費用支出			
發觀 #50	為加強國際觀光宣傳推廣，公司組織之觀光產業，得在下列用途項下支出： 1. 配合政府參與國際宣傳推廣之費用。 2. 配合政府參加國際觀光組織及旅遊展覽之費用。 3. 配合政府推廣會議旅遊之費用。	按支出金額10%-20%限度內，抵減當年度應納營利事業所得稅額；當年度不足抵減時，得在以後四年度內抵減。	投資抵減，其每一年度得抵減總額，以不超過該公司當年度應納營利事業所得稅額50%為限。但最後年度抵減金額，不在此限。

註：產業創新條例中如有與中小企業發展條例相同性質之租稅優惠，中小企業僅得擇一適用。

(A) 1. 依產業創新條例規定,下列哪一項支出得抵減當年度應納之營利事業所得稅?(103 高考)
(A) 公司為促進產業創新而投資於研究發展支出
(B) 公司為促進產業創新而購買專利權之支出
(C) 公司為厚植人才所作之人才培訓支出
(D) 公司為提升國際形象而參與國際會展之支出

(B) 2. 根據生技新藥產業發展條例,生技新藥公司得在投資於研究與發展及人才培訓支出金額多少限度內,自有應納營利事業所得稅之年度起五年內抵減各年度應納營利事業所得稅額?(104 高考)
(A) 20%　(B) 35%　(C) 50%　(D) 100%

第五節　房地合一課稅:營利事業部份

本節學習重點:
✦ 營利事業房地交易所得稅何時適用
✦ 如何計算房地交易所得並申報繳稅

壹、新舊制課稅方式比較

營利事業在出售房地的新舊制課稅規定之比較如表 4-5。

表 4-5　新舊制房地交易課徵所得稅比較表

	新制	舊制
課稅範圍	1. 自 105 年 1 月 1 日起交易下列房屋、土地者,其房屋與土地交易所得合一按實價課稅: 　(1) 103 年 1 月 2 日以後取得,且持有期間在 2 年以內。 　(2) 105 年 1 月 1 日以後取得。 2. 排除以設定地上權方式的房屋使用權。 3. 土地部份仍保留土地增值稅。 4. 營利事業出售依農業發展條例申請興建的農舍,不論何時取得、出售,均按舊制規定,僅就房屋部分計算課徵所得稅。另營利事業出售農地(符合農業發展條例 #37 及 #38-1 規定)得申請不課徵土地增值稅,並經地方稅捐稽徵機關核准或認定者,其土地交易所得免納所得稅。	房屋交易所得:計算所得課徵所得稅。 土地交易所得:土地交易所得不列入所得課稅,另課徵土地增值稅。

表 4-5　新舊制房地交易課徵所得稅比較表（續）

		新制	舊制
申報方式與盈虧互抵	總機構在我國境內	結算申報，併入年度營利事業所得總額計稅。	
		可適用盈虧互抵，免納所得稅之土地不適用。	
	總機構在我國境外在境內**有**固定營業場所	與其他營利事業所得額或損失分開計算應納稅額，合併報繳。	結算申報，併入年度營利事業所得總額計稅。
		不適用盈虧互抵。	分公司有條件適用盈虧互抵。
	總機構在我國境外在境內**無**固定營業場所	由營業代理人或其委託的代理人向房地所在地國稅局代為申報納稅	有代理人：申報納稅。無代理人：按所得額 20% 扣繳率申報納稅。
		不適用盈虧互抵	不適用盈虧互抵。
課稅所得之計算		房地收入 － 成本 － 費用 － 依土地稅法計算的土地漲價總數額	房屋收入 － 成本 － 費用
適用稅率	總機構在我國境內	17%（107.1.1 以後為 20%）	
	總機構在我國境外	依持有期間 N 認定：	境內有固定營業場所或代理人：17%。
		N ≤ 1 年　　45%	
		N > 1 年　　35%	境內無固定營業場所及代理人：按所得額 20% 扣繳率申報納稅。

貳、所得額計算與完稅方式

一、新舊制的適用情況

新制課稅的適用範圍與第三章個人部份相同，同樣是以 105 年 1 月 1 日作為新制的實施起點，惟個人部份還包括設定地上權方式的房屋使用權的轉讓部份，但營利事業並未包含此種房屋使用權的交易。（個人房地交易所得適用範圍說明可詳第三章）

二、課稅所得額之計算（相關成本費用的認定與個人相同）

房屋、土地交易所得(A)
＝交易時成交價額 － 原始取得成本 － 因取得、改良及移轉而支付的費用

> - A > 0，且(A － 土地漲價總數額) ≥ 0，課稅所得 = A － 土地漲價數額
> - A > 0，且(A － 土地漲價總數額) < 0，課稅所得 = 0
> - A ≤ 0（不得減除土地漲價總數額）
>   - 總機構在中華民國境內：A 得自營利事業所得額中減除。
>   - 總機構在中華民國境外：A 不得自該營利事業之其他營利事業所得額中減除。
>   - 土地增值稅不得列為成本費用減除。

三、課稅稅率

按照以下情況分別適用不同稅率,以計算應納稅額。

1. 總機構在我國境內:17%(107.1.1 以後為 20%)
2. 總機構在我國境外:不論在我國境內有無固定營業場所

　　持有 1 年以內:45%

　　持有超過 1 年:35%

四、完稅方式:

按照以下情況分別適用:

1. 總機構在我國境內:結算課稅,併入營利事業所得額課稅。
2. 總機構在我國境外:
   - 在我國境內有固定營業場所:與其他營利事業所得額或損失分開計算應納稅額,合併報繳。
   - 在我國境內沒有固定營業場所:由營業代理人或其委託的代理人向房地所在國稅局代為申報納稅。

五、盈虧互抵

房地交易如有虧損,得依所得稅法第 39 條但書規定後抵 10 年。但免納所得稅之土地所發生之損失,不得自營利事業所得中扣除。

六、土地增值稅同步轉軌,不重複課稅

營利事業之不動產交易利得,得減除土地現值漲價總數額後計算課稅所得,以消除重複課稅,並使土地增值稅之租稅優惠得以同步轉軌。

七、機關團體之房地合一課稅

符合「教育文化公益慈善機關或團體免納所得稅適用標準」規定之教育、文化、公益、慈善機關或團體(以下簡稱機關團體),其銷售貨物或勞務之所得,應依法課徵所得稅。除非該機關團體銷售貨物或勞務以外之收入不足支應與其創設目的有關活動之支出時,得將該不足支應部分扣除。

機關團體如有房屋、土地等資產交易所得,與營利事業出售資產性質相同,稅法認定為銷售貨物之所得。因此,機關團體自 105 年 1 月 1 日起交易房屋、土地等資產,其土地如係 103 年 1 月 2 日以後取得且持有期間在 2 年以內,或 105 年 1 月 1 日以後取得,其交易所得應依法課徵所得稅;如有交易損失可核實沖減銷售貨物之所得。

實務演練

總機構位於我國境內的大力公司於去年 1 月 2 日以成本 970 萬元買入房地,其後於今年 6 月 30 日出售,費用 20 萬元(不含土地增值稅),土地漲價總數額 50 萬元,繳納土地增值稅 10 萬元,應如何計算其 105 年度出售房地損益,計入營利事業所得額課稅?試依以下情況分別計算。情況一:房地出售價格 2,500 萬元。情況二:房地出售價格 1,010 萬元。情況三:房地出售價格 980 萬元。

單位:萬元

項目	情況一	情況二	情況三
收入 (1)	2,500	1,010	980
成本 (2)	970	970	970
費用(不含土地增值稅)(3)	20	20	20
房地交易所得額 A = (1) − (2) − (3)	1,510	20	− 10
土地漲價總數額 (4)	50	50	不可減除
餘額 (5) = A − (4)	1,460	-30	− 10
計入營利事業所得額之金額	1,460	0	− 10

參、年度交易兩筆以上之土地,所得額之計算

一、總機構在我國境內

(一) 房屋、土地交易所得額為正數者,於減除該筆交易依土地稅法規定計算之土地漲價總數額後之餘額,計入營利事業所得額課稅,餘額為負數者,以零計算;其交易所得額為負數者,得自營利事業所得額中減除,但不得減除土地漲價總數額。

(二) 當年度交易二筆以上之房屋、土地者,應按前目規定逐筆計算交易所得額及減除該筆交易之土地漲價總數額後之餘額,計入營利事業所得額課稅或自營利事業所得額中減除。

實務演練

大雷公司為總機構在我國境內之營利事業,今年度交易以下四筆房地,均適用房地合一新制,請計算其當年度此四筆房地交易之應納稅額為多少?

單位：萬元

項目	第一筆	第二筆	第三筆	第四筆
收入 (1)	1,500	1,800	1,600	1,200
成本 (2)	980	1,550	1,340	1,270
費用（不含土地增值稅）(3)	20	50	60	30
房地交易所得額 A = (1) − (2) − (3)	500	200	200	− 100
土地漲價總數額 (4)	200	300	150	不再減除
餘額 (5) = A − (4)	300	− 100	50	− 100
計入營利事業所得額之金額	300	0	50	− 100
應納稅額	250 × 20%（107.1.1 以後）			

二、總機構在我國境外

(一) 其房屋、土地交易所得額為正數者，於減除該筆交易依土地稅法規定計算之土地漲價總數額後之餘額，依規定稅率計算應納稅額；餘額為負數者，以零計算；其交易所得額為負數者，不得自該營利事業之其他營利事業所得額中減除。

(二) 當年度交易二筆以上之房屋、土地者，應按前項規定逐筆計算交易所得額及減除該筆交易之土地漲價總數額後之餘額，其交易所得額為負數者，得自適用相同稅率交易計算之餘額中減除，減除不足者，得自適用不同稅率交易計算之餘額中減除，依規定稅率計算應納稅額，惟不得自該營利事業之其他營利事業所得額中減除。

(三) 該營利事業在中華民國境內有固定營業場所者，由固定營業場所分開計算應納稅額，合併報繳；其在中華民國境內無固定營業場所者，由營業代理人或其委託之代理人向房屋、土地所在地稽徵機關代為申報納稅。

範例

大明公司為總機構在我國境外之營利事業，今年度交易以下四筆房地，均適用房地合一新制，請計算此四筆房地交易所得之應納稅額。

單位：萬元

項目	第一筆	第二筆	第三筆	第四筆
持有期間	超過一年	一年以內		
收入 (1)	1,500	1,800	1,600	1,200
成本 (2)	980	1,550	1,340	1,270
費用（不含土地增值稅）(3)	20	50	60	30
房地交易所得額 A = (1) − (2) − (3)	500	200	200	− 100
土地漲價總數額 (4)	200	300	150	不再減除
餘額 (5) = A − (4)	300	− 100	50	− 100
計入營利事業所得額之金額	300	0	50	− 100
應納稅額	250 × 35%	0		

肆、個人房地交易適用營利事業課稅規定之情況

一、個人從事房地交易適用營利事業規定之情況

以個人名義從事房屋、土地交易，符合下列情形之一者，應依所 #24-5 營利事業房地合一課稅規定課徵所得稅，不適用所 #14-4 至 14-8（個人房地合一所得課稅）規定：

(一) 個人以自有土地與營利事業合建分售或合建分成，同時符合下列各款規定：
  1. 個人與屬「中華民國稅務行業標準分類」營造業或不動產業之營利事業間，或個人與合建之營利事業間，係「營利事業所得稅不合常規移轉訂價查核準則」第 4 條第 1 項第 2 款所稱關係人。
  2. 個人 5 年內參與之興建房屋案件逾 2 案。
  3. 個人以持有期間在 2 年內之土地，與營利事業合建。但以繼承取得者，不在此限。
(二) 個人以自有土地自地自建或與營利事業合建，設有固定營業場所（包含設置網站或加入拍賣網站等）、具備營業牌號（不論是否已依法辦理登記）或僱用員工協助處理土地銷售。
(三) 個人依加值型及非加值型營業稅法相關規定應辦理營業登記。

伍、總機構在我國境外之營利事業交易境外公司股權

總機構在中華民國境外，在境內有營業代理人者，交易符合所 #4-4、24-5 之房屋、土地及股權所得應納稅額，其認定與說明詳表 4-6 整理。

表 4-6　總機構在我國境外之營利事業交易境外公司股權課稅適用

認定條件	內容
適用情形	105 年 1 月 1 日起，出售符合規定條件之境外公司股權
股權持有期間	1. 以股權移轉登記日為準 2. 無從考查時，依買賣契約或查得資料認定
持有股權比例	直接或間接持有該境外公司有表決權之股份或資本額，超過其已發行有表決權之股份總數或資本總額之 50%
交易時境內房屋、土地價值占該境外公司股權價值比例	1. 境內房地時價 (T) 2. 該境外公司全部股權時價 (E)　$T/E \geq 50\%$
所得額計算方式	股權交易所得 = 出售股權收入 - 成本、費用或損失

營利事業之總機構在中華民國境外，交易其直接或間接持有股份或資本總額過半數之中華民國境外公司之股權，該股權之價值百分之五十以上係由中華民國境內之房屋、土地所構成，其股權交易所得額，按營利事業房地合一所得稅之稅率及申報方式納稅。

股權交易示意圖

例1：境外股權交易

1. A 公司於 106 年出售持有超過 1 年之 C 公司股權：適用稅率 35%
2. 股權持有比例計算：有控制權情形
   - ✓ 直接持股 30% + 間接持股 30% = **60%**
   - ✓ 依財政部 96 年 1 月 9 日台財稅字第 09604503530 號令，參照財務會計準則第 5 號公報規定辦理。

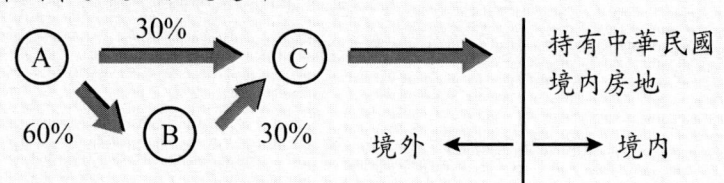

```
        30%
    A ──────→ C ──────→ │ 持有中華民國
     ╲       ╱          │ 境內房地
   60% ╲   ╱ 30%        │
        B            境外 ←──│──→ 境內
```

3. (1) 境內房屋、土地之時價 (T) 4,000 萬元
   (2) 境外公司全部股權時價 (E) 5,000 萬元
   - ✓ (T/E) 80% > **50%**

例2：境外股權交易

1. A 公司於 106 年出售持有超過 1 年之 C 公司股權：適用稅率 35%
2. 股權持有比例計算：有控制權情形
   - ✓ 直接持股 30% + 間接持股 30% × 40% = **42%**
   - ✓ 依財政部 96 年 1 月 9 日台財稅字第 09604503530 號令，參照財務會計準則第 5 號公報規定辦理。

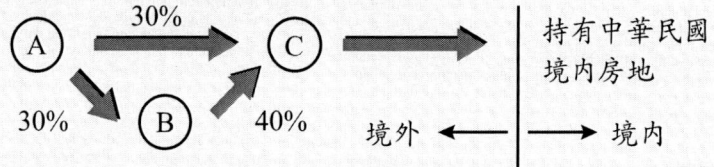

```
        30%
    A ──────→ C ──────→ │ 持有中華民國
     ╲       ╱          │ 境內房地
   30% ╲   ╱ 40%        │
        B            境外 ←──│──→ 境內
```

3. (1) 境內房屋、土地之時價 (T) 3,000 萬元
   (2) 境外公司全部股權時價 (E) 5,000 萬元
   - ✓ (T/E) 60% > **50%**

資料來源：財政部國稅局

第六節 所得基本稅額：營利事業部份

本節學習重點：
- ✦ 哪些營利事業應申報所得基本稅額
- ✦ 如何計算營利事業的所得基本稅額

壹、免申報所得基本稅額條例之營利事業 (所基 #3)

1. 獨資或合夥組織之營利事業,由於規模較小,不易適用租稅減免之規定。
2. 不以營利為目的,具有社會福利或特殊政策與性質之機關或團體:如教育、文化、公益、慈善機關或團體、消費合作社、各級政府公有事業。
3. 無須辦理結算申報,或依所得稅法規定辦理清算及宣告破產之個人或營利事業。
   (1) 營利事業所得稅:在中華民國境內無固定營業場所及營業代理人之營利事業。
   (2) 依所 #75 第 2 項規定辦理清算申報或同條第 5 項所定經宣告破產之營利事業;由於已非一般營業狀況下之所得,主要在處分資產、償還債務,以及分配債務者,故不須納入。
4. 未適用投資抵減獎勵及各項租稅減免優惠(所基 #7、#12),且無證券交易所得及期貨交易所得之營利事業。
5. 基本所得額在新臺幣 50 萬元以下之營利事業。

貳、基本概念

營利事業 M = 營利事業一般所得稅額 = 營利事業所得稅之應納稅額 − 投資抵減稅額
營利事業 L = 營利事業基本稅額 = (基本所得額 − 扣除額) × 稅率
情況一:營利事業 M ≧ 營利事業 L → 僅依營利事業所得稅計算之稅額進行繳納
情況二:營利事業 M < 營利事業 L → 應繳營利事業所得稅以及所得基本稅額
　　　　　　　　　　　　　　　　　　應再繳之稅額 = 營利事業 L − 營利事業 M

一、營利事業基本所得額之計算 (所基 #7)

營利事業基本所得額 =
營利事業之課稅所得額
+ **證券交易所得**
+ **期貨交易所得**
+ **促進產業升級條例之減免所得 (98 年落日)**
   依廢止前促進產業升級條例 #9、#9-2、#10、#15 及 #70-1 規定免徵營利事業所得稅之所得額。
   依已廢止之促進產業升級條例於 88.12.31 修正施行前 #8-1 規定免徵營利事業所得稅之所得額。
+ **獎勵民間參與交通建設條例之減免所得**
   依獎勵民間參與交通建設條例 #28 規定免納營利事業所得稅之所得額。

+ **促進民間參與公共建設法之減免所得**

依促進民間參與公共建設法 #36 規定免納營利事業所得稅之所得額。

+ **科學工業園區設置管理條例之減免所得**

依科學工業園區設置管理條例 #18 規定免徵營利事業所得稅之所得額。

依 90.1.20 修正施行前科學工業園區設置管理條例 #15 規定免徵營利事業所得稅之所得額。

+ **企業購併法之減免所得**

依企業併購法 #37 規定免徵營利事業所得稅之所得額。

+ **國際金融業務分行之免稅所得**

依國際金融業務條例 #13 規定免徵營利事業所得稅之所得額。但不包括依所得稅法 #73-1 規定，就其授信收入總額按規定之扣繳率申報納稅之所得額。

+ **本條例施行後法律新增之減免營利事業所得稅之所得額及不計入所得課稅之所得額，經財政部公告者**

二、證券交易與期貨交易所得之計算

(一) 營利事業在計算基本所得額時，依規定加計之證券交易所得(包含上市(櫃)、未上市(櫃)及興櫃股票等之交易所得)、期貨交易所得、國際金融業務分行之免稅所得以及本條例施行後法律新增之減免營利事業所得稅之所得額及不計入所得課稅之所得額，經財政部公告者，於本條例施行後發生並經稽徵機關核定之損失，得自發生年度之次年度起五年內，從當年度各該款所得中減除。

(二) 營利事業於 102 年度以後出售其持有滿三年以上，屬符合證券交易所得規定免稅之股票者，於計算其當年度證券交易所得時，減除其當年度出售該持有滿三年以上股票之交易損失，餘額為正者，以餘額半數計入當年度證券交易所得；餘額為負者，依前項規定辦理。

> ❂ **證券交易所得與期貨交易所得計入營利事業基本所得額詳細計算步驟如下：**
> 1. 長期持有股票交易之損失與所得相抵計算餘額。
> 2. 其他非長期持有股票與期貨交易所得或損失合併計算餘額。
> 3. 合併 1.+2.
> 4. (1) 前述 3. 求取之餘額為負者 ➔ 以 0 計入基本所得額；
>   (2) 前述 3. 求取之餘額為正者，再減除前 5 年經稽徵機關核定之證券及期貨交易損失。

5. (1) 前述 4.(2) 求取之餘額為負者 ➔ 以 0 計入基本所得額；

   (2) 前述 4.(2) 求取之餘額為正者 $\begin{cases} 1. \leq 4.(2) ➔ 以【1. \div 2 + (4.(2) - 1.)】計入 \\ 1. > 4.(2) ➔ 以【4.(2) \div 2】計入 \end{cases}$

案例一：

A 公司當年度長期持有股票交易所得為 500 萬元，當年度長期持有股票交易損失為 400 萬元，當年度其他有價證券及期貨交易所得為 300 萬元，且以前年度經稽徵機關核定之證券及期貨交易損失為 200 萬元。

【解析】

1. 500 萬元 − 400 萬元 = 100 萬元
2. 300 萬元
3. 100 萬元 + 300 萬元 = 400 萬元
4. 400 萬元 − 200 萬元 = 200 萬元
5. 100 萬元 ÷ 2 + (200 萬元 − 100 萬元) = 150 萬元計入基本所得額

案例二：

B 公司當年度長期持有股票交易所得為 700 萬元，當年度長期持有股票交易損失為 100 萬元，當年度其他有價證券及期貨交易損失為 100 萬元，且以前年度經稽徵機關核定之證券及期貨交易損失為 50 萬元。

【解析】

1. 700 萬元 − 100 萬元 = 600 萬元
2. − 100 萬元
3. 600 萬元 − 100 萬元 = 500 萬元
4. 500 萬元 − 50 萬元 = 450 萬元
5. 450 萬元 ÷ 2 = 225 萬元計入基本所得額

※ 證券交易所得，其交易成本之估價，應與其依所 #44、#48 及所細 #46 之規定擇採之計算方法一致。(所基細 #7)

※ 期貨交易所得，其交易成本應採先進先出法計算之。但到期前指定平倉者，得採個別辨認法。(所基細 #8)

三、免予計入基本所得額之情況（所基 #16）：信賴保護原則（過渡期間之緩衝規定）

所基 #7 第一項第二款至第八款規定之所得額，符合下列規定之一者，於計算營利事業基本所得額時，得免予計入：

1. 已核准免稅：本條例施行前已由財政部核准免稅。
2. 已完成投資計畫：本條例施行前已取得中央目的事業主管機關核發完成證明函或已完成投資計畫，並於本條例施行之日起一年內，經財政部核准免稅。
3. 已取得投資計畫核准函並已開工：本條例施行前已取得中央目的事業主管機關核發之投資計畫核准函，並已開工，且未變更投資計畫之產品或服務項目。
4. 一年內開工並於三年內完成投資計畫：本條例施行前已取得中央目的事業主管機關核發之投資計畫核准函，尚未開工，而於本條例施行之日起一年內開工，並於核准函核發之次日起三年內完成投資計畫，且未變更投資計畫之產品或服務項目。
5. 已簽定公共建設投資契約：本條例施行前民間機構業與主辦機關簽訂公共建設投資契約，並於投資契約約定日期內開工及完工，且未變更投資計畫內容者。但依主辦機關要求變更投資計畫內容者，不在此限。

四、營利事業基本稅額之計算

基本稅額＝【營利事業基本所得額－扣除額】× 稅率
　　　　＝【營利事業基本所得額－新臺幣 50 萬元（103 年度以後）】× 12%

營利事業所得基本稅額之扣除額隨物價指數調整：扣除金額每遇消費者物價指數較上次調整年度之指數上漲累計達百分之十以上時，按上漲程度調整之。調整金額以新臺幣十萬元為單位，未達新臺幣十萬元者，按萬元數四捨五入；其調整之公告方式及所稱消費者物價指數，準用所得稅法第五條第四項規定。

五、海外已納稅額扣抵限額

海外已納稅額扣抵限額

＝（基本稅額－營利事業所得稅應納稅額）× $\dfrac{\text{計入基本所得之國外免稅所得}}{\text{計入基本所得之國內與國外免稅所得}}$

綜合範例

1. 雷新公司今年度營利事業課稅所得額為 1,200 萬元，有證券交易所得 500 萬元，試計算雷新公司 106 年度以下各項金額：(1)一般所得稅額，(2)基本所得稅額，(3)課稅總額。

   【解析】
   (1) 一般所得稅額 = 1,200 萬元 ×20% = 240 萬元
   (2) 基本所得稅額 = (1,200 萬元 +500 萬元 − 50 萬元) × 12% = 198 萬元
   (3) 240 萬元 > 198 萬元 ➜ 課稅總額 = 240 萬元，免再繳納基本所得稅

2. 雷友公司今年度營利事業課稅所得額 1,200 萬元，投資抵減稅額 145 萬元，證券交易所得為 900 萬元，試計算：(1)一般所得稅額，(2)基本所得稅額，(3)課稅總額。

   【解析】
   (1) 一般所得稅額 = 1,200 萬元 ×20% − 145 萬元 = 95 萬元
   (2) 基本所得稅額 = (1,200 萬元 +900 萬元 − 50 萬元)×12% = 246 萬元
   (3) 95 萬元 < 246 萬元 ➜ 應再繳基本稅額與一般所得稅之差額 151 萬元

3. 大發公司今年度，依商業會計法計算之淨利 1,000 萬元，當年度並包括下列各項損益項目：(改自96高考)
   (1) 證券交易所得 70 萬元，證券交易損失 50 萬元。
   (2) 出售房地之交易所得 140 萬元(依土地稅法計算之土地漲價總數額為 60 萬元)。(依所得稅法規定所計算之房屋土地交易所得亦為 140 萬)
   (3) 短期票券之利息所得 40 萬元(扣繳稅款 8 萬元)。
   (4) 不計入課稅所得之投資收益 80 萬元(可扣抵稅額 30 萬元)。
   (5) 依所得稅法第 39 條規定可扣除之虧損 100 萬元。
   (6) 又因符合促進產業升級條例第 70 條之 1 規定之營業總部，其對國外關係企業之權利金所得為 480 萬元(國外所得稅為 120 萬元)，可不計入課稅。
   (7) 該公司今年底尚有符合促進民間參與公共建設法 #40，享有之投資抵減餘額 200 萬元(第 3 年度)。

   請依大發公司之結算申報書內容，分別以最有利於納稅人方式計算下列各項金額：(1)課稅所得額；(2)一般所得額；(3)基本所得額；(4)基本稅額；(5)國外所得稅額之扣抵限額；(6)依所得基本稅額條例應補繳之差額

   【解析】
   (1) 營利事業課稅所得額 = 1,000 萬元 − (70 萬元 − 50 萬元) − 60 萬元 − 80 萬元 − 480 萬元 − 100 萬元 = 260 萬元

(2) 營利事業所得稅額 ＝ 260 萬元 × 20% ＝ 52 萬元

一般所得稅額 ＝ 52 萬元 － 26 萬元 ＝ 26 萬元

依據促進民間參與公共建設法 #40 規定，投資抵減，其每一年度得抵減總額，以不超過該營利事業當年度應納營利事業所得稅額百分之五十為限。但最後年度抵減金額，不在此限。當年度不足抵減時，得在以後四年度內抵減之。

(3) 基本所得額 ＝ 260 萬元 ＋ (70 萬元 － 50 萬元) ＋ 480 萬元 ＝ 760 萬元

(4) 基本所得稅額 ＝ (760 萬元 － 50 萬元) × 12% ＝ 85.2 萬元

(5) 國外稅額扣抵 ＝ (85.2 萬元 － 52 萬元) × $\dfrac{480 \text{ 萬元}}{(20 \text{ 萬元} + 480 \text{ 萬元})}$ ＝ 31.872 萬元

(6) 依所得基本稅額條例應補繳之差額

(85.2 萬元 － 26 萬元) － 31.872 萬元 ＝ 27.328 萬元

參、罰則

(一) 營利事業或個人已依本條例規定計算及申報基本所得額，有漏報或短報致短漏稅額之情事者，處以所**漏稅額二倍**以下之罰鍰。

營利事業或個人未依本條例規定計算及申報基本所得額，經稽徵機關調查，發現有依本條例規定應課稅之所得額者，除依規定核定補徵應納稅額外，應按補徵稅額，處**三倍**以下之罰鍰。(所基 #15)

(二) 營利事業或個人與國內外其他個人或營利事業、教育、文化、公益、慈善機關或團體相互間，如有藉資金、股權之移轉或其他虛偽之安排，不當為他人或自己規避或減少納稅義務者，稽徵機關為正確計算相關納稅義務人之基本所得額及基本稅額，得報經財政部核准，依查得資料，按實際交易事實依法予以調整

第七節　營利事業網路交易之課稅問題[7]

營業稅規定：外國營利事業跨境銷售電子勞務予我國境內自然人，自 106 年 5 月 1 日起，應自行或委託報稅之代理人於我國辦理稅籍登記及報繳營業稅。(詳細營業稅之課稅規範請詳第八章附錄)

所得稅規定：財政部於 106 年 12 月 28 日發布「外國營利事業跨境銷售電子勞務課徵所得稅規定」，規範外國營利事業透過網路或其他電子方式銷售電子勞務給我國境內

---

[7] 整理自 https://www.dot.gov.tw/ch/home.jsp?id=26&parentpath=0,9&mcustomize=taxnews_view.jsp&dataserno=201712280001&t=TaxNews&mserno=201707120003

買受人（含個人、營利事業及機關團體）所收取之報酬，**自 106 年度起需課徵所得稅**。依所 #3 條第 3 項規定，外國營利事業僅就我國來源所得課徵所得稅。由於外國營利事業跨境銷售電子勞務之類型，主要為「提供平臺服務之電子勞務」及「提供非平臺服務之電子勞務」兩類，因此相關的課稅規定分別就來源所得認定與稅額計算等分別加以討論：

一、我國來源收入認定規定

依照所 #8 我國來源所得認定原則，電子勞務之所得是否認定我國來源收入，說明如下：

(一) 外國營利事業於我國境外產製完成之商品（例如單機軟體、電子書等），僅改變其呈現方式，以網路或其他電子方式傳輸下載儲存至電腦設備或行動裝置供我國境內買受人使用之電子勞務，其取得之報酬**非為我國來源收入**。

但需經由我國境內個人或營利事業參與及協助始可提供者，其取得之報酬**為我國來源收入**。

(二) 外國營利事業利用網路或其他電子方式提供即時性、互動性、便利性及連續性之電子勞務（例如線上遊戲、線上影劇、線上音樂、線上視頻、線上廣告等）予我國境內買受人，其報酬**為我國來源收入**。

(三) 外國營利事業利用網路或其他電子方式銷售有實體地點使用之勞務（例如住宿服務、汽車出租服務）取得之報酬，無論是否透過外國平臺業者，其勞務提供或經營地點在我國境外者，**非我國來源收入**。

(四) 外國平臺業者於網路建置交易平臺供境內外買賣雙方進行交易，買賣雙方或其中一方為我國境內個人、營利事業或機關團體，其向買賣雙方所收取之報酬**為我國來源收入**。

二、若為我國來源收入，其所得額如何認定？

(一) 減除相關成本費用

  1. 可提示帳簿、文據供核者，以收入核實減除成本費用計算所得額。
  2. 無法提示帳簿、文據，但可提示合約、主要營業項目、我國境內外交易流程說明及足資證明文件供稽徵機關核定其主要營業項目者，以收入按該主要營業項目適用之同業利潤標準淨利率計算所得額；其核定屬經營「提供平臺服務之電子勞務」者，淨利率為 30%。
  3. 不符上開 1 及 2 規定者，以收入按稽徵機關核定之淨利率 30% 計算所得額。
  4. 稽徵機關查得實際淨利率高於依上開 2. 及 3. 規定核定之淨利率者，按查得資料核定。

(二) 外國營利事業跨境銷售電子勞務部分交易流程在我國境外者，依下列規定認定我國

境內利潤貢獻程度

1. 可提示明確劃分我國境內及境外交易流程對其總利潤相對貢獻程度之證明文件者，核實認定其境內利潤貢獻程度。
2. 其全部交易流程或勞務提供地與使用地均在我國境內（例如境內網路廣告服務）者，其境內利潤貢獻程度為 100%。
3. 不符合 1 規定及非屬 2 規定情形者，其境內利潤貢獻程度為 50%。但稽徵機關查得實際境內利潤貢獻程度高於 50%，按查得資料核定。

三、如何繳納？

(一) 外國營利事業在我國境內無固定營業場所及營業代理人，其跨境銷售電子勞務，其納稅方式如下：

1. 屬扣繳範圍之所得，應由扣繳義務人於給付時，按「給付額」依規定之扣繳率扣繳稅款。但該外國營利事業向稽徵機關申請並經核定其適用之淨利率及境內利潤貢獻程度者，得以我國來源收入依該淨利率及貢獻程度計算，按規定之扣繳率扣繳稅款。
2. 非屬扣繳範圍之所得，應由外國營利事業自行或委託代理人於該年度所得稅申報期限內依有關規定申報納稅。

(二) 外國營利事業如為平臺業者，應以其收取之銷售價款課徵所得稅。其代外國非平臺電子勞務業者（例如線上遊戲軟體供應商）收取全部價款，但實際僅收取平臺手續費者，得提示相關合約、轉付價款證明，其轉付價款為外國非平臺電子勞務業者之我國來源收入者，並應提示已完納我國所得稅之證明文件（例如就源扣繳證明），向稽徵機關申請按實際收取之平臺手續費課徵所得稅。外國平臺業者就轉付價款扣繳稅款時，得以個別外國非平臺電子勞務業者經稽徵機關核定適用之淨利率及境內利潤貢獻程度計算，按規定之扣繳率扣繳稅款，於每月 10 日前將上一月內所扣稅款向國庫繳清，並彙報稽徵機關其轉付價款扣繳稅款計算資料。[8]

---

[8] 自 106 年度起，外國營利事業跨境銷售電子勞務已被扣繳之稅款，與依上開規定計算之應扣繳稅款不同，致有溢繳之扣繳稅款者，得自取得收入之日起 5 年內，自行或委託代理人，向稽徵機關申請退還。我國營利事業或機關團體如有藉法律形式虛偽安排，適用上開外國營利事業跨境銷售電子勞務之課稅規定，不當規避或減少納稅義務者，稽徵機關將按實際交易事實依法課徵所得稅。

案例

案例1：外國營利事業利用自行架設網站銷售電子勞務

外國 A 公司透過其自行架設之網站銷售線上遊戲予我國境內個人甲，銷售價款為 20,000 元，應如何課徵所得稅？

問題1：此筆 A 公司之銷售是否我國來源收入？是！

　　A 公司利用網路提供即時性、互動性、便利性及連續性之電子勞務（線上遊戲）予我國境內個人，其報酬 20,000 元為我國來源收入。

問題2：A 公司應課稅所得額為多少？

　　若 A 公司已向稽徵機關申請並核定適用淨利率 30% 及境內利潤貢獻程度 50% 者，所得稅額為：全部銷售價款 20,000 × 核定淨利率 30% × 境內利潤貢獻程度 50% ＝ 我國應課稅所得額為 3,000 元

問題3：如何繳稅？

　　A 公司銷售電子勞務對象為我國境內個人甲，應由 A 公司自行或委託代理人於規定期限內（106 年度所得，應於 107 年 5 月 1 日至 5 月 31 日）申報繳納營利事業所得稅 600 元（3,000 × 扣繳率 20%）。

案例2：外國營利事業在我國境內提供廣告播放服務

外國 B 公司透過其自行架設之網站為我國公司乙提供刊登線上廣告服務，且指定在我國境內播放，向乙公司收取價款 20,000 元，應如何課徵所得稅？

問題1：此筆 B 公司之銷售是否我國來源收入？是！

　　B 公司利用網路提供即時性、便利性及連續性之電子勞務（線上廣告）予我國境內消費者，並指定在我國境內播放，其報酬 20,000 元為我國來源收入。

問題2：B 公司應課稅所得額為多少？

　　B 公司於交易前向稽徵機關申請並核定適用淨利率 30% 及境內利潤貢獻程度「100%」（其勞務提供地與使用地均在我國境內），所得稅額 ＝ 全部銷售價款 20,000 × 核定淨利率 30% × 境內利潤貢獻程度 100% ＝ 我國應課稅所得額為 6,000

問題3：如何繳稅？

　　舊規定：B 公司銷售電子勞務對象為我國乙公司，乙公司於給付時扣繳稅款 4,000 元（20,000× 扣繳率 20%）。

　　新規定：如 B 公司依財政部解釋令規定，在交易前向稽徵機關申請並核定適用淨利率及境內利潤貢獻程度，乙公司於給付時扣繳稅款 1,200 元（20,000 × 核定淨利率 30% × 境內貢獻程度 100% × 扣繳率 20%）。

案例3：外國營利事業透過外國平臺業者銷售電子勞務

外國C公司透過外國平臺D業者銷售線上課程予我國個人丙及丁公司，並委託外國D平臺分別代收銷售價款20,000元，外國D平臺扣除平臺手續費8,000元後，將剩餘兩筆16,000元轉付C公司，應如何課徵所得稅？

情況一：外國D業者，沒有提供轉付外國C公司之證明文件

問題1：此筆D業者之銷售是否我國來源收入？是！

　　D於網路建置交易平臺供境內外買賣雙方進行交易，其向丙與丁收取之全部銷售價款40,000元為我國來源收入。

問題2：D公司應課稅所得額為多少？

　　D公司如已向稽徵機關申請並核定其適用淨利率30%及境內利潤貢獻程度50%，所得稅額為：全部價款40,000元 × 淨利率30% × 境內貢獻程度50%＝我國課稅所得稅額6,000元。

問題3：如何繳稅？依個人丙與公司丁兩種情況分別說明

(1) 銷售給個人丙：

　　應由D公司自行或委託代理人於規定期限（如107年5月1日至5月31日）內，申報繳納營利事業所得稅600元(20,000元 × 淨利率30% × 境內貢獻程度50% × 扣繳率20%)。

(2) 銷售給我國丁公司：

　　舊規定：丁公司給付給D公司20,000元時，扣繳4,000元(20,000元 × 扣繳率20%)

　　新規定：因D公司依財政部令釋經稽徵機關核定，丁公司得扣繳600元(20,000元 × 淨利率30% × 境內貢獻程度50% × 扣繳率20%)。

情況二：外國D業者，有提示相關合約、轉付款項及已完納我國所得稅之證明文件

問題1：此筆D業者之銷售是否我國來源收入？是！

問題2：D公司應課稅所得額為多少？

　　D公司如已向稽徵機關申請並核定其適用淨利率30%及境內利潤貢獻程度50%，同時並提示轉付款等相關資料：平台手續費收入8,000元 × 淨利率30% × 境內貢獻程度50%＝我國課稅所得稅額1,200元。

問題3：如何繳稅？依個人丙與公司丁兩種情況分別說明

(1) 銷售給個人丙：

　　應由D公司自行或委託代理人於規定期限（如107年5月1日至5月31日）內，申報繳納營利事業所得稅120元(4,000元 × 淨利率30% × 境內貢獻程度50% × 扣繳率20%)。

(2) 銷售給我國丁公司：

舊規定：丁公司給付給 D 公司 20,000 元時，扣繳 4,000 元（20,000 元 × 扣繳率 20%）

新規定：因 D 公司依財政部令釋經稽徵機關核定，丁公司得扣繳 120 元（4,000 元 × 淨利率 30% × 境內貢獻程度 50% × 扣繳率 20%）。

CHAPTER 5

營利事業所得稅之申報、稽徵與反避稅等所得稅相關議題

```
                    ┌─ 結算申報：(1)應辦理結算申報之納稅義務人 (2)免辦理結算申報之納稅義務
                    │  人 (3)獨資與合夥之營利事業申報 (4)結算申報時間 (5)結算申報書 (6)
                    │  催報以及未依限辦理結算申報
                    ├─ 暫繳申報：(1)基本規定 (2)暫繳稅額計算 (3)不需辦理暫繳申報之營利事
              營利事業│  業 (4)未按時暫繳之處罰
              所得稅之├─ 未分配盈餘申報：(1)何以需要對未分配盈餘進行申報 (2)年度申報 (3)解
              申報    │  散或合併之營利事業 (4)變更會計年度之營利事業 (5)催報 (6)未依限辦
                    │  理未分配盈餘申報
                    ├─ 決算申報與清算申報：(1)決算申報 (2)清算申報 (3)獨資合夥組織之決算
                    │  與清算申報
                    └─ 短漏報的罰則：(1)滯納金 (2)結算、決算或清算申報之短漏報 (3)未分配
                       盈餘申報之短漏報 (4)隱匿或移轉財產之跡象：假扣押

                    ┌─ 概念
                    ├─ 應辦理扣繳之所得、扣繳義務人與納稅義務人：(1)應辦理扣繳之時間 (2)應
                    │  辦理扣繳之所得、扣繳義務人與納稅義務人 (3)免辦理扣繳之所得
              就源扣繳├─ 各類所得扣繳率
                    ├─ 扣繳稅款之報繳與扣繳憑單
                    └─ 未按規定扣繳之罰則：(1)扣繳義務人未依規定扣繳 (2)違反所#89第3項規
                       定

  營利事業          ┌─ 自繳：(1)繳款書 (2)採公式型所得之營利事業之所得稅繳納 (3)抵繳稅
  所得稅之          │  款、退補稅以及加計利息
  申報、稽  自繳、調 ├─ 調查：(1)調查及核定 (2)核定稅額通知及更正 (3)帳簿文據之提示、調閱
  徵等議題  查與獎懲 │  以及相關人員之備詢、申復
                    └─ 獎懲與守密：(1)告發或檢舉獎金 (2)限期補報或補記 (3)不依規定時間送
                       帳簿文據者 (4)會計師或代理人違反規定以及稽徵人員之守密

                    ┌─ 非常規交易與移轉計價：(1)非常規交易 (2)移轉計價 (3)其他相關名詞定
              反避稅相│  義 (4)常規交易原則 (5)評估是否為常規定交易之方法 (6)預先訂價協議
              關法規  ├─ 反自有資本稀釋：(1)立法目的與規範理由 (2)規定內容 (3)關係人之負債
                    │  與業主權益之範圍 (4)不得列為利息或損失之金額計算
                    └─ 受控外國公司與實際管理處所：(1)受控外國公司(CFC) (2)實際管理處所
                       (PEM) (3)配套措施

                    ┌─ 獨資合夥與公司組織之營利事業所得稅規定比較
              附錄  ├─ 外國股東之可扣抵稅額
                    ├─ 兩稅合一
                    └─ 移轉訂價三層報告模式
```

第一節　營利事業所得稅之申報

本節學習重點：
- 應辦理結算申報之時間、對象與罰則
- 應辦理暫繳申報之時間、對象與罰則
- 應辦理未分配盈餘申報之時間、對象與罰則
- 應辦理決算與清算申報之時間、對象與罰則

壹、結算申報

一、應辦理結算申報之納稅義務人

1. 中華民國境內有固定營業場所之營利事業。
2. 教育、文化、公益、慈善機關或團體及其作業組織，如果不符合免稅要件者，仍應依法課稅。（所 #71-1）

注意： 年度中曾暫停營業之營利事業，仍應依規定辦理年度結算申報（該暫停營業之折舊不得遞延至次年度）。

二、免辦理結算申報之納稅義務人

不需辦理結算申報之營利事業為：[1]

1. 在我國境內沒有固定營業場所也沒有營業代理人之營利事業。
2. 國外營利事業在中華民國境內無分支機構，屬於所 #25（營國際運輸、承包營建工程、提供技術服務或出租機器設備等業務）及 #26（影片事業出租影片之收入）規定，由營業代理人或給付人以扣繳方式繳納營利事業所得稅者，可免辦結算申報。
3. 符合所 #11 第 4 項規定之各行業公會組織、同鄉會、同學會、宗親會、營利事業產業工會、社區發展協會、各工會團體、各級學校學生家長會、國際獅子會、國際扶輪社、國際青年商會、國際同濟會、國際崇她社及各縣市工業發展投資策進會、身心障礙福利團體（合於身心障礙者保護法第 59 條規定）、直轄市縣（市）政府義勇消防總隊、老人福利協進會等老人社會團體及各縣市工業區廠商協進會等機關團體，**如無任何營業或作業組織收入（包括無銷售貨物或勞務收入），僅有會費、捐贈、基金存款利息，且其財產總額及當年度收入總額均未達新臺幣 1 億元者，可免辦理結算申報。**
4. 宗教團體符合下列規定者可免辦結算申報：
   (1) 依法立案登記之寺廟、宗教社會團體及宗教財團法人。
   (2) 無銷售貨物或勞務收入者。
   (3) 無附屬作業組織者。
5. 符合儲蓄互助社法第 8 條規定免徵所得稅之儲蓄互助社可免辦結算申報。

---
[1] 參考自 http://0rz.tw/piXR8

三、獨資與合夥之營利事業申報

◆ 自 107 年度起,非屬小規模之獨資、合夥組織結(決)、清算申報,無須計算及繳納應納之結算稅額,由獨資資本主或合夥人列入營利所得併入綜合所得稅。

◆ 小規模營利事業,無須辦理結(決)、清算申報繳稅,由獨資資本主或合夥人列入營利所得併入個人綜合所得稅申報。因此,舉凡規模狹小,平均每月銷售額未達新臺幣 20 萬元而按查定課徵營業稅之獨資、合夥組織,無須辦理結(決)、清算申報,維持現行課稅制度,由獨資資本主及合夥組織合夥人列為個人綜合所得稅之營利所得,課徵綜合所得稅。

　　一般獨資或合夥之營利事業:獨資合夥企業的獨資資本主或合夥組織合夥人,自辦理 107 年度營利事業所得稅結算申報起,無須計算及繳納其應納之結算稅額;其營利事業所得額,列為獨資資本主或合夥人個人綜合所得稅的營利所得,課徵綜合所得稅。

　　小規模獨資或合夥之營利事業:無須辦理結(決)、清算申報,由稽徵機關核定其營利事業所得額,直接歸併獨資資本主或合夥組織合夥人之營利所得,依所得稅法規定課徵綜合所得稅。

修正前後報繳稅方式對照表

所得年度	107 年度以後	104 至 106 年度
結算申報	應辦理申報 (小規模營利事業免辦)	應辦理申報 (小規模營利事業免辦)
應繳納之稅額	無須計算	應計算
營利事業所得得稅稅額	免繳納	應自繳稅額=(應納稅額×1/2－尚未抵繳之扣繳稅額)
綜合所得稅 (營利所得)	1. 營利所得=營利事業所得額 2. 可抵繳之扣繳稅額=營利事業之扣繳稅額	1. 營利所得=(營利事業所得額－應納稅額×1/2) 2. 可抵繳之扣繳稅額=0元
暫繳申報	無須辦理	無須辦理
滯、怠報之處分	1. 滯報金=核定之所得額按當年度適用之營利事業所得稅稅率計算之金額×10%(1,500元＜滯報金＜30,000元) 2. 怠報金=核定之所得額按當年度適用之營利事業所得稅稅率計算之金額×20%(4,500元＜怠報金＜90,000元)	1. 滯報金=核定應納稅額×1/2×10%(1,500元＜滯報金＜30,000元) 2. 怠報金=核定應納稅額×1/2×20%(4,500元＜怠報金＜90,000元)
短、漏報之處罰	短、漏之課稅所得額,依當年度適用之營利事業所得稅稅率計算之金額,按規定倍數處罰	短、漏之課稅所得額,按所漏稅額之半數,依規定倍數處罰

四、結算申報時間（所 #71）

(一) 會計期間採曆年制
採用曆年制的營利事業，其申報期間為每年 5 月 1 日至 5 月 31 日。

(二) 特殊會計年度：採非曆年制
1. 營利事業的會計年度應為每年 1 月 1 日起至 12 月 31 日止。但因原有習慣或營業季節之特殊情形，可以報經主管稽徵機關核准變更起訖日期。

   採用特殊會計年度的營利事業，申報期限比照曆年制推算。例如採八月制會計年度（會計期間為每年 8 月 1 日至次年的 7 月 31 日）的營利事業，應在 12 月 1 日起至 12 月 31 日止辦理結算申報。

2. 營利事業報經稽徵機關核准變更其會計年度者，應於**變更之日起 1 個月內**，將變更前的營利事業所得額，依所 #40，有關營業期間不滿 1 年者的規定計算應納稅額，自行向公庫繳納後，向稽徵機關提出申報（所 #74）。

3. 所得稅法已刪除延長申報期限之規定，且廢止營利事業如變更會計年度或辦理決算因情形特殊得報經稽徵機關核准延長申報期限函釋之適用。故此類案件，**不得**申請延長申報期限。

五、結算申報書

營利事業申報書的選擇有兩種：

(一) **普通申報書**：一般營利事業，除核定適用藍色申報書者，使用此類申報書。

(二) **藍色申報書**：以藍色紙張印製之營利事業所得稅結算申報書；經稽徵機關核准適用，使用藍色申報書辦理結算申報之營利事業稱之為藍色申報人。

1. 申請條件：
   (1) 營利事業依商業會計法及稅捐稽徵機關管理營利事業會計帳簿憑證辦法之規定設帳、記帳、保存憑證。
   (2) 誠實自動調整其結算申報所得額。
   (3) 申請者**沒有**以下情況：
   - 申請書申請登記事項表所載事項，經查明有虛偽不實之情事者。
   - 應填具之申請登記事項表內容不齊全，未於限期內補正者。
   - 未按規定設帳並記帳者。
   - 申請年度以前設立之營利事業，未依限辦理上一年度之結算申報者。
   - 申請年度帳目有虛偽不實之記載者。
   - 應繳所得稅款及有關之滯報金、怠報金、滯納金、利息、罰鍰等尚未繳清者。
   (4) 公司組織之藍色申報人設有專任會計。

2. 使用藍色申報書之優點如下：
   (1) 可提列較普通申報書較多的交際費。（所 #37）
   (2) 採用藍色申報書並如期申報者，得將經該管稽徵機關核定之前十年內各期虧損，自本年純益額中扣除後，再行核課。（所 #39）
   (3) 納稅義務人本人與配偶同時經營兩個以上之營利事業，計算個人綜合所得總額時，如經營之營利事業，均係藍色申報人，其中如有虧損，得將核定之虧損就核定之營利所得中減除，以其餘額為所得額（所 #16）。
   (4) 可採試算暫繳。（所 #67）

(三) **簽證申報**
1. 在一定範圍內之營利事業，其營利事業所得稅結算申報，應委託會計師或其他合法代理人查核簽證申報；其辦法由財政部定之。
2. 應簽證申報之範圍：(營利事業委託會計師查核簽證申報所得稅辦法 #3)
   下列各營利事業，其營利事業所得稅結算申報，應委託經財政部核准登記為稅務代理人之會計師查核簽證申報，若未依規定委託會計師辦理營利事業所得稅查核簽證申報者，稽徵機關應對其申報案件加強查核。
   (1) 銀行業、信用合作社業、信託投資業、票券金融業、融資性租賃業、證券業（證券投資顧問業除外）、期貨業及保險業。
   (2) 公開發行股票之營利事業。
   (3) 依獎勵投資條例、促進產業升級條例或產業創新條例或其他法律規定，經核准享受免徵營利事業所得稅之營利事業，其全年營業收入淨額與非營業收入在新臺幣 5 千萬元以上者。
   (4) 依金融控股公司法或企業併購法或其他法律規定，合併辦理所得稅結算申報之營利事業。
   (5) 不屬於以上 4 款之營利事業，其全年營業收入淨額與非營業收入在新臺幣 1 億元以上者。

(四) **教育文化公益慈善機關或團體及其作業組織結算申報書**：教育、文化、公益、慈善機關或團體辦理所得稅結算申報時使用之申報書。

六、催報以及未依限辦理結算申報（所 #78、#79、#108）

(一) **催報**：稽徵機關應隨時協助及催促納稅義務人依限辦理結算申報，並於結算申報限期屆滿前十五日填具催報書提示延遲申報之責任。前項催報書得以公告方式為之。

(二) **滯報通知書**：納稅義務人未依規定期限辦理結算申報者，稽徵機關應即填具滯報通知書，送達納稅義務人，限於接到滯報通知書之日起**十五日**內補辦結算申報。

(三) 收到滯報通知書後，屆期仍未辦理結算申報者：
1. 稽徵機關應依查得之資料或同業利潤標準，核定其所得額及應納稅額，並填具核定稅額通知書，連同繳款書，送達納稅義務人依限繳納；嗣後如經調查另行發現課稅資料，仍應依稅捐稽徵法有關規定辦理。
2. 自107年起，其屬獨資、合夥組織之營利事業者，稽徵機關應於核定其所得額後，將其營利事業所得額直接歸併獨資資本主或合夥組織合夥人之營利所得，依本法規定課徵綜合所得稅。

(四) **綜合所得稅納稅義務人以及小規模營利事業，不適用滯報通知書等之催報規定**
納稅義務人屆期未申報者，稽徵機關應即依查得之資料核定其所得額及應納稅額，通知依限繳納；嗣後如經稽徵機關調查另行發現課稅資料，仍應依稅捐稽徵法有關規定辦理。

(五) 罰則
1. 收到滯報通知書15日內補辦結算申報：納稅義務人違反所#71規定，未依限辦理結算申報，而已依所#79第一項規定，於收到滯報通知書起15日內補辦結算申報，經稽徵機關據以調查核定其所得額及應納稅額者，應按**核定應納稅額另徵10%滯報金**。
其屬獨資、合夥組織之營利事業應按稽徵機關調查核定之所得額，按當年度適用之營利事業所得稅稅率計算之金額，另徵百分之十滯報金。
滯報金最高不得超過三萬元，最低不得少於一千五百元。
2. 收到滯報通知書15日內仍未補辦結算申報：納稅義務人逾#79第一項規定之補報期限，仍未辦理結算申報，經稽徵機關依**查得資料或同業利潤標準**核定其所得額及應納稅額者，應按**核定應納稅額另徵百分之二十怠報金**。
其屬獨資、合夥組織之營利事業，應按稽徵機關調查核定之所得額，按當年度適用之營利事業所得稅稅率計算之金額，另徵百分之二十怠報金。
怠報金最高不得超過九萬元，最低不得少於四千五百元。
3. 不適用：綜合所得稅納稅義務人、小規模營利事業及依第七十一條規定免辦結算申報者，不適用前二項之規定。

(**C**) 依所得稅法規定，納稅義務人未依規定期限辦理結算申報者，稽徵機關應即填具滯報通知書，送達納稅義務人，限於接到滯報通知書之日起幾日內補辦結算申報？(99記帳士)
(A) 七日內　(B) 十日內　(C) 十五日內　(D) 三十日內

貳、暫繳申報

一、基本規定

(一) 特性與目的：暫繳稅制是屬即時徵繳制度，輔助營利事業之應納營利事業所得結算申報目的而設計；營利事業於暫繳申報期間先繳納部份稅款，待年度結算申報時，此項繳納之稅款，可用以抵繳當年度營利事業所得稅結算之應納稅款，如抵繳有剩餘，並可抵繳上一年度未分配盈餘加徵之稅額或退還。其目的在於，減輕納稅義務人於年度結算申報時，一次負擔大額稅款的壓力；同時亦便利國庫資金調度。

(二) 除了結算申報之外，營利事業應於會計年度開始後的第九個月，須按其上年度結算申報營利事業所得稅應納稅額之二分之一為暫繳稅額，自行向庫繳納，並依規定格式，填具暫繳稅額申報書，檢附暫繳稅額繳款收據，一併向該管稽徵機關申報；此即暫繳申報。

但是，營利事業若沒有以投資抵減稅額、行政救濟留抵稅額及扣繳稅額抵減前項暫繳稅額者，於自行向庫繳納暫繳稅款後，可以不用依前項規定辦理申報。

(三) 結算申報與暫繳申報時間

1. 曆年制：會計年度為每年1月1日到12月31日，結算申報去年度所得之期限為5月1日至5月31日；當年度暫繳申報期限為9月1日至9月30日。
2. 非曆年制：採非曆年制者，需自行推算各項申報期限。如採四月制者（會計年度為4月1日至次年的3月31日），其結算申報期限為8月1日至8月31日，暫繳申報期限為12月1日至12月31日。

前一會計年度結束後第5個月 ➜ 開始辦理前一會計年度之結算申報

當年會計年度第9個月 ➜ 開始辦理當年度暫繳申報

> (A) 桃園公司會計年度採4月制，該公司辦理108年度營利事業所得稅暫繳申報及結算申報的期間各為何？（改自103地特五等）
>
> (A)暫繳申報在民國108年12月1日至31日、結算申報在109年8月1日至31日
>
> (B)暫繳申報在民國108年9月1日至30日、結算申報在109年5月1日至31日
>
> (C)暫繳申報在民國108年9月1日至30日、結算申報在108年12月1日至31日
>
> (D)暫繳申報在民國108年12月1日至31日、結算申報在109年4月1日至30日

二、暫繳稅額計算

(一) 一般情況

依照上年度結算申報營利事業所得稅應納稅額之二分之一為暫繳稅額。

➔ 本年度暫繳稅額＝上年度結算申報營利事業所得稅之應納稅額×1/2

(二) 營利事業未以投資抵減稅額、行政救濟留抵稅額及扣繳稅額抵減前項暫繳稅額者，於自行向庫繳納暫繳稅款後，**得免**辦理暫繳申報。

(三) 試算暫繳

1. 暫繳稅額計算方式：**以當年度前 6 個月之營業收入總額**，依所得稅法有關營利事業所得稅之規定，**試算其前半年之營利事業所得額**，按當年度稅率，計算其暫繳稅額。
2. 可適用對象：公司組織之營利事業或合作社以及醫療法人團體，會計帳冊簿據完備，使用所 #77 所稱藍色申報書或經會計師查核簽證，並如期辦理暫繳申報者。

(**C**) 大華公司會計年度採用二月制，若去年結算申報營利事業所得稅之應納稅額為 200 萬元，請問大華公司今年該於何時辦理暫繳申報？並繳納多少暫繳稅款？（改自 101 特種五等）
(A) 辦理暫繳申報期間：7 月 1 日起至 7 月 31 日止；暫繳稅款：50 萬元
(B) 辦理暫繳申報期間：9 月 1 日起至 9 月 30 日止；暫繳稅款：50 萬元
(C) 辦理暫繳申報期間：10 月 1 日起至 10 月 31 日止；暫繳稅款：100 萬元
(D) 辦理暫繳申報期間：11 月 1 日起至 11 月 30 日止；暫繳稅款：100 萬元

三、不須辦理暫繳之營利事業

(一) 不適用結算申報或獨資合夥組織

1. 在我國境內無固定營業場所的營利事業，其營利事業所得稅係依所 #98-1 規定，由營業代理人扣繳或由給付人於給付時扣繳者。
2. 獨資、合夥組織之營利事業及經核定之小規模營利事業。

(二) 免稅

1. 合於免稅規定之教育、文化、公益、慈善機關或團體及其附屬作業組織、消費合作社、公有事業。
2. 依所得稅法或其他有關法律規定免徵營利事業所得稅者。

(三) 上年度無應納稅額、新設或未有稅額抵減

上年度結算申報營利事業所得稅無應納稅額者及本年度上半年新開業者。

(四) 暫繳稅額過低

營利事業按其上年度結算申報營利事業所得稅應納稅額之二分之一計算之暫繳稅額在新臺幣 2,000 元以下者，自 98 年度起，免辦理暫繳。

(五) 遇有解散、廢止、合併或轉讓情事

營利事業於暫繳申報期間屆滿前遇有解散、廢止、合併或轉讓情事，其依所 #75 規定應辦理當期決算申報者。

> (**B**) 下列何者依法應辦理當年度營利事業所得稅之暫繳申報？(103 身障五等)
> (A) 獨資、合夥組織之營利事業
> (B) 在中華民國境內之外國分公司
> (C) 上年度結算申報營利事業所得稅無應納稅額者
> (D) 依法免徵所得稅之教育、文化、公益、慈善機關或團體

四、未按時暫繳之處罰

(一) 未按規定期間暫繳，但於一個月內自動補報者：營利事業未依暫繳之規定期間辦理暫繳，而於 10 月 31 日以前已依所 #67 第一項規定計算補報及補繳暫繳稅額者，應自 10 月 1 日起至其繳納暫繳稅額之日止，按其暫繳稅額，依所 #123 規定之存款利率，按日加計利息，一併徵收。

(二) 未按規定期間暫繳，亦未於一個月內自動補報者：營利事業逾 10 月 31 日仍未依前項規定辦理暫繳者，稽徵機關應按暫繳申報之規定計算其暫繳稅額，並依所 #123 規定之存款利率，加計一個月之利息，一併填具暫繳稅額核定通知書，通知該營利事業於十五日內自行向庫繳納。

參、未分配盈餘申報（所 #66、#102-2、#102-3）

一、未分配盈餘申報

自 87 年度起至 106 年度止，營利事業當年度之盈餘未作分配者，應就該未分配盈餘加徵 10% 之營利事業所得稅。

自 107 年度起，營利事業當年度之盈餘未作分配者，應就該未分配盈餘加徵 5% 之營利事業所得稅。

營利事業應於其各該所得年度辦理結算申報之次年 5 月 1 日起至 5 月 31 日止，就 #66-9 第二項規定計算之未分配盈餘填具申報書，向該管稽徵機關申報，並計算應加徵的營利事業所得稅額，於申報前自行繳納。

其經計算之未分配盈餘為零或負數者，仍應辦理申報。

> 以 108 年為例，採曆年制會計年度的營利事業，應於 109 年 5 月 1 日起至 5 月 31 日止，填具 108 年度營利事業所得稅結算申報書及 107 年度未分配盈餘申報書，向該管稽徵機關辦理申報。另外，108 年度暫繳申報則應於 108 年 9 月 1 日至 9 月 30 日止辦理。

二、未分配盈餘之計算（所 #66-9 第 2-5 項）

未分配盈餘，係指營利事業當年度依商業會計法、證券交易法或其他法律有關編製財務報告規定處理之本期稅後純益，加計本期稅後淨利以外純益項目計入當年度未分配盈餘之數額，減除虧損或盈餘提撥後之餘額。

未分配盈餘＝各年度之【營利事業當年度依會計師查核或商業會計法規定處理之稅後純益＋加計項目－減除項目】之累積

(一) 未分配盈餘之計算基礎
1. 經會計師查核簽證案件，以「會計師查核簽證當年度財務報表所載之稅後純益」為準。如經主管機關查核通知調整者，以調整更正後之數額為準。
2. 當年度財務報表非經會計師查核簽證之營利事業，則以「依商業會計法、證券交易法或其他法律規定處理之稅後純益」為準。

(二) 未分配盈餘之加計項目：本期稅後淨利以外純益項目計入當年度未分配盈餘之數額。

(三) 未分配盈餘減除項目

- 彌補以往年度之虧損及經會計師查核簽證之次一年度虧損（即營利事業以當年度之未分配盈餘，彌補經會計師查核簽證之次一年度稅後虧損之數額）。

    〔應以截至各該年度之次一會計年度結束前，已實際發生者為限。〕

  - 已由當年度盈餘分配之股利淨額或盈餘淨額。營利事業當年度之財務報表經會計師查核簽證者，此項所稱之稅後純益，應以會計師查定數為準。其後如經主管機關查核通知調整者，應以調整更正後之數額為準。
  - 已依公司法或其他法律規定由當年度盈餘提列之法定盈餘公積，或已依合作社法規定提列之公積金及公益金。
  - 依本國與外國所訂之條約，或依本國與外國或國際機構就經濟援助或貸款協議所訂之契約中，規定應提列之償債基金準備，或對於分配盈餘有限制者，其已由當年度盈餘提列或限制部分。

    於限制原因消滅年度之次一會計年度結束前，未作分配部分，應併同限制原因消滅年度之未分配盈餘計算，加徵 10% 或 5% 營利事業所得稅。

  - 依其他法律規定，由主管機關命令自當年度盈餘已提列特別盈餘公積或限制分配部分。

    於限制原因消滅年度之次一會計年度結束前，未作分配部分，應併同限制原因消滅年度之未分配盈餘計算，加徵 10% 或 5% 營利事業所得稅。

  - 依其他法律規定，應由稅後純益轉為資本公積者
- 本期稅後淨利以外純損項目計入當年度未分配盈餘數額。
- 其他經財政部核准之項目。

> **範例**
>
> 1. 雷淘公司 107 年帳載稅後純益 250 萬元，累積虧損 100 萬元，108 年 6 月 25 日股東會決議提列法定盈餘公積 15 萬元，不分配股利及員工紅利；雷淘公司於 109 年 5 月辦理 107 年未分配盈餘申報，108 年稅後純損 90 萬元，雷淘公司 107 年度未分配盈餘若干？
>
>   【解析】
>
>   此情況需視雷淘公司在 107、108 年度之財務報表是否有經會計師簽證，如果有的話，可以再減除下一年度的稅後虧損
>
>   情況一：107、108 年有經會計師簽證：250 萬元 − 100 萬元 − 15 萬元 − 90 萬元 = 45 萬元
>
>   情況二：107、108 年未經會計師簽證：250 萬元 − 100 萬元 − 15 萬元 = 135 萬元
>
> (A) 2. 臺中公司 107 年稅後淨利 800 萬元，108 年度彌補以前年度虧損 100 萬元，提列法定盈餘公積 70 萬元，分配現金股利 300 萬元，股票股利 200 萬元，108 年度會計師簽證虧損 80 萬元，則 109 年申報未分配盈餘應加徵所得稅：(改自 104 普考)
>
>   (A) 2.5 萬元　(B) 13 萬元　(C) 23 萬元　(D) 30 萬元

三、解散或合併之營利事業

營利事業於依規定辦理申報前經解散或合併者，應於解散或合併日起 45 日內，填具申報書，就截至解散日或合併日止尚未加徵營利事業所得稅之未分配盈餘，向該管稽徵機關申報，並計算應加徵之稅額，於申報前自行繳納。

營利事業未依規定期限申報者，稽徵機關應即依查得資料核定其未分配盈餘及應加徵之稅額，通知營利事業繳納。

四、變更會計年度之營利事業

營利事業於報經該管稽徵機關核准，變更其會計年度者，應就變更前尚未申報加徵 10%（或 107 年度以後 5%）營利事業所得稅之未分配盈餘，併入變更後會計年度之未分配盈餘內計算，並依所 #102-2 第 1 項規定辦理。

五、催報

稽徵機關應協助營利事業依限辦理未分配盈餘申報，並於申報期限屆滿前 15 日填具催報書，提示延遲申報之責任。催報書得以公告方式為之。

六、未依限辦理未分配盈餘申報

營利事業未依規定期限,辦理未分配盈餘申報者,稽徵機關應即填具滯報通知書,送達營利事業,限於接到滯報通知書之日起 15 日內補辦申報;其逾限仍未辦理申報者,稽徵機關應依查得資料,核定其未分配盈餘及應加徵之稅額,並填具核定稅額通知書,連同繳款書,送達營利事業依限繳納;嗣後如經調查另行發現課稅資料,仍應依稅捐稽徵法有關規定辦理。

接到滯報通知書之日起 15 日內補辦申報:營利事業違反所 #102-2 規定,未依限辦理未分配盈餘申報,而已依所 #102-3 第二項規定補辦申報,經稽徵機關據以調查核定其未分配盈餘及應加徵之稅額者,應按核定應加徵之稅額另徵 **10% 滯報金**。但最高不得超過三萬元,最低不得少於一千五百元。

接到滯報通知書之日起 15 日內仍未補辦申報:營利事業逾所 #102-3 第二項規定之補報期限,仍未辦理申報,經稽徵機關依查得資料核定其未分配盈餘及應加徵之稅額者,應按核定應加徵之稅額另徵 20% 怠報金。但最高不得超過九萬元,最低不得少於四千五百元。

肆、決算申報與清算申報 (所 #75)

一、決算申報

(一) 年度中遇有解散、廢止、合併或轉讓

1. **決算申報時間**:營利事業在年度中遇有解散、廢止、合併或轉讓之情況者,應於解散、廢止、合併或轉讓之日起 45 日內,向該管稽徵機關申報其營利事業所得額以及應納稅額,辦理決算申報;並於提出申報前自行繳納。
2. **起算日**:主管機關核准解散、廢止、合併、轉讓之**文書發文日**之次日起算。

(二) 破產

1. **決算申報時間**:營利事業宣告破產者,應於法院公告債權登記期間截止 10 日前,向該管稽徵機關提出當期營利事業所得稅決算申報
2. 其未依限申報者,稽徵機關應即依查得之資料,核定其所得額及應納稅額。
3. 法院應將前項宣告破產之營利事業,於公告債權登記之同時通知當地稽徵機關。

二、清算申報

(一) **清算申報期限**:清算期間之清算所得,應於清算結束之日起 **30 日內**辦理申報。營利事業在清算期間之清算所得,應於清算結束之日起 30 日內,依規定格式書表向稽徵機關申報,並於申報前依照申報當年度所適用之營利事業所得稅稅率自行計算繳納。

(二) **免辦清算申報**：依其他法律得免除清算程序者，如合併、分割或破產而解散者可免辦清算申報。

(三) **清算期間**：屬公司組織者，依公司法規定之期限；屬有限合夥組織者，依有合夥法規定之期限；非屬公司或有限合夥組織者，為自解散、廢止、合併或轉讓之日起三個月。

> **案例**
>
> ✪ 雷鳴公司於今年 3 月 1 日經股東會決議解散，並訂當日為解散基準日。經高雄市政府於今年 3 月 6 日發文核准，請問決算與清算之申報期限為何？（雷鳴公司會計年度採曆年制）
>
> 【解析】
> 今年 3 月 1 日決議解散，其決算申報之所得期間為今年 1 月 1 日至今年 3 月 1 日，並以市政府核准文書發文日之次日今年 3 月 7 日起算 45 日內，即今年 4 月 20 日前辦理決算申報；而其申報清算所得之期限，則應以實際清算結束之日起算 30 日內辦理清算申報。
>
> ✪ 決算申報與清算申報的期限可否申請延長？
>
> 【解析】
> 因所得稅法已刪除延長申報期限之規定，且廢止營利事業如變更會計年度或辦理決算因情形特殊得報經稽徵機關核准延長申報期限函釋之適用。故此類案件，不得申請延長申報期限。

三、獨資合夥組織之決算與清算申報

(一) **非小規模之獨資、合夥組織之營利事業**：應依所 #75 第 1 項及第 2 項規定辦理當期決算或清算申報。自 107 年始，無須計算及繳納其應納稅額；其營利事業所得額，應由獨資資本主或合夥組織合夥人依所 #14 第 1 項第 1 類規定列為營利所得，依本法規定課徵綜合所得稅。

(二) **小規模之獨資、合夥組織之營利事業**：無須辦理當期決算或清算申報，其營利事業所得額，應由獨資資本主或合夥組織合夥人依所 #14 第 1 項第 1 類規定列為營利所得，依本法規定課徵綜合所得稅。

(三) **獨資、合夥組織之營利事業變更負責人、合夥人，應辦理當期決算及清算申報**（財政部 83.5.18 台財稅第 831593563 號函）

　　1.獨資組織之營利事業變更負責人，因原負責人已將獨資事業之全部資產負債移轉

予新負責人,核屬所#19規定所稱之轉讓,應依據所#75規定辦理當期決算及清算申報。
2. 合夥組織之營利事業,若因合夥人退夥或負責人將其出資額轉讓,導致負責人只剩1人時,其存續要件即有欠缺,合夥自應解散辦理註銷登記,並應依規定辦理當期決算及清算申報。若變更負責人或合夥人,惟其營利事業之主體並未因此有解散、廢止或轉讓之情事時,則可免辦理決算及清算申報。

四、未依期限申報者:

營利事業未依前述規定期限申報其當期決算所得額或清算所得者,稽徵機關應即依查得資料核定其所得額及應納稅額。

自107年起,其屬獨資、合夥組織之營利事業者,稽徵機關應核定其所得額後,將其營利事業所得額直接歸併獨資資本主或合夥組織合夥人之營利所得,依本法規定課徵綜合所得稅。

伍、短漏報的罰則

一、滯納金 (所#112)

納稅義務人逾限繳納稅款,每逾二日按滯納之金額加徵1%滯納金;逾期三十日仍未繳納者,除由稽徵機關移送法院強制執行外,其為營利事業者,並得停止其營業至納稅義務人繳納之日止。

但因不可抗力或不可歸責於納稅義務人之事由,致不能於法定期間內繳清稅捐,得於其原因消滅後十日內,提出具體證明,向稽徵機關申請延期或分期繳納經核准者,免予加徵滯納金。

前項應納稅款,應自滯納期限屆滿之次日起,至納稅義務人繳納之日止,依所#123規定之存款利率,按日加計利息,一併徵收。

二、結算、決算或清算申報之短漏報 (所#110)

(一) 納稅義務人已依本法規定辦理結算、決算或清算申報,而對依所得稅法規定應申報課稅之所得額有漏報或短報情事者,處以所漏稅額二倍以下之罰鍰。

(二) 納稅義務人未依所得稅法規定自行辦理結算、決算或清算申報,而經稽徵機關調查,發現有依本法規定課稅之所得額者,除依法核定補徵應納稅額外,應照補徵稅額,處三倍以下之罰鍰。

(三) 營利事業因受獎勵免稅或營業虧損,致加計短漏之所得額後仍無應納稅額者,應就短漏之所得額依當年度適用之營利事業所得稅稅率計算之金額,分別依前二項之規定倍數處罰。但最高不得超過九萬元,最低不得少於四千五百元。

(四) 納稅義務人為獨資、合夥組織之營利事業者

自107年始,應就稽徵機關核定短漏之所得額,依當年度適用之營利事業所得稅稅率計算之金額,分別依所#110第1項及第2項之規定倍數處罰。

三、未分配盈餘申報之短漏報 (所 #110-2)

營利事業已依所#102-2規定辦理申報,但有漏報或短報未分配盈餘者,處以所漏稅額一倍以下之罰鍰。

營利事業未依所#102-2規定自行辦理申報,而經稽徵機關調查,發現有應依規定申報之未分配盈餘者,除依法補徵應加徵之稅額外,應照補徵稅額,處一倍以下之罰鍰。

四、隱匿或移轉財產之跡象:假扣押 (所 #110-1)

主管稽徵機關對於逃稅、漏稅案件應補徵之稅款,經核定稅額送達繳納通知後,如發現納稅義務人有隱匿或移轉財產逃避執行之跡象者,得敘明事實,聲請法院假扣押,並免提擔保。但納稅義務人已提供相當財產保證,或覓具殷實商保者,應即聲請撤銷或免為假扣押。

(B) 設假仁愛公司已依所得稅法規定,辦理營利事業所得稅結算申報,但有依該法規定應申報課稅之所得額漏報或短報情形,應如何處罰?(101 特種五等)
(A) 處以所漏稅額一倍以下之罰鍰　　(B) 處以所漏稅額二倍以下之罰鍰
(C) 處以所漏稅額三倍以下之罰鍰　　(D) 按核定應納稅額加徵百分之十滯報金

第二節　就源扣繳

本節學習重點:
- 何種所得應辦理扣繳
- 應辦理扣繳所得之扣繳義務人與納稅義務人
- 各類所得之扣繳率以及扣繳之報繳

壹、概念

扣繳制度又稱**現時徵繳制度 (Pay as you earn)**,係由扣繳義務人將納稅義務人的所得,於發生時,按固定比率扣下一定的稅款,並於規定期間向國庫繳納;扣繳義務人需加總所得人的年度給付資料,填製扣(免)繳憑單,於規定時間內將各扣繳書表向稽徵機關申報後,並寄發給納稅義務人辦理結算申報。

扣繳目的:(1) 掌握納稅資料,控制稅源,確保稅收。(2) 減輕納稅人一次負擔大額

租稅的壓力。(3)與企業帳務支出相互勾稽，以達降低稽徵成本之效。(4)有助於日常財政支出的運作。

貳、應辦理扣繳之所得、扣繳義務人與納稅義務人（所 #88、#89）

一、應辦理扣繳之時間

實際支出發生時——**收付實現原則**；包括轉帳、匯撥以及直接交付現金、財物或實物；以及視同給付（例如：股東會決議分配盈餘日起，6個月內尚未給付，則視同給付）。

二、應辦理扣繳之所得、扣繳義務人與納稅義務人

所謂扣繳義務人，指應自支付給納稅義務人之給付額中扣繳所得稅款之人。

表 5-1　應辦理扣繳之所得、扣繳義務人與納稅義務人

應辦理扣繳之所得	納稅義務人	扣繳義務人
公司分配股利	(一)非中華民國境內居住之個人股東 (二)總機構在中華民國境外之營利事業股東	公司負責人
合作社、其他法人、合夥組織或獨資組織分配盈餘	非中華民國境內居住之社員、出資者、合夥人或獨資資本主	合作社、其他法人、獨資組織或合夥組織負責人
機關、團體、學校、事業、破產財團或執行業務者所給付之下列所得： (1)薪資、利息、租金、佣金、權利金、競技、競賽或機會中獎之獎金或給與、退休金、資遣費、退職金、離職金、終身俸、非屬保險給付之養老金、告發或檢舉獎金、結構型商品交易之所得、執行業務者之報酬 (2)給付在中華民國境內無固定營業場所或營業代理人之國外營利事業之所得	取得所得者	機關、團體、學校之責應扣繳單位主管（註1）、事業負責人、破產財團之破產管理人及執行業務者
總機構在中華民國境外之營利事業，在中華民國境內經營國際運輸、承包營建工程、提供技術服務或出租機器設備等業務，依一定比率計算所得者	在中華民國境內未設分支機構之國際運輸、承包營建工程、提供技術服務或出租機器設備等營利事業	營業代理人或給付人

表 5-1　應辦理扣繳之所得、扣繳義務人與納稅義務人（續）

應辦理扣繳之所得	納稅義務人	扣繳義務人
在中華民國境內無分支機構之國外影片事業，其在中華民國境內之營利事業所得額	國外影片事業	營業代理人或給付人
(一)獨資、合夥組織之營利事業依規定辦理結算申報或決算、清算申報，有應分配之盈餘總額 (二)獨資、合夥組織之營利事業，依法辦理結算、決算或清算申報，或於申報後辦理更正，經稽徵機關核定增加營利事業所得額；或未依法自行辦理申報，經稽徵機關核定營利事業所得額，致增加獨資資本主或合夥組織合夥人之盈餘者，	非中華民國境內居住之獨資資本主或合夥組織合夥人	(一)於該年度結算申報或決算、清算申報法定截止日前，由合作社、獨資組織或合夥組織負責人扣繳，並依 #92 規定繳納。 (二)扣繳義務人應於核定通知書送達之次
		日起算三十日內，就應分配予非中華民國境內居住之獨資資本主或合夥組織合夥人之新增盈餘，依規定之扣繳率扣取稅款，並依 #92 規定繳納。

註：所謂「責應扣繳單位主管」，係由各機關首長、團體負責人或學校校長自行指定之。亦即如機關、團體、學校已於各類所得扣繳憑單（包括各類所得扣繳稅額繳款書、各類所得扣繳暨免扣繳憑單申報書或各類所得扣繳暨免扣繳憑單）之「扣繳義務人」欄載明扣繳義務人者，則視為單位主管指定之扣繳義務人；若未另行載明扣繳義務人者，則以機關首長、團體負責人或學校校長為扣繳義務人。

三、免辦理扣繳之所得（所細 #83）

(一) 依所 #4 第一項各款規定免納所得稅者，應免予扣繳。例如：傷害或死亡之損害賠償金，及依國家賠償法規定取得之賠償金。勞工因職業災害喪失工作能力受領之工資補償免稅（財政部 84 年 11 月 15 日台財稅第 841657446 號函）。因醫療糾紛取得醫生給付之慰問金，如為因醫生有醫療過失，致病人受到傷害之傷害賠償，可免稅（財政部 67 年 7 月 21 日台財稅第 34826 號）。但採定額免稅者，其超過起扣點部分仍應扣繳。

(二) 銀行業貸放款之利息所得及營利事業依法開立統一發票之佣金、租賃及權利金收入，均免予扣繳。

(三) 非屬扣繳範圍之所得
 1. 營利所得：分配居住者個人或總機構在中華民國境內法人之股利總額及盈餘總額
 2. 緩課股票

3. 一時貿易之盈餘
4. 自力耕作、漁、牧、林、礦之所得
5. 財產交易所得

(四) 未達起扣點之所得

1. 中華民國境內居住之個人及在中華民國境內有固定營業場所之營利事業，扣繳義務人每次**應扣繳稅額**不超過新臺幣 2,000 元者，免予扣繳，**但分離課稅所得**，仍應依規定扣繳。居留滿 183 天之大陸人民亦適用。

注意：
- 小額給付免扣繳之適用對象以境內居住之個人，以及在我國境內有固定營業場所之營利事業或代理人為限（財政部 85/10/2 台財稅第 851918973 號），不適用於非居住者，非居住者所得僅 1 元亦應辦理扣繳。
- 給付稿費、版稅、樂譜、作曲、編劇、漫畫、講演的鐘點費等執行業務報酬，所得人如果不是我國境內居住的個人，若每次給付額不超過 5,000 元者，得免予扣繳，惟仍應填報免扣繳憑單。
- 小額給付免扣繳及免列單之適用對象包括執行業務者設立之事務所（財政部 86/1/9 台財稅第 861879070 號）。

2. 扣繳義務人對同一納稅義務人全年給付所得額不超過新台幣 1,000 元者，免予扣繳並得免依所 #89 第 3 項規定填報憑單。

(C) 1. 依現行所得稅法之規定，下列何種所得無須辦理扣繳？(100 普考)
(A) 公司分配予非居住者之股利　　(B) 執行業務報酬
(C) 財產交易所得　　　　　　　　(D) 權利金所得

(A) 2. 營利事業給付下列各類所得予居住者時，依所得稅法規定，何者免辦理扣繳稅款？(103 會計師)
(A) 獨資或合夥事業之盈餘　　　　(B) 結構型商品交易所得
(C) 短期票券利息所得　　　　　　(D) 會計師簽證公費

參、各類所得扣繳率

各類所得扣繳率規範於「各類所得扣繳率標準」，整理如表 5-2。

表 5-2　各類所得扣繳率表

所得種類與相關說明	居住者	非居住者
如何認定居住者與非居住者	(一)中華民國境內居住之個人(包括於一課稅年度居住滿183天之大陸與外籍人士) (二)有固定營業場所之營利事業 (三)在臺灣地區有固定營業場所之大陸地區法人團體或其他機構	(一)非中華民國境內居住之個人(包括於一課稅年度居住未滿183天之大陸與外籍人士) (二)無固定營業場所之營利事業 (三)在臺灣地區無固定營業場所之大陸地區法人團體或其他機構
薪資	薪資所得以「全月給付總額」按下列方式擇一扣繳： (一)5% (二)按薪資所得扣繳辦法扣繳 非每月給付薪資及兼職所得，給付時得按其給付額扣取5%，每次給付金額未達84,501元者，免予扣繳，且免併入全月給付總額扣繳。	(一)18% (二)政府派駐國外工作人員全月給付總額超過3萬元部分5% (三)自98年1月1日起，全月薪資給付總額在行政院核定每月基本工資1.5倍以下者6%
營利所得	個人、總機構在境內之營利事業：免扣繳	21%(107.1.1起適用)
執行業務報酬	10%	20%(稿費、版稅等每次給額 ≦ 5,000元免扣繳)
競技競賽機會中獎獎金	10% 政府舉辦，每注獎額超過2,000元，則為20%	20% 政府舉辦，每注獎額超過2,000元，則為20%
利息	10%	(一)一般利息20% (二)分離課稅利息15%
租金及權利金所得	10%	20%
退職所得	減除定額免稅後按6%扣繳	減除定額免稅後按18%扣繳
其他所得	(一)免扣繳(應列單) (二)告發或檢舉獎金按20%扣繳 (三)與證券商或銀行從事結構型商品交易之所得按所得額10%扣繳	(一)個人按20%申報納稅 (二)營利事業按20%扣繳 (三)告發或檢舉獎金按20%扣繳 (四)與證券商或銀行從事結構型商品交易之所得按所得額15%扣繳
國際運輸及承包工程等事業	—	20% (經財政部核准依營業收入10%或15%計算所得額)

表 5-2　各類所得扣繳率表（續）

所得種類與相關說明	居住者	非居住者
國外影片事業	—	20% （有營業代理人者依片租收入 50% 計算所得額）
以下屬於綜合所得或營利事業所得稅申報納稅範圍 （非扣繳所得，無須扣繳亦免開立免扣繳憑單）		
自力耕作漁牧林礦所得	申報納稅	按 20% 申報納稅
財產交易	申報納稅	按 20% 申報納稅
交易依所 #4-4 規定之房屋、土地或房屋使用權	申報納稅	持有一年以下按 45% 申報納稅 持有超過一年按 30% 申報納稅
(一)授信收入 (二)國際金融業務分行對境內之個人、法人、政府機關或金融機構	按 15% 申報納稅	—

(**B**) 1. 納稅義務人如為非中華民國境內居住之個人，其取得國內金融債券之利息，應按給付額扣取多少的稅款？（100 特種五等）
   (A) 10%　(B) 15%　(C) 20%　(D) 25%
(**A**) 2. 按所得稅法之規定，下列有關扣繳之敘述，何者錯誤？（103 地特四等）
   (A) 給付予非居住者之稿費、版稅等每次給付不超過 2,000 元者免扣繳
   (B) 給付予居住者之短期票券利息按 10% 扣繳率扣繳
   (C) 公司分配股利給個人或總機構在我國境內之營利事業免扣繳
   (D) 給付予非居住者之公債、公司債或金融債券之利息按 15% 扣繳率扣繳

肆、扣繳稅款之報繳與扣繳憑單（所 #92）

一、所 #88 各類所得稅款之扣繳義務人

(一) 何時扣繳

　　扣繳義務人應於給付所得時，即應扣繳所得稅款。給付包括：直接交付、轉帳或匯撥給付，以及應付股利視同給付等。

(二) 扣繳稅款之繳交與扣繳憑單

　　應於每月十日前將上一月內所扣稅款向國庫繳清。

於每年一月底前將上一年內扣繳各納稅義務人之稅款數額，開具扣繳憑單，彙報該管稽徵機關查核；每年一月遇連續三日以上國定假日者，扣繳憑單彙報期間延長至二月五日止。

應於每年二月十日前將扣繳憑單填發納稅義務人；每年一月遇連續三日以上國定假日者，扣繳憑單填發期間延長至二月十五日止。

二、營利事業有解散、廢止、合併或轉讓，或機關、團體裁撤、變更時

扣繳義務人應隨時就已扣繳稅款數額，填發扣繳憑單，並於十日內向該管稽徵機關辦理申報。

三、非中華民國境內居住之個人，或在中華民國境內無固定營業場所之營利事業

有所#88規定之各類所得時，扣繳義務人應於代扣稅款之日起十日內，將所扣稅款向國庫繳清，並開具扣繳憑單，向該管稽徵機關申報核驗後，發給納稅義務人。

總機構在中華民國境外而在中華民國境內有固定營業場所之營利事業，其獲配之股利淨額或盈餘淨額，準用前項規定。

四、未達起扣點或未扣繳者（所#89第三項）

機關、團體、學校、事業、破產財團或執行業務者（所#88第3項）每年所給付依所#88規定應扣繳稅款之所得，及所#14第十類之其他所得，因未達起扣點，或因不屬本法規定之扣繳範圍，而未經扣繳稅款者，應於每年一月底前，將受領人姓名、住址、國民身分證統一編號及全年給付金額等，依規定格式，列單申報主管稽徵機關；並應於二月十日前，將免扣繳憑單填發納稅義務人。每年一月遇連續三日以上國定假日者，免扣繳憑單申報期間延長至二月五日止，免扣繳憑單填發期間延長至二月十五日止。

扣繳＼所得人	居住者或境內有固定營業場所 一般	居住者或境內有固定營業場所 未達起扣點	非居住者或境內無固定營業場所	營利事業或機關團體解散、廢止、合併、轉讓或裁撤、變更
扣：扣取稅款	給付時	—	給付時	於主管機關核准文書發文日給付時
繳：稅款繳庫	次月十日以前	—	給付之日起10內，繳清所扣稅款並申報開具扣繳憑單向稽徵機關申報	核准文書發文日之次日起算10內向稽徵機關申報
填報：開具憑單彙報查核	1/1-1/31			
送：發送扣繳憑單給所得人	2/10以前			

(**B**) 依據所得稅法關於扣繳義務人辦理稅款扣繳之規定，下列敘述何者錯誤？（98 年記帳士）
(A) 扣繳義務人應於每月 10 日前將上一月內所扣稅款向國庫繳清
(B) 扣繳義務人應於每年 2 月 10 日前將上一年度扣繳稅款，開具扣繳憑單，彙報該管機關查核
(C) 扣繳義務人給付非居住者依法扣繳之稅款，應於代扣稅款之日起 10 日內向國庫繳清
(D) 營利事業解散時，扣繳義務人應隨時就以扣繳稅款填發扣繳憑單，並於 10 日內辦理申報

伍、未按規定扣繳之罰則（所 #111、#114）

一、扣繳義務人如有下列情事之一者，分別依各該款規定處罰

(一) 未依規定扣繳或未於期限內補繳應扣未扣或短扣之稅款

扣繳義務人未依所 #88 規定扣繳稅款者，除限期責令補繳應扣未扣或短扣之稅款及補報扣繳憑單外，並按應扣未扣或短扣之稅額處**一倍**以下之罰鍰；

其未於限期內補繳應扣未扣或短扣之稅款，或不按實補報扣繳憑單者，應按應扣未扣或短扣之稅額處**三倍**以下之罰鍰。

(二) 扣繳義務人已依本法扣繳稅款，而未依所 #92 規定之期限按實填報或填發扣繳憑單者

除限期責令補報或填發外，應按扣繳稅額處 20% 之罰鍰。但最高不得超過二萬元，最低不得少於一千五百元；逾期自動申報或填發者，減半處罰。

經稽徵機關限期責令補報或填發扣繳憑單，扣繳義務人未依限按實補報或填發者，應按扣繳稅額處三倍以下之罰鍰。但最高不得超過四萬五千元，最低不得少於三千元。

扣繳義務人逾所 #92 規定期限繳納所扣稅款者，每逾二日加徵 1% 滯納金。

二、違反所 #89 第 3 項規定

未依限或未據實申報或未依限填發免扣繳憑單者，應通知其主管機關議處該機關或學校之責應扣繳單位主管或事業之負責人。

私人團體、私立學校、私營事業、破產財團或執行業務者，違反所 #89 第三項規定，未依限填報或未據實申報或未依限填發免扣繳憑單者，處該團體或學校之責應扣繳單位主管、事業之負責人、破產財團之破產管理人或執行業務者一千五百元之罰鍰，並通知限期補報或填發；屆期不補報或填發者，應按所給付之金額，處該團體或學校之責

應扣繳單位主管、事業之負責人、破產財團之破產管理人或執行業務者百分之五之罰鍰。但最高不得超過九萬元,最低不得少於三千元。

第三節 自繳、調查與獎懲

本節學習重點:
+ 自繳之規定
+ 課稅所得之調查及核定

壹、自繳

一、繳款書（所 #98）

依本法規定由納稅義務人自行繳納之稅款及扣繳義務人扣繳之稅款,應由繳款人填用繳款書繳納之。

依本法規定由稽徵機關填發繳款書通知繳納之稅款,納稅義務人應於繳款書送達後十日內繳納之。

二、採公式型所得之營利事業之所得稅繳納（所 #98-1）

總機構在中華民國境外之營利事業,依所 #25 規定經財政部核准或核定適用該條規定計算其中華民國境內之營利事業所得額者,應依下列規定繳納其應納營利事業所得稅:

(一) 在中華民國境內設有分支機構者,應由該分支機構依照所 #67 之規定繳納暫繳稅款並辦理暫繳申報。年度終了後,再依所 #71 之規定繳納結算應納稅款並辦理結算申報。

(二) 在中華民國境內未設分支機構而有營業代理人者,應由營業代理人負責扣繳。營業代理人依約定不經收價款者,應照有關扣繳規定負責報繳或報經主管稽徵機關核准由給付人扣繳。

(三) 在中華民國境內未設分支機構及營業代理人者,應由給付人於給付時扣繳。

三、抵繳稅款、退補稅以及加計利息（所 #99、#100、#100-2）

(一) 抵繳稅款:

1. 納稅義務人於繳納暫繳稅款時,得憑扣繳憑單抵繳,如不足額另以現金補足,如超過暫繳稅款數額時,其超過之數留抵本年度結算稅額。
2. 納稅義務人每年結算申報所得額經核定後,稽徵機關應就納稅義務人全年應納稅

額，減除暫繳稅額、未抵繳之扣繳稅額、依所#15第4項計算之可抵減稅額及申報自行繳納稅額後之餘額，填發繳款書，通知納稅義務人繳納。但依法不併計課稅之所得之扣繳稅款，不得減除。

(二) **退補稅：**
1. 納稅義務人結算申報，經核定有溢繳稅款者，稽徵機關應填發收入退還書或國庫支票，退還溢繳稅款。
2. 其後經復查、或訴願、或行政訴訟決定應退稅或補稅者，稽徵機關應填發繳款書，或收入退還書或國庫支票，送達納稅義務人，分別退補；應補稅之納稅義務人，應於繳款書送達後十日內繳納之。
3. 前二項應退之稅款，稽徵機關於核定後，應儘速填發收入退還書或國庫支票送達納稅義務人，至遲不得超過十日，收入退還書之退稅期間以收入退還書送達之日起三個月內為有效期間，逾期不退。納稅義務人依所#102-2規定申報之未分配盈餘，經稽徵機關核定補稅或退稅者，準用所#100第1項至第4項之規定。

(三) **加計利息**

綜合所得稅納稅義務人結算申報所列報之免稅及扣除項目或金額，及營利事業所得稅納稅義務人結算申報所列報減除之各項成本、費用或損失、投資抵減稅額，超過本法及附屬法規或其他法律規定之限制，致短繳自繳稅款，經稽徵機關核定補繳者，應自結算申報期限截止之次日起，至繳納補徵稅款之日止，就核定補徵之稅額，依所#123規定之存款利率，按日加計利息，一併徵收。但加計之利息，以一年為限。依前項規定應加計之利息金額不超過一千五百元者，免予加計徵收。

貳、調查

一、調查及核定（所#80、#83-1）

- 稽徵機關接到結算申報書後，應派員調查，核定其所得額及應納稅額。
- 前項調查，稽徵機關得視當地納稅義務人之多寡採分業抽樣調查方法，核定各該業所得額之標準。[2]
- 納稅義務人申報之所得額如在前項規定標準以上，即以其原申報額為準。但如經稽徵機關發現申報異常或涉有匿報、短報或漏報所得額之情事，或申報之所得額不及前項規定標準者，得再個別調查核定之。
- 各業納稅義務人所得額標準之核定，應徵詢各該業同業公會之意見。
- 稽徵機關對所得稅案件進行書面審核、查帳審核與其他調查方式之辦法，及對影響所

---

[2] 關於詳細的所得額標準，擴大書面審核標準以及同業利潤標準可以詳 https://www.ntbt.gov.tw/etwmain/front/ETW118W/CON/1771/6675840048403335222?tagCode=

得額、應納稅額及稅額扣抵計算項目之查核準則,由財政部定之。
- 稽徵機關或財政部指定之調查人員進行調查時,如發現納稅義務人有重大逃漏稅嫌疑,得視案情需要,報經財政部核准,就納稅義務人資產淨值、資金流程及不合營業常規之營業資料進行調查。稽徵機關就前項資料調查結果,證明納稅義務人有逃漏稅情事時,納稅義務人對有利於己之事實,應負舉證之責。

✪ 什麼是書面審核?

稽徵機關僅按其申報的書面資料進行審核,非必要時不會進行實地的查核(包括調帳、調閱帳冊、派員赴營利事業所在之處所收集各項憑證資料等)。

1. 除了未被選案查核的案件之外,國稅局通常會對以下的情況,採用書面審核之方式核定其所得額:
   - 會計師簽證申報以及使用藍色申報書
   - 達**同業利潤標準純益率**
   - 達**所得額標準**
   - 適用**擴大書面審核者**

2. 即使符合前述純益率標準,適用書面審核,但並非從此不會被國稅局調帳查核,以下情況是有可能會面臨調帳查核之例:
   - 上年度有重大補稅其原因尚存在者。
   - 經檢舉或有事實證明有逃漏稅之情事。
   - 大額營業收入(例如:超過一億元)但未經會計師簽證者。
   - 連續數年虧損且未經調帳者。

3. 查帳申報:相較於書面審核,此種方式則依據稅法規定的收入與成本費用計算課稅所得,稽徵機關調帳查核時,公司須提供帳冊及相關憑證資料供其核實認定。

✪ 什麼是擴大書面審核?

一、目的:

財政部為鼓勵小規模營利事業按擴大書面審核適用的純益率標準申報納稅,以簡化稽徵成本及程序。

二、適用條件:

1. 整理自「營利事業所得稅結算申報案件擴大書面審核實施要點」
   (1) 凡全年營業收入淨額及非營業收入【不包括土地及其定著物(如房屋等)之交易增益暨依法不計入所得課稅之所得額】合計在新臺幣 3,000 萬元以下之營利事業。

(2) 其年度結算申報，書表齊全
　　(3) 自行依法調整之純益率高於擴大書審純益率標準。
　　(4) 並於申報期限截止前繳清應納稅款者。
2. 擴大書審案件係針對中小企業營業額未達一定標準，而自願依法調整至一定純益率以上之申報案件所給予之特別優惠；擴大書審之純益率約在 3%-6% 之間。
3. 課稅所得 =（營業收入淨額 + 非營業收益）× 擴大書審純益率

三、提醒：

　　適用擴大書面審核的營利事業，仍應依規定設置帳簿，記載並取得、給與及保存憑證，其帳載結算事項，依所查#2第2項規定自行依法調整，調整後之純益率如高於擴大書審辦法規定之純益率，應依較高之純益率申報繳納稅款。

✪ 什麼是所得額標準？

一、何時適用：

1. 營利事業之收入合計數超過 3,000 萬元之納稅義務人，申報之課稅所得如在所得額標準以上，即以其原申報額為準。
2. 但如經稽徵機關發現申報異常或涉有匿報、短報或漏報所得額之情事，或申報之所得額不及前項規定標準者，得再個別調查核定之。
3. 課稅所得 = 營業收入淨額 × 所得額標準純益率 + 非營業收益 − 非營業損失

二、如何決定所得額標準：

　　稽徵機關得視當地納稅義務人之多寡採分業抽樣調查方法，核定各該業所得額之標準。各業納稅義務人所得額標準之核定，應徵詢各該業同業公會之意見。所得額標準以純益率表達，約在 5%-11% 之間。

✪ 什麼是同業利潤標準？

一、何時適用：

　　營利事業未能提供帳證、文據或提示資料不健全、不完整時適用之。此標準是國稅局核定營業人所得之最高純益率，具有懲罰的性質。適用情況包括：

1. 稽徵機關進行調查或復查時，納稅義務人未提示有關各種證明所得額之帳簿、文據。
2. 納稅義務人已依規定辦理結算申報，但於稽徵機關進行調查時，通知提示有關各種證明所得額之帳簿、文據而未依限期提示者。
3. 納稅義務人未依規定期限辦理結算申報者，稽徵機關應即填具滯報通知書，送達納稅義務人，限於接到滯報通知書之日起十五日內補辦結算申報；其屆期仍未辦理結算申報者。

二、如何決定同業利潤標準：

每年度由財政部各地區國稅局訂定，並經財政部備查之所得額核定標準。其中又區分(1)淨利率標準：未能提供營業收入、營業成本及營業費用時適用，約在 6%-28% 之間。(2)毛利率標準：未能提供營業收入、營業成本時適用，約在 7%-75% 之間。(3)費用率標準：未能提供營業成本及營業費用時適用，約在 5%-50% 之間。

三、課稅所得之計算

1. 適用淨利率標準

   課稅所得＝營業收入淨額×同業利潤純益率＋非營業收益－非營業損失

2. 適用毛利率標準

   課稅所得＝（營業收入淨額×同業利潤毛利率）－營業費用＋非營業收益－非營業損失

3. 適用費用率標準

   課稅所得＝營業收入淨額－銷貨成本－營業收入淨額×同業利潤費用率＋非營業收益－非營業損失

✪ **同業利潤標準、所得額標準以及擴大書面審核純益率之比較：**

一般情況下：同業利潤標準＞所得額標準＞擴大書面審核純益率

例題：

(B) 依所得稅法規定，稽徵機關進行調查或復查時，納稅義務人應提示有關各種證明所得額之帳簿、文據；其未提示者，稽徵機關得依查得之資料或下列何種標準，核定其所得額？(97 記帳士)

(A) 各行業所得額標準　(B) 同業利潤標準　(C) 基本所得額　(D) 近 3 年純益率

二、核定稅額通知及更正（所 #81）

- 管區的稽徵機關應依其查核結果填具核定稅額通知書，連同各計算項目之核定數額送達納稅義務人。
- 前項通知書之記載或計算有錯誤時，納稅義務人得於通知書送達後十日內，向該管稽徵機關查對，或請予更正。
- 綜合所得稅結算申報案件，經查核結果有下列情形之一者，該管稽徵機關得以公告方式，載明申報業經核定，代替核定稅額通知書之填具及送達：
  - 依申報應退稅款辦理退稅。
  - 無應補或應退稅款。
  - 應補或應退稅款符合免徵或免退規定。

三、帳簿文據之提示、調閱以及相關人員之備詢、申復（所 #83、#86、#84）

- 稽徵機關進行調查或復查時，納稅義務人應提示有關各種證明所得額之帳簿、文據；其未提示者，稽徵機關得依查得之資料或同業利潤標準，核定其所得額。前項帳簿、文據，應由納稅義務人依稽徵機關規定時間，送交調查；其因特殊情形，經納稅義務人申請，或稽徵機關認有必要，得派員就地調查。
- 納稅義務人已依規定辦理結算申報，但於稽徵機關進行調查時，通知提示有關各種證明所得額之帳簿、文據而未依限期提示者，稽徵機關得依查得之資料或同業利潤標準核定其所得額；嗣後如經調查另行發現課稅資料，仍應依法辦理。
- 納稅義務人及其他關係人提供帳簿文據時，該管稽徵機關應掣給收據，並於帳簿文據提送完全之日起七日內發還之，其有特殊情形經該管稽徵機關首長核准者，得延長發還時間七日。
- 稽徵機關於調查或復查時，得通知納稅義務人本人或其代理人到達辦公處所備詢。納稅義務人因正當理由不能按時到達備詢者，應於接到稽徵機關通知之日起七日內，向稽徵機關申復。

參、獎懲與守密

一、告發或檢舉獎金（所 #103）

- 告發或檢舉納稅義務人或扣繳義務人有匿報、短報或以詐欺及其他不正當行為之逃稅情事，經查明屬實者，稽徵機關應以罰鍰 20%，獎給舉發人，並為舉發人絕對保守秘密。
- 前項告發或檢舉獎金，稽徵機關應於裁罰確定並收到罰鍰後三日內，通知原舉發人，限期領取。
- 舉發人如有參與逃稅行為者不給獎金。
- 公務員為舉發人時，不適用本條獎金之規定。

二、限期補報或補記（所 #106）

有下列各款事項者，除由該管稽徵機關限期責令補報或補記外，處以 1,500 元以下罰鍰：

- 公司組織之營利事業負責人、合作社之負責人，違反所 #76 規定，屆期不申報應分配或已分配與股東或社員之股利或盈餘。
- 合夥組織之營利事業負責人，違反第七十六條規定，不將合夥人之姓名、住址、投資數額及分配損益之比例，列單申報。
- 營利事業負責人，違反第九十條規定，不將規定事項詳細記帳。

- 倉庫負責人，違反第九十一條第一項規定，不將規定事項報告。

三、不依規定時間送帳簿文據者（所 #107）

納稅義務人違反所 #83 之規定，不按規定時間提送各種帳簿，文據者，稽徵機關應處以 1,500 元以下之罰鍰。

納稅義務人未經提出正當理由，拒絕接受繳款書者，稽徵機關除依稅捐稽徵法 #18 規定送達外，並處以 1,500 元以下之罰鍰。

四、會計師或代理人違反規定以及稽徵人員之守密（所 #118, 119）

(一) 會計師或代理人違反規定：

會計師或其他合法代理人，為納稅義務人代辦有關應行估計、報告、申報、申請復查、訴願、行政訴訟，證明帳目內容及其他有關稅務事項，違反本法規定時，得由該管稽徵機關層報財政部依法懲處。

(二) 稽徵人員之守密：

稽徵機關人員對於納稅義務人之所得額、納稅額及其證明關係文據以及其他方面之陳述與文件，除對有關人員及機構外，應絕對保守秘密，違者經主管長官查實或於受害人告發經查實後，應予以嚴厲懲處，觸犯刑法者，並應移送法院論罪。

前項除外之有關人員及機構，係指納稅義務人本人及其代理人或辯護人、合夥人、納稅義務人之繼承人、扣繳義務人、稅務機關、監察機關、受理有關稅務訴願訴訟機關以及經財政部核定之機關與人員。

稽徵機關對其他政府機關為統計目的而供應之資料，並不洩漏納稅義務人之姓名者，不受保密之限制。

政府機關人員對稽徵機關所提供第一項之資料，如有洩漏情事，比照同項對稽徵機關人員洩漏秘密之處分議處。

第四節　反避稅相關法規

本節學習重點：
- 什麼是非常規交易與移轉計價，其與租稅規避的關係為何？
- 何謂關係企業與關係人，何謂受控與非受控交易，常規交易的原則與評估是否為常規交易之方法；以及預先訂價協議。
- 何謂反資本弱化之規定，其內容與計算方式為何？
- 受控外國公司以及實際管理處所的規定以及其影響為何？

壹、非常規交易與移轉計價

一、非常規交易 (Non-Arm's Length Transaction)

(一) 意義

所謂的非常規交易（或稱不合營業常規交易，不合交易常規），多發生於企業與其關係人之間的商品與勞務的進銷貨、資金的借貸移轉、動產或不動產移轉交換等，由於交易雙方互為關係人，往往可以協商成交價格與相關交易條件，此時，便有可能會發生關係人間為了財務報導或租稅節省的考量，進而操縱交易，致使其交易條件異於常態（異於與非關係人交易時的訂價以及交易條件等）。此種因交易雙方具有特殊關係，未經由一般商業談判達成交易約定，使得其交易條件未反映市場的一般公允交易價格，稱為非常規交易。

(二) 所得稅法以及其他相關法規之規定

為避免前述非常規交易之安排，使企業達到租稅規避的目的，進而造成租稅負擔之不公平以及國家稅收的損失，因此，相關法規作了以下之規範，賦與稽徵機關對涉及非常規交易之企業調帳之權利：

- 所得稅法 (#43-1)

    營利事業與國內外其他營利事業具有從屬關係，或直接間接為另一事業所有或控制，其相互間有關收益、成本、費用與損益之攤計，如有以不合營業常規之安排，規避或減少納稅義務者，稽徵機關為正確計算該事業之所得額，得報經財政部核准按營業常規予以調整。

- 金融控股公司法 (#50)

    金融控股公司與其子公司相互間、金融控股公司或其子公司與國內、外其他個人、營利事業或教育、文化、公益、慈善機關或團體相互間，有關收入、成本、費用及損益之攤計，有以不合交易常規之安排，規避或減少納稅義務者；或有藉由股權之收購、財產之轉移或其他虛偽之安排，不當為他人或自己規避或減少納稅義務者；稽徵機關為正確計算相關納稅義務人之所得額及應納稅額，得報經主管機關核准，按交易常規或依查得資料予以調整。但金融控股公司與其持有達已發行股份總數百分之九十之本國子公司間之交易，不適用之。

- 企業購併法 (#47)

    公司與其子公司相互間、公司或其子公司與國內、外其他個人、營利事業或教育、文化、公益、慈善機關或團體相互間有下列情形之一者，稽徵機關為正確計算相關納稅義務人之所得額及應納稅額，得報經賦稅主管機關核准，按交易常規或依查得資料予以調整：

1. 有關收入、成本、費用及損益之攤計，有以不合交易常規之安排，規避或減少納稅義務者。
2. 有藉由股權之收購、財產之轉移或其他虛偽之安排，不當為他人或自己規避或減少納稅義務者。

二、移轉訂價 (Transfer Pricing, TP)

(一) 意義

移轉訂價又稱為轉讓定價、移轉價格及際轉撥計價等，是指(1)企業內的各部門之間，以及(2)企業與關係企業或關係人 (Related Parties) 之間，各種商品或勞務之交易價格。

在管理會計上，移轉訂價之設計與決定，是基於部門間的績效評估、商品或勞務的成本衡量以及市場價格制定等因素而設計。

而隨著企業境內與境外轉投資活動之增加，企業與其關係人或關係企業之間，亦涉及各種商品與勞務之交易，如何制定交易價格，以使整體企業利益最大化，也變成是移轉計價設計上考量的重點。其中，如何使租稅負擔降低以增加企業利益，便成為企業在移轉計價設計上的重要考慮之一。

但是，如同前面非常規交易所述，移轉計價的設計與安排，若涉及異於常態，偏離一般市場行情的情況，便有可能涉及非常規交易。例如關係企業間利用貨物、服務、版權費等之交易，設計成交價以使利潤集中在某一家稅負最低（或零稅率）的公司，達到全球總稅負最低的目的。

(二) 租稅上的因應

為避免前述關係人（企業）商品或勞務之移轉訂價涉及非常規交易之安排，達到降低稅負的目的，許多國家（如美國、英國、日本、大陸等）均針對企業與關係人間交易（不論是境內或跨國交易）之移轉訂價加以規範。

我國稽徵機關亦制訂「營利事業所得稅不合常規移轉訂價查核準則」（以下簡稱 TP 查準）明確規範關係人以及不合常規移轉訂價的認定基準。說明如以下各點。

(C) 營利事業與國內外其他營利事業具有從屬關係，其相互間有關收益、成本、費用與損益之攤計，有不合營業常規之安排，在所得稅法上可以下列何種方式課稅？
（106 初等）
(A) 自有資本稀釋規定
(B) 實際管理處所認定之規定
(C) 移轉訂價查核規定
(D) 受控外國公司認定之規定

(三) 關係企業定義：營利事業與國內外其他營利事業具有從屬關係，或直接間接為另一事業所有或控制。

營利事業相互間有下列情形之一者稱之為關係企業：(TP 查準 #3)

- 持股狀況：
  1. 營利事業直接或間接持有另一營利事業有表決權之股份或資本額，超過該另一營利事業已發行有表決權之股份總數或資本總額 20% 以上。
  2. 營利事業與另一營利事業直接或間接由相同之人持有或控制之已發行有表決權之股份總數或資本總額各達 20% 以上。
  3. 營利事業持有另一營利事業有表決權之股份總數或資本總額百分比為最高且達 10% 以上。

- 董事會與高階主管組成：
  4. 營利事業與另一營利事業之執行業務股東或董事有半數以上相同。
  5. 營利事業及其直接或間接持有之股份總數或資本總額達 50% 以上之營利事業，派任於另一營利事業之董事，合計超過該另一營利事業董事總席次半數以上。
  6. 營利事業之董事長、總經理或與其相當或更高層級職位之人與另一營利事業之董事長、總經理或與其相當或更高層級職位之人為同一人，或具有配偶或二親等以內親屬關係。

- 分支機構
  7. 總機構在中華民國境外之營利事業，其在中華民國境內之分支機構，與該總機構或該營利事業在中華民國境外之其他分支機構；總機構在中華民國境內之營利事業，其總機構或其在中華民國境內之分支機構，與該營利事業在中華民國境外之分支機構。

- 人事、財務或業務經營的直接或間接控制權
  8. 營利事業直接或間接控制另一營利事業之人事、財務或業務經營，包括：
     (1) 營利事業指派人員擔任另一營利事業之總經理或與其相當或更高層級之職位。
     (2) 非金融機構之營利事業，對另一營利事業之資金融通金額或背書保證金額達該另一營利事業總資產之三分之一以上。
     (3) 營利事業之生產經營活動須由另一營利事業提供專利權、商標權、著作權、秘密方法、專門技術或各種特許權利，始能進行，且該生產經營活動之產值達該營利事業同年度生產經營活動總產值 50% 以上。
     (4) 營利事業購進之原物料、商品，其價格及交易條件由另一營利事業控制，且該購進之原物料、商品之金額達該營利事業同年度購進之原物料、商品之總金額 50% 以上。

(5) 營利事業商品之銷售,由另一營利事業控制,且該商品之銷售收入達該營利事業同年度銷售收入總額 50% 以上。
9. 營利事業與其他營利事業簽訂合資或聯合經營契約。
10. 其他足資證明營利事業對另一營利事業具有控制能力或在人事、財務、業務經營或管理政策上具有重大影響力之情形。

(四) **關係人**定義:有下列情形之人 (TP 查準 #4)
1. 關係企業:如前述(三)之說明,營利事業相互間具有從屬或控制關係。
2. 營利事業與受其捐贈之金額達實收基金總額三分之一以上之財團法人。
3. 營利事業與其董事、監察人、總經理或與其相當或更高層級職位之人、副總經理、協理及直屬總經理之部門主管。
4. 營利事業與其董事、監察人、總經理或與其相當或更高層級職位之人之配偶。
5. 營利事業與其董事長、總經理或與其相當或更高層級職位之人之二親等以內親屬。
6. 營利事業與其他足資證明對該營利事業具有控制能力或在人事、財務、業務經營或管理政策上具有重大影響力之人。

(**C**) 所得稅法第 43 條之 1 所稱營利事業與國內外其他營利事業具有從屬關係,或直接間接為另一事業所有或控制,下列敘述何者錯誤?(106 初等)
(A)營利事業直接或間接持有另一營利事業有表決權之股份或資本額,超過該另一營利事業已發行有表決權之股份總數或資本總額 20% 以上
(B)營利事業與另一營利事業直接或間接由相同之人持有或控制之已發行有表決權之股份總數或資本總額 各達 20% 以上
(C)營利事業持有另一營利事業有表決權之股份總數或資本總額百分比為最高且達 20% 以上
(D)營利事業與另一營利事業之執行業務股東或董事有半數以上相同

三、其他相關名詞定義 (TP 查準 #4)

(一) **受控交易**定義
- 關係人相互間所從事之交易,且屬 TP 查準 #2 第 1 項或第 3 項規定之範圍者。
- 金融控股公司法或企業併購法規定之公司或其子公司與非關係人相互間,有關收入、成本、費用及損益之攤計,不符合交易常規者,於稽徵機關進行調查時,視為關係人,其相互間所從事之交易,視為受控交易。

(二) **移轉訂價**定義
　　指營利事業從事受控交易所訂定之價格或利潤。

(三) 不合營業常規或不合交易常規定義

指交易人相互間，於其商業或財務上所訂定之條件，異於雙方為非關係人所為，致原應歸屬於其中一交易人之所得，因該等條件而未歸屬於該交易人者。

(四) TP 查準規範的交易類型 (TP 查準 #5)

適用本準則之交易類型如下：

1. 有形資產之移轉，包括買賣、交換、贈與或其他安排。
2. 有形資產之使用，包括租賃、設定權利、提供他人持有、使用或占有，或其他安排。
3. 無形資產之移轉，包括買賣、交換、贈與或其他安排。
4. 無形資產之使用，包括授權、再授權、提供他人使用或其他安排。
5. 服務之提供，包括行銷、管理、行政、技術、人事、研究與發展、資訊處理、法律、會計或其他服務。
6. 資金之使用，包括資金借貸、預付款、暫付款、擔保、延期收款或其他安排。
7. 其他經財政部核定之交易類型。

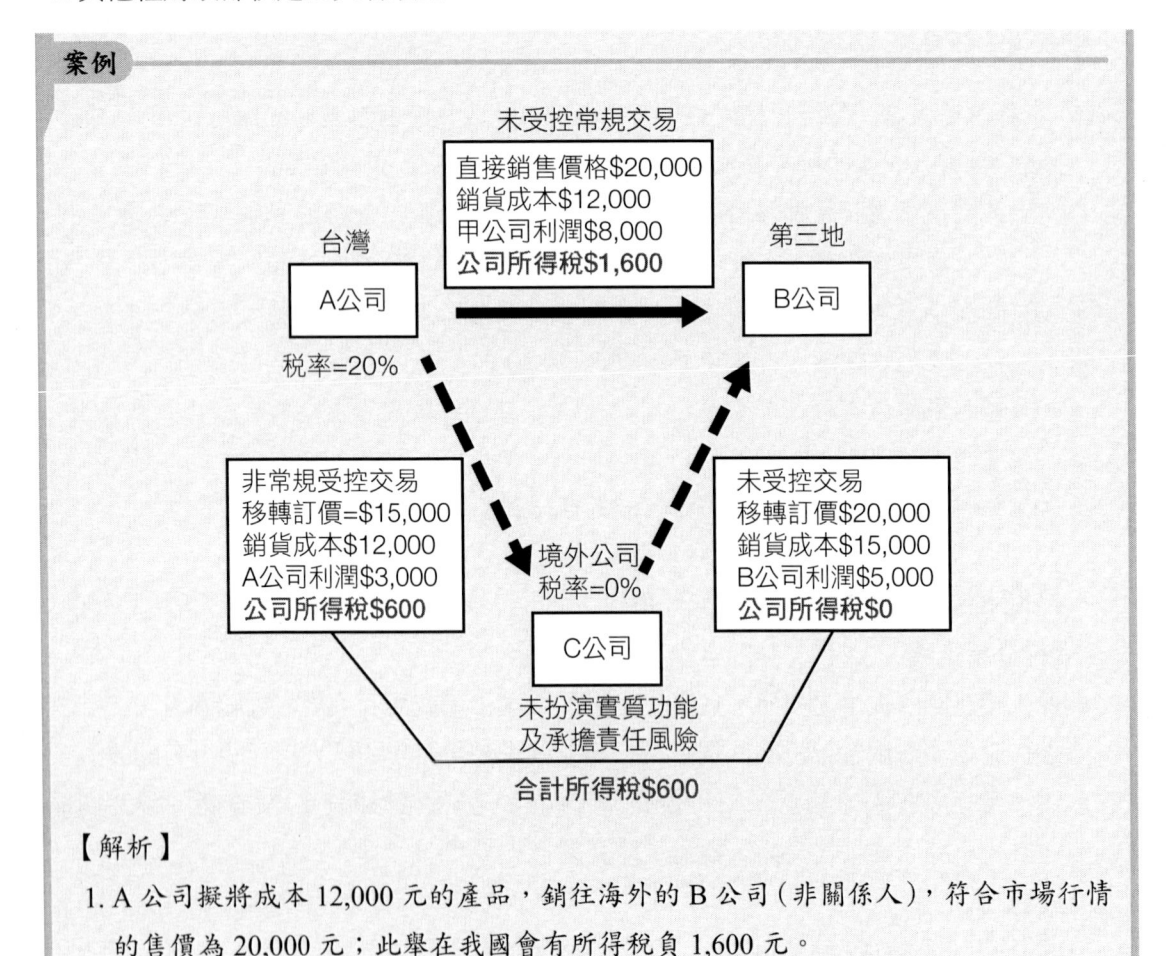

案例

未受控常規交易

台灣 A公司 (稅率=20%)
- 直接銷售價格$20,000
- 銷貨成本$12,000
- 甲公司利潤$8,000
- 公司所得稅$1,600

→ 第三地 B公司

非常規受控交易
- 移轉訂價=$15,000
- 銷貨成本$12,000
- A公司利潤$3,000
- 公司所得稅$600

未受控交易
- 移轉訂價$20,000
- 銷貨成本$15,000
- B公司利潤$5,000
- 公司所得稅$0

境外公司 C公司 (稅率=0%)
未扮演實質功能及承擔責任風險

合計所得稅$600

【解析】

1. A 公司擬將成本 12,000 元的產品，銷往海外的 B 公司 (非關係人)，符合市場行情的售價為 20,000 元；此舉在我國會有所得稅負 1,600 元。

2. 為節省稅負，A 公司在一個公司所得稅稅率為 0% 的地區設立一個 C 公司（關係人），先將商品以較低的價格（偏離市場行情）15,000 元出售給 C 公司，此時，在我國的所得稅負為 600 元。
3. 接下來再由 C 公司，將此商品以原有的市場行情，20,000 元出售給 C 公司，此時，C 公司的稅負為 0。
4. 透過移轉計價的安排，將原本在我國 A 公司的利潤，移轉至 C 公司，使整體企業稅負減少。

進階充電站

✪ 依規定格式揭露關係人及關係人交易資料

- ◆ 營利事業於辦理所得稅結算或決算申報時，應依規定格式揭露關係企業或關係人之資料，及其與該等關係企業或關係人相互間交易之資料（TP 查準 #21），以期營利事業自我檢視是否涉及移轉訂價問題，同時蒐集課稅資訊，作為稽徵機關篩選移轉訂價案件之參考。
- ◆ 自民國 95 年起，凡符合一定條件之營利事業，於辦理前一年度之所得稅結算申報時，需揭露關係人及關係人交易資料。
- ◆ 下圖列示應揭露之範圍：

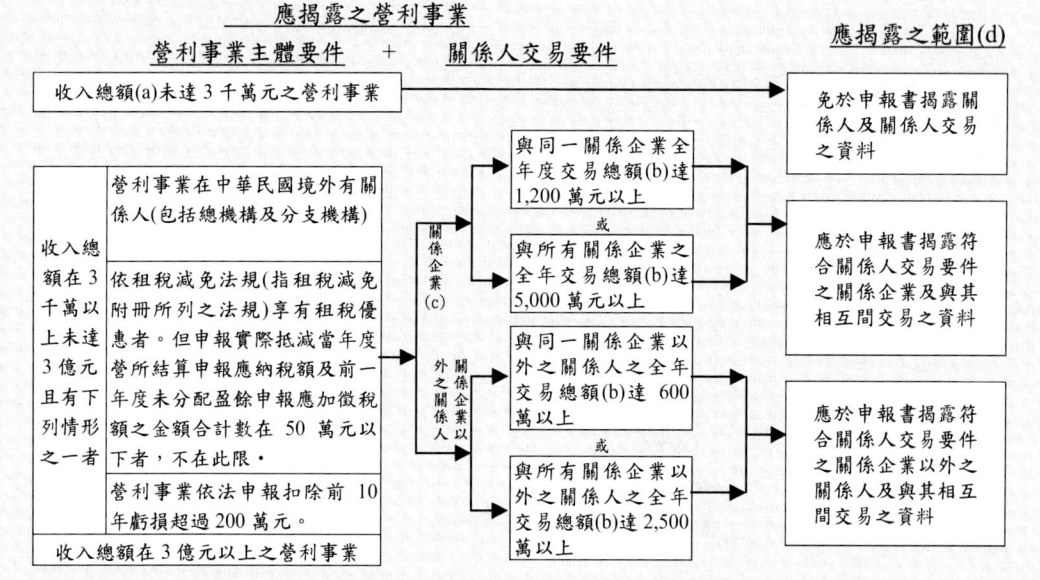

應揭露之營利事業

營利事業主體要件 ＋ 關係人交易要件　　　　　　　　　　**應揭露之範圍(d)**

- 收入總額(a)未達 3 千萬元之營利事業 → 免於申報書揭露關係人及關係人交易之資料

- 收入總額在 3 千萬以上未達 3 億元且有下列情形之一者：
  - 營利事業在中華民國境外有關係人（包括總機構及分支機構）
  - 依租稅減免法規（指租稅減免附冊所列之法規）享有租稅優惠者。但申報實際抵減當年度營所稅結算申報應納稅額及前一年度未分配盈餘申報應加徵稅額之金額合計數在 50 萬元以下者，不在此限。
  - 營利事業依法申報扣除前 10 年虧損超過 200 萬元。
- 收入總額在 3 億元以上之營利事業

關係企業(c)：
- 與同一關係企業全年度交易總額(b)達 1,200 萬元以上
- 或
- 與所有關係企業之全年交易總額(b)達 5,000 萬元以上

→ 應於申報書揭露符合關係人交易要件之關係企業及與其相互間交易之資料

關係企業以外關係人：
- 與同一關係企業以外之關係人之全年交易總額(b)達 600 萬元以上
- 或
- 與所有關係企業以外之關係人之全年交易總額(b)達 2,500 萬元以上

→ 應於申報書揭露符合關係人交易要件之關係企業以外之關係人及與其相互間交易之資料

資料來源：財政部國稅局。https://www.ntbt.gov.tw/etwmain/front/ETW118W/CON/1815/4924725148001453397?tagCode＝

註1：收入總額＝營業收入淨額＋非營業收入
註2：所稱全年交易總額，係不分交易類型，且無論交易所涉為營利事業之收入或支出，以絕對金額相加之全年總額。其屬資金之使用交易類型者，以營利事業當年度實際提供或使用資金之金額，按其實際提供或使用該資金之天數加權平均計算之資金金額，按當年度財政部核定向非金融業借款利率最高標準計算之金額為準。

進階充電站

✪ 移轉訂價報告（TP 報告）

- 從事受控交易之營利事業，於辦理交易年度之所得稅結算或決算申報時，應備妥 TP 報告（TP 查準 #22）。
- 自民國 95 年起，凡符合一定條件之營利事業，於辦理前一年度之所得稅結算申報時，需備妥 TP 報告。
- 企業無須於辦理所得稅結算申報時繳交 TP 報告，但日後如遇稽徵機關進行移轉訂價調查時，仍應於書面調查函送達之日起 1 個月內提示，以供稽徵機關查核；營利事業如因特殊情形不能於規定期限內提示，則應於期間屆滿前申請延期，但最長不能超過 1 個月，且以 1 次為限。
- 受控交易之金額在財政部規定標準以下者，得以其他足資證明其訂價結果符合常規交易結果之文據，取代第一項第四款規定之移轉訂價報告。圖示如下：

營利事業應否備妥移轉訂價報告檢視方法

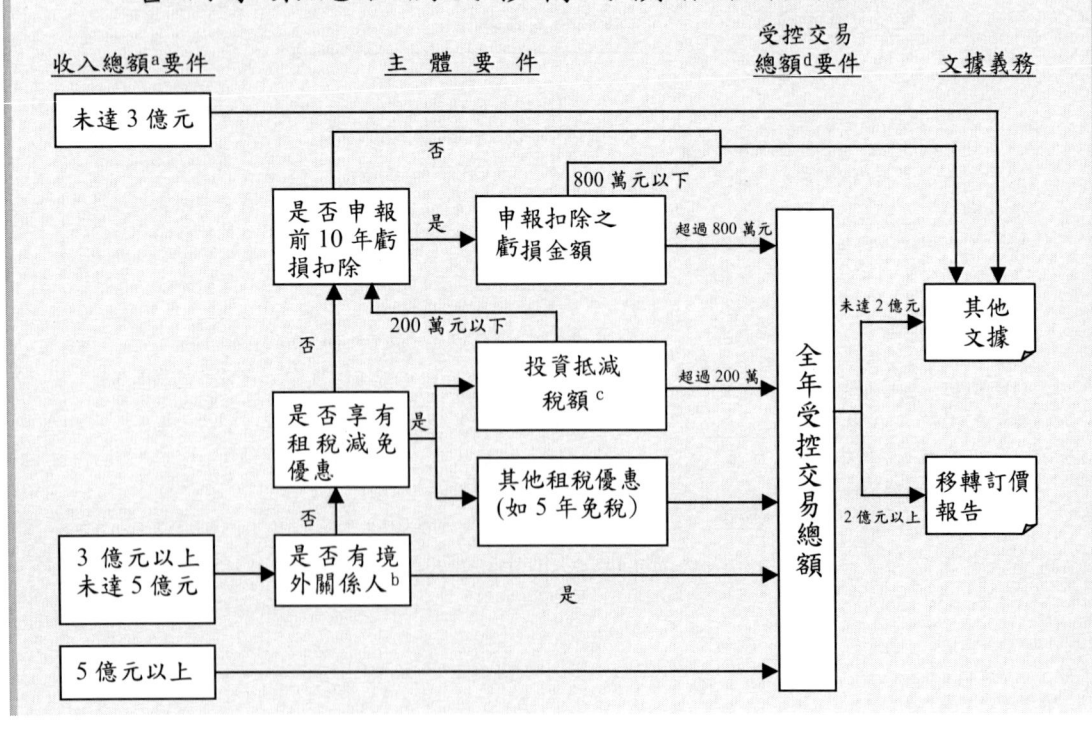

收入總額[a]要件　　　　主體要件　　　　受控交易總額[d]要件　　　　文據義務

- 未達 3 億元 → 其他文據
- 是否申報前 10 年虧損扣除
  - 是 → 申報扣除之虧損金額
    - 800 萬元以下 → 其他文據
    - 超過 800 萬元 → 全年受控交易總額
  - 否 → 是否享有租稅減免優惠
    - 是 → 投資抵減稅額[c]
      - 200 萬元以下 → 其他文據
      - 超過 200 萬 → 全年受控交易總額
    - 其他租稅優惠（如 5 年免稅）→ 全年受控交易總額
    - 否 → 是否有境外關係人[b]
      - 是 → 全年受控交易總額
- 3 億元以上未達 5 億元 → 是否有境外關係人[b]
- 5 億元以上 → 全年受控交易總額

全年受控交易總額：
- 未達 2 億元 → 其他文據
- 2 億元以上 → 移轉訂價報告

資料來源：財政部國稅局 https://www.ntbt.gov.tw/etwmain/front/ETW118W/CON/1815/4924725148001453397?tagCode =

註：a. 收入總額＝營業收入淨額＋非營業收入
b. 金融控股公司或企業併購法規定之公司或其子公司，境外有關係人；其他營利事業，境外有關係企業。
c. 營利事業依法申報實際抵減當年度營利事業所得稅結算申報應納稅額及前一年度未分配盈餘申報應加徵稅額之合計數。
d. 不分交易類型，且無論交易所涉為營利事業之收入或支出以絕對金額相加之全年總額。其屬資金之使用交易類型者，以營利事業當年度實際提供或使用資金之金額，按其實際提供或使用該資金之天數加權平均計算之資金金額，按當年度財政部核定向非金融業借款利率最高標準計算之金額為準。

最新發展：移轉訂價三層報告模式

為與國際反避稅模式接軌，自 106 年 1 月 1 日起，我國將採經濟合作暨發展組織 (OECD) 的移轉訂價三層報告架構。此報告的架構主要是依循「稅基侵蝕與利潤移轉報告」(以下簡稱 BEPS) 15 項行動計劃中的第 13 項。目的在強化課稅資訊的透明度，重新規範跨國企業移轉訂價的報告要求，加強揭露全球所得配置、經濟活動、各國納稅情形等資訊。(詳細揭露規定可詳 TP 查準：#21, #21-1, #22, 22-1)

三層報告包括：

1. 移轉訂價報告 (延續現制)
2. 國別報告 (新增)：我國營利事業屬跨國企業集團最終母公司 (Ultimate Parent Entity，以下簡稱 UPE)，該跨國集團前一年度合併收入總額達 7.5 億歐元 (約新台幣 270 億元) 要送交國別報告。(鴻海、台積電、台塑、台達電等均達此門檻，預估 107 年底應送交國別報告約 160 家)
母公司在台灣的「本土跨國企業集團」，只要前一年度集團合併收入「不超過 270 億元」就無須繳交國別報告。
3. 集團主檔報告 (新增)：我國境內企業若屬於跨國企業集團成員之一，該企業全年營收淨額以及非營業收入合計「不超過 30 億元」，或全年與跨境其他成員從事交易總額「不超過 15 億元」者，即不需送交集團主檔報告。同時，若該跨國企業在台灣有兩個以上的關係企業成員，則可「指定其中一家企業」送交即可。初步估計應送交集團主檔報告案件約 500 多件，約占該年度結算申報件數 0.06%。

報告	移轉訂價報告（現制）	國別報告（106.1.1 開始）	集團主檔報告（106.1.1 開始）
符合門檻	詳本章營利事業應否備妥移轉訂價查核報告檢視方法	跨國企業集團前一年度合併收入總額達 7.5 億歐元（約新台幣 270 億元）	境內企業若屬於跨國企業集團成員之一，集團之國內成員，其全年營業收入淨額及非營業收入合計數達 30 億元及跨境受控交易總額達 15 億元
揭露時程	辦理營利事業所得稅結算或決算申報時須備妥	提交：107.12.31	備妥：107 年辦理 106 年結算申報時 提交：107.12.31
罰則	◆ 營利事業未依 TP 查準 #22 規定提示移轉訂價報告或其他替代文據或未能提示者，稽徵機關得依查得之資料，依 TP 查準之規定核定之。其無查得之資料且營利事業未提示之移轉訂價報告或其他替代文據係關係其所得額計算所 #83 及所細 #81，以同業利潤標準核定其所得額。 ◆ 營利事業未依 TP 查準規定送交或提示之文據為關係其所得額之資料、文件者，稽徵機關得依稅捐稽徵法 #46 規定辦理。		

歐盟近來就第三國稅務體制依 3 項標準進行檢視，並於 106 年 12 月 5 日發布「稅務不合作國家名單」(List of Non-cooperative Jurisdictions for Tax Purposes)，名單包括 17 個國家或地區，有南韓、關島、巴拿馬等，我國並未列入此名單。列入該名單的負面效應是，歐盟各國可對名單內的國家或地區採行稅務上的防禦性措施，例如提高扣繳率，要求舉證資訊等，不利對歐盟地區的經貿往來。此名單的檢視標準之一為執行 BEPS 措施之情況，包括檢視相關國家訂定國別報告法令規定、資訊交換及運用情形。

四、常規交易原則 (TP 查準 #6、#7)

營利事業於辦理營利事業所得稅結算申報時，應依 TP 查準規定，評估受控交易之結果是否符合常規，或決定受控交易之常規交易結果；稽徵機關進行不合常規移轉訂價之調查及核定時，亦同。

營利事業與稽徵機關依前條規定評估受控交易之結果是否符合常規，或決定受控交易之常規交易結果時，依下列原則辦理：

1. **可比較原則**：以非關係人於可比較情況下從事可比較未受控交易之結果為常規交易結果，以評定受控交易之結果是否符合常規。
2. **採用最適常規交易方法**：按交易類型，依本準則規定，採用最適之常規交易方法，以決定其常規交易結果。
3. **按個別交易評價**：除適用之常規交易方法另有規定外，以個別交易為基礎，各自適用常規交易方法。但個別交易間有關聯性或連續性者，應合併相關交易適用常規交易方

法,以決定其常規交易結果。
4. **使用交易當年度資料**。
5. **採用常規交易範圍**:所稱常規交易範圍,指二個或二個以上之可比較未受控交易,適用相同之常規交易方法所產生常規交易結果之範圍。
6. **分析虧損發生原因**:營利事業申報虧損,而其集團全球總利潤為正數者,應分析其虧損發生之原因及其與關係企業相互間之交易結果是否符合常規。
7. **收支分別評價**:受控交易之交易人一方對他方應收取之價款,與他方對一方應收取之價款,應按交易任一方分別列計收入與支出之交易價格評價。
8. **其他經財政部核定之常規交易原則**。

五、評估是否為常規交易之方法 (TP 查準 #10-19)

(一) 不同種類資產交易可適用之常規交易方法

表 5-3　不同資產可適用之常規交易方法

常規交易方法 \ 交易資產種類	有形資產移轉及使用	無形資產移轉及使用	服務提供	資金使用
可比較未受控價格法	✓		✓	✓
可比較未受控交易法		✓		
再售價格法	✓			
成本加價法	✓		✓	✓
可比較利潤法	✓	✓	✓	
利潤分割法	✓	✓	✓	
其他經財政部核定之常規交易方法	✓	✓	✓	✓

(二) 常規交易方法之說明 (TP 查準 #14-#19)

1. **可比較未受控價格法**:以非關係人於可比較情況下,從事有形資產之移轉或使用、服務之提供或資金之使用之可比較未受控交易所收取之價格,為受控交易之常規交易價格。
2. **可比較未受控交易法**:係以非關係人於可比較情況下,從事無形資產之移轉或使用之可比較未受控交易所收取之價格,為受控交易之常規交易價格。
3. **再售價格法**:係按從事受控交易之營利事業再銷售予非關係人之價格,減除依可比較未受控交易毛利率計算之毛利後之金額,為受控交易之常規交易價格。其計算公式如下:

   常規交易價格＝再銷售予非關係人之價格×(1－可比較未受控交易毛利率)
   毛利率＝毛利／銷貨淨額

4. **再售價格法**:成本加價法,係以自非關係人購進之成本或自行製造之成本,加計依可比較未受控交易成本加價率計算之毛利後之金額,為受控交易之常規交易價格。其計算公式如下:

常規交易價格＝自未受控交易人購進之成本或自行製造之成本×(1＋可比較未受控交易成本加價率)

成本加價率＝毛利／購進之成本或自行製造之成本

5. **可比較利潤法**：係以可比較未受控交易於特定年限內之平均利潤率指標為基礎，計算可比較營業利潤，並據以決定受控交易之常規交易結果。
6. **利潤分割法**：係於受控交易之各參與人所從事之活動高度整合致無法單獨衡量其交易結果，或受控交易之各參與人均對受控交易作出獨特且有價值之貢獻時，依各參與人對所有參與人合併營業利潤之貢獻，計算各參與人應分配之營業利潤。

六、預先訂價協議（Advance Pricing Arrangement, APA）

(一) 定義：

指納稅義務人在與其關係企業進行交易之前，依據規定的程序，向稽徵機關提出受控交易之移轉訂價所適用的原則和計算方法，稽徵機關通過一系列的分析和審查後，決定一套符合常規交易原則和營業常規安排的協議，以適用於某個期間。

APA 包括三種形式：

1. **單邊的 APA**：指納稅義務人與單一稅務機關之間的協議。
2. **雙邊或多邊 APA**：指兩個或兩個以上國家的稅務機關與在其國境內營運之跨國企業之間所簽訂的 APA。雙邊或多邊 APA 中所涉及的國家，彼此之間須簽有租稅協定。

(二) 定義：(TP 查準 #23)

營利事業與其關係人進行交易，符合下列各款條件者，得由該營利事業依本章規定，向該管稽徵機關申請預先訂價協議，議定其常規交易結果：

1. 申請預先訂價協議之交易，其交易總額達新臺幣五億元以上或年度交易金額達新臺幣二億元以上。
2. 前三年度無重大逃漏稅情事。
3. 已備妥 TP 查準 #24 第一項第一款至第四款及第六款至第十款規定之文件。
4. 已完成 TP 查準 #24 第一項第五款規定之移轉訂價報告。
5. 其他經財政部核定之條件。

申請預先訂價協議之營利事業（以下簡稱申請人）應於前項第一款交易所涵蓋之第一個會計年度終了前，依規定格式向該管稽徵機關申請。

貳、反自有資本稀釋（反資本弱化）[3]

一、立法目的與規範理由

由於利息支出在計算課稅所得時可以作為費用項目列支，相較於向股東募資，對於

---

[3] https://www.ntbsa.gov.tw/etwmain/front/ETW118W/CON/1699/5510815999594061702

投資的股東所支付的股利並不能作為費用項目扣除。兩相比較之下，舉債產生的稅盾效果較強。為避免企業利用此一租稅上的差異，大量向關係人借款取代股權投資，藉以獲取租稅利益，乃規範營利事業對關係人之利息支出超過一定標準部分不得列為費用或損失。

另一方面，由於近年來我國國際化程度漸高，為使我國所得稅制與國際發展趨勢接軌，避免跨國及國內企業利用關係人間的債權融資，取代股權出資，導致舉債過度，影響企業的資本結構，因此，規範所 #43-2 反自有資本稀釋的規定。

二、規定內容

(一) 自 100 年度起，營利事業直接或間接對關係人之負債占業主權益超過一定比率者，超過部分之利息支出不得列為費用或損失。依「營利事業對關係人負債之利息支出不得列為費用或損失查核辦法」（以下簡稱「利查」）規定，負債占業主權益比率之標準為 3：1。

前項營利事業辦理結算申報時，應將對關係人之負債占業主權益比率及相關資訊，於結算申報書揭露。

(二) 排除適用的行業：銀行、信用合作社、金融控股公司、票券金融公司、保險公司及證券商。

(三) 避風港條款（避風港是指不納入關係人負債的範圍、不用於結算申報書揭露之情況）：
 1. 年營收淨額加上非營業收入總額在 3,000 萬以下。
 2. 當年度與關係人之利息支出金額均在新臺幣 4 百萬元以下。
 3. 當年度未減除利息支出前之課稅所得為負數，且其虧損無所 #39 條第 1 項但書規定之適用，亦即未扣除以往年度虧損的課稅所得額加上利息支出為負數者。

(四) 關係企業與關係人的認定，可以參考 TP 查準 #3，#4 中的有關規定。

三、關係人之負債與業主權益之範圍（利查 #4）

(一) 何謂關係人之負債

◆ 指營利事業直接或間接自關係人取得應償還本金及支付利息或以其他具有支付利息性質方式予以補償之資金，包括：
 1. 關係人提供之借款。
 2. 關係人透過非關係人提供之借款。
 3. 非關係人提供由關係人擔保且負有連帶責任之借款。但關係人提供擔保已依利查 #6 規定視為該營利事業對關係人之負債者，不在此限。
 4. 其他自關係人或透過非關係人自關係人獲得之各種具有負債性質之資金融通。

◆ 前項關係人之負債，**不包括：**
  1. 營利事業符合下列規定情形之一者，其關係人之負債：
     (1) 當年度申報之營業收入淨額及非營業收入合計金額在財政部規定標準以下。
     (2) 當年度申報之利息支出及屬第 5 條所稱當年度關係人之利息支出金額均在財政部規定標準以下。
     (3) 當年度申報未減除利息支出前之課稅所得為負數，且其虧損無所 #39 第 1 項但書規定適用。
  2. 依營利事業所得稅查核準則（以下簡稱「所查」）#97 第 7 款或第 8 款規定應列為資本支出之利息相對應之負債。
  3. 依所查 #97 第 9 款規定應列為資本支出或應以遞延費用列帳之利息相對應之負債。
  4. 其他經財政部核准之負債。

(二) **何謂業主權益**

利查辦法所稱業主權益，總機構在中華民國境內之營利事業，指營利事業資產負債表所列之淨值總額。淨值總額小於實收資本額與所查 #30 第四款規定超過票面金額發行股票所得溢額作為資本公積部分之合計數者，業主權益為實收資本額與該等資本公積之合計數。

總機構在中華民國境外之營利事業在中華民國境內之分公司，指無須支付利息之實際投入營運資金。

四、不得列為利息或損失之金額計算

◆ **不得列為費用或損失之利息支出**

$$= 當年度關係人之利息支出合計數 \times \left[1 - \frac{關係人之負債占業主權益之比率標準}{關係人之負債占業主權益之比率} \right]$$

- **當年度關係人之利息支出**，指營利事業依權責發生制認列並計入當年度成本、費用或損失之利息支出，

  包括因利查 #4 第一項規定，直接或間接對關係人之負債當年度實際支付及應付之利息、利息加碼、違約利息、擔保費、抵押費、貸款承諾費、融資費、參與放款費用及其他具有利息性質之費用，

  包括非關係人提供由關係人擔保且負有連帶責任之借款依利查 #4 第一項第三款但書規定不計入關係人負債之利息支出。

  不包括利查 #4 第二項各款規定關係人負債之利息。

- **關係人之負債占業主權益之比率** $= \dfrac{當年度每月平均各關係人之負債合計數}{當年度每月平均業主權益合計數}$

$$每月平均各關係人之負債 = \frac{(每月各關係人之負債月初帳面餘額 + 月底帳面餘額)}{2}$$

$$每月平均業主權益 = \frac{(每月業主權益月初帳面餘額 + 月底帳面餘額)}{2}$$

範例

1. 假設雷朋公司 106 年度給付關係人之利息支出合計數為 3,500 萬元，且其關係人之負債占業主權益比率為 5:1（當年度每月平均各關係人之負債合計數為 5 億元，當年度月平均業主權益合計數為 1 億元），超過 3：1 比標準**不得列為費用或損失之利息支出**計算如下：

$$3,500 萬元 \times (1 - \frac{3/1}{5/1}) = 3,500 萬元 \times (1 - 3/5) = 1,400 萬元$$

(D) 2. 自 100 年度起，營利事業對關係人之負債占業主權益超過一定比率者，超過部分之利息支出不得列為費用或損失，下列何者不受此項限制？（104 地特三等）
 (A) 信託投資公司及保險公司　　(B) 票券金融公司及租賃公司
 (C) 證券商及租賃公司　　　　　(D) 保險公司及金融控股公司

參、受控外國公司與實際管理處所

現行所得稅法中有關受控外國公司 (Controlled Foreign Company, CFC)（所 #43-3）及實際管理處所 (Place of Effective Management, PEM)（所 #43-4) 制度，尚未生效，確切的實施日期將由行政院訂之。

未來須等待相關的配套規範與協議生效，才會開始實施，相關配套包括：兩岸租稅協議、資訊自動交換等共同申報準則 (Common Reporting Standard, CRS) 在國際間落實，及相關的子法規制訂與宣導完成。此次修正重點可以歸納為以下幾項：

✪ 什麼是 CRS? 什麼時侯實施？

意義：共同申報準則 (CRS) 是 103 年 7 月由經濟合作暨發展組織 (OECD) 發布的國際金融帳戶資訊交換協議，主要目的在要求參與協議的金融機構，需遵守帳戶資料收集及申報的規則，以建立國際間金融帳戶資訊交換的機制。

背景：過去由於各國租稅管轄範圍與稅制皆不相同，加上資訊無法互相流通，有心人士便利用來創造富人的避稅空間。CRS 最主要的精神是，各國政府可以透過協議，交換彼此居民的金融帳戶訊息，使海外的金融帳戶資訊透明化，讓過去藏匿海外的避稅資產無所遁逃，因此又有全球版「肥咖條款」(Foreign Account Tax Compliance Act, FATCA) 之稱。

開始時間：目前全球各國進度不一，部份國家如中國（106年7月起開始實施「非居民金融帳戶涉稅信息盡職調查管理辦法」）、香港、新加坡、日本等，並於107年9月開始進行第一次金融帳戶資訊自動交換（Automatic Exchange of Information, AEOI）。

我國財政部已於106年頒布「金融機構執行共同申報及盡職審查作業辦法」，訂於108實施，並在109年第一次與其他國家或地區進行資訊交換，使擁有海外有資產的台商與有雙重國籍人士的境外金融帳戶資訊將曝光。

運作方式：

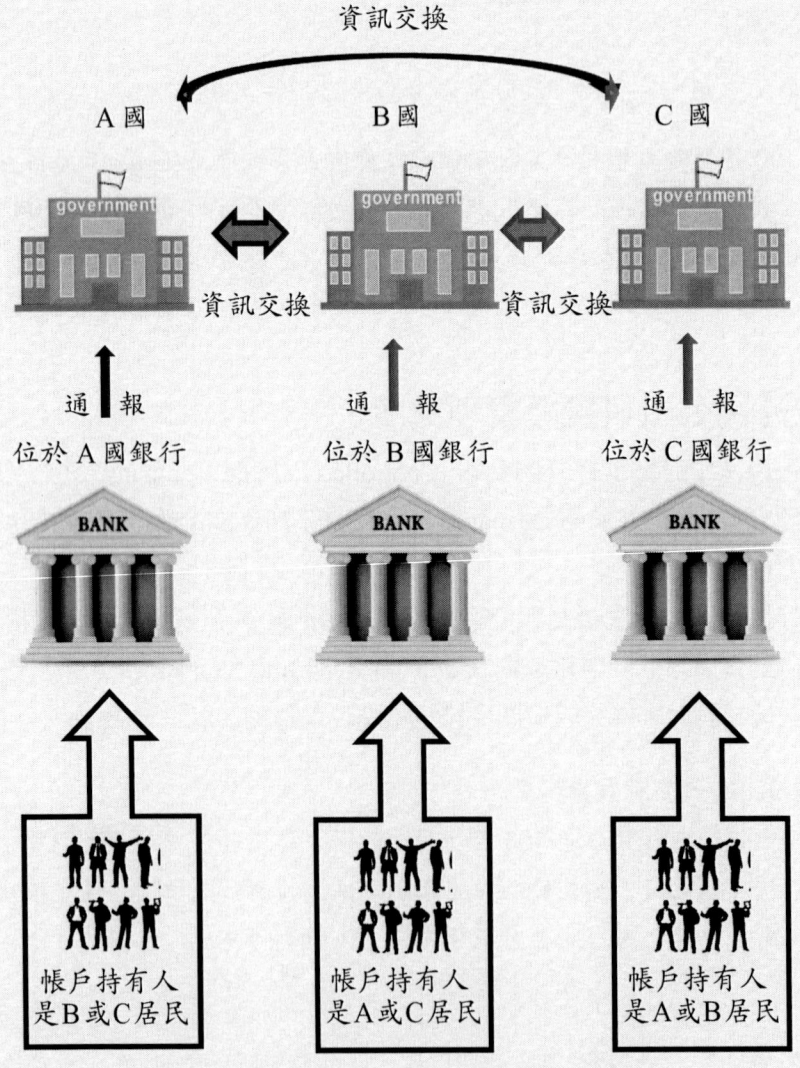

資訊交換

A國	B國	C國
government	government	government

資訊交換　　　資訊交換

通報　　　通報　　　通報

位於A國銀行　　位於B國銀行　　位於C國銀行

BANK　　BANK　　BANK

帳戶持有人是B或C居民　　帳戶持有人是A或C居民　　帳戶持有人是A或B居民

本圖參考以下網頁 http://finance.technews.tw/2016/11/02/the-spread-of-the-provisions-of-fat-coffee-in-asia-china-will-thoroughly-investigate-taiwanese-accounts/

一、受控外國公司(CFC)(影響：海外所得無法延緩課稅)

為避免營利事業藉於低稅負地區(如租稅天堂)設立 CFC 保留盈餘不分配，以遞延課稅或規避稅負。未來營利事業股東要按持股比率與期間認列 CFC 之盈餘為投資收益，列入所得課稅(個人與非關係人股東不適用)。使得原本在租稅天堂設立境外公司，用來累積盈餘，不匯回國內以避免產生稅負的方式，將受到影響。

所 #43-3 明定：

(一) 營利事業及其關係人直接或間接持有設立於低稅負國家(地區)關係企業股份或資本額合計達 50% 以上，或對該關係企業具有重大影響力者(包括人事或財務上的重大決策)，該營利事業股東應就該關係企業當年度盈餘，按持股比率及持有期間計算，認列投資收益課稅。

(二) 個人以及非關係人股東不適用投資收益課稅規定；但是，若個人或與其配偶及二等親合計持有該 CFC 股權達 10% 以上，則須依持股比率認列 CFC 之盈餘為海外所得，計入「最低稅負制」課稅。(請詳所得基本稅額條例 #12-1)

(三) 如何認定低稅負國家或地區：
- 稅率低於我國營利事業所得稅稅率之 70%，亦即稅率低於 14%(20% × 70%)的國家或地區。
- 僅對其境內來源所得課稅，對境外所得不課稅者。

(四) 豁免條款：有以下情況者排除適用
- 關係企業於所在國家或地區有實質營運活動。
- 關係企業當年度盈餘在一定基準以下。但各關係企業當年度盈餘合計數逾一定基準者，仍應計入當年度所得額課稅。

(五) 關係企業自符合第一項規定之當年度起，其各期虧損經所在國家或地區或中華民國合格會計師查核簽證，並由營利事業依規定格式填報及經所在地稽徵機關核定者，得於虧損發生年度之次年度起十年內自該關係企業盈餘中扣除，依第一項規定計算該營利事業投資收益。

(六) 營利事業於實際獲配該關係企業股利或盈餘時，在已依第一項規定認列投資收益範圍內，不計入所得額課稅；超過已認列投資收益部分，應於獲配年度計入所得額課稅。其獲配股利或盈餘已依所得來源地稅法規定繳納之所得稅，於認列投資收益年度申報期間屆滿之翌日起五年內，得由納稅義務人提出所得來源地稅務機關發給之納稅憑證，並取得所在地華民國駐外機構或其他經中華民國政府認許機構之驗證後，自各該認列投資收益年度結算應納稅額中扣抵；扣抵之數，不得超過因加計該投資收益，而依國內適用稅率計算增加之結算應納稅額。

(七) 第一項之關係企業當年度適用所 #43-4 規定者，不適用前述規定。

以下以釋例方式簡要說明 CFC 法令實施後之稅務影響：

甲公司投資 BVI 公司，並透過 BVI 公司投資海外 A 公司。A 公司稅後盈餘 1 億元，股東會決議全數分配。CFC 法令實施後 BVI 公司被認定為 CFC：

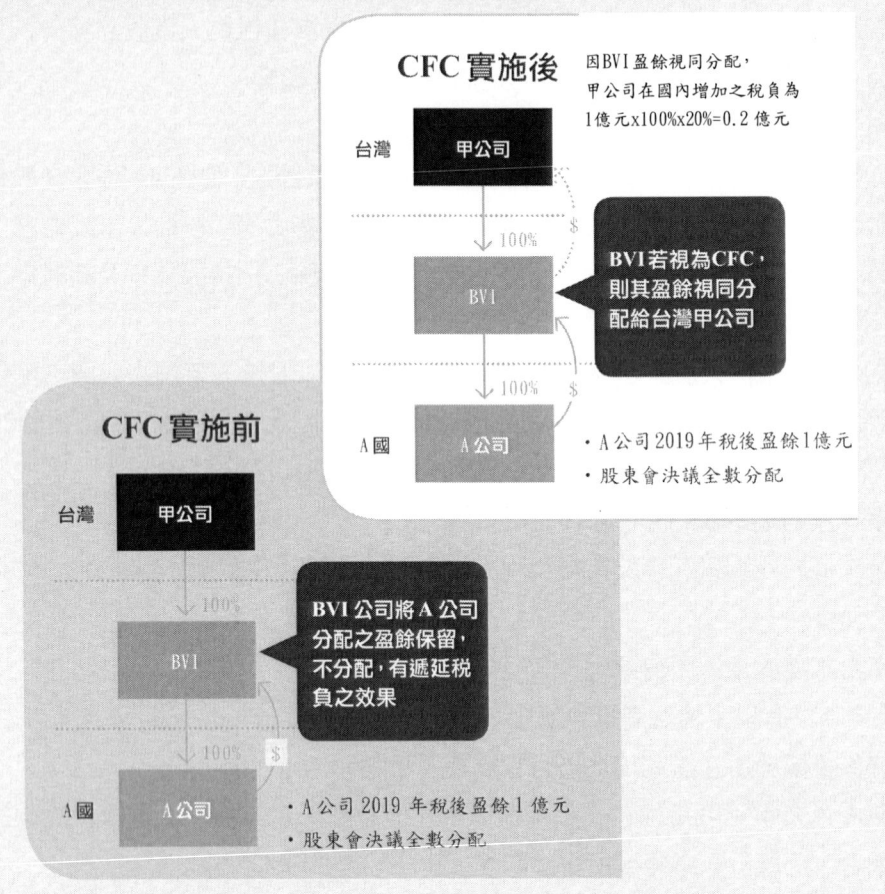

CFC 實施後

因 BVI 盈餘視同分配，甲公司在國內增加之稅負為 1 億元 ×100%×20%=0.2 億元

台灣 → 甲公司 ↓100%
BVI（若視為 CFC，則其盈餘視同分配給台灣甲公司）
↓100%
A 國 → A 公司
- A 公司 2019 年稅後盈餘 1 億元
- 股東會決議全數分配

CFC 實施前

台灣 → 甲公司 ↓100%
BVI 公司將 A 公司分配之盈餘保留，不分配，有遞延稅負之效果
↓100%
A 國 → A 公司
- A 公司 2019 年稅後盈餘 1 億元
- 股東會決議全數分配

資料來源：改自資誠會計師事務所，因應國際反避稅趨勢強化集團全球稅務治理 2.0：反避稅立法精華手冊，頁 5。

註：BVI 是指英屬維京群島，租稅天堂之一。

二、實際管理處所 (PEM)[4]（影響：境外公司視為本國企業，所得需課我國所得稅）

為建構周延之反避稅制度，維護租稅公平，同時兼顧營利事業適用租稅協定（議）之權益，營利事業之實際管理處所 (PEM) 在我國境內者，應視為我國居住者，依法課徵營利事業所得稅，並得適用我國與 32 個國家簽署生效之租稅協定。

未來 PEM 制度實施後，除可避免我國稅基受侵蝕，防杜 PEM 藉由在租稅天堂登記

---

[4]「實際管理處所適用辦法」可以詳 http://www.dot.gov.tw/dot/home.jsp?mserno=200912140005&serno=200912140018&menudata=DotMenu&contlink=ap/news_view.jsp&dataserno=201705170000

設立境外公司，而實際營運皆在我國境內之營利事業規避稅負之外；亦有助於營利事業之實際管理處所之認定，進而使 PEM 享有各項租稅協議減免稅優惠之權利，兼顧臺商權益保障。

所 #43-4 明定：

(一) 依外國法律設立，實際管理處所在中華民國境內之營利事業，應視為總機構在中華民國境內之營利事業，依本法及其他相關法律規定課徵營利事業所得稅；有違反時，並適用本法及其他相關法律規定。

(二) 依前項規定課徵營利事業所得稅之營利事業，其給付之各類所得應比照依中華民國法規成立之營利事業，依第八條各款規定認定中華民國來源所得，並依本法及其他相關法律規定辦理扣繳與填具扣（免）繳憑單、股利憑單及相關憑單；有違反時，並適用本法及其他相關法律規定。相關納稅與扣繳義務包括：

- 申報及繳納暫繳稅額。
- 申報及繳納營利事業所得稅。
- 申報及繳納所得基本稅額。
- 申報及繳納未分配盈餘稅。
- 辦理扣繳與填具扣（免）繳憑單、股利憑單及相關憑單。
- 有中華民國來源所得者，應向扣繳義務人或給付人提示稽徵機關核發適用所 #43-4 規定核准（定）函，由扣繳義務人或給付人依本法有關給付境內營利事業之規定辦理扣繳、申報及填發相關憑單。
- 該營利事業分配屬認定為 PEM 以前年度之盈餘，非為中華民國來源所得。

(三) 實際管理處所在中華民國境內之營利事業，指營利事業符合下列各款規定者：

1. 作成重大經營管理、財務管理及人事管理決策者為中華民國境內居住之個人或總機構在中華民國境內之營利事業，或作成該等決策之處所在中華民國境內。
2. 財務報表、會計帳簿紀錄、董事會議事錄或股東會議事錄之製作或儲存處所在中華民國境內。
3. 在中華民國境內有實際執行主要經營活動。

以下以釋例方式簡要說明 PEM 法令實施後之稅務影響：

甲公司投資低稅率境外公司，並透過境外公司與海外 A 公司、B 公司及臺灣乙公司進行貿易交易。PEM 法令實施後，若境外公司符合相關三要件（參考所得稅法修正條文 §43-4），被認定為 PEM：

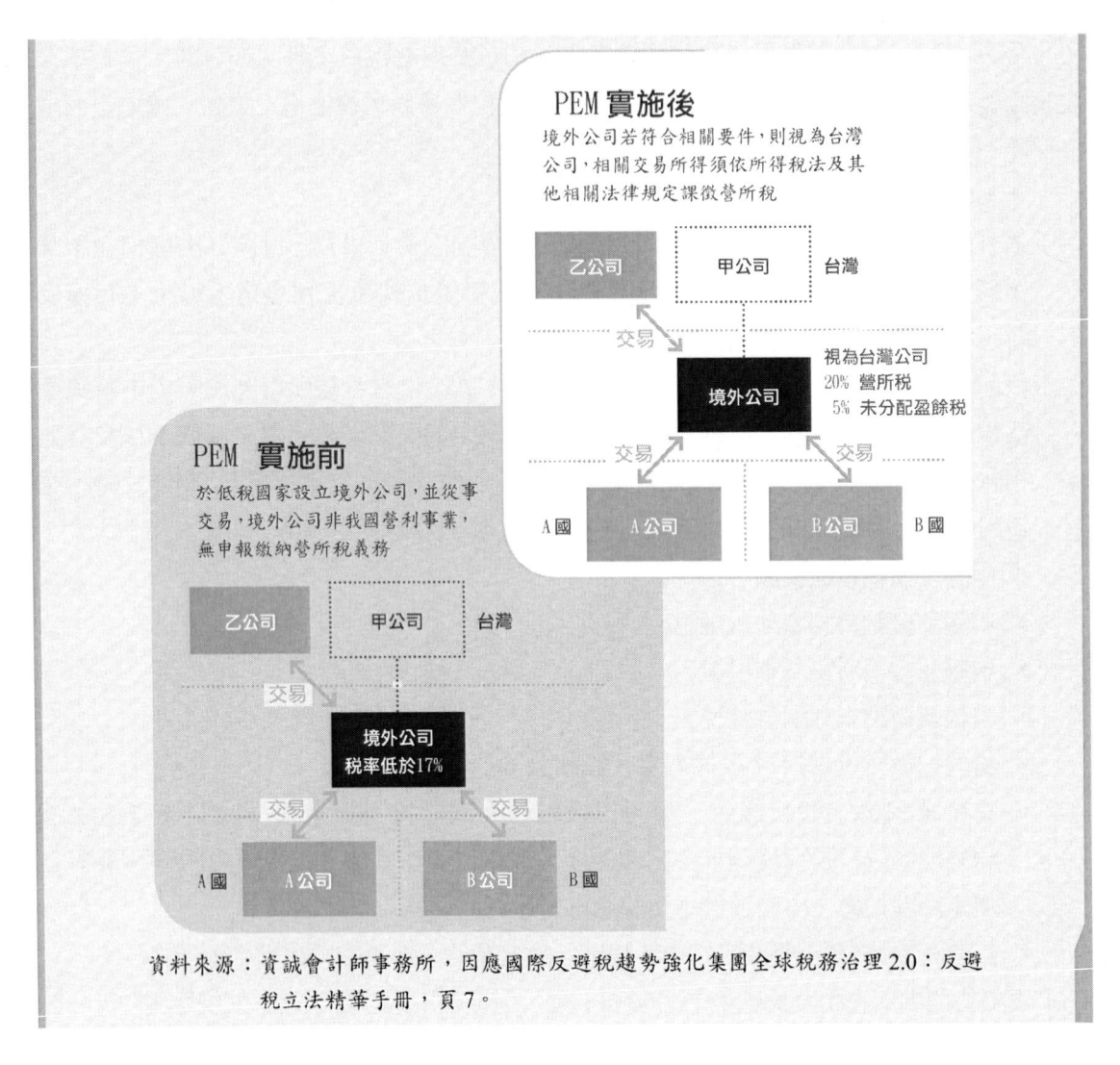

PEM 實施後
境外公司若符合相關要件,則視為台灣公司,相關交易所得須依所得稅法及其他相關法律規定課徵營所稅

視為台灣公司
20% 營所稅
5% 未分配盈餘稅

PEM 實施前
於低稅國家設立境外公司,並從事交易,境外公司非我國營利事業,無申報繳納營所稅義務

境外公司 稅率低於17%

資料來源：資誠會計師事務所,因應國際反避稅趨勢強化集團全球稅務治理 2.0：反避稅立法精華手冊,頁 7。

三、個人受控外國企業 CFC 制度

前述 CFC 部份僅規範營利事業投資之境外公司,為避免企業改用個人名義設立 CFC 方式,以規避所 #43-3 之適用,106 年 5 月 10 日修訂所基 #12-1,建立個人 CFC 制度。另外,於 106 年 11 月 14 日並發布「個人計算受控外國企業所得適用辦法」,進一步規範 CFC 之個人股東於何種情形下,應就 CFC 當年度盈餘,按其持股比率計算營利所得,計入當年度個人基本所得額。

個人 CFC 制度有關 CFC 定義、低稅負國家或地區、豁免門檻、歸課所得計算、虧損扣抵及避免重複課稅等規定,均比照營利事業 CFC 制度規範辦法整理如下：

(一) 適用情況：同時符合下列三條件

1. 符合 CFC 外國企業：個人及其關係人直接或間接持有在中華民國境外低稅負國家或地區之關係企業股份或資本額合計達 50% 以上（股權控制）或對該關係企業

具有重大影響力 (實質管理控制)。
   2. 該外國關係企業無所 #43-4 第 1 項實際管理處所規定之適用，也不符合本辦法第 5 條第 1 項豁免門檻規定者。
   3. 個人或其與配偶及二親等以內親屬合計持有該關係企業股份或資本額 10% 以上之情形。

(二) 應列入基本所得額之課稅所得：
   1. 個人應就 CFC 當年度盈餘，按持股比率及持有期間計算營利所得，與所基 #12 第 1 項第 1 款規定之所得 (非中華民國來源所得及香港澳門來源所得) 合計，計入當年度個人之基本所得額。但一申報戶全年之合計數未達 100 萬元者，免予計入。
   2. CFC 當年度盈餘之計算，係以 CFC 依我國認可財務會計準則計算之當年度盈餘為原則，但其屬源自非低稅負國家或地區採權益法認列轉投資事業之投資收益或投資損失，以該轉投資事業股東同意或股東會決議盈餘分配數或投資損失已實現數計入。

(三) 低稅負國家或地區之認定
   同所 #43-3 第 2 項之規定，指關係企業所在國家或地區有下列情形之一者：
   1. 關係企業所在國家或地區之營利事業所得稅或實質類似租稅，其法定稅率未逾所 #5 第 5 項第 2 款所定稅率之 70%(按現行稅率 20% 之 70% 計算，即稅率沒有超過 14%)。
   2. 關係企業所在國家或地區僅就境內來源所得課稅，境外來源所得不課稅或於實際匯回始計入課稅。
   3. 關係企業所在國家或地區對特定區域或特定類型企業適用特定稅率或稅制者，以該特定稅率或稅制依前 2 點規定判斷之。低稅負國家或地區參考名單，由財政部公告之。

(四) 豁免門檻 (本辦法第 5 條)
   為落實 CFC 制度精神，並兼顧徵納雙方成本，訂定豁免規定，明定外國企業於當地有從事實質營運活動或當年度盈餘低於一定標準者，排除適用。
1. 有實質營運活動，指 CFC 同時符合下列二條件者：
   (1) 在設立登記地有固定營業場所，並僱用員工於當地實際經營業務。
   (2) 當年度投資收益、股利、利息、權利金、租賃收入及出售資產增益之合計數占營業收入淨額及非營業收入總額合計數低於 10%，但屬海外分支機構相關收入及所得，不納入分子及分母計算。另針對部分有實質營運活動產生之收入，不納入分子計算。

2. CFC 當年度盈餘在新臺幣（以下同）700 萬元以下。但當年度個人與其依所得稅法規定應合併申報綜合所得稅之配偶及受扶養親屬控制之全部 CFC 當年度盈餘或虧損合計為正數且逾 700 萬元者，其持有各該個別 CFC 當年度盈餘，仍應依 CFC 規定課稅。

(五) 虧損扣除規定（本辦法第 6 條）

1. 自符合 CFC 當年度起，個人依規定提示經會計師查核簽證之 CFC 財務報表或其他文據，並依規定計算 CFC 各期虧損，經個人戶籍所在地稽徵機關核定者，得於 CFC 虧損發生年度之次年度起 10 年內自其盈餘中扣除，再計算營利所得。

(六) 避免重複課稅（本辦法第 7 條）

1. 個人於實際獲配各 CFC 股利或盈餘時，其已依規定計算之營利所得並計入當年度基本所得額部分，不再計入獲配年度基本所得額。

2. 個人實際獲配各 CFC 之股利或盈餘時，其已依所得來源地稅法規定繳納之股利或盈餘所得稅，於計入個人之基本所得額年度申報期間屆滿之翌日起 5 年內，得自各該計入個人之基本所得額年度，依法計算之基本稅額中扣抵或退稅。

3. 個人交易 CFC 股份或資本額時，交易損益計算除減除原始取得成本，可再減除交易日已計算該 CFC 營利所得按交易比率計算之金額。

四、配套措施

為避免實施反避稅制度對企業經營造成衝擊，該制度將視兩岸租稅協議執行情形，及國際間（包括星、港）按 CRS 執行稅務用途金融帳戶資訊自動交換之狀況，並完成相關子法規之規劃及落實宣導後施行，確實的施行日期由行政院定之。

(B) 1. 營利事業於租稅天堂設立紙上公司，藉居住者身分之轉換規避屬人主義之適用，在所得稅法上可以下列何種方式課稅？(106 初等)
(A) 自有資本稀釋規定　　(B) 實際管理處所認定之規定
(C) 移轉訂價查核規定　　(D) 受控外國公司認定之規定

(D) 2. 營利事業藉境外租稅天堂設立關係企業，將盈餘保留在海外，在所得稅法上可以下列何種方式課稅？(106 初等)
(A) 自有資本稀釋規定　　(B) 實際管理處所認定之規定
(C) 移轉訂價查核規定　　(D) 受控外國公司認定之規定

租稅時事即時通

✪ 境外資金匯回管理運用及課稅條例

一、立法意旨：

　　面對全球經濟與租稅環境變遷，為使台商在調整投資架構及全球營運布局時，能將資金匯回，因此，於 108 年 7 月 24 日通過「境外資金匯回管理運用及課稅條例」法案，以租稅優惠的方式鼓勵回台投資

二、適用對象及範圍
  (一)個人匯回境外(含大陸地區)資金。
  (二)營利事業自其具控制能力或重大影響力之境外(含大陸地區)轉投資事業獲配並匯回之投資收益。

三、適用原則
  (一)選擇依本條例規定課稅者，免依所得基本稅額條例、臺灣地區與大陸地區人民關係條例及所得稅法規定課徵基本稅額及所得稅。
  (二)本條例之執行，應符合洗錢防制法、資恐防制法及相關法令規定。

四、適用稅率
  (一)一般稅率：由受理銀行於資金匯入外匯存款專戶時扣取稅款，第 1 年匯回稅率 8%；第 2 年匯回稅率 10%。
  (二)優惠稅率：於規定期限完成實質投資，並取具經濟部核發完成證明，得向稽徵機關申請退還 50% 稅款(即實質稅率 4% 或 5%)。
  (三)下列未依規定管理運用情形，應按稅率 20% 補繳差額稅款：
    1.違反規定自外匯存款專戶、信託專戶或證券全權委託專戶提取資金。
    2.違反規定將資金移作他用或作為質借、擔保之標的或以其他方式減少其價值。
    3.違反規定用於購置不動產。

五、施行期間：自本條例 108 年 8 月 15 日施行後 2 年內匯回之資金始得適用本條例規定。

六、資金運用限制
  (一)匯回之資金除經經濟部核准用於興建或購置供自行生產或營業用建築物外，不得用於購置不動產及依不動產證券化條例所發行或交付之受益證券。
  (二)匯回資金應存入外匯存款專戶，依下列方式管理運用：
    1.實質投資：經經濟部核准，直接投資產業或透過創投或私募股權基金投資重要政策產業。實質投資產業項目、投資計畫支出範圍、依投資計畫興建

或購置建築物之使用與持有期限等,授權由經濟部擬訂子法規,報請行政院核定。

2. 自由運用:得於5%限額內自由運用,但不得用於購置不動產及依不動產證券化條例所發行或交付之受益證券。

3. 金融投資:得於25%限額內存入信託專戶或證券全權委託專戶內從事金融投資。金融投資範圍授權由金管會擬訂子法規。

4. 除自由運用及經濟部核准從事實質投資之資金外,從事金融投資及其餘未從事投資之資金,應於專戶內存放達5年,自第6年開始得分年提取3分之1。

七、資金運用控管機制

　　資金匯回後應存入外匯存款專戶,再按其用途依規定提取辦理各項投資,又於其實質投資期間,個人或營利事業每年應將投資辦理情形報經濟部備查;至存放於外匯存款專戶及金融投資部分,於其控管期間,受理銀行應每年將專戶內資金管理運用情形報財政部及金管會備查。

八、申請程序

　　個人及營利事業應向稽徵機關提出申請適用本條例規定,稽徵機關將就適用要件進行初審,並洽受理銀行依洗錢及資恐防制相關規範進行審核,前開審核均通過後,申請人始得至受理銀行辦理開立「境外資金外匯存款專戶(下稱外匯存款專戶)」及將資金匯回存入該專戶。

✪ 租稅天堂的改變

一、什麼是租稅天堂?

　　租稅天堂,是指稅負極低,甚至對個人或企業投資的資本利得、利息或股利收入都不課稅的國家或地區,此特性會吸引跨國企業於此註冊設立公司進行財務調度。較知名的租稅天堂有:不徵收任何所得稅的巴哈馬、百慕達、開曼群島(Cayman Islands);稅率較低的瑞士、英屬維京群島(BVI)、所羅門群島、列支敦士登(Liechtenstein)等;與其他國家訂有避免重複課稅租稅協定的荷蘭。

二、租稅天堂不再是天堂了?

　　2018年底,開曼群島、英屬維爾京群島等租稅天堂,公布經濟實質法案,要求於當地註冊登記之公司,必須提出其經濟實質的要件的說明,不能再僅以殼公司的型態運行。以開曼群島為例,此一經濟實質法案增加註冊企業的申報義務,不符規定者會有相關罰則。註冊企業,須辦理年度申報,說明其營業活動情況、公司收入、費用及其員工人數等,並通過營運實質性測試。

開始施行日期，對新設企業是於 2019 年 1 月 1 日正式生效；對 2018 年底以前已存在的企業，則緩衝至 2019 年 7 月 1 日起適用。

近期發布經濟實質相關法案之租稅天堂地區還有百慕達(Bermuda)、根西島(Guernsey)、曼島(Isle of Man)、澤西島(Jersey)、納閩島(Labuan Islands)等；由於歐盟具體要求於該等租稅天堂設立之公司須有實質營運活動，促使數個租稅天堂陸續制定經濟實質相關法案，以回應歐盟要求並避免落入稅務不合作黑名單。（落入黑名單者，相應的影響包括：禁止獲得歐盟資金及揭露更多企業資訊等。）

CHAPTER 6 加值型及非加值型營業稅

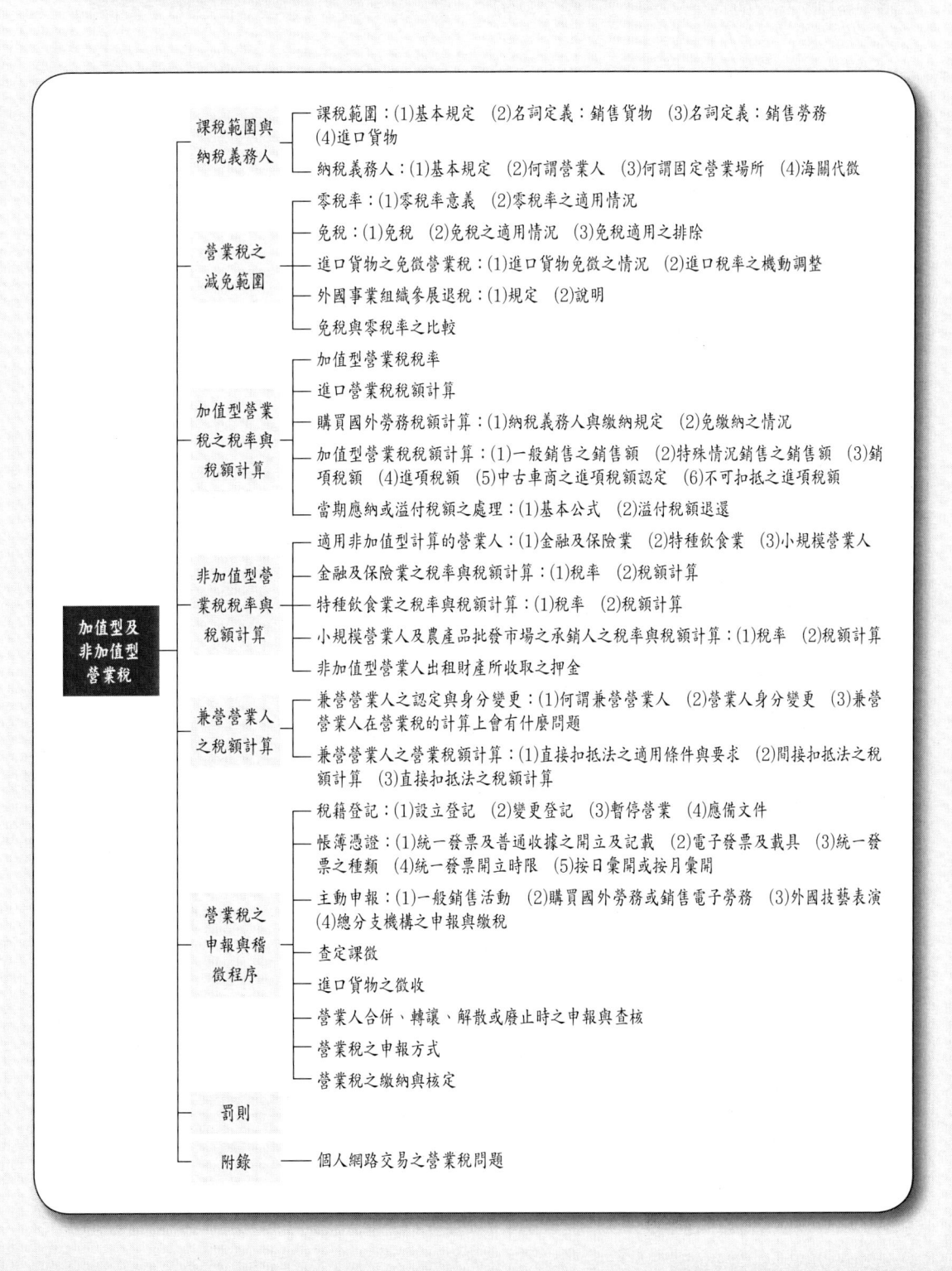

- **加值型及非加值型營業稅**
  - **課稅範圍與納稅義務人**
    - 課稅範圍：(1)基本規定 (2)名詞定義：銷售貨物 (3)名詞定義：銷售勞務 (4)進口貨物
    - 納稅義務人：(1)基本規定 (2)何謂營業人 (3)何謂固定營業場所 (4)海關代徵
  - **營業稅之減免範圍**
    - 零稅率：(1)零稅率意義 (2)零稅率之適用情況
    - 免稅：(1)免稅 (2)免稅之適用情況 (3)免稅適用之排除
    - 進口貨物之免徵營業稅：(1)進口貨物免徵之情況 (2)進口稅率之機動調整
    - 外國事業組織參展退稅：(1)規定 (2)說明
    - 免稅與零稅率之比較
  - **加值型營業稅之稅率與稅額計算**
    - 加值型營業稅稅率
    - 進口營業稅稅額計算
    - 購買國外勞務稅額計算：(1)納稅義務人與繳納規定 (2)免繳納之情況
    - 加值型營業稅稅額計算：(1)一般銷售之銷售額 (2)特殊情況銷售之銷售額 (3)銷項稅額 (4)進項稅額 (5)中古車商之進項稅額認定 (6)不可扣抵之進項稅額
    - 當期應納或溢付稅額之處理：(1)基本公式 (2)溢付稅額退還
  - **非加值型營業稅稅率與稅額計算**
    - 適用非加值型計算的營業人：(1)金融及保險業 (2)特種飲食業 (3)小規模營業人
    - 金融及保險業之稅率與稅額計算：(1)稅率 (2)稅額計算
    - 特種飲食業之稅率與稅額計算：(1)稅率 (2)稅額計算
    - 小規模營業人及農產品批發市場之承銷人之稅率與稅額計算：(1)稅率 (2)稅額計算
    - 非加值型營業人出租財產所收取之押金
  - **兼營營業人之稅額計算**
    - 兼營營業人之認定與身分變更：(1)何謂兼營營業人 (2)營業人身分變更 (3)兼營營業人在營業稅的計算上會有什麼問題
    - 兼營營業人之營業稅稅額計算：(1)直接扣抵法之適用條件與要求 (2)間接扣抵法之稅額計算 (3)直接扣抵法之稅額計算
  - **營業稅之申報與稽徵程序**
    - 稅籍登記：(1)設立登記 (2)變更登記 (3)暫停營業 (4)應備文件
    - 帳簿憑證：(1)統一發票及普通收據之開立與記載 (2)電子發票及載具 (3)統一發票之種類 (4)統一發票開立時限 (5)按日彙開或按月彙開
    - 主動申報：(1)一般銷售活動 (2)購買國外勞務或銷售電子勞務 (3)外國技藝表演 (4)總分支機構之申報與繳稅
    - 查定課徵
    - 進口貨物之徵收
    - 營業人合併、轉讓、解散或廢止時之申報與查核
    - 營業稅之申報方式
    - 營業稅之繳納與核定
  - **罰則**
  - **附錄** — 個人網路交易之營業稅問題

營業稅係對營業人銷售貨物或勞務行為，所課徵的一種銷售稅。有二種分類方式：

一、就交易過程各階段皆課稅，或僅對單一階段課稅，可以分成：

1. 多階段營業稅：對交易過程中從製造、批發及零售各階段之銷售行為皆課徵營業稅者稱之。
2. 單一階段營業稅：僅對交易過程中的某一階段課徵營業稅，其他階段皆不課徵者稱之。

二、就銷售金額之毛額或加值額課稅者，可以分成：

1. 毛額型營業稅（非加值型營業稅）：就銷售貨物或勞務之毛額，即就銷售總額課稅稱之；亦即稅額＝銷售額×稅率。
2. 加值型營業稅（營業加值稅）：就銷售中的加值課稅。

   加值型營業稅的課稅方式有三種：

   (1) 稅基相減法：（銷項金額－進項金額）×稅率
   (2) 稅額相減法：銷項金額×稅率－進項金額×稅率＝銷項稅額－進項稅額
      → **我國加值型營業稅目前採用**
   (3) 附加價值法：找出從進貨至銷貨過程中，營業人對商品或勞務所創造的附加價值為何，再將此附加價值乘上稅率，據以計算稅額。

→ **我國現制**：我國目前兩者兼採；以加值型營業稅為主，毛額型營業稅為輔。故稱之為加值型以及非加值型營業稅法（以下簡稱「營」）。

> **（C）** 1. 我國加值型營業稅採下列何種方法計算營業稅額？（95 記帳士）
> (A) 稅基相減法　(B) 稅基相加法　(C) 稅額相減法　(D) 稅額相加法

第一節　課稅範圍與納稅義務人

本節學習重點：
- 營業稅之課稅範圍
- 營業稅之納稅義務人

壹、課徵範圍

一、基本規定

(一) 課稅範圍

在中華民國境內**銷售貨物或勞務及進口貨物**，均應依本法規定課徵加值型或非加值

型營業稅。(營 #1)

我國營業稅採**屬地主義**。

1. 銷售貨物或勞務行為包含**視為銷售貨物或視為銷售勞務**。
2. 進口貨物(但進口貨物進入政府核定的免稅出口區的外銷事業、科學工業區之園區事業或海關管理之保稅工廠或保稅倉庫則排除在營業稅課稅之列)。
3. 購買國外勞務。

(二) 受僱提供勞務者排除

提供勞務不須課徵營業稅者,包括:

1. 執行業務者提供其**專業性勞務**。

執行業務者指律師、會計師、建築師、技師、醫師、藥師、助產師(士)、醫事檢驗師(生)、程式設計師、精算師、不動產估價師、物理治療師、職能治療師、營養師、心理師、地政士、記帳士、著作人、經紀人、代書人、表演人、引水人、節目製作人、商標代理人、專利代理人、仲裁人、記帳及報稅代理人、書畫家、版畫家、命理卜卦、工匠、公共安全檢查人員、民間公證人及其他以技藝自力營生者。

2. 個人受僱提供勞務。

(三) 加值與非加值型營業稅

本法所稱「**加值型營業稅**」,係指「依**第四章第一節**計算稅額者」;亦有稱為「**一般稅額計算**」。

本法所稱「**非加值型營業稅**」,係指「依**第四章第二節**計算稅額者」;亦有稱為「**特種稅額計算**」。

(**D**) 1. 依加值型及非加值型營業稅法規定,對律師事務所之執業收入,其營業稅之課徵,應採下列何種方式?(104 高考)
    (A) 屬營業稅課稅範圍,按非加值型營業稅課徵 5% 稅率
    (B) 屬營業稅課稅範圍,應課徵加值型營業稅一般稅率
    (C) 屬營業稅課稅範圍,但可適用免徵營業稅
    (D) 不屬於營業稅課稅範圍

二、名詞定義:銷售貨物

(一) 何謂銷售貨物?

1. 銷售貨物:將貨物之所有權移轉與他人,以取得代價者,為銷售貨物。(營 #3)
2. 所稱取得代價者,包括收取價金、取得貨物或勞務在內。(營細 #5)

(二) 貨物銷售地之認定標準為何？(營 #4)

有下列情形之一者，係在中華民國境內銷售貨物：

1. 銷售貨物之交付須移運者，其起運地在中華民國境內。
2. 銷售貨物之交付無須移運者，其所在地在中華民國境內。

(三) 視為銷售貨物 (營 #3)

1. **營業人以其產製、進口、購買供銷售之貨物，轉供營業人自用；或以其產製、進口、購買之貨物，無償移轉他人所有者。**

   以**時價**認定銷售額，但以成本認列資產或費用。

2. **營業人解散或廢止營業時所餘存之貨物，或將貨物抵償債務、分配與股東或出資人者。**

   以**時價**認定銷售額。

3. **營業人以自己名義代為購買貨物交付與委託人者。**(代購貨物實際價格)

   代購：營業人經營代購業務，將代購貨物送交委託人時，除按佣金收入開立統一發票外，應依代購貨物之實際購買價格開立統一發票，並註明「代購」字樣，交付委託人。(統一發票使用辦法 #17；以下簡稱「統」)

4. **營業人委託他人代銷貨物者。**(約定代銷價格)

   代銷：營業人委託代銷貨物，應於送貨時依合約規定銷售價格開立統一發票，並註明「委託代銷」字樣，交付受託代銷之營業人，作為進項憑證。

   營業人委託農產品批發市場交易之貨物，得於結帳時按成交之銷售額開立統一發票，交付受託交易之批發市場。

5. **營業人銷售代銷貨物者。**(約定代銷價格)

   受託代銷之營業人，應於銷售該項貨務時，依合約規定銷售價格開立統一發票，並註明「受託代銷」字樣，交付買受人(統 #17)。

   受託代銷之營業人，應依合約規定結帳期限，按銷售貨物應收手續費或佣金開立統一發票及結帳單，載明銷售貨物品名、數量、單價、總價、日期及開立統一發票號碼，一併交付委託人，其結帳期間不得超過 2 個月。

   營業人委託農產品批發市場交易之貨物，得於結帳時按成交之銷售額開立統一發票，交付受託交易之批發市場。

(四) 不適用視為銷售貨物之情況

1. 信託財產於下列各款信託關係人間，移轉或為其他處分者，不適用前述有關視為銷售之規定：

   (1) 因信託行為成立時，委託人與受託人間。

   (2) 信託關係存續中，受託人變更時，原受託人與新受託人間。

(3) 因信託行為不成立、無效、解除、撤銷或信託關係消滅時，委託人與受託人間。
2. 非以營利為目的之事業、機關、團體、組織及專營免稅貨物或勞務之營業人，有營 #3 第 3 項第 1 款或第 2 款規定情形（前述視為銷售貨物之第 1、2 項），經查明其進項稅額並未申報扣抵銷項稅額者，不適用該條項有關視為銷售之規定。
3. 代收代付：營業人受託代收轉付款項，於收取轉付之間無差額，其轉付款項取得之憑證買受人載明為委託人者，得以該憑證交付委託人，免另開立統一發票，並免列入銷售額。

三、名詞定義：銷售勞務

(一) 何謂銷售勞務？
1. 提供勞務予他人，或提供貨物予他人使用、收益，以取得代價者，為銷售勞務。
2. 但執行業務者提供其專業性勞務及個人受僱提供勞務，不包括在內。(營 #3)

(二) 勞務銷售地之認定標準為何？(營 #4)
有下列情形之一者，係在中華民國境內銷售勞務：
1. 銷售之勞務係在中華民國境內提供或使用者。
2. 國際運輸事業自中華民國境內載運客、貨出境者。
3. 外國保險業自中華民國境內保險業承保再保險者。

(三) 視為銷售勞務 (營 #3)
準用前述視為銷售貨物之規定

(四) 不適用視為銷售勞務之情況
準用前述不適用視為銷售貨物之規定

(D) 1. 下列何者不屬於加值型及非加值型營業稅法之視為銷售貨物？(96 記帳士)
   (A) 以進口供銷售之貨物供營業人自用
   (B) 營業人委託他人代銷貨物
   (C) 營業人解散或廢止營業時將餘存之貨物抵償債務
   (D) 因信託行為委託人將貨物移轉於受託人

(C) 2. 營業人將餘存貨物抵償債務時，應按何種價格計算加值型及非加值型營業稅之銷售額？(96 記帳士)
   (A) 成本　　(B) 售價　　(C) 時價　　(D) 約定價格

(B) 3. 營利事業以產製、進口、購買供銷售之貨物，轉供自用或無償移轉他人所有者，應如何處理？(95 記帳士)
   (A) 按時價轉列資產或費用
   (B) 按其產製、進口、購買之實際成本，轉列資產或費用

(C) 按其產製、進口、購買之實際成本,開立統一發票
(D) 按時價認列其收入

(D) 4. 依營業稅法規定,下列何者非屬加值型及非加值型營業稅課稅範圍?(102 記帳士)
(A) 在我國境內銷售勞務　　(B) 營業人解散時所餘存貨物分配與股東
(C) 進口貨物　　(D) 會計師提供為公司稅務簽證之勞務

(A) 5. 依加值型及非加值型營業稅法規定,下列哪一項應視為銷售貨物?(103 高考)
(A) 營業人將其自行生產之冷氣機捐贈給學校使用
(B) 營業人將其自行生產之機器作價投資
(C) 因信託關係,委託人將貨物移轉給受託人
(D) 國際機場免稅商店銷售與出境旅客之貨物

(A) 6. 依加值型及非加值型營業稅法規定,銷售貨物之交付須移運者,以下列何種條件認定係在中華民國境內銷售貨物?(103 身障五等)
(A) 起運地在中華民國境內
(B) 目的地在中華民國境內
(C) 起運地與目的地均在中華民國境內
(D) 起運地或目的地任一在中華民國境內

四、進口貨物

(一) 何謂進口貨物?(營 #5)

- 貨物自國外進入我國境內;或貨物自保稅工廠、保稅倉庫、免稅出口區、科學工業區進入我國境內其他地區者。
- 進口貨物應按規定課徵營業稅,由**海關**代徵。貨物自國外進入中華民國境內,則為進口貨物;但貨物自國外進入保稅區者,則不包括在進口貨物之範圍內。

(二) 何謂保稅區?(營 #6-1)

- 本法所稱保稅區,指政府核定之加工出口區、科學工業園區、農業科技園區、自由貿易港區及海關管理之保稅工廠、保稅倉庫、物流中心或其他經目的事業主管機關核准設立且由海關監管之專區。
- 本法所稱保稅區營業人,指政府核定之加工出口區內之區內事業、科學工業園區內之園區事業、農業科技園區內之園區事業、自由貿易港區內之自由港區事業及海關管理之保稅工廠、保稅倉庫、物流中心或其他經目的事業主管機關核准設立且由海關監管之專區事業。

♦ 本法所稱課稅區營業人，指保稅區營業人以外之營業人。

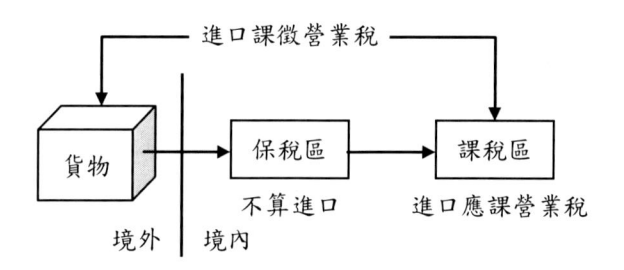

```
                  進口課徵營業稅
        ┌─────────────────────────────┐
        ↓                              │
    ┌───────┐      ┌───────┐      ┌───────┐
    │ 貨物  │ ───→ │ 保稅區 │ ───→ │ 課稅區 │
    └───────┘      └───────┘      └───────┘
                    不算進口      進口應課營業稅
     境外 │ 境內
```

(三) 貨物進口之營業稅由海關代徵 (營 #41)

貨物進口時，應徵之營業稅，由海關代徵之；其徵收及行政救濟程序，準用關稅法及海關緝私條例之規定辦理。

(A) 1. 我國進口貨物之加值型及非加值型營業稅，目前是由哪個機關徵收？(96 記帳士)
    (A) 海關代徵　(B) 國稅局徵收　(C) 港務局代收　(D) 稅捐稽徵處徵收

(A) 2. 下列何項屬進口貨物？(94 記帳士)
    (A) 貨物自國外進入中華民國境內者
    (B) 貨物自國外進入中華民國境內之免稅出口區內的外銷事業
    (C) 貨物自國外進入中華民國境內之海關管理的保稅工廠
    (D) 貨物自中華民國境內進入科學工業園區內的園區事業

(D) 3. 依加值型及非加值型營業稅法之規定，下列敘述何者錯誤？(103 地特五等)
    (A) 依特種稅額計算之營業人，銷售其非經常買進、賣出而持有之固定資產，免徵營業稅
    (B) 依一般稅額計算之營業人，銷售其非經常買進、賣出而持有之固定資產，應課徵營業稅
    (C) 保稅貨物自保稅區進入我國境內其他地區者，應課營業稅
    (D) 銷售與保稅區營業人供營運之貨物或勞務，免課徵營業稅

(A) 4. 保稅區內之外銷事業，銷售貨物至國內非保稅區之營業人，依法應如何課徵營業稅？(104 高考)
    (A) 由海關代徵營業稅　　　　　(B) 適用零稅率
    (C) 免徵營業稅　　　　　　　　(D) 不屬於營業稅課稅範圍

貳、納稅義務人（營 #2）

一、基本規定

營業稅之納稅義務人如下：

1. 銷售貨物或勞務之營業人。
2. 進口貨物之收貨人或持有人。
3. 外國之事業、機關、團體、組織，在中華民國境內無固定營業場所者，其所**銷售勞務之買受人**。

   但外國國際運輸事業，在中華民國境內無固定營業場所而有代理人者，為其代理人。

4. 營 #8 第一項第 27 款（肥料、農業、畜牧用藥、農耕用之機器設備、農地搬運車及其所用油、電）、第 28 款（供沿岸、近海漁業使用之漁船、供漁船使用之機器設備、漁網及其用油）規定之農業用油、漁業用油有轉讓或移作他用而不符免稅規定者，為轉讓或移作他用之人。但轉讓或移作他用之人不明者，為貨物持有人。

5. 外國之事業、機關、團體、組織在中華民國境內無固定營業場所，**銷售電子勞務予境內自然人者**，為營業稅之納稅義務人，不適用前條第三款規定。所以，外國之事業、機關、團體、組織，在中華民國境內無固定營業場所，銷售電子勞務予境內自然人者，**該外國之事業、機關、團體、組織即為營業稅之納稅義務人**，應自行或委託報稅之代理人，於我國辦理稅籍登記並報繳營業稅。（營 #2-1）**（106 年 5 月 1 日起施行）**

   所謂電子勞務，指符合下列情形之一者：（營細 #4-1）

   (1) 經由網際網路傳輸下載儲存至電腦設備或行動裝置（如智慧型手機或平板電腦等）使用之勞務。
   (2) 不須下載儲存於任何裝置而於網際網路使用之勞務，或以其他電子方式使用之勞務，包括線上遊戲、廣告、視訊瀏覽、音頻廣播、資訊內容（如電影、電視劇、音樂等）、互動式溝通等數位型態使用之勞務。
   (3) 其他經由網際網路或電子方式提供使用之勞務。例如經由境外電商業者之網路平台提供而於實體地點使用之勞務。

二、何謂營業人？

有下列情形之一者為營業人：（營 #6）

1. 以營利為目的之事業（含公營、私營或公私合營）。
2. 非以營利為目的之事業，有銷售貨物或勞務者。
3. 外國之事業、機關、團體、組織，在中華民國境內之固定營業場所。
4. 外國之事業、機關、團體、組織，在中華民國境內無固定營業場所，銷售電子勞務予境內自然人。

三、何謂固定營業場所？

本法稱固定營業場所，指經營銷售貨物或勞務事業之固定場所，包括總機構、管理處、分公司、有限合夥分支機構、事務所、工廠、保養廠、工作場、機房、倉棧、礦場、建築工程場所、展售場所、連絡處、辦事處、服務站、營業所、分店、門市部、拍賣場及其他類似之場所。(營細 #4)

四、海關代徵 (營細 #47)

- 營 #3 第 3 項第 5 款所定視為銷售貨物，包括海關拍賣或變賣扣押物、擔保品、逾期不報關、不繳納關稅或不退運貨物在內，並不受第 19 條之限制。
- 海關拍賣或變賣應課徵營業稅之貨物，應於拍定或成交後，將營業稅款向公庫繳納，並填寫拍賣或變賣貨物清單交付買受人，作為列帳及扣抵憑證。
- 執行法院或行政執行機關執行拍賣或變賣貨物，應於拍定或准許承受五日內，將拍定或承受價額通知當地主管稽徵機關查復營業稅之稅額，並由執行法院、行政執行機關代為扣繳。
- 前項營業稅額，應以執行法院、行政執行機關拍定或承受價額依規定稅率計算之。
- 主管稽徵機關應於取得執行法院、行政執行機關扣繳稅額後，就該稅款填發營業稅繳款書向公庫繳納。

(A) 在我國境內無固定營業場所但有代理人之外國一般事業 A 與外國國際運輸業 B，其銷售勞務(不屬於電子商務)之營業稅的納稅義務人分別是：(改自 104 記帳士)
  (A) A 之納稅義務人為買受人、B 之納稅義務人為代理人
  (B) A、B 之納稅義務人均為買受人
  (C) A 之納稅義務人為代理人、B 之納稅義務人為買受人
  (D) A、B 之納稅義務人均為代理人

範例解析

✪ 試依據現行稅法之規定，說明「營利事業」與「營業人」之差別，又兩者是否必定為納稅義務人，試析論之。(100 高考)

一、營利事業與營業人之比較
(一)稅法上的定義
  1. 營利事業：依所 #11，本法稱營利事業，係指公營、私營或公私合營，以營利為目的，具備營業牌號或場所之獨資、合夥、公司及其他組織方式之工、商、農、林、漁、牧、礦冶等營利事業。

2. 營業人：依營#6，有下列情形之一者，為營業人：
   (1) 以營利為目的之公營、私營或公私合營之事業。
   (2) 非以營利為目的之事業、機關、團體、組織，有銷售貨物或勞務。
   (3) 外國之事業、機關、團體、組織，在中華民國境內之固定營業場所。
   (4) 外國之事業、機關、團體、組織，在中華民國境內無固定營業場所，銷售電子勞務予境內自然人。

(二) 差別比較

1. 兩者涉及範圍不同：營業人，涵蓋範圍較廣，包含營利事業和非以營利為目的之其他組織。營利事業，指以營利為目的之事業組織，為營業人型態之一種。
2. 兩者經營目的要求不同：營利事業是以營利為目的。營業人係指銷售貨物或勞務之事業組織，並不一定以營利為目的，包含非營利組織。
3. 兩者組織型態有差異：營利事業包括獨資、合夥、公司及其他組織方式，具備「事業」型態。營業人則包括事業、機關、團體、組織。
4. 是否需具備固定營業場所：營利事業需具備營業牌號或場所，營業人對是否具備固定的營業場所並未要求。

二、營業稅和營利事業所得稅之納稅義務人規定

(一) 營利事業原則上均為營利事業所得稅之納稅義務人。依所#3規定，凡在中華民國境內經營之營利事業，應依所得稅法規定，課徵營利事業所得稅。
(二) 營業稅之納稅義務人不僅限營業人，有可能是收貨人、代理人等。依營#7規定，營業稅之納稅義務人如下：

1. 銷售貨物或勞務之營業人。
2. 進口貨物之收貨人或持有人。
3. 外國之事業、機關、團體、組織，在中華民國境內無固定營業場所者，其所銷售勞務之買受人。但外國國際運輸事業，在中華民國境內無固定營業場所而有代理人者，為其代理人。
4. 第八條第一項第二十七款、第二十八款規定之農業用油、漁業用油有轉讓或移作他用而不符免稅規定者，為轉讓或移作他用之人。但轉讓或移作他用之人不明者，為貨物持有人。
5. 在我國境內無固定營業場所，而銷售電子勞務予境內自然人之外國事業、機關、團體、組織。

第二節 營業稅之減免範圍

本節學習重點：
- 營業稅零稅率之適用對象與稅額計算
- 營業稅免稅率之適用對象與稅額計算

壹、零稅率

一、零稅率意義

營業人銷售貨物或勞務時仍應課稅，但適用稅率為零，並且為銷售零稅率貨物或勞務而購入之進項稅額，可以抵扣。

二、零稅率之適用情況（營 #7）

下列貨物或勞務之營業稅稅率為零；其應具備之文件詳營細 #11。

1. 外銷貨物。
2. 與外銷有關之勞務，或在國內提供而在國外使用之勞務。
3. 依法設立之免稅商店銷售與過境或出境旅客之貨物。
4. 銷售與保稅區營業人供營運之貨物或勞務。
5. 國際間之運輸。但外國運輸事業在中華民國境內經營國際運輸業務者，應以各該國對中華民國國際運輸事業予以相等待遇或免徵類似稅捐者為限。
6. 國際運輸用之船舶、航空器及遠洋漁船。
7. 銷售與國際運輸用之船舶、航空器及遠洋漁船所使用之貨物或修繕勞務。
8. 保稅區營業人銷售與課稅區營業人未輸往課稅區而直接出口之貨物。
9. 保稅區營業人銷售與課稅區營業人存入自由港區事業或海關管理之保稅倉庫、物流中心以供外銷之貨物。
10. 課稅區與保稅區營業人於保稅貨物存倉期間，將該貨物銷售與國外客戶，並取得外匯收入者。
11. 離島免稅購物商店銷售貨物，營業稅稅率為零。（離島建設條例 #10-1）

(C) 1. 下列何項貨物或勞務之加值型及非加值型營業稅稅率為零？（96 記帳士）
  (A) 出售土地
  (B) 銷售未經加工之生鮮農、林、漁、牧產物
  (C) 銷售與科學工業園區內園區事業之機器設備
  (D) 各級政府發行之債券

(**D**) 2. 下列哪一項貨物或勞務之營業稅稅率為零？（103 身障五等）
   (A) 金條、金塊、金片、金幣及純金之金飾或飾金
   (B) 職業學校不對外營業之實習商店銷售之貨物或勞務
   (C) 稻米、麵粉之銷售及碾米加工
   (D) 依法設立之免稅商店銷售與過境或出境旅客之貨物

(**B**) 3. 依加值型及非加值型營業稅法規定，下列何者不適用零稅率之規定？（103 五等）
   (A) 外銷貨物
   (B) 在國外提供及使用之勞務
   (C) 與外銷有關之勞務
   (D) 銷售與保稅區營業人供營運之貨物或勞務

(**A**) 4. 下列何種貨物或勞務之營業稅稅率為零？（103 身障四等）
   (A) 國際運輸用之航空器　　　　(B) 保險業之本業收入
   (C) 未經加工之蔬菜、水果　　　(D) 小規模營業人銷售之貨物

5. 瑞雷公司銷售外銷產品，銷售額為 200 萬元，全部適用零稅率；而該公司當期進貨 160 萬元，其可扣抵的進項稅額 8 萬元，且無留抵稅額。試求瑞雷公司應繳或應退的營業稅為多少？

【解析】
銷項稅額：200 萬 × 0% = 0
進項稅額：160 萬 × 5% = 8 萬
銷項稅額 − 進項稅額：0 − 8 萬 = −8 萬 ➔ 8 萬元可全數退回
【亦即 min(200 萬元 × 5%；8 萬元)】

貳、免稅

一、免稅

　　銷售貨物或勞務時，就該銷售階段免予課徵營業稅，因此，在銷售階段無銷售項額；但其為銷售免稅貨物或勞務而購入之進項稅額，亦不可以抵扣或申請退還。

　　免稅之放棄：銷售免稅貨物或勞務之營業人，得申請財政部核准放棄適用免稅規定，依加值型營業稅方式計算營業稅額。但核准後三年內不得變更。

二、免稅之適用情況（營 #8）

(一) 下列貨物或勞務免徵營業稅

1. 出售之土地。（避免重複課稅）
2. 供應之農田灌溉用水。（配合農漁政策；免辦營業登記）
3. 醫院、診所、療養院提供之醫療勞務、藥品、病房之住宿及膳食。（落實社會政策；免辦營業登記）
4. 依法經主管機關許可設立之社會福利團體、機構及勞工團體，提供之社會福利勞務及政府委託代辦之社會福利勞務。（落實社會政策；免辦營業登記）
5. 學校、幼稚園與其他教育文化機構提供之教育勞務及政府委託代辦之文化勞務。（提昇教育文化；免辦營業登記）
6. 出版業發行經主管教育行政機關審定之各級學校所用教科書及經政府依法獎勵之重要學術專門著作。（提昇教育文化）
7. (刪除)
8. 職業學校不對外營業之實習商店銷售之貨物或勞務。（提昇教育文化；免辦營業登記）
9. 依法登記之報社、雜誌社、通訊社、電視臺與廣播電臺銷售其本事業之報紙、出版品、通訊稿、廣告、節目播映及節目播出。但報社銷售之廣告及電視臺之廣告播映不包括在內。（提昇教育文化）
10. 合作社依法經營銷售與社員之貨物或勞務及政府委託其代辦之業務。（非營利機構之扶助）
11. 農會、漁會、工會、商業會、工業會依法經營銷售與會員之貨物或勞務及政府委託其代辦之業務，或依農產品市場交易法設立且農會、漁會、合作社、政府之投資比例合計占 70% 以上之農產品批發市場，依同法 #27 規定收取之管理費。（非營利機構之扶助）
12. 依法組織之慈善救濟事業標售或義賣之貨物與舉辦之義演，其收入除支付標售、義賣及義演之必要費用外，全部供作該事業本身之用者。（落實社會政策；免辦營業登記）
13. 政府機構、公營事業及社會團體，依有關法令組設經營不對外營業之員工福利機構，銷售之貨物或勞務。（非營利機構之扶助）
14. 監獄工廠及其作業成品售賣所銷售之貨物或勞務。（非營利機構之扶助）
15. 郵政、電信機關依法經營之業務及政府核定之代辦業務。（郵政電信及專賣事業之免徵；免辦營業登記）
16. 政府專賣事業銷售之專賣品及經許可銷售專賣品之營業人，依照規定價格銷售之專賣品。（郵政電信及專賣事業之免徵）
17. 代銷印花稅票或郵票之勞務。（郵政電信及專賣事業之免徵；免辦營業登記）

18. 肩挑負販沿街叫賣者銷售之貨物或勞務。(其他；免辦營業登記)
19. 飼料及未經加工之生鮮農、林、漁、牧產物、副產物；農、漁民銷售其穫、捕獲之農、林、漁、牧產物、副產物。(配合農漁政策；免辦營業登記)
20. 漁民銷售其捕獲之魚介。(配合農漁政策；免辦營業登記)
21. 稻米、麵粉之銷售及碾米加工。(配合農漁政策)
22. 依第四章第二節規定計算稅額之營業人，銷售其非經常買進、賣出而持有之固定資產。(避免重複課稅，屬特種營業稅，不包括兼營營業人)
23. 保險業承辦政府推行之軍公教人員與其眷屬保險、勞工保險、學生保險、農、漁民保險、輸出保險及強制汽車第三人責任保險，以及其自保費收入中扣除之再保分出保費、人壽保險提存之責任準備金、年金保險提存之責任準備金及健康保險提存之責任準備金。但人壽保險、年金保險、健康保險退保收益及退保收回之責任準備金，不包括在內。(落實社會政策)
24. 各級政府發行之債券及依法應課徵證券交易稅之證券。(避免重複課稅)
25. 各級政府機關標售膳餘或廢棄之物資。(其他)
26. 銷售與國防單位使用之武器、艦艇、飛機、戰車及與作戰有關之偵訊、通訊器材。(促進國防工業)
27. 肥料、農業、畜牧用藥、農耕用之機器設備、農地搬運車及其所用油、電。(配合農漁政策)
28. 供沿岸、近海漁業使用之漁船、供漁船使用之機器設備、漁網及其用油。(配合農漁政策)
29. 銀行業總、分行往來之利息、信託投資業運用委託人指定用途而盈虧歸委託人負擔之信託資金收入及典當業銷售不超過應收本息之流當品。(其他)
30. 金條、金塊、金片、金幣及純金之金飾或飾金。但加工費不在此限。(其他)
31. 經主管機關核准設立之學術、科技研究機構提供之研究勞務。(提昇教育文化；免辦營業登記)
32. 經營衍生性金融商品、公司債、金融債券、新臺幣拆款及外幣拆款之銷售額。但佣金及手續費不包括在內。(其他)

(二) **標售義賣及義演免徵營業稅**(營 #8-1)

　　受託人因公益信託而標售或義賣之貨物與舉辦之義演，其收入除支付標售、義賣及義演之必要費用外，全部供作該公益事業之用者，免徵營業稅。

　　前項標售、義賣及義演之收入，不計入受託人之銷售額。

(三) **離島建設條例免徵營業稅**(離島建設條例 #10)

　　澎湖、金門、馬祖、綠島、蘭嶼及琉球地區之營業人，於當地銷售並交付使用之貨

物或於當地提供之勞務，免徵營業稅。

澎湖、金門、馬祖、綠島、蘭嶼及琉球地區之營業人，進口並於當地銷售之商品，免徵關稅；其免徵項目及實施辦法，由財政部訂之。

(四) 住宅法免徵營業稅(住宅法 #22)

社會住宅營運期間作為居住、長期照顧服務、身心障礙服務、托育服務、幼兒園使用之租金收入，及依第十九條第一項第五款、第六款或第二項第四款收取之租屋服務費用，免徵營業稅。

第一項及前項租稅優惠，實施年限為五年，其年限屆期前半年，行政院得視情況延長之，並以一次為限。

社會住宅：指由政府興辦或獎勵民間興辦，專供出租之用之住宅及其必要附屬設施。

實務問題

✪ 補習班是否課徵營業稅？

依營 #8 第 1 項第 5 款規定，學校、幼稚園與其他教育文化機構提供之教育勞務，免徵營業稅。所以，補習班免徵營業稅。(106 年 12 月 31 日以前，補習班包括未立案補習班，以及經核准辦理短期補習班業務之公司，收取之補習費收入，皆免徵營業稅)

但是，有鑑於國內公職及升學補習班等免徵營業稅，業有租稅不公之情事，立法院財政委員會於 106 年 5 月 10 日建議檢討補習班免徵營業稅規定。

財政部經檢討後修正有關補習班營業稅的規定如下，並**自 107 年 1 月 1 日生效**。

(一) 立案補習班之教育勞務，維持現行規定，**免徵營業稅**。
(二) **未依法申請核准立案**，而以補習班名義擅自招生者，即應依相關規定查處，未立案補習班收取之補習費收入應依法**課徵營業稅**。
(三) 經核准辦理短期補習班業務之公司，係以營利為目的之社團法人，其收取之補習費收入應依法**課徵營業稅**。
(二)與(三)項之補習班，其販售課程的「教育勞務」收入，應課徵 5% 營業稅，該補習班業者應依法開立統一發票交付給學員，不能再像以前僅開立「普通收據」。

✪ 作月子中心是否要課營業稅？

自 105 年 12 月 21 日起應依法課徵營業稅並辦理稅籍登記。

依護理人員法、同法施行細則及護理機構分類設置標準設立之「產後護理機構」，即俗稱的作月子中心，需課徵營業稅，有關課徵營業稅的規定整理如下表：

收入來源	是否課徵營業稅	包含項目
醫療勞務收入	否	護理費（含護理評估、護理指導及處置等）、醫療診療及諮詢費
非醫療勞務收入	是	日常生活服務費用，例如：住房費、嬰兒奶粉及尿布、清潔衛生用品及一般飲食等。

三、免稅適用之排除（營 #8-3）

依營 #8 第 1 項第 27 款、第 28 款規定免徵營業稅之農業用油、漁業用油，有轉讓或移作他用而不符免稅規定者，應補繳營業稅。

(C) 1. 營業人銷售免稅貨物或勞務，得申請財政部核准放棄適用免稅規定，但核准後幾年內不得變更？(95 記帳士)
(A) 1 年　(B) 2 年　(C) 3 年　(D) 4 年

(B) 2. 依加值型及非加值型營業稅法規定，下列有關經營衍生性金融商品、公司債、金融債券之營業稅，何者敘述正確？(99 記帳士)
(A) 銷售額、佣金及手續費均免稅　(B) 銷售額免稅，佣金及手續費應稅
(C) 銷售額應稅，佣金及手續費免稅　(D) 銷售額、佣金及手續費均應稅

(B) 3. 營業人專營加值型及非加值型營業稅法第 8 條第 1 項免稅貨物或勞務者，其營業稅之進項稅額應如何扣抵？(97 記帳士)
(A) 留抵下期　(B) 不得扣抵　(C) 按比率扣抵　(D) 可全額扣抵銷項稅額

(D) 4. 依加值型及非加值型營業稅法規定，下列何者非屬營業稅免稅範圍？(97 記帳士)
(A) 出售之土地
(B) 托兒所、養老院、殘障福利機構提供之育、養勞務
(C) 郵政、電信機關依法經營之業務政府核定之代辦業務
(D) 依法設立之免稅商店銷售與過境或出境旅客之貨物

(A) 5. 下列何者非屬免徵營業稅之貨物或勞務？(94 記帳士)
(A) 遠洋漁船
(B) 出售之土地
(C) 稻米之銷售
(D) 依特種稅額計算之營業人，銷售其非經常買進、賣出而持有之固定資產

(D) 6. 依營業稅法規定，下列何者不能免徵營業稅？(102 記帳士)
　　(A) 出售之土地
　　(B) 醫院提供之藥品
　　(C) 出版業發行經主管教育行政機關審定之國中教科書
　　(D) 依法登記之報社銷售之廣告

(C) 7. 免徵營業稅之貨物或勞務，下列何者不在此限？(103 普考)
　　(A) 私立幼稚園所提供之教育勞務　　(B) 療養院所提供之醫療勞務
　　(C) 電視臺之廣告播映　　　　　　　(D) 合作社依法經營銷售與社員之貨物或勞務

(D) 8. 依加值型及非加值型營業稅法第 8 條規定，下列何種貨物或勞務，非免徵營業稅？(103 身障四等)
　　(A) 出售之土地
　　(B) 供應之農田灌溉用水
　　(C) 療養院提供病房之住宿及膳食
　　(D) 職業學校對外營業實習商店銷售之貨物或勞務

(C) 9. 依加值型及非加值型營業稅法規定，下列何者免徵營業稅？(103 身障五等)
　　(A) 報社銷售之廣告
　　(B) 小規模營業人銷售之菸酒
　　(C) 保險公司承辦政府推行之學生保險
　　(D) 出版社銷售教育部審定教科書之各版本測驗卷

(C) 10. 加值型營業人甲公司，本期處分公司名下一筆民國 90 年購入之土地，該土地相關之租稅負擔，下列敘述何者正確？(改自 103 普考)
　　(A) 免納營業稅，但需繳納營利事業所得稅
　　(B) 免納營利事業所得稅，但需繳納營業稅
　　(C) 免納營業稅及營利事業所得稅
　　(D) 同時繳納營業稅及營利事業所得稅

參、進口貨物之免徵營業稅

一、進口貨物免徵之情況 (營 #9)

進口下列貨物免徵營業稅：

(一) 營 #7 第 6 款、營 #8 第 1 項第 27 款之肥料及第 30 款之貨物。包括：

1. 國際運輸用之船舶、航空器及遠洋漁船。
2. 肥料。
3. 金條、金塊、金片、金幣及純金之金飾或飾金。

(二) 關稅法 #49 規定之貨物。但因轉讓或變更用途依照同法 #55 規定補繳關稅者，應補繳營業稅。

(三) 本國之古物。

二、進口稅率之機動調整（營 #9-1）

為因應經濟特殊情況，調節物資供應，對進口小麥、大麥、玉米或黃豆應徵之營業稅，得由行政院機動調整，不受 #10 規定限制。

前項機動調整之貨物種類、調整幅度、實施期間與實際開始及停止日期，由財政部會同有關機關擬訂，報請行政院核定公告之。

立法背景

97 年初，為協助穩定國內物價，依加值型及非加值型營業稅法第 9 條之 1 規定，會同行政院農業委員會及經濟部報請行政院核定自 97 年 3 月 10 日起至 98 年 3 月 9 日止，機動免徵進口小麥、大麥、玉米及黃豆等 4 項大宗物資應徵之營業稅。

其後又因 97 年底美國爆發嚴重金融危機，導致國際金融風暴波及全球，為振興國內經濟，穩定國內業者經營，減輕人民消費民生物資之負擔，爰再報請行政院核定繼續免徵前揭 4 項大宗物資應徵之營業稅至 99 年 3 月 9 日止。而後又因相關數據顯示，國內景氣情況已逐漸復甦，國內物價亦僅呈狹幅波動，惟考量如立即停止減免優惠，恐衝擊景氣回溫情形；又為使進口業者能有適當之調適期，爰報請行政院核定繼續機動免徵該等大宗物資營業稅至 99 年 6 月 9 日止。

法規補充

關稅法 #49：下列各款進口貨物，免稅：

一、總統、副總統應用物品。

二、駐在中華民國之各國使領館外交官、領事官與其他享有外交待遇之機關及人員，進口之公用或自用物品。但以各該國對中華民國給予同樣待遇者為限。

三、外交機關進口之外交郵袋、政府派駐國外機構人員任滿調回攜帶自用物品。

四、軍事機關、部隊進口之軍用武器、裝備、車輛、艦艇、航空器與其附屬品，及專供軍用之物資。

五、辦理救濟事業之政府機構、公益、慈善團體進口或受贈之救濟物資。

六、公私立各級學校、教育或研究機關，依其設立性質，進口用於教育、研究或實驗之必需品與參加國際比賽之體育團體訓練及比賽用之必需體育器材。但以成品為限。
七、外國政府或機關、團體贈送之勳章、徽章及其類似之獎品。
八、公私文件及其類似物品。
九、廣告品及貨樣，無商業價值或其價值在限額以下者。
十、中華民國漁船在海外捕獲之水產品；或經政府核准由中華民國人民前往國外投資國外公司，以其所屬原為中華民國漁船在海外捕獲之水產品運回數量合於財政部規定者。
十一、經撈獲之沈沒船舶、航空器及其器材。
十二、經營貿易屆滿二年之中華民國船舶，因逾齡或其他原因，核准解體者。但不屬船身固定設備之各種船用物品、工具、備用之外貨、存煤、存油等，不包括在內。
十三、經營國際貿易之船舶、航空器或其他運輸工具專用之燃料、物料。但外國籍者，以各該國對中華民國給予同樣待遇者為限。
十四、旅客攜帶之自用行李、物品。
十五、進口之郵包物品數量零星在限額以下者。
十六、政府機關自行進口或受贈防疫用之藥品或醫療器材。
十七、政府機關為緊急救難自行進口或受贈之器材與物品及外國救難隊人員為緊急救難攜帶進口之裝備、器材、救難動物與用品。
十八、中華民國籍船員在國內設有戶籍者，自國外回航或調岸攜帶之自用行李物品。
十九、政府機關為舉辦國際比賽自行進口或受贈之比賽用必需體育器材或用品。
前項貨物以外之進口貨物，其同批完稅價格合併計算在財政部公告之限額以下者，免稅。但進口次數頻繁或經財政部公告之特定貨物，不適用之。
第一項第二款至第六款、第九款、第十四款、第十五款及第十八款所定之免稅範圍、品目、數量、限額、通關程序及應遵行事項之辦法，由財政部定之。

關稅法 #55：減免關稅之進口貨物，轉讓或變更用途時，應由原進口時之納稅義務人或現貨物持有人自轉讓或變更用途之翌日起三十日內，向原進口地海關按轉讓或變更用途時之價格與稅率，補繳關稅。但有下列情事之一者，免予補稅：
一、轉讓或變更用途時已逾財政部規定年限。
二、經海關核准原貨復運出口。
三、經原核發同意或證明文件之機關核轉海關查明原貨復運出口。

四、轉讓與具有減免關稅條件。

分期繳稅或稅款記帳之進口貨物,於關稅未繳清前,除強制執行或經海關專案核准者外,不得轉讓。

依前項規定經強制執行或專案核准者,准由受讓人繼續分期繳稅或記帳。

第一項減免關稅貨物補稅、免補稅年限、申辦程序、完稅價格之核估及其他應遵行事項之辦法,由財政部定之。

(**B**) 1. 依加值型及非加值型營業稅法規定,進口下列何種貨物應課徵營業稅?(99 記帳士)

　　(A)肥料　(B)麵粉　(C)國際運輸用之船舶、航空器及遠洋漁船　(D)金條、金塊、金片、金幣及純金之金飾或飾金

(**C**) 2. 依加值型及非加值型營業稅法之規定,下列何項貨物不能免徵營業稅?(103 地特三等)

　　(A)飼料　(B)金幣　(C)進口稻米　(D)進口本國之古物

(**A**) 3. 為因應經濟特殊情況,調節物資供應,其應徵之營業稅,得由行政院機動調整之範圍,但下列何者不在此限?(103 普考)

　　(A)小米　(B)玉米　(C)小麥　(D)大麥

實務操作

依據「郵包物品進出口通關辦法」以及「空運快遞貨物通關辦法」的規定,進口低價免稅貨物,完稅價格在 2,000 元(自 107 年 1 月 1 日起調降,原為 3,000 元)以下者免徵關稅、貨物稅、營業稅。

隨著電子商務的交易愈趨熱絡,許多網路賣家是自國外網站批貨回台販售,為降低稅負,便採用「化整為零」的方式。亦即,進口十件價值共計一萬五千元的商品,分拆成十件小包裹進口,使每件價格低於 2,000 元,以適用免稅的優惠。

為解決前述問題,自民國 105 年 11 月 9 日起,實施關 #49 第 2 項修正,規定**進口次數頻繁之貨物**,不適用前述 2,000 元以下免稅之規定。因此,進口包裹若是自同一寄遞地寄交同一地址或同一收件人之郵包物品,於半年內(1 月至 6 月;7 月至 12 月)郵寄物品六次以上,便被認定為「次數頻繁」,不適用免稅之規定。所以,若次數達到頻繁的認定標準,即使進口貨物完稅價格在 2,000 元以下者仍要課稅。

此舉主要是對自國外網站批貨回台販售或海外代購的業者影響較大,對於偶爾自海外網購的民眾其影響有限。

肆、外國事業組織參展退稅（營 #7-1）

一、規定

　　外國之事業、機關、團體、組織，在中華民國境內無固定營業場所者，其於一年內在中華民國境內從事參加展覽或臨時商務活動而購買貨物或勞務支付加值型營業稅達一定金額，得申請退稅。但未取得並保存憑證及營 #19 第 1 項第 2 款至第 5 款規定之進項稅額，不適用之。

　　得依前項規定申請退稅者，以各該國對中華民國之事業、機關、團體、組織予以相等待遇或免徵類似稅捐者為限。

　　第一項所定一年期間之計算、展覽與臨時商務活動之範圍、一定金額、憑證之取得、申請退稅應檢附之文件、期限及其他相關事項之辦法，由財政部定之。

二、說明

　　外國之事業、機關、團體、組織在中華民國境內無固定營業場所者，於同年 1 月 1 日至 12 月 31 日在中華民國境內從事參加**展覽**或**臨時商務活動**，而購買貨物或勞務支付加值型營業稅達新臺幣 5,000 元以上者，得於購買貨物或勞務之次年 1 月 1 日至 6 月 30 日，申請退還購買貨物或勞務所支付之營業稅。

　　展覽係指為拓展業務，在中華民國境內從事陳列或展示本事業及附屬業務有關之貨物或勞務活動。

　　臨時商務活動則指在中華民國境內從事差旅、人才培訓、考察、市場調查、採購、舉辦或參加國際會議、招商、交流、行銷說明會及其他經財政部核定與本事業及附屬業務有關之商務活動。

◆ 適用條件：
(一) 在中華民國境內無固定營業場所者。
(二) 經各該國政府核准營業登記或類似營業登記者。但符合下列情形之一者，不在此限：依各該國稅法規定得免辦營業登記或類似營業登記者。各該國政府未課徵營業稅或類似稅捐者，應經各該國政府目的事業主管機關核准登記或許可成立。
(三) 各該國對中華民國之事業、機關、團體、組織予以相等待遇或免徵類似稅捐者。

◆ 不能退稅情況：
　　購買以下貨物或勞務，則不能申請退稅：
(一) 非供從事參加展覽或臨時商務活動使用之貨物或勞務。
(二) 非供本業及附屬業務使用之貨物或勞務。
(三) 交際應酬用之貨物或勞務。

(四) 酬勞員工個人之貨物或勞務。
(五) 自用乘人小汽車。
(六) 已依外籍旅客購買特定貨物申請退還營業稅實施辦法規定申請退稅者。

伍、免稅與零稅率之比較

免稅與零稅率雖都屬於營業稅的優惠，但兩者仍有不同之處，比較兩者之差異如下表：

表 6-1　免稅與零稅率之比較

項目	零稅率	免稅
適用對象	外銷或與外銷有關之貨物或勞務	特定貨物或勞務之銷售
課稅與否	要課；但稅率為零	不課
可否扣抵進項稅額	可以抵，可以退稅	不可，不能退稅也不需繳稅
權利之拋棄	因有退稅之利，多不會拋棄	可申請放棄免稅之適用，經核准三年內不得變更
政策意義	獎勵外銷	基於社會福利與文教政策，與重複課稅等因素之考量
效果不同	效果較佳	效果較差

(**B**) 有關加值型營業稅之「免稅」與「零稅率」的規定，下列敘述何者正確？(101普考)
(A) 免稅之進項稅額可扣抵，故可獲得完全退稅
(B) 外銷貨物適用零稅率規定，且進項稅額可扣抵，故可獲得完全退稅
(C) 零稅率的銷項稅額為零，但進項稅額不可扣抵
(D) 外銷貨物適用免稅規定，且進項稅額可扣抵，故可獲得完全退稅

第三節　加值型營業稅之稅率與稅額計算

本節學習重點：
✦ 加值型營業稅之適用範圍
✦ 加值型營業稅之稅額計算
✦ 加值型營業稅之應繳、應退稅額以及留抵稅額

壹、加值型營業稅稅率 (營 #10)

加值型營業稅之營業人,即加值型及非加值型營業稅法所稱,**適用第四章第一節規定適用一般稅額計算之營業人**(排除適用非加值型營業稅之營業人,即排除金融保險業、特種飲食業以及小規模營業人等)。

一、一般加值型營業稅稅率:營業稅稅率,除本法另有規定外,最低不得少於 5%,最高不得超過 10%;其徵收率,由行政院定之。

→ **目前加值型營業稅稅率為 5%。**

二、外銷商品等營 #7 之銷售營業稅稅率:

→ **現行營業稅稅率為 0%。**

貳、進口營業稅稅額計算 (營 #20)

進口貨物按關稅完稅價格加計進口稅後之數額,依 #10 規定之稅率計算營業稅額。

前項貨物如係應徵貨物稅、菸酒稅或菸品健康福利捐之貨物,按前項數額加計貨物稅額、菸酒稅額或菸品健康福利捐金額後計算營業稅額。

進口貨物之營業稅額 =
(關稅完稅價格 + 進口稅捐 + 貨物稅、菸酒稅或菸品健康福利捐)× 稅率

---

1. 進口貨物海關的完稅價格為 1,200,000,進口稅捐為 200,000,而貨物稅稅率為 20%;試問此批貨物之營業稅稅額為何?

   【解析】
   貨物稅:(1,200,000 + 200,000)× 20% = 280,000
   (貨物稅之完稅價格應包含海關完稅價格以及進口稅捐)
   營業稅:(1,200,000 + 200,000 + 280,000)× 5% = 84,000

(B) 2. 依加值型及非加值型營業稅法第 20 條規定,進口貨物計算營業稅之稅基,不包括下列何稅額或金額?(104 身障四等)
   (A) 貨物稅額　(B) 特種貨物及勞務稅額　(C) 菸酒稅額　(D) 菸品健康福利捐金額

(C) 3. 依營業稅法規定,進口菸品於計算其營業稅應納稅額時,其計稅價格為何?(103 會計師)
   (A) 不應包括菸品之菸酒稅額或菸品健康福利捐
   (B) 應包括菸品之菸酒稅額,但不包括菸品健康福利捐
   (C) 應同時包括菸品之菸酒稅額或菸品健康福利捐
   (D) 應包括菸品健康福利捐,但不包括菸品之菸酒稅額

參、購買國外勞務稅額計算 (營 #36、#36-1)

一、納稅義務人與繳納規定 (營 #36)

- 外國之事業、機關、團體、組織在中華民國境內無固定營業場所而有銷售勞務者,應由**勞務買受人**於給付報酬之次期開始十五日內,就給付額依營 #10 所定稅率,計算營業稅額繳納之。
- 銷售之勞務屬營 #11 第 1 項 (銀行業、保險業、信託投資業、證券業、期貨業、票券業及典當業) 各業之勞務者,勞務買受人應按該項各款稅率計算營業稅額繳納之。
- 外國國際運輸事業在中華民國境內無固定營業場所而有代理人在中華民國境內銷售勞務,其代理人應於載運客、貨出境之次期開始十五日內,就銷售額按第十條規定稅率,計算營業稅額,並依前條規定,申報繳納。
- 外國之事業、機關、團體、組織,在中華民國境內無固定營業場所,銷售電子勞務予境內自然人,依營 #28 規定須申請稅籍登記者,應就銷售額按營 #10 規定稅率,計算營業稅額,自行或委託中華民國境內報稅之代理人依前條規定申報繳納。

二、免繳納之情況

- 買受人為依第四章第一節規定計算稅額之營業人,其購進之勞務,專供經營應稅貨物或勞務之用者,免予繳納;
- 外國之事業、機關、團體、組織在中華民國境內,無固定營業場所而有銷售供教育、研究或實驗使用之勞務予公私立各級學校、教育或研究機關者,勞務買受人免依營 #36 第 1 項規定辦理。

> ❂ **購買國外勞務案例說明**
>
> 　　外國之事業、機關、團體、組織在中華民國境內無固定營業場所,銷售勞務至我國境內者,依銷售對象不同可分以下情況說明:
>
> 1. 銷售勞務給營業人:
>   (1) 免予繳納:買受人為依第四章第一節規定計算稅額之營業人,其購進之勞務,專供經營應稅貨物或勞務之用者,免予繳納。
>   (2) 買受人非屬前述(1)之情況,負擔納稅義務:應由勞務買受人於給付報酬次日起十五日內,就給付額依其適用稅率,計算營業稅額繳納之。
>
> 2. 銷售勞務給自然人:
>   (1) 銷售非電子勞務:應由勞務買受人於給付報酬次日起十五日內,就給付額依其適用稅率,計算營業稅額繳納之。

(2) 銷售電子勞務：自 106 年 5 月 1 日起，在我國境內無固定營業場所之境外電商營業人利用網路銷售電子勞務予境內自然人，年銷售額逾 48 萬元者，應依營 #28-1 第 1 項規定，向主管稽徵機關申請稅籍登記，報繳營業稅。

案例：境內營業人甲（供應商）運用境外電商營業人 A 架設網站或建置電子系統銷售勞務予境內自然人（買受人）。

1. 舊制(106 年 4 月 30 日以前)：由 A 向境內自然人收取價款（售價）10,000 元，並於扣除網站（系統）手續費 3,000 元後，以 7,000 元撥付境內營業人甲

　　買受人 ➡ 境外電商 A (收手續費 3,000 元，稅額：0)
　　付 10,000 元
　　　　　　　　⬇ 撥 7,000 (10,000 − 3000)
　　　　　　境內營業人甲(收 7,000 元，稅額：7,000/(1 + 5%) × 5% = 333)

2. 新制(106 年 5 月 1 日以後)：由 A 向境內自然人收取價款（售價）10,500 元，並於扣除網站（系統）手續費 3,150 元後，以 7,350 元撥付境內營業人甲

　　買受人 ➡ 境外電商 A (收 10,500 元，銷項稅額：500；進項稅額：350)
　　付 10,500 元
　　　　　　　　⬇ 撥 7,350
　　　　　　境內營業人甲(收 7,350 元，稅額：7,350/(1 + 5%) × 5% = 350)

資料來源：https://www.etax.nat.gov.tw/etwmain/web/ETW118W/CON/444/8989732944088005137

肆、加值型營業稅稅額計算

稅額相減法基本概念

加值型營業稅應付或溢付稅額
＝銷項稅額 −（進項稅額 − 不可扣抵進項稅額）− 上期累積留抵稅額

(1) 依上式計算之值為正數 ➔ 應付稅額
　　需就該數額繳納營業稅

(2) 依上式計算之值為負數 ➔ 留抵稅額或可退稅額
　　原則上作留抵稅額：留抵次期之應納稅額。若留抵次期仍有餘額者，可順延留抵，無期間限制。
　　部分情況可申請退稅：在符合外銷適用零稅率、購進固定資產等情況，可以申請退稅。

一、一般銷售之銷售額（營 #16）

營業稅銷售額＝
（營業人銷售貨物或勞務所收取之全部代價 － 銷貨退回或折讓）＋ 貨物稅額、菸酒稅額或菸品健康福利捐

$$計算銷項稅額之銷售額 = \frac{當期開立統一發票之銷售額}{1 + 稅率}$$

1. 銷售額，為營業人銷售貨物或勞務所收取之全部代價，包括營業人在貨物或勞務之價額外收取之一切費用（但不含本次銷售之營業稅）。
2. 前項貨物如係應徵貨物稅、菸酒稅或菸品健康福利捐之貨物，其銷售額應加計貨物稅額、菸酒稅額或菸品健康福利捐金額在內。
3. 以時價認定銷售額。時價是指當地同時期的市場價格。（營細 #25）
4. 時價顯著偏低者：營業人以較時價顯著偏低之價格銷售貨物或勞務而無正當理由者，主管稽徵機關得依時價認定其銷售額。
5. 營業人對於應稅貨物或勞務之定價，應內含營業稅。

（**D**）下列何者不計入加值型及非加值型營業稅之銷售額？（96 記帳士）
　　（A）關稅　（B）菸酒稅　（C）貨物稅　（D）本次銷售之加值型及非加值型營業稅

二、特殊情況銷售之銷售額

(一) 國際運輸事業（營 #18）

國際運輸事業自中華民國境內載運客貨出境者，其銷售額依下列規定計算：

1. 海運事業：指自中華民國境內承載旅客出境或承運貨物出口之全部票價或運費。
2. 空運事業：
   (1) 客運：指自中華民國境內承載旅客至中華民國境外第一站間之票價。
   (2) 貨運：指自中華民國境內承運貨物出口之全程運費。但承運貨物出口之國際空運事業，如因航線限制等原因，在航程中途將承運之貨物改由其他國際空運事業之航空器轉載者，按承運貨物出口國際空運事業實際承運之航程運費計算。
3. 前項第二款第一目所稱中華民國境外第一站，由財政部定之。

(二) 交換（營細 #18）

營業人以貨物或勞務與他人交換貨物或勞務者，其銷售額應以換出或換入貨物或勞務之時價，從高認定。

1. 甲電子工廠以電子零件一批,與乙電氣公司交換冷氣一台,帳面價格分別為 320,000 元及 300,000 元;惟依當時時價來看,電子零件為 357,000 元,冷氣機 367,500 元,其銷售額如何認定?
   【解析】
   以 367,500 元開立發票,銷售額 = 367,500 元 ÷ (1 + 5%) = 350,000 元

(D) 2. 臺東公司以成本 8 萬元、時價 10 萬元貨物,與臺西公司交換成本 7 萬元、時價 12 萬元貨物,依營業稅法相關法規規定,臺東公司之銷售額為:(102 記帳士)
   (A) 7 萬元　(B) 8 萬元　(C) 10 萬元　(D) 12 萬元

(三) 分期付款銷售(營細 #20)

營業人以分期付款方式銷售貨物者,除約定收取第一期價款時以全部應收取之價款為銷售額外,以各期約定應收取之價款為銷售額。

惟事後買受人有未依約支付價款之情形者,因貨物既經交付,仍應依期開立統一發票報繳營業稅。

某營業人銷售一機車,以分期付款方式,分十期收款。現銷價為 63,000 元,惟加利息及收款費用後,每期共收取價款 6,720 元,徵收率 5%,請計算銷售額。
【解析】
1. 約定收取第一期價款時以全部應收取之價款為銷售額:
   銷售額 = 6,720 元 × 10 ÷ (1 + 5%) = 64,000 元。
2. 未約定收取第一期價款時以各期應收取之價款為銷售額:
   各期收款時銷售額 = 6,720 元 ÷ (1 + 5%) = 6,400 元。

(四) 土地及其定著物合併銷售者(營細 #21)

營業人以土地及其定著物合併銷售時,除銷售價格按土地與定著物分別載明者外,依房屋評定標準價格(含營業稅)占土地公告現值及房屋評定標準價格(含營業稅)總額之比例,計算定著物部分之銷售額。其計算公式如下:

定著物部分之銷售價格 =

土地及其定著物之銷售價格 × $\dfrac{房屋評定標準價格 \times (1 + 徵收率)}{土地公告現值 + 房屋評定標準價格 \times (1 + 徵收率)}$

定著物部分之銷售額 = 定著物部分之銷售價格 ÷ (1 + 徵收率)

> **範例**
> 　　雷力公司出售舊廠房，合約未載明個別售價，總價計為 2,055,000 元，房屋評定標準價格 1,100,000 元，土地公告現值 900,000 元，徵收率 5%，計算定著物部分之銷售額。
> 【解析】
> 定著物部分之銷售價格
> ＝ 2,055,000 元 × [1,100,000 元 × (1 ＋ 5%)] ÷ [900,000 元 ＋ 1,100,000 元 × (1 ＋ 5%)]
> ＝ 1,155,000 元。
> 定著物部分之銷售額 ＝ 1,155,000 元 ÷ (1 ＋ 5%) ＝ 1,100,000 元。

(五) 視為銷售貨物或勞務

　　基本原則：以時價認定銷售額，包括：

1. 營業人以其產製、進口、購買供銷售之貨物，轉供營業人自用；或以其產製、進口、購買之貨物，無償移轉他人所有者。**以時價認定銷售額**。
2. 營業人解散或廢止營業時所餘存之貨物，或將貨物抵償債務、分配與股東或出資人者。**以時價認定銷售額**。
3. 營業人以自己名義代為購買貨物交付與委託人者。**代購貨物實際價格**。
4. 營業人委託他人代銷貨物者。**約定代銷價格**。
5. 營業人銷售代銷貨物者。**約定代銷價格**。

> 請計算以下視為銷售貨物或勞務之銷售額：
> 1. 一打飲料訂價 1,200 元，營業人以自產飲料五打供員工飲用
>   ➔ 1,200 元 × 5 ÷ 1.05 ＝ 5,714 元。
> 2. 營業人自產冷氣，無償轉經理人使用，冷氣訂價為 21,000 元
>   ➔ 21,000 元 ÷ 1.05 ＝ 20,000 元。
> 3. 營業人廢止營業，剩以下餘存貨物分配與股東：貨物和固定資產。其帳面價值分別為 400,000 元、1,000,000 元，市價分別為 525,000 元、1,260,000 元。
>   ➔ (525,000 元 ＋ 1,260,000 元) ÷ 1.05 ＝ 1,700,000 元。

(六) **預收款之銷售額**（營細 #22）

　　營業人銷售貨物或勞務，於貨物交付前或勞務提供前經開立統一發票者，應以開立統一發票之金額為銷售額。

(七) 出租財產所收取押金之銷售額（營細 #24）

本法第四章第一節規定計算稅額之營業人，出租財產所收取之押金，應按月計算銷售額，**不滿一月者不計**。其計算公式如下：

$$月銷售額 = 押金 \times \frac{該年一月一日郵政定期儲金一年期固定利率 \div 12}{1 + 徵收率}$$

三、銷項稅額（營 #14、#15）

(一) 何謂銷項稅額？

銷項稅額，指營業人銷售貨物或勞務時，依規定應收取之營業稅額。

營業人銷售貨物或勞務，除本章第二節另有規定外，均應就銷售額，分別按 #7、#10 規定計算其銷項稅額，尾數不滿通用貨幣一元者，按四捨五入計算。

(二) 銷項稅額之計算？

營業人銷售貨物或勞務時，依規定應收取的營業稅額（銷售額 × 稅率 5%）。可減除發生銷貨退回或折讓之當期銷項稅額。

營業人依經銷契約支付之獎勵金，應按銷貨折讓處理。（營細 #23）

$$計算銷項稅額之銷售額 = \frac{當期開立統一發票總額}{1 + 稅率}$$

$$銷項稅額 = 計算銷項稅額之銷售額 \times 稅率 - 銷貨退回或折讓之當期銷項稅額$$

範例

1. 小雷公司自今年 1 月 1 日起向大雨公司承租一棟大樓三年，除租賃時給付押金 3,150,000 元之外，每月月初應給付租金 105,000 元（含營業稅額 5,000 元）。假設小雷公司與大雨公司皆為依一般稅額計算之營業人，依今年 1 月 1 日當地銀行業（郵局）之一年期定期存款利率為 2%，則小雷公司今年 7 月中申報 5、6 月營業稅時，此項租賃之營業額及銷項稅額各為多少？

   【解析】
   計算押金之每月銷售額 = (3,150,000 元 × 2% ÷ 12) ÷ (1+5%) = 5,000 元
   今年 5、6 月該租賃之營業額（銷售額）
   = [5,000 元 + (105,000 元 − 5,000 元)] × 2 = 210,000 元
   ➜ 銷項稅額 = 210,000 元 × 5% = 10,500 元

(B) 2. 甲公司為一般稅額計算之營業人，出租某辦公大樓一層給乙公司，每月收取租金 36,750 元之外，另收取押金 500,000 元，假設郵政定期儲金一年利率為 2%，則甲公司每月租金及押金合計之銷項稅額為何？（四捨五入至整數位）（改自 104 高考）

(A) 1,750 元　(B) 1,790 元　(C) 476 元　(D) 2,226 元

【解析】

（500,000 元 × 2% ÷ 12 + 36,750 元）÷ 1.05 × 0.05 = 1,790 元

(A) 3. 依加值型及非加值型營業稅法第 14 條規定，營業人計算銷項稅額時，如尾數不滿通用貨幣 1 元者，應按下列何規定處理？(104 身障四等)
(A) 不滿通用貨幣 1 元者，採四捨五入計算
(B) 計算至通用貨幣「角」，不滿 1 角者，角以下無條件捨去不計
(C) 不滿通用貨幣 1 元者，元以下無條件捨去不計
(D) 計算至通用貨幣「分」，不滿 1 分者，分以下無條件捨去不計

四、進項稅額

(一) 何謂進項稅額？（營 #15）

營業人購買貨物或勞務時，依規定應支付的營業稅額（進貨額 × 稅率 5%）。尾數不滿通用貨幣一元者，按四捨五入計算。

(二) 進項稅額之計算與抵減銷項稅額

營業人因進貨退出或折讓而收回之營業稅額，應於發生進貨退出或折讓之當期進項稅額中扣減之。

依本法第四章第一節規定計算稅額之營業人，其進項稅額憑證，未於當期申報者，得延至次期申報扣抵。次期仍未申報者，應於申報扣抵當期敘明理由。但進項稅額憑證之申報扣抵期間，以**十年**為限。（營細 #29）

$$\text{計算進項稅額之進貨額} = \frac{\text{當期購貨之統一發票進貨額}}{1 + \text{稅率}}$$

$$\text{進項稅額} = \text{計算進項稅額之進貨額} \times \text{稅率} - \text{進貨退出或折讓之當期進項稅額}$$

(三) 進項稅額應具備之合法憑證（營 #33）

營業人以進項稅額扣抵銷項稅額者，應具有載明其名稱、地址及統一編號之左列憑證：

1. 購買貨物或勞務時，所取得載有營業稅額之統一發票。

2. 有營 #3 第 3 項第 1 款規定視為銷售貨物，或同條第 4 項準用該條款規定視為銷售勞務者，所自行開立載有營業稅額之統一發票。

3. 其他經財政部核定載有營業稅額之憑證。

五、中古車商之進項稅額認定（營 #15-1）

營業人銷售其向**非**依本節（即第四章第一節）規定計算稅額者購買之舊乘人小汽車及機車，得以該購入成本，按 #10 規定之徵收率計算進項稅額；其計算公式如下：

$$進項稅額 = \frac{購入成本}{1 + 徵收率} \times 徵收率$$

前項進項稅額，營業人應於申報該輛舊乘人小汽車及機車銷售額之當期，申報扣抵該輛舊乘人小汽車及機車之銷項稅額。但**進項稅額超過銷項稅額部分不得扣抵**。（進項稅額與銷項稅額比較取小者）。但該舊乘人小汽車於購入時，係屬非供銷售或提供勞務使用之自用乘人小汽車者，則不得提報扣抵。

營業人於申報第一項進項稅額時，應提示購入該輛舊乘人小汽車及機車之進項憑證。購入該輛舊乘人小汽車及機車之進項憑證，包括普通收據、個人一時貿易資料申報表、特種統一發票、買賣合約書或讓渡書及其他憑證。

本條修正公布生效日尚未核課或尚未核課確定者，適用前三項規定辦理。

案例演練

1. 大雷神汽車商行專營中古車買賣業務，該公司於去年度買入 5 輛舊乘人小汽車，於今年 3 月 15 日全部售出，明細如下：

編號	買入對象	購入金額（含稅）	銷售金額（含稅）	取得憑證	用途
1	李中明	210,000	262,500	普通收據	帳列「存貨」供轉售
2	中原基金會（非營業人）	315,000	367,500	買賣合約書	帳列「存貨」供轉售
3	瑞山銀行	420,000	315,000	特種統一發票	帳列「存貨」供轉售
4	雨明公司	525,000	550,000	統一發票	帳列「存貨」供轉售
5	丁又蓮	630,000	670,011	普通收據	商行自用

大雷神汽車商行各輛車應申報之進項金額及得扣抵進項稅額計算如下：

編號	銷售額(1)（不含稅）	銷項稅額(3) = (1) × 5%	購入金額(2)（不含稅）	進項金額(4) = (2) × 5%	可扣抵進項稅額：(3)與(4)取低者
1	250,000	12,500	200,000	10,000	10,000
2	350,000	17,500	300,000	15,000	15,000
3	300,000	15,000	400,000	20,000	15,000

(C) 2. 設中古車商甲公司為加值型營業人，其向小王購進中古小轎車一台，購入成本為 $300,000，試問當甲公司於嗣後出售此輛車時（出售價為 $600,000），可申報多少進項稅額用以扣抵其銷項稅額？(101 記帳士)
(A) 不可申報進項稅額 (B) $3,000 (C) $14,286 (D) $15,000
【解析】$300,000 ÷ 1.05 × 0.05 = $14,286

(D) 3. 適用一般稅額計算之營業人，其進項稅額憑證，未於當期申報者，得延至次期申報扣抵。但進項稅額憑證之申報扣抵期間，以多久為限？(104 普考)
(A) 一年 (B) 三年 (C) 五年 (D) 十年

六、不可扣抵之進項稅額（營 #19、營細 #30）

營業人下列進項稅額，不得扣抵銷項稅額：

1. 購進之貨物或勞務未依規定取得並保存營 #33 所列之憑證者。
2. 非供本業及附屬業務使用之貨物或勞務。

   但為協助國防建設、慰勞軍隊及對政府捐獻者，其進項稅額仍可扣除；且僅指對我國政府之捐獻，尚不適用於捐獻外國政府之情形。(財政部 84/07/24 台財稅第 841638263 號函)

3. 交際應酬用之貨物或勞務；包括贈送股東紀念品、宴客等與推廣業務無關之餽贈。
4. 酬勞員工個人之貨物或勞務；包括員工康樂、員工旅行、生日禮物、因公受傷慰勞金、婚喪喜慶禮品、惜別茶會之布置及茶點等所需費用。
5. 自用乘人小汽車。所謂自用乘人小汽車，係指**非供銷售或提供勞務使用**之九座以下乘人小客車。因此，以出售自用小客車為業者，其購入自用小客車之進項稅額仍可扣抵。
6. 營業人專營 #8 第 1 項免稅貨物或勞務者，其進項稅額不得申請退還。
7. 營業人因兼營 #8 第 1 項免稅貨物或勞務，或因本法其他規定而有部分不得扣抵情形者，其進項稅額不得扣抵銷項稅額之比例與計算辦法，由財政部定之。
7. 統一發票扣抵聯經載明「違章補開」者，不得作為扣抵銷項稅額或扣減查定稅額之憑證。但該統一發票係因買受人檢舉而補開者，不在此限。(營細 #30)
8. 有下列情形之一者，經海關補徵之營業稅額，不得列入扣抵銷項稅額：(營細 #30)

   (1) 營業人進口貨物，經查獲短報進口貨物完稅價格，並有本法 #51 第 1 項各款情形之一。

   (2) 保稅區營業人或海關管理之免稅商店、離島免稅購物商店辦理保稅貨物盤存，實際盤存數量少於帳面結存數量。

案例解釋

✪ 進項稅額准予扣抵之解釋令

1. 業務檢討會餐費之進項稅額准予扣抵
2. 供員工使用之衛生紙等物品其進項稅額准予扣抵：營業人購買放置於營業場所供全體員工使用之衛生紙、香皂、消費用品用具、茶葉等物品，其進項稅額應准予申報扣抵銷項稅額。
3. 供施工人員住宿或辦理工務之租金等其進項稅額准予扣抵：營業人為工程施工或油礦採勘需要，於工地搭建臨時房屋或在工地附近租賃房屋供施工人員臨時住宿或辦理工務使用，該房屋租金、水電費、瓦斯費等核屬供業務上使用之貨物或勞務，其進項稅額依法應准予申報扣抵銷項稅額。
4. 營業人組設球隊支出之進項稅額准予扣抵：營業人組設球隊對外參加活動，符合倡導運動，培育運動人員，提昇運動水準政策，亦可提昇公司知名度與商譽，促進產品之銷售，其有關球隊之支出，應認屬與公司業務有關，其進項稅額准予扣抵銷項稅額。
5. 建購員工福利設施如所有權未移轉予員工者其進項稅額可扣抵。
6. 百貨公司專櫃供應商支付之週年慶贊助金其進項稅額可申報扣抵：百貨公司專櫃貨物供應商支付予百貨公司之週年慶贊助金，如經查明係依雙方合約約定所支付，且供百貨公司舉辦促銷活動之用，則該費用應認屬與其經營本業及附屬業務有關，核非屬營#19規定不得扣抵銷項稅額之範圍，其進項稅額應准予扣抵銷項稅額。
7. 受託機構管理信託資產之租金收入如採加值課稅其進項稅額可依兼營比例扣抵。
8. 收費之研習活動其學員餐費之進項稅額准予扣抵
9. 租賃業以融資租賃方式租車予他人其進項稅額得予扣抵
10. 小客車租賃業購車支付之進項稅額可予扣抵
11. 租車載運員工上下班除融資租賃乘人小汽車外其進項稅額准扣抵
12. 非融資租賃租用乘人小汽車者其進項稅額准予扣抵
13. 客貨兩用車之進項稅額得予扣抵
14. 進口供銷售之未領牌照汽車轉供教學研究用者其進項稅額可扣抵
15. 因業務需要支付乘人小汽車修理費之進項稅額准予扣抵
16. 汽車經銷商供試乘活動使用之乘人小汽車其進項稅額准予扣抵

✪ 進項稅額不得扣抵之解釋令

1. 辦理員工伙食之進項稅額不得扣抵：營業人因辦理員工伙食而購買主、副食、水電、瓦斯等之進項稅額
2. 對外國政府捐贈所支付之進項稅額不得扣抵
3. 公司支付外國派遣來華提供技術協助者之住宿費不得申報扣抵
4. 支付會計師赴外埠查帳之住宿費用不得扣抵銷項稅額
5. 招待客戶支付旅費、住宿費或餽贈禮品等之進項稅額不得扣抵
6. 公司贈送股東紀念品之進項稅額不得扣抵銷項稅額
7. 員工康樂活動、尾牙、旅行、生日禮物慰勞品等之進項稅額不得扣抵
8. 員工惜別茶會其費用之進項稅額不得扣抵
9. 供員工住宿支出之租金水電瓦斯費其進項稅額不得扣抵
10. 以融資租賃方式，承租人給付租賃業乘人小汽車之租金、利息及手續費所支付之進項稅額不得扣抵銷項稅額。
11. 保全公司購置9人座以下乘人小客車，供保全人員巡邏偵防使用之進項稅額不得申報扣抵
12. 專營投資之營業人取得股利所支付之進項稅額不得扣抵
13. 專營投資公司之進項稅額不得申報扣抵或退還
14. 專營證券投資業務者其進項稅額不得退還
15. 專營土地開發出售之營業人其進項稅額不得申請退還
16. 文化藝術事業免徵營業稅者其進項稅額不得抵扣或退還

✪ 進項稅額是否准予扣抵需視情況而定

營業人為員工購置工作服、工作鞋所支付之進項稅額可否扣抵？如係員工在工作場所穿著者，可依法扣抵，如係假借工作服之名，而非在工作場所穿著者，不能扣抵。

(A) 1. 依加值型及非加值型營業稅法規定，營業人有下列哪一項進項稅額得扣抵銷項稅額？（101 特種五等）
　　(A) 供附屬業務使用之貨物或勞務　(B) 為了業務需要宴請客戶之交際應酬費
　　(C) 慰勞員工辛勞所贈送之禮品　　(D) 購置高級主管之乘人小汽車

(C) 2. 依據營業稅法之規定，下列何者之進項稅額不得扣抵銷項稅額？（102 記帳士）
　　(A) 購入設置公司接待室之電視機　(B) 購入提供勞軍用之電視機
　　(C) 購入供員工年終摸彩之電視機　(D) 購入公司送貨用之小貨車

(　B　) 3. 依現行加值型及非加值型營業稅法之規定，下列何者之進項稅額不得扣抵銷項稅額？（103 地特四等）
　　(A) 營業人購買放置於營業場所供全體員工使用之衛生紙、香皂以及消費用品用具
　　(B) 營業人因委任會計師查核簽證財務報表，所支付之會計師事務所人員赴外埠查帳之住宿費用
　　(C) 營業人租用汽車載運員工上下班
　　(D) 營業人舉行公司業務檢討會之餐費

(　C　) 4. 依一般稅額計算營業稅的營業人，其不得扣抵的進項稅額，不包括下列何者？（104 初等）
　　(A) 酬勞員工個人之貨物或勞務
　　(B) 自用乘人小汽車
　　(C) 非供本業使用，而係捐獻給政府之貨物或勞務
　　(D) 交際應酬用之貨物或勞務

(　C　) 5. 台南公司購買三台冷氣機，每台均為銷售額 4 萬元，稅額 2 千元，三台分別作勞軍、尾牙員工抽獎、辦公室使用，則可扣抵稅額為：（104 普考）
　　(A) 0 元　(B) 2,000 元　(C) 4,000 元　(D) 6,000 元

伍、當期應納或溢付稅額之處理

一、基本公式（營 #15）

1. 營業人當期銷項稅額，扣減進項稅額後之餘額，為當期應納或溢付營業稅額。
2. 加值型營業稅應納（或溢付）稅額
   ＝銷項稅額－（進項稅額－不可扣抵進項稅額）－上期累積留抵稅額
   (1) 依上式計算之值為正數 ➔ 應付稅額
   　　需就該數額繳納營業稅
   (2) 依上式計算之值為負數 ➔ 留抵稅額或可退稅額
   　　原則上作留抵稅額：留抵次期之應納稅額。若留抵次期仍有餘額者，可順延留抵，無期間限制。
   　　部分情況可申請退稅：在符合外銷適用零稅率、購進固定資產等情況，可以申請退稅。
3. 營業人之總機構及其他固定營業場所，設於中華民國境內各地區者，應分別向主管稽徵機關申報銷售額、應納或溢付營業稅額。

依第四章第一節規定計算稅額之營業人，得向財政部申請核准，就總機構及所有其他固定營業場所銷售之貨物或勞務，由總機構合併向所在地主管稽徵機關申報銷售額、應納或溢付營業稅額。(營 #38)

本法第四章第一節規定計算稅額之營業人，依本法 #38 第 1 項規定申報銷售額、應納或溢付營業稅額者，其所有其他固定營業場所有註銷登記時，該固定營業場所溢付之營業稅，由總機構留抵應納營業稅 (營細 #40)。

二、溢付稅額退還

(一) 溢付稅額可退還之基本規定 (營 #39)

原則上溢付稅額由營業人**留抵下期應納營業稅**，**惟**符合下列情況者，由主管稽徵機關查明後退還之：

1. **適用零稅率銷售之貨物或勞務**。得退稅限額為零稅率銷售額乘以徵收率所得出之金額。
2. **取得固定資產**。得退稅限額為購入固定資產之進項稅額。但固定資產之進項稅額如係屬「不得扣抵之進項稅額」，則該固定資產 (例如自用乘人小汽車) 之進項稅額不得計入「得退稅限額」中。
3. 因合併、轉讓、解散或廢止申請註銷登記者，其溢付之營業稅。
4. 報經財政部核准退還：情況特殊者，例如營業人興建廠房、百貨公司、國際觀光旅館等籌建期間溢付之稅額。

(二) 退稅額之計算

情況 1：營業人繼續營業

1. 退稅上限 A = 零稅率銷售額 × 徵收率 + 固定資產之進項稅額
2. 溢付稅額 B
3. 當期可退稅額 =Min={A, B}，亦即：
   (1) A ≧ B，B 可全數退還。
   (2) A ＜ B，僅就退稅限額上限 A 辦理退稅，差額 B － A 繼續留抵以後各期之應納稅額。

情況 2：營業人申請註銷登記情況

溢付稅額原則上可全數申請退還，惟清算期間如有應納稅額，應先予扣抵，就扣抵後之溢付稅額，再行退還。

> **範例**

1. 小雷公司為適用加值型營業稅之一般營業人，今年 7、8 月份營業資料如下：國內銷貨收入總額（含稅）500,000 元，銷貨退回（含稅）23,000 元；外銷 1,186,000 元。除上述銷售行為外，本期將一批成本 200,000 元，時價（含稅）320,000 元之存貨贈送大客戶 A 公司。應稅進貨支付金額 650,000 元（含稅；未包含前述視為銷售貨物之成本 200,000），免稅進貨金額 200,000 元；各項費用支出（薪資除外）金額共 442,000 元（含稅），其中包括向乙車行租用交通車，供員工上下班使用，7、8 月份共支付租金 40,000 元，皆依規定取得統一發票或其他得扣抵憑證（不包括視為銷售之進項數額）。支付之員工薪資額則為 125,000 元。請依序回答下列問題：
(一)當期應稅銷售額。(二)實際扣抵進項稅額。(三)當期營業稅額（請註明應納或可退）。(改自 97 會計師)

【解析】

(一)當期應稅銷售額：

不含零稅率銷售額 = (500,000 − 23,000 + 320,000) ÷ (1 + 5%) = 759,048 元

(二)實際扣抵進項稅額 = [(650,000 + 442,000) ÷ (1 + 5%)] × 5% = 52,000 元

說明：

1. 除屬協助國防建設、慰勞軍隊（即對政府捐獻）依法可予扣抵者外，其餘捐贈均不得申報扣抵銷項稅額。
2. 租車載運員工上下班除融資租賃乘人汽車外，其進項稅額准予扣抵。

(三)(1)當期營業稅額 = (759,048 × 5% + 1,186,000 × 0%) − 52,000

= − 14,048 元（溢付稅額）

(2)退稅上限 = 1,186,000 × 5% = 59,300 元

➔ (1)及(2)之金額取低者，故溢付稅額 14,048 元可全數退回

2. 大雷股份有限公司為一家專營應稅貨物之營業人，其今年 9 至 10 月份與營業稅有關資料如下，試計算大眾股份有限公司本期營業稅應退稅額為多少？又本期累積留抵稅額為多少？(改自 97 記帳士)

A. 開立三聯式統一發票 200 份，其內容包括：

(1) 應稅銷售額 $2,200,000（不含稅），稅額 $110,000，其中包括銷售固定資產 $500,000（不含稅），稅額 $25,000。

(2) 零稅率銷售額 $1,500,000。

B. 開立二聯式統一發票 150 份，其內容包括：

(1) 應稅銷售額 $2,100,000（含稅）。

(2) 零稅率銷售額 $2,000,000。

C. 上期應稅銷售額 $100,000（不含稅），稅額 $5,000，於本期退回。
D. 本期進貨及費用支出 $7,500,000（不含稅），稅額 $375,000，均已取得三聯式統一發票扣抵聯，其中包括：交際費 $100,000（不含稅），稅額 $5,000，酬勞員工貨物 $200,000（不含稅），稅額 $10,000。
E. 本期購買固定資產 $1,500,000（不含稅），稅額 $75,000，其中包括自用乘人小汽車 $800,000（不含稅），稅額 $40,000，已取得三聯式統一發票扣抵聯。
F. 上期進貨 $40,000，於本期退出，收回稅額 $2,000。
G. 上期累積留抵稅額 $50,000。

【解析】
1. 銷項稅額
    = 110,000 元（三聯式銷項稅額）+ 100,000 元（二聯式銷項稅額）
      − 5,000 元（應稅銷項退回）
    = 205,000 元
2. 可扣抵之進項稅額
    = [375,000 元 − 5,000 元（交際費不可抵）− 10,000 元（酬勞員工不可抵）]
      + [75,000 元 − 40,000 元（自用乘人小汽車）] − 2,000 元（進貨退出）
    = 393,000 元
3. 應納（溢付）稅額
    = 205,000 元 − 393,000 元 − 50,000 元（留抵稅額）
    = − 238,000 元（溢付稅額 238,000 元）
4. 退稅限額
    = [1,500,000 元（三聯零稅率）+ 2,000,000 元（二聯零稅率）] × 5%
      + [75,000 元（固定設備進項稅額）− 40,000 元（自用乘人小汽車進項稅額）]
    = 210,000 元
5. 退稅金額為溢付稅額(3)與退稅上限(4)取低者，因此本期營業稅應退稅額為 210,000 元，溢付稅額與退稅上限的差額則為本期累積留抵稅額，因此留抵稅額為 238,000 元 − 210,000 元 = 28,000 元。

(**D**) 3. 依加值型及非加值型營業稅法規定，營業人申報下列哪一項溢付稅額，不能由主管稽徵機關查明後退還之？（101 特種四等）
(A) 因銷售適用零稅率貨物或勞務而溢付之營業稅
(B) 因取得固定資產而溢付之營業稅
(C) 因合併、轉讓、解散或廢止申請註銷登記者，其溢付之營業稅
(D) 營業人以其產製、進口、購買供銷售之貨物，轉供營業人自用者

(　B　) 4. 依加值型及非加值型營業稅法之規定，下列何者之溢付營業稅不可退還？
(103 地特三等)
(A)銷售至加工出口區之銷售額　(B)銷售至軟體科技園區之銷售額
(C)購置固定資產金額　　　　　(D)銷售至新竹科學園區之銷售額

(　C　) 5. 甲公司為適用一般稅額計算之營業人，今年 5、6 月申報銷售額 200,000 元，銷項稅額 10,000 元；銷貨退回 10,000 元，銷項稅額 500 元；零稅率銷售額 100,000 元；進貨及費用 180,000 元，可扣抵進項稅額 9,000 元；上期累積留抵稅額 1,000 元，試問甲公司該期申報之營業稅額為何？(改自 101 普考)
(A)應納 0 元　(B)應納 500 元　(C)退稅 500 元　(D)留抵 500 元

第四節　非加值型營業稅稅率與稅額計算

本節學習重點：
✦ 非加值型營業稅之適用範圍
✦ 非加值型營業稅之稅與稅額計算

壹、適用非加值型計算的營業人

原則上我國營業稅體系是以採加值型營業稅為主，僅就數種採加值型營業稅有困難的行業，改毛額型營業稅方式課徵(營業稅內含)。

非加值型營業稅之營業人，即加值型及非加值型營業稅法所稱，適用第四章第二節規定特種稅額計算之營業人。

適用非加值型營業稅之營業人所涉及行業包括：

一、金融及保險業

銀行業、保險業、信託投資業、證券業、期貨業、票券業及典當業等經營本業專屬之業務銷售額。但**非專屬於本業之銷售收入可選擇按加值型營業稅課徵；選定後三年內不得變更。**

二、特種飲食業

包括夜總會、有娛樂節目之餐飲店；酒家及有陪侍服務之茶室、咖啡廳、酒吧等。

三、小規模營業人

指規模狹小、交易零星，每月銷售額未達使用統一發票開立標準而按查定課徵營業稅之營業人。(每月銷售額未達新臺幣二十萬元者，免開立統一發票)

查定課徵是由主管稽徵機關派員查核確定此類營業人之銷售額。依「營業稅特種稅額查定辦法」規定，主管稽徵機關查定此類小規模營業人等之銷售額，應每半年於一月及七月各查定一次。其有變更營業項目，擴大營業場所或營業狀況、商譽、季節性及其他必須調整銷售額之情形時，得隨時重行查定其銷售額。

　　新設立之營業人依照規定應查定計算營業稅額者，主管稽徵機關應於一月、四月、七月及十月查定其應納營業稅額。

　　自96年1月1日起，小規模營業人之營業稅起徵點為平均月銷售額新臺幣八萬元及新臺幣四萬元，故營業規模較小之營業人，只要查定銷售額未達上述營業稅起徵點之標準者，則不需繳納營業稅。小規模營業人之營業稅起徵點詳細規定如下：

1. 買賣業、製造業、手工業、新聞業、出版業、農林業、畜牧業、水產業、礦冶業、包作業、印刷業、公用事業、娛樂業、運輸業、照相業及一般飲食業等業別，營業稅起徵點為每月銷售額新臺幣八萬元。
2. 裝潢業、廣告業、修理業、加工業、旅宿業、理髮業、沐浴業、勞務承攬業、倉庫業、租賃業、代辦業、行紀業、技術及設計業及公證業等業別，營業稅起徵點為每月銷售額新臺幣四萬元。（依據民法#576：稱行紀者，謂以自己之名義，為他人之計算，為動產之買賣或其他商業上之交易，而受報酬之營業。例如：證券業、代銷商）

貳、金融及保險業之稅率與稅額計算

一、稅率（營#11）

　　銀行業、保險業、信託投資業、證券業、期貨業、票券業及典當業之營業稅稅率如下：

1. 經營非專屬本業之銷售額適用#10規定之稅率。
2. 銀行業、保險業經營銀行、保險本業銷售額之稅率為百分之五；其中保險業之本業銷售額應扣除財產保險自留賠款。但保險業之再保費收入之稅率為百分之一。
3. 前二款以外之銷售額稅率為百分之二。

前項非專屬本業及銀行、保險本業之範圍，由財政部擬訂相關辦法，報行政院核定。

　　本法中華民國103年5月16日修正之條文施行之日起，至113年12月31日止，第1項第1款、第3款及第2款稅率百分之二以內之稅款，撥入金融業特別準備金；其運用、管理及其他應遵行事項之辦法，由金融監督管理委員會定之。營業稅稅款依前項規定撥入金融業特別準備金期間，行政院應確實依財政收支劃分法規定，補足地方各級政府因統籌分配款所減少之收入。嗣後財政收支劃分法修正後，從其規定。

表 6-2　金融保險業營業稅課稅規定之整理

行業	說明	銷售額認定	稅率	進項稅額可否扣抵
信託投資業、證券業、期貨業、票券業**非專屬本業收入**	**信託投資業之非專屬本業收入包括**：1.代理收付款項手續費收入。2.受託經理金融資產以外之各種財產業務收入。3.買賣金銀、金幣、銀幣收入。4.辦理信用卡手續費收入。5.經營動產、不動產、保管箱等出租及買賣業務收入。6.應收帳款收買業務收入。7.金融諮詢、顧問服務業務收入。8.代售印花稅票、統一發票手續費收入。9.受託執行遺囑及管理遺產收入。10.擔任公司重整監督人收入。11.銷售出版品收入。12.其他非專屬信託投資業之收入。	實際銷售額	5%	否
	證券業之非專屬本業收入包括：1.經營動產、不動產出租及買賣業務收入。2.銷售出版品收入 3.其他非專屬證券業之收入。 **期貨業之非專屬本業收入包括**：1.經營動產、不動產出租及買賣業務收入。2.銷售出版品收入。3.其他非專屬期貨業之收入。 **票券業之非專屬本業收入包括**：1.經營動產、不動產出租及買賣業務收入。2.有關企業財務之諮詢服務業務收入。3.銷售出版品收入。4.其他非專屬票券業之收入。	實際銷售額	5%	否
銀行業、保險業之**本業收入**	如存放款利息、匯兌、保費收入等；保險業之本業銷售額應扣除財產保險自留賠款。	實際銷售額	5%	否
銀行業、保險業經營銀行、保險**非專屬本業收入**	**銀行業之非專屬本業收入包括**：1.代理收付款項手續費收入。2.受託經理金融資產以外之各種財產業務收入。3.買賣金銀、金幣、銀幣收入。4.辦理信用卡手續費收。5.經營動產、不動產、保管箱等出租及買賣業務收入。6.應收帳款收買業務收入。7.金融諮詢、顧問服務業務收入。8.代售印花稅票、統一發票手續費收入。9.銷售出版品收入。10.其他非專屬銀行業之收入。 **保險業之非專屬本業收入包括**：1.經營動產、不動產出租及買賣業務收入。2.銷售出版品收入。3.其他非專屬保險業之收入。	實際銷售額	5%	否

表 6-2　金融保險業營業稅課稅規定之整理（續）

行業	說明	銷售額認定	稅率	進項稅額可否扣抵
信託投資業、證券業、期貨業、票券業**專屬本業收入**	包括經營證券業、期貨業、票券業及信託業收入	實際銷售額	2%	否
銀行業、保險業經營**其他金融本業收入**	包括經營證券業、期貨業、票券業及信託業收入			
保險代理人從事代理業務	保險代理人從事代理業務及保險經紀人洽訂保險契約或提供相關服務收取之代理費收入、佣金收入及手續費收入，非屬保險本業收入範圍，自104年3月1日施行。			
保險業之再保險收入		實際銷售額	1%	否
典當業之本業收入		實際銷售額查定銷售額	2%	否
典當業之非專屬本業收入	包括：1.銷售流當品收入。2.其他非專屬典當業之收入。	實際銷售額查定銷售額	5%	否

二、稅額計算

(一) 銀行業、保險業、信託投資業、證券業、期貨業、票券業及典當業，就其銷售額按 #11 規定之稅率計算營業稅額。(營 #21)

(二) 典當業得依查定之銷售額計算之。(營 #21) 查定計算稅額之典當業，由主管稽徵機關查定其銷售額及稅額，每三個月填發繳款書通知繳納一次。

(三) 銀行業、保險業、信託投資業非專屬本業之銷售額部分可以申請依第四章第一節規定計算稅額：銀行業、保險業、信託投資業，經營本法營業人開立銷售憑證時限表特別規定欄所列非專屬本業之銷售額部分，得申請依照本章第一節規定計算營業稅額，並依 #35 規定申報繳納。(營 #24)

　　依營業人開立銷售憑證時限表特別規定欄規定，以下三種情況可以選擇申請按第四章第一節規定計算稅額：

　1.銀行業之倉庫、保管箱等營運收入、租金及其他非專屬銀行業之銷售收入。

　2.保險業經營不動產及其他非專屬保險業之銷售收入。

　3.信託投資業之保管箱、機器等租金收入及其他非專屬信託投資業之銷售收入。

　　依前項及第二十三條規定，申請依照本章第一節規定計算營業稅額者，經核准後三

年內不得申請變更。(營 #24)

(四) 稅額計算：非依查定課徵者

1. 非專屬本業之銷售額**未**申請變更為加值型營業稅者

   應納稅額 = 實際銷售淨額(含專屬本業及非專屬本業) × 適用稅率

2. 非專屬本業之銷售額，申請變更為加值型營業稅者

   專屬本業應納稅額 = 專屬本業實際銷售淨額 × 適用稅率

   直接扣抵法：非專屬本業應納稅額 = 非專屬本業實際銷售淨額 × 適用稅率 – 非專屬本業之進項稅額

   (另有比例扣抵法，於本章後續兼營營業人部份再詳細說明)

(五) 稅額計算：典當業依查定課徵者

   應納稅額 = 每季查定銷售額 × 適用稅率

營業人甲銀行於今年 5、6 月份之利息收入為 $10,000,000，不動產及保管箱收入 $2,000,000，當期因不動產及保管箱收入所支付之進項稅額 $20,800，皆取具相關稅額憑證且無稅法規定不可扣抵之項目。

情況一：如甲銀行未向稽徵機關申請改變營業稅之計稅方式，請計算甲銀行當期所應報繳之營業稅數額。

情況二：如甲銀行已向稽徵機關申請，將非專屬本業之銷售額部分改按加值型營業稅計算者(不動產及保管箱收入 $2,000,000 為含稅金額)，請計算甲銀行當期所應報繳之營業稅數額。(**改自 99 會計師**)

【解析】

情況一：

10,000,000 元 × 5% = 500,000 元

2,000,000 元 × 5% = 100,000 元

500,000 + 100,000 = 600,000 元

情況二：

10,000,000 元 × 5% = 500,000 元

2,000,000 元 ÷ (1 + 5%) × 5% − 20,800 = 74,438 元

500,000 元 + 74,438 = 574,438 元

參、特種飲食業之稅率與稅額計算

一、稅率（營 #12）

1. 夜總會、有娛樂節目之餐飲店（表演人數達 2 人以上，有職業性演唱或表演者），營業稅稅率為百分之十五。
2. 酒家及有陪侍服務之茶室、咖啡廳、酒吧等之營業稅稅率為百分之二十五。

二、稅額計算

　　特種飲食業，就其銷售額按同條規定之稅率計算營業稅額。但主管稽徵機關得依查定之銷售額計算之。（營 #22）

　　依 #22 規定，查定計算營業稅額之營業人，由主管稽徵機關查定其銷售額及稅額，**每月**填發繳款書通知繳納一次。（營 #40）

　　應納稅額 = 實際銷售淨額或查定每月銷售額 × 稅率

表 6-3　特種飲食業營業稅課稅規定之整理

行業	銷售額認定	稅率	進項稅額可否扣抵
夜總會、有娛樂節目之餐飲店	實際銷售額 查定銷售額	15%	否
酒家及有陪侍服務之茶室、咖啡廳、酒吧等	實際銷售額 查定銷售額	25%	否

1. 庭洋酒吧為有陪侍服務之特種稅額計稅營業人，於今年 5、6 月份申報營業稅銷售額為 800,000 元，酒類進貨進項稅額 3,000 元，菸類進貨進項稅額 3,040 元，支付水電費 140,000 元（稅額 7,000 元）、廣告費 32,000 元（稅額 1,600 元）、飲料進項稅額 1,620 元，交際費 65,000 元（稅額 2,800 元）。試計算其申報今年 5、6 月份營業稅時所應報繳之稅額。（改自 98 會計師）

    【解析】
    酒吧為特種飲食業，因此不得扣抵進項稅額
    → 應報繳之稅額 = 800,000 元 × 25% = 200,000 元

(D) 2. 某酒家於今年 9、10 月銷售額為 100 萬元，取得酒類等進項稅額 10 萬元，試問該酒家該期應納營業稅額為多少？（改自 103 五等）
　　(A) 5 萬元　(B) 15 萬元　(C) 24 萬 5 千元　(D) 25 萬元

肆、小規模營業人及農產品批發市場之承銷人之稅率與稅額計算

一、稅率（營 #13）

(一) 小規模營業人、依法取得從事按摩資格之視覺功能障礙者經營，且全部由視覺功能障礙者提供按摩勞務之按摩業，其他經財政部規定免予申報銷售額之營業人，其營業稅稅率為**百分之一**。

營細 #10：其他經財政部規定免予申報銷售額之營業人包括營業性質特殊之營業人：1.理髮業。2.沐浴業。3.計程車業。4.其他經財政部核定之營業。

(二) 農產品批發市場之承銷人及銷售農產品之小規模營業人，其營業稅稅率為**百分之零點一**。

(三) 前二項小規模營業人，指營 #11、營 #12 所列各業以外之規模狹小，平均每月銷售額未達財政部規定標準而按查定課徵營業稅之營業人。

二、稅額計算

(一) 農產品批發市場之承銷人、銷售農產品之小規模營業人、小規模營業人、依法取得從事按摩資格之視覺功能障礙者經營，且全部由視覺功能障礙者提供按摩勞務之按摩業，及其他經財政部規定免予申報銷售額之營業人，除申請按本章第一節規定計算營業稅額並依營 #35 規定申報繳納者外，就主管稽徵機關查定之銷售額按營 #13 規定之稅率計算營業稅額。（營 #23）

(二) 依營 #23 規定，查定計算營業稅額之營業人，購買營業上使用之貨物或勞務，取得載有營業稅額之憑證，並依規定申報者，主管稽徵機關應**按其進項稅額百分之十，在查定稅額內扣減**。但查定稅額未達起徵點者，不適用之。前項稅額百分之十超過查定稅額者，次期得繼續扣減。（營 #25）

若小規模營業人購進貨物或勞務之進項稅額，如有屬於「不得扣抵之進項稅額」，則該進項稅額，亦不允許抵減其應納之營業稅。

(三) 財政部得視小規模營業人之營業性質與能力，核定其依本章第一節規定計算營業稅額，並依營 #35 規定，申報繳納。（營 #24）

(四) 依營 #23 規定，查定計算營業稅額之農產品批發市場之承銷人、銷售農產品之小規模營業人、小規模營業人及其他經財政部規定免予申報銷售額之營業人，其營業稅起徵點，由財政部定之。（營 #26）

(五) 營 #23 查定計算營業稅額之營業人，依營 #25 規定，以進項稅額百分之十扣減查定稅額者，其進項憑證應分別於一月、四月、七月、十月之五日前，向主管稽徵機關申報並以當期各月份之進項憑證為限。

未依前項規定期限申報,或非當期各月份進項憑證,不得扣減查定稅額。(營細 #44)

(六) 小規模營業人之稅額計算,係就主管稽徵機關查定其銷售額及稅額,每三個月填發繳款書通知繳納一次。查定銷售額乘上稅率,即為營業稅稅額。

應納稅額 = 實際季銷售淨額或查定季銷售額 × 稅率 − 進項稅額 × 10% − 上期累積留抵稅額

表 6-4　小規模營業人營業稅課稅規定之整理

行業	銷售額認定	稅率	進項稅額可否扣抵
農產品批發市場之承銷人及銷售農產品之小規模營業人	查定銷售額	0.1%	可扣抵 10%,但未達起徵點者不適用
小規模營業人及其他經財政部規定免予申報銷售額之營業人,以及依營 #23 依法取得從事按摩資格之視覺功能障礙者	查定銷售額	1%	可扣抵 10%,但未達起徵點者不適用

乙商店係小規模營業人,於今年 7、8、9 月份經主管稽徵機關查定每月銷售額為新臺幣 100,000 元,經按期申報符合規定之可扣抵進項稅額合計為 15,000 元,試問小規模營業稅率為何?該期之應納稅額為若干?(改自 94 記帳士)

【解析】
(1) 小規模營業人稅率為 1%
(2) 應納稅額 = 100,000 元 × 3 × 1% − 15,000 元 × 10% = 1,500 元

伍、非加值型營業人出租財產所收取之押金

本法第四章第二節規定計算稅額之營業人出租財產所收取之押金,應按月計算銷售額,不滿一月者,不計。其計算公式如下(不須再除以徵收率):(營細 #24)

銷售額 = 押金 × 該年一月一日郵政定期儲金一年期固定利率 ÷ 12

第五節　兼營營業人之稅額計算

本節學習重點:
✦ 何謂兼營營業人
✦ 兼營營業人之稅額計算

壹、兼營營業人之認定與身分變更

一、何謂兼營營業人？
(一) 營業人同時經營第四章第一節課稅範圍內之應稅銷售及免稅銷售。
(二) 營業人同時經營第四章第一節以及第四章第二節規定之稅額計算者。

二、營業人身分變更
(一) 免稅之營業人：銷售營#8規定之免稅貨物或勞務之營業人，得申請財政部核准放棄適用免稅規定，依第四章第一節規定計算營業稅額。但核准後三年內不得變更。
(二) 銀行、保險、信託投資業等經營非專屬本業之銷售額：銀行業、保險業、信託投資業，經營本法營業人開立銷售憑證時限表特別規定欄所列非專屬本業之銷售額部分，得申請依照本章第一節規定計算營業稅額，並依營#35規定申報繳納。依前項及#23規定，申請依照本章第一節規定計算營業稅額者，經核准後三年內不得申請變更。(營#24)
(三) 小規模營業人：財政部得視小規模營業人之營業性質與能力，核定其依本章第一節規定計算營業稅額，並依營#35規定，申報繳納。

三、兼營營業人在營業稅的計算上會有什麼問題？

　　兼營營業人經營第四章第一節課稅範圍內之應稅銷售，其支付之進項稅額，可以扣抵其銷項稅額；但是其在經營免稅銷售項目或經營依第四章第二節規定之特種稅額計算之貨物或勞務銷售時，其進項稅額則不可扣抵銷項稅額。

　　營#19：營業人專營營#8第1項免稅貨物或勞務者，其進項稅額不得申請退還。

　　營業人因兼營營#8第1項免稅貨物或勞務，或因本法其他規定而有部分不得扣抵情形者，其進項稅額不得扣抵銷項稅額之比例與計算辦法，由財政部定之。

　　所以，對兼營營業人而言，有多少比例的進項稅額是可以扣抵銷項稅額，需進一步加以規範。

　　財政部目前訂有「兼營營業人營業稅額計算辦法」，規範進項稅額之扣抵。

➢ 原則採比例扣抵法（又稱間接扣抵法）。
➢ 符合規定者可適用直接扣抵法，但經採用三年內不得變更。

貳、兼營營業人之營業稅額計算

一、直接扣抵法之適用條件與要求
♦ 兼營營業人帳簿記載完備，能明確區分所購買貨物、勞務或進口貨物之實際用途者，得採用直接扣抵法。

- 兼營營業人應將購買貨物、勞務或進口貨物、購買國外之勞務之用途，區分為下列三種，並於帳簿上明確記載：
  1. 專供經營本法第四章第一節規定應稅（含零稅率）營業用者。
  2. 專供經營免稅及依本法第四章第二節規定計算稅額營業用者。
  3. 供前 1、2 項共同使用者。
- 直接扣抵法經採用後三年內不得變更。
- 兼營營業人於調整報繳當年度最後一期之營業稅，具有下列情形之一者，應經會計師或稅務代理人查核簽證。
  (1) 經營製造業者。
  (2) 當年度銷售金額合計逾新臺幣十億元者。
  (3) 當年度申報扣抵之進項稅額合計逾新臺幣二千萬元者。

二、比例扣抵法（間接扣抵法）之稅額計算

(一) 計算原則

按免稅銷售淨額及特種稅率銷售淨額佔全部銷售淨額之比例，計算不可扣抵進項稅額。但土地及各級政府發行之債券及依法應課徵證券交易稅之證券之銷售額不列入計算。

(二) 計算公式

1. 銷售貨物或勞務以及進口貨物
   - 當期稅額計算：

     應納或溢付稅額 ＝ 銷項稅額 －（進項稅額 － 依營 #19 規定不得扣抵之進項稅額）×（1 － 當期不得扣抵比例）

     當期不得扣抵比例（計算至小數點後第二位，以下全捨）

     $$= \frac{當期免稅銷售淨額 ＋ 特種稅率銷售淨額 －（土地＋政府債券＋證券）銷售淨額}{應稅銷售淨額（含零稅率）＋ 免稅銷售淨額 ＋ 特種稅率銷售淨額 －（土地＋政府債券＋證券）銷售淨額}$$

   - 報繳當年度最後一期營業稅時，應按當年度不得扣抵比例調整稅額後，併同最後一期營業稅額辦理申報繳納

     調整稅額 ＝ 當年度已扣抵之進項稅額 －（當年度進項稅額 － 當年度依營 #19 規定不得扣抵之進項稅額）×（1 － **當年度**不得扣抵比例）

2. 購買國外勞務：兼營營業人購買本法 #36 第一項之勞務（購買國外勞務），應依下列公式計算其應納營業稅額，併同當期營業稅額申報繳納。
   - 當期稅額計算：

     應納稅額 ＝ 給付額 × 徵收率 × 當期不得扣抵比例

♦ 報繳當年度最後一期營業稅時，依下列公式計算調整：

調整稅額＝當年度購買勞務給付額 × 徵收率 × 當年度不得扣抵比例
　　　　－當年度購買勞務已納營業稅額

三、直接扣抵法之稅額計算

(一) 計算原則

按貨物或勞務之實際用途計算進項稅額可扣抵銷項稅額之金額。

(二) 計算公式

1. 銷售貨物或勞務以及進口貨物

♦ 當期稅額計算：

應納或溢付稅額＝銷項稅額－（進項稅額－依本法 #19 規定不得扣抵之進項稅額
－專供經營免稅營業用貨物或勞務之進項稅額－共同使用貨物或勞務之進項稅額
× 當期不得扣抵比例）

當期不得扣抵比例（計算至小數點後第二位，以下全捨）

$$= \frac{當期免稅銷售淨額＋特種稅率銷售淨額－（土地＋政府債券＋證券）銷售淨額}{應稅銷售淨額（含零稅率）＋免稅銷售淨額＋特種稅率銷售淨額－（土地＋政府債券＋證券）銷售淨額}$$

♦ 報繳當年度最後一期營業稅時，應按當年度不得扣抵比例調整稅額後，併同最後一期營業稅額辦理申報繳納

調整稅額＝當年度已扣抵之進項稅額－（當年度進項稅額
　　　　　－當年度依本法 #19 規定不得扣抵之進項稅額
　　　　　－當年度專供經營免稅營業用貨物或勞務之進項稅額
　　　　　－當年度共同使用貨物或勞務之進項稅額 × 當年度不得扣抵比例）

3. 購買國外勞務：兼營營業人購買本法 #36 第一項之勞務（購買國外勞務），應依下列公式計算其應納營業稅額，併同當期營業稅額申報繳納。

♦ 當期稅額計算：

應納稅額＝專供免稅營業用勞務之給付額 × 徵收率＋共同使用勞務之給付額
　　　　× 徵收率 × 當期不可扣抵比例

♦ 報繳當年度最後一期營業稅時，依下列公式計算調整：

調整稅額＝當年度專供免稅營業用勞務之給付額 × 徵收率
　　　　＋當年度共同使用勞務之給付額 × 徵收率 × 當期不可扣抵比例
　　　　－當年度購買勞務已納營業稅額

範例

1.

本年度1-2月進銷貨	成本	進項稅額	售價	銷項稅額
自國外進口貨物				
1. 進口應稅銷售應稅貨物	500,000	25,000	550,000	27,500
2. 進口應稅銷售免稅貨物	75,000	3,750	85,000	0
自國內購入貨物				
1. 進貨免稅銷售免稅貨物	30,000	0	35,000	0
2. 進貨應稅銷售應稅貨物	600,000	30,000	700,000	35,000
各項費用支出				
1. 供銷售應稅商品費用	90,000	4,500		
2. 供銷售免稅商品費用	30,000	1,500		
3. 供銷售應免稅共用費用	10,000	500		
合計	1,335,000	65,250	1,370,000	62,500

試依前述資料，分別按(1)比例扣抵法、(2)直接扣抵法，計算該公司今年1、2月的營業稅應納稅額。

【解析】

免稅銷售額：85,000元＋35,000元＝120,000元

應稅銷售額：550,000元＋700,000元＝1,250,000元

全部銷售額：120,000元＋1,250,000元＝1,370,000元

不可扣抵比例 $= \dfrac{120,000 \text{元}}{1,370,000 \text{元}} = 8\%$

採用比例扣抵法：

應納或溢付稅額 ＝ 銷項稅額 －（進項稅額 － 依營#19規定不得扣抵之進項稅額）
　　　　　　　　×（1－當期不得扣抵比例）

　　　　　　　＝ 62,500元－(65,250元－0)×(1－8%)

　　　　　　　＝ 2,470元

採用直接扣抵法：

應納或溢付稅額 ＝ 銷項稅額 －（進項稅額 － 依本法#19規定不得扣抵之進項稅額
　　　　　　　　－ 專供經營免稅營業用貨物或勞務之進項稅額
　　　　　　　　－ 共同使用貨物或勞務之進項稅額 × 當期不得扣抵比例）

　　　　　　　＝ 62,500元－{65,250元－0－(3,750元＋1,500元)－500元×8%}

　　　　　　　＝ 2,540元

2. 臺灣公司係經核准採用比例扣抵法的兼營營業人,今年 11、12 月份營業稅相關資料如下:(改自 105 記帳士)

銷貨部分:

1. 應稅銷售額:20,000,000 元,內含出售固定資產 5,000,000 元。
2. 外銷零稅率銷售額:8,000,000 元。
3. 免稅銷售額:15,000,000 元,內含出售土地 5,000,000 元。

此外尚有下列事項:

4. 銷售給保稅區營業人供外銷貨物:1,000,000 元。
5. 以自行生產之商品捐贈予育幼院開立統一三聯式發票銷售額 1,000,000 元。
6. 上期應稅銷售額 400,000 元,稅額 20,000 元,於本期退回。

進貨及費用部分:

7. 臺灣公司本期進貨及費用支出合計 18,000,000 元,進項稅額 900,000 元,皆取得三聯式統一發票扣抵聯,其中含有短期營業租賃自用乘人小客車供本業使用的租金支出 100,000 元,稅額 5,000 元;購買禮品餽贈員工,金額 100,000 元,稅額 5,000 元;交際費 200,000 元,稅額 10,000 元;捐贈育幼院視為銷售 1,000,000 元,進項稅額 50,000 元。
8. 又本期購買機器設備 10,000,000 元,稅額 500,000 元,其中含有購買九人座以下客貨兩用車 800,000 元,稅額 40,000 元,皆依法取得三聯式統一發票扣抵聯。
9. 購買進口原料,經海關核定之完稅價格為 2,000,000 元,繳納關稅 200,000 元,貨物稅 300,000 元。
10. 上期進貨 100,000 元,於本期退出,收回進項稅額 5,000 元。

此外,臺灣公司當年度辦理最後一期營業稅調整稅額申報,相關資料如下:

11. 當年度已扣抵之進項稅額 15,000,000 元。
12. 當年度進項稅額 25,000,000 元。
13. 當年度依加值型及非加值型營業稅法第 19 條第 1 項不得扣抵之進項稅額 4,000,000 元。
14. 當年度不得扣抵比例 30%。

試根據上述資料,計算臺灣公司:

(1) 當期得扣抵進項稅額為多少元?
(2) 當期退稅限額為多少元?
(3) 當期應納或應退稅額為多少元?(不含調整稅額)

(4) 臺灣公司當年度最後一期報繳營業稅時，調整稅額為若干？

【解析】

銷項稅額 = 20,000,000 × 5% + 1,000,000 × 5% − 400,000 × 5%
　　　　 = 1,000,000 + 50,000 − 20,000
　　　　 = 1,030,000 元

當期不得扣抵比例

$$= \frac{(15,000,000 - 5,000,000)}{20,000,000 + 8,000,000 + 15,000,000 - 5,000,000 + 1,000,000 + 1,000,000 - 400,000}$$

= 25%

(1) 當期可扣抵進項稅額
　 = [900,000 − 5,000 − 10,000 − 50,000 + 500,000 + 125,000 − 5,000](1 − 25%)
　 = 1,455,000 × 75%
　 = 1,091,250 元

　 註：125,000 =（200 萬 + 20 萬 + 30 萬）× 5%

(2) 當期退稅上限：
　 = 8,000,000 × 5% + 1,000,000 × 5% + 500,000
　 = 950,000 元

(3) 1,030,000 − 1,091,250 = − 61,250 元……溢付稅額

　 溢付稅額＜當期退稅限額……故溢付稅額全退

　 退稅金額 = 61,250 元

(4) 當年度已扣抵進項稅額 = 15,000,000
　 當年度可扣抵進項稅額 =（25,000,000 − 4,000,000)(1 − 30%)
　　　　　　　　　　　　 = 14,700,000 元＜15,000,000 元

　 調整稅額 = 15,000,000 − 14,700,000 = 300,000…多扣抵，併入最後一期調整

※補充：年度中新設立或成為兼營營業人未滿九個月者，當年度最後一期免辦調整，俟次年度最後一期再行調整。但若因年度中辦理停業、復業，不論年度營業期間是否已滿九個月，均應於最後一期辦理年度調整申報。

第六節 營業稅之申報與稽徵程序

本節學習重點：
+ 營業稅之稽征方式與適用情況
+ 營業稅之繳納與核定

壹、稅籍登記

一、設立登記（開始營業前）

(一) 一般營業人

營業人之總機構及其他固定營業場所，應於開始營業前，分別向主管稽徵機關申請稅籍登記。(營 #28)

(二) 境外電子商務

營 #6 第 4 款所定營業人之年銷售額逾一定基準者，應自行或委託中華民國境內居住之個人或有固定營業場所之事業、機關、團體、組織為其報稅之代理人，向主管稽徵機關申請稅籍登記。

依前項規定委託代理人者，應報經代理人所在地主管稽徵機關核准；變更代理人時，亦同。

第一項年銷售額之一定基準，由財政部定之。(營 #28-1)

現行規定境外電商業者前一年度或當年度銷售電子勞務予中華民國境內自然人，年銷售額逾 48 萬元者，即應辦理稅籍登記。(**106 年 5 月 1 日起施行**)

(三) 免辦理營業登記

專營營 #8 第 1 項第 2 款至第 5 款、第 8 款、第 12 款至第 15 款、第 17 款至第 20 款、第 31 款之免稅貨物或勞務者及各級政府機關，得免辦稅籍登記。(營 #29)

二、變更登記（事實發生之日起 15 日內）

營業人依營 #28 及營 #28-1 申請稅籍登記之事項有變更，或營業人合併、轉讓、解散或廢止時，均應於事實發生之日起**十五日**內填具申請書，向主管稽徵機關申請變更或註銷稅籍登記。

前項營業人申請變更登記或註銷登記，應於**繳清稅款或提供擔保後**為之。但因合併、增加資本、營業地址或營業種類變更而申請變更登記者，不在此限。(營 #30)

三、暫停營業（停業前）

營業人暫停營業，應於停業前，向主管稽徵機關**申報核備**；復業時，亦同。(營 #31)

四、應備文件

稅籍登記事項、申請稅籍登記、變更或註銷登記之程序、應檢附之書件與撤銷或廢止登記之事由及其他應遵行事項之規則，由財政部定之。(營 #30-1)

(A) 1. 依營業稅法規定，營業人申請變更登記，在下列何種情況應先繳清稅款或提供擔保後為之？(102 記帳士)
(A)轉讓 (B)合併 (C)增資 (D)營業種類變更

(B) 2. 依加值型及非加值型營業稅法之規定，下列何者並非營利事業應向主管稽徵機關登記之項目？(103 地特五等)
(A)營業地址變更 (B)暫停營業 (C)申請解散或廢止 (D)增加資本

貳、帳簿憑證

一、統一發票及普通收據之開立及記載（營 #32，統 #8）

1. 營業人銷售貨物或勞務，應依本法營業人開立銷售憑證時限表規定之時限（營業人開立銷售憑證時限表），開立統一發票交付買受人。
2. 但營業性質特殊之營業人及小規模營業人，得掣發普通收據，免用統一發票。
3. 營業人對於應稅貨物或勞務之定價，應內含營業稅。
4. 營業人依營 #14 規定計算之銷項稅額，買受人為營業人者，應與銷售額於統一發票上分別載明之；買受人為非營業人者，應以定價開立統一發票。
5. 統一發票，由政府印製發售，或核定營業人自行印製，或由營業人以網際網路或其他電子方式開立、傳輸或接收；其格式、記載事項與使用辦法，由財政部定之。
6. 主管稽徵機關，得核定營業人使用收銀機開立統一發票，或以收銀機收據代替逐筆開立統一發票；其辦法由財政部定之。
7. 按時序開立：營業人使用統一發票，應按時序開立，並於扣抵聯及收執聯加蓋規定之統一發票專用章。
8. 但使用電子計算機統一發票或以網際網路或其他電子方式開立、傳輸之電子發票者，得以條列方式列印其名稱、地址及統一編號於「營業人蓋用統一發票專用章」欄內，免加蓋統一發票專用章。
9. 依本法第四章第一節規定計算稅額之營業人，於使用統一發票時，應區分應稅、零稅率或免稅分別開立，並於統一發票明細表課稅別欄註記。
10. 營業人受託代收轉付款項，於收取轉付之間無差額，其轉付款項取得之憑證買受人載明為委託人者，得以該憑證交付委託人，免另開立統一發票，並免列入銷售額。

11. 飲食、旅宿業及旅行社等，代他人支付之雜項費用（例如車費、郵政、電信等費），得於統一發票「備註」欄註明其代收代付項目與金額，免予列入統一發票之銷售額及總計金額。

二、電子發票及載具（營 #32-1）

營業人銷售貨物或勞務，依營 #32 第 4 項規定以網際網路或其他電子方式開立、傳輸電子發票者，應將統一發票資訊傳輸至財政部電子發票整合服務平台存證；買受人以財政部核准載具索取電子發票者，營業人應將載具識別資訊併同存證。

前項所稱載具，指下列得以記載或連結電子發票資訊之號碼：
1. 國民身分證統一編號、自然人憑證卡片號碼、電話號碼、營業人或其合作機構會員號碼。
2. 買受人交易使用之信用卡、轉帳卡、電子票證、電子支付帳戶等支付工具號碼。
3. 其他得以記載或連結電子發票資訊之號碼。

第一項所稱載具識別資訊，指財政部電子發票整合服務平台用以辨識載具類別之編號及前項載具。

三、統一發票之種類（統 #7）

統一發票之種類及用途如下：

(一) 三聯式統一發票

專供營業人銷售貨物或勞務與營業人，並依本法第四章第一節規定計算稅額時使用。第一聯為存根聯，由開立人保存，第二聯為扣抵聯，交付買受人作為依本法規定申報扣抵或扣減稅額之用，第三聯為收執聯，交付買受人作為記帳憑證。

(二) 二聯式統一發票

專供營業人銷售貨物或勞務與非營業人，並依本法第四章第一節規定計算稅額時使用。第一聯為存根聯，由開立人保存，第二聯為收執聯，交付買受人收執。

(三) 特種統一發票

專供營業人銷售貨物或勞務，並依本法第四章第二節規定計算稅額時使用。第一聯為存根聯，由開立人保存，第二聯為收執聯，交付買受人收執。

(四) 收銀機統一發票

專供依本法第四章第一節規定計算稅額之營業人，銷售貨物或勞務，以收銀機開立統一發票時使用。其使用與申報，依「營業人使用收銀機辦法」之規定辦理。

(五) 電子計算機統一發票（預計 2020 年落日）

供營業人銷售貨物或勞務，並依本法第四章第一節規定計算稅額者，第一聯為存根聯，由開立人保存，第二聯為扣抵聯，交付買受人作為依本法規定申報扣抵或扣減稅額

之用，但買受人為非營業人時，由開立人自行銷燬，第三聯為收執聯，交付買受人作為記帳憑證；其供營業人銷售貨物或勞務，並依本法第四章第二節規定計算稅額者，第一聯為存根聯，由開立人保存，第二聯為收執聯，交付買受人收執。其使用及申報，均依第四章規定辦理。

(六) 電子發票

指營業人銷售貨物或勞務與買受人時，以網際網路或其他電子方式開立、傳輸或接收之統一發票；其應有存根檔、收執檔及存證檔，用途如下：

1. 存根檔：由開立人自行保存。
2. 收執檔：交付買受人收執，買受人為營業人者，作為記帳憑證及依本法規定申報扣抵或扣減稅額之用。
3. 存證檔：由開立人傳輸至財政部電子發票整合服務平台(以下簡稱平台)存證。

(七) 前項第 1 款至第 5 款規定之統一發票，必要時得經財政部核准增印副聯。

電子發票之開立人及買受人，得分別自存根檔或平台存證檔，依規定格式與紙質下載列印電子發票證明聯，以憑記帳或兌領獎。

開立電子發票之營業人，應於開立後四十八小時內將統一發票資訊及買受人以財政部核准載具索取電子發票之載具識別資訊傳輸至平台存證，並應使買受人得於該平台查詢、接收上開資訊；買受人為營業人者，至遲應於電子發票開立後七日內，完成買受人接收及由開立人將統一發票資訊傳輸至平台存證。如有發票作廢、銷貨退回或折讓、捐贈或列印電子發票證明聯等變更發票資訊時，亦同。

開立人符合前項規定者，視為已將統一發票交付買受人，買受人視為已取得統一發票。但有其他不可歸責於營業人之事由，致無法依前項規定辦理者，應於事由消滅之翌日起算三日內完成傳輸並向所在地主管稽徵機關申請，經該管稽徵機關核准者，視同已依規定交付。

(八) 雲端發票

雲端發票，指營業人銷售貨物或勞務與使用財政部核准載具之買受人或經買受人指定以捐贈碼捐贈予機關或團體，依前條規定開立、傳輸或接收且未列印電子發票證明聯之電子發票。

本法第六條第四款所定營業人應開立雲端發票交付買受人。

四、統一發票開立時限

1. 收款依本法營業人開立銷售憑證時限表規定，以**收款時**為開立統一發票之時限(統 #16)
2. 收受之支票，得於**票載日**開立統一發票(統 #16)

3. 交換貨物或勞務，營業人以貨物或勞務與他人交換貨物或勞務者，應於**換出時**，開立統一發票。(統 #12)
4. 營業人發行禮券者，應依下列規定開立統一發票：(統 #14)

   商品禮券：禮券上已載明憑券兌付一定數量之貨物者，應於**出售禮券時**開立統一發票。

   現金禮券：禮券上僅載明金額，由持有人按禮券上所載金額，憑以兌購貨物者，應於**兌付貨物**時開立統一發票。現金禮券，訂明與其他特定之營業人約定憑券兌換貨物者，由承兌之營業人於兌付貨物時開立統一發票。
5. 分期付款銷貨，營業人以分期付款方式銷售貨物，除於約定收取第一期價款時一次全額開立外，應於約定收取各期價款時開立統一發票。(統 #18)
6. 自動販賣機售貨，營業人以自動販賣機銷售貨物，應於收款時按實際收款金額彙總開立統一發票。(統 #18)

五、按日彙開或按月彙開

(一) 按日彙開 (統 #15)

營業人每筆銷售額與銷項稅額合計未滿新臺幣五十元之交易，除買受人要求者外，得免逐筆開立統一發票。但應於每日營業終了時，按其總金額彙開一張統一發票，註明「彙開」字樣，並應在當期統一發票明細表備考欄註明「按日彙開」字樣，以供查核。

營業人以網際網路或其他電子方式開立電子發票、使用收銀機開立統一發票或使用收銀機收據代替逐筆開立統一發票者，不適用前項規定。

(二) 按月彙開 (統 #15-1)

營業人具備下列條件者，得向所在地主管稽徵機關申請核准後，就其對其他營業人銷售之貨物或勞務，按月彙總於當月月底開立統一發票：
1. 無積欠已確定之營業稅及罰鍰、營利事業所得稅及罰鍰者。
2. 最近二年度之營利事業所得稅係委託會計師查核簽證或經核准使用藍　色申報書者。

營業人依前項規定申請按月彙總開立統一發票與其他營業人時，應檢附列有各該買受營業人之名稱、地址及統一編號之名冊，報送所在地主管稽徵機關。

營業人經核准按月彙總開立統一發票後，如有違反第一項之條件者，主管稽徵機關得停止其按月彙總開立統一發票，改按逐筆交易開立統一發票。

參、主動申報

一、一般銷售活動

(一) 一般規定：(營 #35)

營業人除本法另有規定外，不論有無銷售額，應以**每二月**為一期，於**次期開始十五日內**，填具規定格式之申報書，檢附退抵稅款及其他有關文件，向主管稽徵機關申報銷售額、應納或溢付營業稅額。亦即應於每年一月、三月、五月、七月、九月、十一月，各月份的十五日以前，按規定格式申報前兩個月的營業稅。營業稅之申報格式可詳表6-5。

- 其有應納營業稅額者，應先向公庫繳納後，檢同繳納收據一併申報。
- 使用統一發票者，並應檢附統一發票明細表。

(二) **適用零稅率者，得申請以每月為一期**

- 營業人銷售貨物或勞務，依 #7 規定適用零稅率者，得申請以**每月**為一期，於次月十五日前依前項規定向主管稽徵機關申報銷售額、應納或溢付營業稅額。
- 但同一年度內不得變更。
- 申請改以每月或每二月為一期申報者，應自核准後之首一單月起適用。
- 使用統一發票者，並應檢附統一發票明細表。

(三) **進項憑證之明細表編列** (營細 #38)

營業人有下列情形之一，得向稽徵機關申請以進項憑證編列之明細表，代替進項稅額扣抵聯申報：

1. 營利事業所得稅委託會計師查核簽證申報者。
2. 經核准使用藍色申報書申報營利事業所得稅者。
3. 股份有限公司組織，且股票已上市者。
4. 連續營業三年以上，每年營業額達一億元以上，且申報無虧損者。
5. 進項憑證扣抵聯數量龐大者。

表 6-5　營業稅申報書及繳款單種類

申報書	
	401 申報書：專營第四章第一節應稅 (含零稅率) 營業人使用
	403 申報書：兼營應稅與免稅或兼營第四章第一節與第二節營業人使用
	404 申報書：專營第四章第二節 (金融專業) 營業人使用
	407：機關團體銷售貨物或勞務申報銷售額與營業稅繳款書
	408：購買國外勞務營業稅繳款書

CHAPTER 6 加值型及非加值型營業稅

286 稅務法規解析與應用

(**D**) 1. 下列哪一種營業人得申請以每 1 個月為一期，於次月 15 日前向主管稽徵機關申報銷售額、應納或溢付營業稅額？(103 普考)
(A)小規模營業人　(B)銷售免稅貨物　(C)典當業　(D)銷售勞務適用零稅率

二、購買國外勞務或銷售電子勞務 (營 #36、#36-1)

(一) 外國之事業、機關、團體、組織在中華民國境內無固定營業場所而有銷售勞務者，應由勞務買受人於給付報酬之次期開始十五日內，就給付額依 #10 所定稅率，計算營業稅額繳納之。

(二) 銷售之勞務屬營 #11 第一項 (銀行業、保險業、信託投資業、證券業、期貨業、票券業及典當業) 各業之勞務者，勞務買受人應按該項各款稅率計算營業稅額繳納之。亦即，銀行保險業本業以及其他非專屬本業按 5%；信託投資業、證券業、期貨業、票券業及典當業等其他金融本業按 2%；再保險業收入則按 1%。

(三) 外國國際運輸事業在中華民國境內無固定營業場所而有代理人在中華民國境內銷售勞務，其代理人應於載運客、貨出境之次期開始十五日內，就銷售額按 #10 規定稅率，計算營業稅額，並依前條規定，申報繳納。

(四) 外國之事業、機關、團體、組織，在中華民國境內無固定營業場所，銷售電子勞務予境內自然人，依營 #28-1 規定須申請稅籍登記者，應就銷售額按營 #10 規定稅率，計算營業稅額，自行或委託中華民國境內報稅之代理人依前條規定申報繳納。

(五) 免繳納
♦ 買受人為依第四章第一節規定計算稅額之營業人，其購進之勞務，專供經營應稅貨物或勞務之用者，免予繳納；
♦ 外國之事業、機關、團體、組織在中華民國境內，無固定營業場所而有銷售供教育、研究或實驗使用之勞務予公私立各級學校、教育或研究機關者，勞務買受人免依營 #36 第一項規定辦理。

(**B**) 外國之事業、機關、團體、組織，在中華民國境內無固定營業場所而有銷售勞務者，應由勞務買受人於給付報酬之次期開始幾日內，就給付額依規定稅率計算營業稅額繳納？(103 五等)
(A)十日內　(B)十五日內　(C)一個月內　(D)二個月內

三、外國技藝表演 (營 #37)

(一) 按一般營業人方式申報

外國技藝表演業，在中華民國境內演出之營業稅，應依營 #35 規定，向演出地主管

稽徵機關報繳。亦即，以每二月為一期，於次期開始十五日內，填具規定格式之申報書，檢附退抵稅款及其他有關文件，向主管稽徵機關申報銷售額、應納或溢付營業稅額。

(二) 例外

但在同地演出期間不超過三十日者，應於演出結束後十五日內報繳。

(三) 外國技藝表演業，須在前項應行報繳營業稅之期限屆滿前離境者，其營業稅，應於**離境前**報繳之。

> (A) 依營業稅法規定，外國技藝表演業在我國境內演出之營業稅，在同地演出期間不超過 30 日者，應於何時報繳？(102 記帳士)
> (A) 演出結束後 15 日內　　　　　(B) 演出結束後 30 日內
> (C) 照一般營業人報繳期限　　　　(D) 離境前

四、總分支機構之申報與繳稅 (營 #38)

(一) 總分支機構分別繳納

營業人之總機構及其他固定營業場所，設於中華民國境內各地區者，應分別向主管稽徵機關申報銷售額、應納或溢付營業稅額。

(二) 依第四章第一節規定計算稅額之營業人可申請由總機構合併繳納

依第四章第一節規定計算稅額之營業人，得向財政部申請核准，就總機構及所有其他固定營業場所銷售之貨物或勞務，由總機構合併向所在地主管稽徵機關申報銷售額、應納或溢付營業稅額。

> (C) 營業人總機構及其他固定營業場所設於中華民國境內各地區者，其營業稅報繳方式，下列何者正確？(104 高考)
> (A) 應由總機構合併向所在地主管稽徵機關申報銷售額及應納或應付營業稅款，不得分別報繳
> (B) 應分別向主管稽徵機關申報銷售額及應納或應付營業稅款，不得由總機構合併報繳
> (C) 應分別向主管稽徵機關申報銷售額及應納或應付營業稅款，但得依法申請由總機構合併報繳
> (D) 應由總機構合併向所在地主管稽徵機關報繳營業稅款，但得依法申請分別向主管稽徵機關報繳

肆、查定課徵 (營 #40)

一、每三個月 (一月、四月、七月、十月底前) 由主管機關填報通知書繳納

1. 典當業得依查定之銷售額計算之。(營 #21) 查定計算稅額之典當業，由主管稽徵機關查定其銷售額及稅額，**每三個月填發繳款書通知繳納一次**。
2. 小規模營業人：農產品批發市場之承銷人及銷售農產品之小規模營業人，其他經財政部規定免予申報銷售額之營業人，以及依營 #23 依法取得從事按摩資格之視覺功能障礙者，由主管稽徵機關查定其銷售額及稅額，**每三個月填發繳款書通知繳納一次**。

查定計算營業稅額之營業人，購買營業上使用之貨物或勞務，取得載有營業稅額之憑證，並依規定申報者，主管稽徵機關應按其進項稅額百分之十，在查定稅額內扣減。以進項稅額百分之十扣減查定稅額者，其進項憑證應分別於一月、四月、七月、十月之五日前，向主管稽徵機關申報並以當期各月份之進項憑證為限。未依前項規定期限申報，或非當期各月份進項憑證，不得扣減查定稅額。(營細 #44)

二、每月由主管機關填報通知書繳納：特種飲食業，每月由主管機關填發繳款書通知繳納

伍、進口貨物之徵收 (營 #41)

貨物進口時，應徵之營業稅，由海關代徵之；其徵收及行政救濟程序，準用關稅法及海關緝私條例之規定辦理。

陸、營業人合併、轉讓、解散或廢止時之申報與查核

一、事實發生十五日內填具申報書 (營細 #33)

依本法 #35 規定申報之營業人有合併、轉讓、解散或廢止營業者，應於事實發生之日起十五日內填具當期營業稅申報書，連同統一發票明細表及有關退抵稅款文件，申報主管稽徵機關查核。其有應納營業稅額者，應先向公庫繳納後，檢同繳納收據一併申報。

本法 #21 至 #23 規定查定計算營業稅額之營業人，有合併、轉讓、解散或廢止營業者，應於事實發生之日起十五日內，申報主管稽徵機關核定應納之營業稅額；其為本法 #23 規定查定計算營業稅額之營業人，而有當期進項憑證者，並檢附之。

二、清算期間之營業稅 (營細 #34)

本法第四章第一節規定計算稅額之營業人解散或廢止營業時，於清算期間需處理餘存貨物或勞務者，仍應向主管稽徵機關申請領用統一發票，並依本法 #35 規定申報其應

納或溢付之營業稅額。

營業人清算期間屆滿當期之銷售額及應納或溢付營業稅額，應於清算期間屆滿之日起十五日內向主管稽徵機關申報繳納或退還。

前二項清算期間，公司組織者，依公司法規定之期限；有限合夥組織者，依有限合夥法規定之期限；非屬公司或有限合夥組織者，自解散或廢止之日起三個月。

營業人未依第 1 項及第 2 項規定申報應納稅額者，主管稽徵機關應依本法 #43 規定核定其銷售額及應納稅額並補徵之。

柒、營業稅之申報方式

營業稅之申報方式共有三種，分別為人工申報、媒體申報以及網路申報。說明如下：

一、人工申報

營業人於申報期間，檢附申報書、統一發票明細表、退抵稅款及其他有關文件前往各稽徵所辦理申報。

二、媒體申報

營業人經稽徵機關核准採媒體申報者，應於申報期間將錄有進、銷項憑證及申報書(或零稅率清單、直接扣抵法相關附表)媒體檔之磁片，連同其他有關文件，持向國稅局任一個稽徵所申報均可，每單月 14、15 日，各稽徵所並提供跨區收件之服務。

三、網路申報

營業人經取得經濟部工商憑證或申請簡易認證密碼，並安裝營業稅網路申報軟體，即可採行網路申報，惟其退抵稅款及其他有關證明文件仍應送至所轄各稽徵所。

捌、營業稅之繳納與核定

一、營業稅之繳納 (營 #42)

依本法規定，由納稅義務人自行繳納之稅款，應由納稅義務人填具繳款書向公庫繳納之。

依本法規定，由主管稽徵機關發單課徵或補徵之稅款及加徵之滯報金、怠報金，應由主管稽徵機關填發繳款書通知繳納，納稅義務人，應於繳款書送達之次日起，十日內向公庫繳納之。

納稅義務人，遺失前項繳款書，應向主管稽徵機關申請補發，主管稽徵機關，應於接到申請之次日補發之。但繳納期限仍依前項規定，自第一次繳款書送達之次日起計算。

二、主管機關核定營業稅之期限（營 #42-1）

主管稽徵機關收到營業稅申報書後，應於 #35 規定申報期限屆滿之次日起六個月內，核定其銷售額、應納或溢付營業稅額。

依稅捐稽徵法 #48-1 規定自動向主管稽徵機關補報並補繳所漏稅款者，主管稽徵機關應於受理之次日起六個月內核定。

第一項應由主管稽徵機關核定之案件，其無應補繳稅額或無應退稅額者，主管稽徵機關得以公告方式，載明按營業人申報資料核定，代替核定稅額通知文書之送達。

三、主管機關核定與稽查（營 #43、#44）

(一) 依查得之資料核定銷售額及應納稅額

營業人有下列情形之一者，主管稽徵機關得依照查得之資料，核定其銷售額及應納稅額並補徵之：

1. 逾規定申報限期三十日，尚未申報銷售額。
2. 未設立帳簿、帳簿逾規定期限未記載且經通知補記載仍未記載、遺失帳簿憑證、拒絕稽徵機關調閱帳簿憑證或於帳簿為虛偽不實之記載。
3. 未辦妥稅籍登記，即行開始營業，或已申請歇業仍繼續營業，而未依規定申報銷售額。
4. 短報、漏報銷售額。
5. 漏開統一發票或於統一發票上短開銷售額。
6. 經核定應使用統一發票而不使用。

(二) 參照同業情形與有關資料，核定其銷售額或應納稅額並補徵之

營業人申報之銷售額，顯不正常者，主管稽徵機關，得參照同業情形與有關資料，核定其銷售額或應納稅額並補徵之。

(三) 稽查

財政部指定之稽查人員，查獲營業人有應開立統一發票而未開立情事者，應當場作成紀錄，詳載營業人名稱、時間、地點、交易標的及銷售額，送由主管稽徵機關移送法院裁罰。

前項紀錄，應交由營業人或買受人簽名或蓋章。但營業人及買受人均拒絕簽名或蓋章者，由稽查人員載明其具體事實。

第七節 罰則

壹、違反規定之罰則

一、未依規定申請營業登記 (營 #45)

營業人未依規定申請稅籍登記者，除通知限期補辦外，並得處新臺幣三千元以上三萬元以下罰鍰；屆期仍未補辦者，得按次處罰。

二、未依規定申請變更、註銷登記 (營 #46)

營業人有下列情形之一者，除通知限期改正或補辦外，並得處新臺幣一千五百元以上一萬五千元以下罰鍰；屆期仍未改正或補辦者，得按次處罰：
1. 未依規定申請變更、註銷登記或申報暫停營業、復業。
2. 申請營業、變更或註銷登記之事項不實。

三、不使用統一發票或統一發票轉供他人使用等 (營 #47)

納稅義務人，有下列情形之一者，除通知限期改正或補辦外，並得處新臺幣三千元以上三萬元以下罰鍰；屆期仍未改正或補辦者，得按次處罰，並得停止其營業：
1. 核定應使用統一發票而不使用
2. 將統一發票轉供他人使用
3. 拒絕接受營業稅繳款書

四、統一發票未依規定處理

(一) 未依規定記載或所載事實不符 (營 #48)

營業人開立統一發票，應行記載事項未依規定記載或所載不實者，除通知限期改正或補辦外，並按統一發票所載銷售額，處百分之一罰鍰，其金額不得少於新臺幣一千五百元，不得超過新臺幣一萬五千元。屆期仍未改正或補辦，或改正或補辦後仍不實者，按次處罰。

前項未依規定記載或所載不實事項為買受人名稱、地址或統一編號者，其第二次以後處罰罰鍰為統一發票所載銷售額之百分之二，其金額不得少於新臺幣三千元，不得超過新臺幣三萬元。

(二) 定價不符規定 (營 #48-1)

營業人對於應稅貨物或勞務之定價，未依第三十二條第二項規定內含營業稅，經通知限期改正，屆期未改正者，處新臺幣一千五百元以上一萬五千元以下罰鍰。

(三) 未依本法規定期限申報銷售額或統一發票明細表 (營 #49)

營業人未依本法規定期限申報銷售額或統一發票明細表，其未逾三十日者，每逾二日按應納稅額加徵百分之一滯報金，金額不得少於新臺幣一千二百元，不得超過新臺幣一萬二千元；其逾三十日者，按核定應納稅額加徵百分之三十怠報金，金額不得少於新臺幣三千元，不得超過新臺幣三萬元。其無應納稅額者，滯報金為新臺幣一千二百元，怠報金為新臺幣三千元。

(四) **短開或漏開統一發票**（營 #52）

營業人漏開統一發票或於統一發票上短開銷售額，於法定申報期限前經查獲者，應就短漏開銷售額按規定稅率計算稅額繳納稅款，並按該稅額處五倍以下罰鍰。但處罰金額不得超過新臺幣一百萬元。

營業人有前項情形，一年內經查獲達三次者，並停止其營業。

五、統一發票之獎勵經費（營 #58）

為防止逃漏、控制稅源及促進統一發票之推行，財政部得訂定統一發票給獎辦法；其經費由全年營業稅收入總額中提出百分之三，以資支應。

六、未依規申報繳納營業稅或漏稅（營 #49-1、#50）

(一) 營 #28-1 第 1 項規定之代理人，即外國之事業、機關、團體、組織，在中華民國境內無固定營業場所，銷售電子勞務予境內自然人者，應自行或委託中華民國境內居住之個人或有固定營業場所之事業、機關、團體、組織為其報稅之代理人，向主管稽徵機關申請稅籍登記。未依規定期間代理申報繳納營業稅者，處新臺幣三千元以上三萬元以下罰鍰。（106 年 5 月 1 日起施行）

(二) 納稅義務人逾期繳納稅款者，應自繳納期限屆滿之次日起，每逾二日按滯納之金額加徵百分之一滯納金；逾三十日仍未繳納者，除移送強制執行外，並得停止其營業。

但因不可抗力或不可歸責於納稅義務人之事由，致不能於法定期間內繳清稅捐，得於其原因消滅後十日內，提出具體證明，向稽徵機關申請延期或分期繳納經核准者，免予加徵滯納金。

前項應納稅款，應自滯納期限屆滿之次日起，至納稅義務人自動繳納或強制執行徵收繳納之日止，依郵政儲金一年期定期儲金固定利率，按日計算利息，一併徵收。

(三) **漏稅**（營 #51）

納稅義務人，有下列情形之一者，除追繳稅款外，按所漏稅額處五倍以下罰鍰，並得停止其營業：

1. 未依規定申請稅籍登記而營業。
2. 逾規定期限三十日未申報銷售額或統一發票明細表，亦未按應納稅額繳納營業稅。
3. 短報或漏報銷售額。
4. 申請註銷登記後，或經主管稽徵機關依本法規定停止其營業後，仍繼續營業。
5. 虛報進項稅額。
6. 逾規定期限三十日未依第三十六條第一項規定繳納營業稅。
7. 其他有漏稅事實。

　　納稅義務人有前項第五款情形，如其取得非實際交易對象所開立之憑證，經查明確有進貨事實及該項憑證確由實際銷貨之營利事業所交付，且實際銷貨之營利事業已依法補稅處罰者，免依前項規定處罰。

七、其他

(一) 改正與補辦之期限（營細 #51）

　　本法 #45 至 #48-1 規定限期改正或補辦事項，其期限不得超過通知送達之次日起算十五日。

(二) 停止營業處份之期限（營 #53）

　　主管稽徵機關，依本法規定，為停止營業處分時，應訂定期限，最長不得超過六個月。但停業期限屆滿後，該受處分之營業人，對於應履行之義務仍不履行者，得繼續處分至履行義務時為止。

　　前項停止營業之處分，由警察機關協助執行，並於執行前通知營業人之主管機關。

(三) 從新從輕（營 #53-1）

　　營業人違反本法後，法律有變更者，適用裁處時之罰則規定。但裁處前之法律有利於營業人者，適用有利於營業人之規定。

(四) 優先於普通債權（營 #57）

　　納稅義務人欠繳本法規定之稅款、滯報金、怠報金、滯納金、利息及合併、轉讓、解散或廢止時依法應徵而尚未開徵或在納稅期限屆滿前應納之稅款，均應較普通債權優先受償。

(D) 1. 依據營業稅法之規定，下列違反稅法規定相關罰則之敘述，何者錯誤？（改自 102 記帳士）
　　(A) 納稅義務人將發票轉供他人使用者，除通知限期改正，並處新臺幣 3,000 元以上，30,000 元以下罰鍰

(B)營業人無進貨事實而虛報進項稅額者，除追繳稅款外，按所漏稅額處 5 倍以下罰鍰

(C)營業人漏開統一發票，除追繳漏報稅款外，按所漏稅額處 5 倍以下罰鍰

(D)納稅義務人未依規定申請營業登記而營業者，除追繳稅款外，按所漏稅額處 1 倍至 10 倍罰鍰

(D) 2. 依加值型及非加值型營業稅法之規定，營業人漏開統一發票經查獲者，主管稽徵機關得為停止營業處分，下列停業處分之規定條件及期限，何者正確？(103 地特四等)

(A)一年經查獲 2 次者，停止其營業，訂定之停業期限最長不超過 3 個月
(B)一年經查獲 3 次者，停止其營業，訂定之停業期限最長不超過 3 個月
(C)一年經查獲 2 次者，停止其營業，訂定之停業期限最長不超過 6 個月
(D)一年經查獲 3 次者，停止其營業，訂定之停業期限最長不超過 6 個月

(B) 3. 納稅義務人未依規定申請營業登記而營業者，除追繳稅款外，按所漏稅額處幾倍以下罰鍰，並得停止其營業？(104 初等)
(A) 10 倍　(B) 5 倍　(C) 2 倍　(D) 1 倍

附錄　個人網路交易之營業稅問題

基本規範：依營 #1 規定，在我國境內銷售貨物或勞務，均應依法課徵營業稅。營 #6 第 1 款規定，以營利為目的之公營、私營或公私合營之事業為營業人。

因此，網路賣家如以營利為目的、採進、銷貨方式經營，透過網路銷售貨物或勞務者，基於租稅公平考量，稽徵機關應依法對其課徵營業稅。

個人的網路交易主要可以分為二種類型：第一是出售個人的二手商品。第二是以營利為目的，頻繁而經常性地進銷貨。以下就各情況分別說明：

第一：出售個人的二手商品

如果網路賣家是透過拍賣網站出售自己使用過後的二手商品，或買來尚未使用就因為不適用而透過拍賣網站出售，或他人贈送的物品，自己認為不實用透過拍賣網站出售，均不屬於須課徵營業稅的範圍。因此，個人透過拍賣網站出售：(1) 自己使用過之二手商品、(2) 不適用而拍賣之全新或八成新的商品、(3) 他人贈送的物品等商品，均不需課稅。

但是，如果個人透過管道收購二手商品，再於網路銷售並賺取利潤，若銷售額達財政部規定之起徵點，則應課徵營業稅。

第二：頻繁而經常性地進銷貨

個人以營利為目的，採進銷貨方式經營網路拍賣等網路交易，包括個人運用臉書、LINE、粉絲團、通訊群組、網路直撥或部落格宣傳商品訊息而促成買賣者，可以分為以下三種情況說明：

1. 平均每月銷售額低於八萬（銷售貨物）或四萬（銷售勞務）：

    暫免向國稅局辦理營業（稅籍）登記，也不用課徵營業稅，但是要在綜合所得稅中申報此交易所得。

    全年網路交易所得認列為營利所得，申報綜合所得稅。

    所得額的計算方式可以按實際收支認定；若未設帳且未保留相關憑證，則可比照一時貿易之盈餘以收入的 6% 計算所得。

2. 平均每月銷售額超過八萬（銷售貨物）或四萬（銷售勞務）但未達二十萬元者：

    要向國稅局辦理營業（稅籍）登記，也要課徵營業稅，同時要在綜合所得稅中申報此交易所得。

    「網路交易課徵營業稅及所得稅規範」所稱營業登記，是指國稅局主管的「稅籍登記」，而非「營利事業登記」。

    網路賣家自行向住（居）所或戶籍所在地的財政部各地區國稅局所屬分局、稽徵所、服務處辦理稅籍登記。

    按銷售額依稅率 1%，由國稅局 按季（每年 1、4、7、10 月的月底前發單）開徵。

3. 平均每月銷售額超過二十萬元者：

    要向國稅局辦理營業（稅籍）登記，也要課徵營業稅。此情況每年銷售額已超過 240 萬元以上，具有相當經營規模，國稅局將核定其使用統一發票，稅率為 5%，但相關進項稅額可提出扣抵，且此類營業人必須每 2 個月向國稅局申報一次銷售額並自行繳納營業稅額。

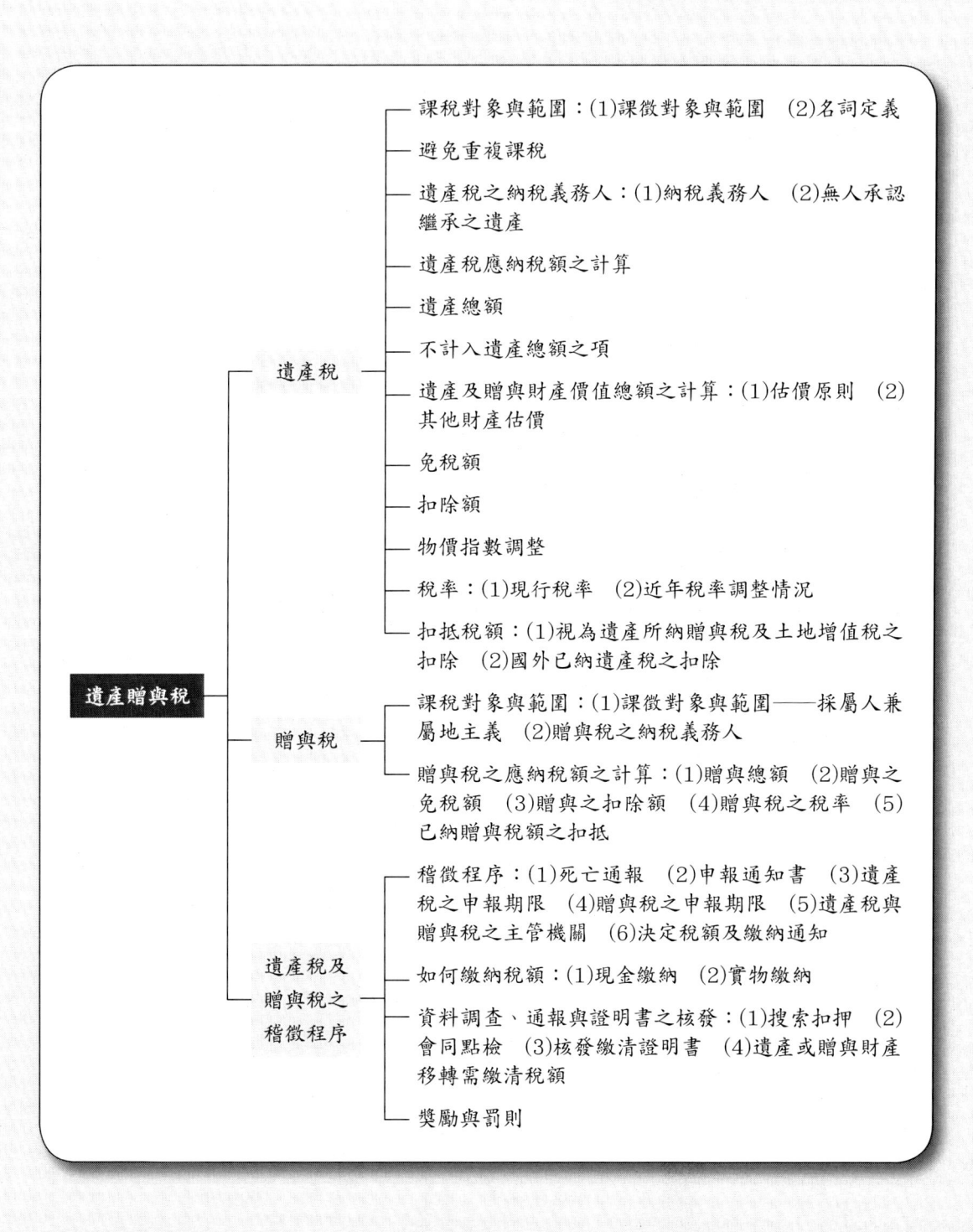

CHAPTER 7 遺產贈與稅

```
遺產贈與稅
├─ 遺產稅
│   ├─ 課稅對象與範圍：(1)課徵對象與範圍 (2)名詞定義
│   ├─ 避免重複課稅
│   ├─ 遺產稅之納稅義務人：(1)納稅義務人 (2)無人承認繼承之遺產
│   ├─ 遺產稅應納稅額之計算
│   ├─ 遺產總額
│   ├─ 不計入遺產總額之項
│   ├─ 遺產及贈與財產價值總額之計算：(1)估價原則 (2)其他財產估價
│   ├─ 免稅額
│   ├─ 扣除額
│   ├─ 物價指數調整
│   ├─ 稅率：(1)現行稅率 (2)近年稅率調整情況
│   └─ 扣抵稅額：(1)視為遺產所納贈與稅及土地增值稅之扣除 (2)國外已納遺產稅之扣除
├─ 贈與稅
│   ├─ 課稅對象與範圍：(1)課徵對象與範圍──採屬人兼屬地主義 (2)贈與稅之納稅義務人
│   └─ 贈與稅之應納稅額之計算：(1)贈與總額 (2)贈與之免稅額 (3)贈與之扣除額 (4)贈與稅之稅率 (5)已納贈與稅額之扣抵
└─ 遺產稅及贈與稅之稽徵程序
    ├─ 稽徵程序：(1)死亡通報 (2)申報通知書 (3)遺產稅之申報期限 (4)贈與稅之申報期限 (5)遺產稅與贈與稅之主管機關 (6)決定稅額及繳納通知
    ├─ 如何繳納稅額：(1)現金繳納 (2)實物繳納
    ├─ 資料調查、通報與證明書之核發：(1)搜索扣押 (2)會同點檢 (3)核發繳清證明書 (4)遺產或贈與財產移轉需繳清稅額
    └─ 獎勵與罰則
```

租稅之設計除為了滿足國家財政收入外，還望能達成一些政策上、社會福利上的目的；**平均人民財富**便是其中一個很重要的租稅課徵的附加功能。租稅稅目中以所得稅與遺產稅，為達成平均人民財富的重要稅目，所得稅設計以累進的方式在個人在世時加以課徵，但由於所得稅在租稅減免等政策上或租稅行政上的權宜或不足，導致有些所得因減免、逃漏而使得稅後所得仍得大量積累，造成財富之差異；為彌補此可能造成的財富分配不均的情況，乃有遺產稅的產生。

惟為恐財產所有人利用生前贈與的方式規避遺產稅，所以需輔以贈與稅。故站在平均人民財富的租稅功能上，良好設計的所得稅、遺產稅與贈與稅是缺一不可的。

第一節　遺產稅

本節學習重點：
✦ 遺產稅之課稅範圍
✦ 遺產稅之納稅義務人
✦ 遺產稅之稅額計算

遺產稅以人之死亡作為課稅條件；而以死亡人（被繼承人）死亡時所留下之財產作為課稅標的。

遺產課徵之稅制可以分成以下三種：

(一) **總遺產稅制**：**我國目前採用**。總遺產稅制是以被繼承人（死亡人）留下來的遺產總額作為計算遺產稅之基礎；其最大的特點是採「先稅後分」，先繳完遺產稅後再分遺產，稅制簡單，納稅對象明確，因而徵收成本比較低。我國目前採用總遺產稅制。

(二) **分遺產稅制**：是對各個繼承人分得的遺產分別進行課徵，考慮繼承人與被繼承人的親疏關係和繼承人的實際負擔能力，採用累進稅率。特點為「先分後稅」，先把遺產分給各繼承人，然後對每一繼承人所得財產徵稅。

(三) **混合遺產稅制**：前述兩種方式併行的計稅方式。

壹、課稅對象與範圍

一、課徵對象與範圍

我國遺產稅採**屬人兼屬地主義**。（遺產及贈與稅法，以下簡稱「遺贈」#1）

(一) **屬人主義**：凡經常居住中華民國境內之中華民國國民死亡時遺有財產者：就其在中華民國**境內境外全部遺產**，依本法規定，課徵遺產稅。

(二) **屬地主義**：經常居住中華民國境外之中華民國國民，及非中華民國國民其死亡時：

就其在中華民國境內之財產課徵遺產稅。

(三) **視同居住者採屬人主義**：**死亡事實發生前兩年內**自願喪失中華民國國籍者，仍應依本法關於中華民國國民之規定課徵遺產稅。(死亡日在 87.6.25 以前為 3 年內)(遺贈 #3-1)

(四) 大陸地區人民死亡，在臺灣地區遺有財產者，應就其在臺灣地區遺留之財產申報課徵遺產稅。(屬地主義)

(五) 就居住者與非居住者認定課稅範圍，與死亡所在地無關。

(六) 信託財產課徵遺產稅。因遺囑成立之信託，於遺囑人死亡時，其信託財產應依本法規定，課徵遺產稅。

信託關係存續中受益人死亡時，應就其享有信託利益之權利未領受部分，依本法規定課徵遺產稅。(遺贈 #3-2)

(七) **擬制遺產**(**視為遺產**)：被繼承人死亡**前二年內**贈與下列個人之財產，應於被繼承人死亡時，視為被繼承人之遺產，併入其遺產總額，依本法規定徵稅：

　1. 被繼承人之配偶。
　2. 被繼承人依民法 #1138 及 #1140 規定之各順序繼承人。包括：
　　(1) 直系血親卑親屬、(2) 父母、(3) 兄弟姊妹、(4) 祖父母。
　3. 前款各順序繼承人之配偶。

(A) 1. 關於遺產稅及贈與稅課稅範圍的敘述，下列何者錯誤？(104 初等)
　(A) 凡經常居住中華民國境內之中華民國國民死亡時遺有財產者，應就其在中華民國境內遺產，課徵遺產稅
　(B) 非中華民國國民，死亡時在中華民國境內遺有財產者，應就其在中華民國境內之遺產，課徵遺產稅
　(C) 凡經常居住中華民國境內之中華民國國民，就其在中華民國境內或境外之財產為贈與者，應課徵贈與稅
　(D) 非中華民國國民，就其在中華民國境內之財產為贈與者，應課徵贈與稅

(A) 2. 被繼承人死亡前二年內贈與下列何人之財產，不需於被繼承人死亡時，視為被繼承人之遺產課稅？(104 普考)
　(A) 叔叔　(B) 長孫　(C) 女婿　(D) 祖母

二、名詞定義（贈與稅亦同；遺贈 #4）

(一) **財產定義**：本法稱財產，指動產、不動產及其他一切有財產價值之權利。例如：土地、房屋、現金、黃金、股票、存款、公債、債權、信託利益之權利、獨資合夥之出資、礦業權、漁業權等。

農業用地則指適用農業發展條例之規定之土地。依遺贈細 #11 所稱農業用地是指，「供農作、森林、養殖、畜牧及與農業經營不可分離之房舍、曬場、農路、灌溉、排水及其他農用之土地。農民或農民團體之倉庫集貨場視同農業用地」。此一定義與農業發展條例 #3 第 10 款之用辭定義相同。

(二) **經常居住**：本法稱經常居住中華民國境內，係指被繼承人有下列情形之一：
1. 死亡事實發生前二年內，在中華民國境內有住所者。
2. 在中華民國境內無住所而有居所，且在死亡事實發生前二年內，在中華民國境內居留時間合計逾三百六十五天者。但受中華民國政府聘請從事工作，在中華民國境內有特定居留期限者，不在此限。

(三) **非經常居住**：所謂經常居住中華民國境外，係指不合前項經常居住中華民國境內規定者而言。

(四) **境內境外財產之認定**（遺贈 #9）

中華民國境內或境外之財產之認定，是依據被繼承人死亡時或贈與人贈與時之財產所在地認定之：
1. 動產、不動產及附著於不動產之權利，以動產或不動產之所在地為準。但船舶、車輛及航空器，以其船籍、車輛或航空器登記機關之所在地為準。
2. 礦業權，以其礦區或礦場之所在地為準。
3. 漁業權，以其行政管轄權之所在地為準。
4. 專利權、商標權、著作權及出版權，以其登記機關之所在地為準。
5. 其他營業上之權利，以其營業所在地為準。
6. 金融機關收受之存款及寄託物，以金融機關之事務所或營業所所在地為準。
7. 債權，以債務人經常居住之所在地或事務所或營業所所在地為準。
8. 公債、公司債、股權或出資，以其發行機關或被投資事業之主事務所所在地為準。
9. 有關信託之權益，以其承受信託事業之事務所或營業所所在地為準。

前列各款以外之財產，其所在地之認定有疑義時，由財政部核定之。

(**B**) 1. 遺產及贈與稅法所稱之農業用地，係依下列何者之定義？（103 地特五等）
(A) 土地稅法　(B) 農業發展條例　(C) 平均地權條例　(D) 農業金融法

（C）2. 依遺產及贈與稅法規定，在境內無住所而有居所，且在死亡事實發生前二年內，在境內居留合計逾多少天，為經常在我國境內居住？（104 普考）
(A) 91 天　(B) 183 天　(C) 365 天　(D) 兩年內每一年都逾 91 天

貳、避免重複課稅

(一) 由於**經常居住中華民國境內**者，其死亡時需就境內外之全部財產課徵遺產稅，是故就國外財產已納遺產稅之部份，得由納稅義務人提出所在地國稅務機關發給之納稅憑證，併應取得所在地中華民國使領館之簽證；其無使領館者，應取得當地公定會計師或公證人之簽證，自其應納遺產稅或贈與稅額中扣抵。但扣抵額不得超過因加計其國外遺產而依國內適用稅率計算增加之應納稅額。

(二) 由於擬制遺產之課稅規定，**死亡前兩年內**贈與之財產若需併入遺產總額課徵，則贈與時已納之贈與稅准予扣除。被繼承人死亡前二年內贈與之財產，依 #15 之規定併入遺產課徵遺產稅者，應將已納之贈與稅與土地增值稅連同按郵政儲金匯業局一年期定期存款利率計算之利息，自應納遺產稅額內扣抵。但扣抵額不得超過贈與財產併計遺產總額後增加之應納稅額。

參、遺產稅之納稅義務人

一、納稅義務人（遺贈 #6）遺產稅之納稅義務人如下：

1. 有遺囑執行人者，為遺囑執行人。
2. 無遺囑執行人者，為繼承人及受遺贈人。
3. 無遺囑執行人及繼承人者，為依法選定遺產管理人。

其應選定遺產管理人，於死亡發生之日起六個月內未經選定呈報法院者，或因特定原因不能選定者，稽徵機關得依非訟事件法之規定，申請法院指定遺產管理人。

二、無人承認繼承之遺產（遺贈 #2）

無人承認繼承之遺產，依法歸屬國庫；其應繳之遺產稅，由國庫依財政收支劃分法之規定分配之。

（B）遺產稅納稅義務人包括：①繼承人②遺囑執行人③依法選定之遺產管理人，其先後順序為何？（103 身障五等）
(A) ①②③　(B) ②①③　(C) ②③①　(D) ③①②

☆ 民法上對遺產分配之規定：
一、若未訂有遺囑，則依民法 #1138、#1140 規定分配給法定繼承人，各繼承人可以分配的比例稱為**應繼份**：
   ◆ 遺產繼承人，除配偶外，依下列順序定之：
     1. 直系血親卑親屬（以親等近者為先；若此順位繼承人於繼承開始前死亡或喪失繼承權者，由其直系血親卑親屬代位繼承其應繼分）
     2. 父母
     3. 兄弟姊妹
     4. 祖父母。
   ◆ 配偶與第一順位繼承人同為繼承 ➜ 應繼分與他繼承人平均
     配偶與第二或第三順位繼承人同為繼承 ➜ 應繼分為遺產 1/2
     配偶與第四順位繼承人同為繼承 ➜ 應繼分為遺產 2/3
     無第一順序至第四順序之繼承人時 ➜ 應繼分為遺產全部
二、若訂有遺囑，仍須留給法定繼承人一定比例遺產，稱為**特留份**：
   配偶、直系血親卑親屬、父母：應繼份的 1/2。
   兄弟姊妹、祖父母：應繼份的 1/3。
三、配偶之剩餘財產差額分配請求權：被繼承人之配偶有權要求行使剩餘財產差額分配請求權，領取差額分配請求權之後剩餘的才稱為「遺產」，再按遺產的應繼分分配予繼承人。

肆、遺產稅應納稅額之計算

遺產稅按被繼承人死亡時，依本法規定計算之遺產總額，減除 #17、#17-1 規定之各項扣除額及 #18 規定之免稅額後之課稅遺產淨額，按適用稅率計算稅額。（遺贈 #13）遺產稅應納稅額之計算公式如下：

遺產稅應納稅額
＝課稅遺產淨額 × 稅率 － 累進差額
＝【遺產總額(**包括擬制遺產**) － 免稅額 － 扣除額】× 稅率 － 累進差額
遺產稅應繳(或應退)稅額
＝遺產稅應納稅額 － 已納稅額扣抵
＝遺產稅應納稅額 － 死亡前兩年已納之贈與稅、土地增值稅及利息
   － 國外已納遺產稅額

由上述算式可知，稅額之計算為遺產淨額乘以稅率；而要求得遺產淨額需先求出遺產總額，並減去免稅額以及扣除額；而為減去重複課稅之扣抵稅額，需再考慮死亡前兩年已納之贈與稅、土地增值稅以及國外已納之遺產稅等。各項目之計算規定詳細說明如下。

伍、遺產總額（遺贈 #13）

遺產總額應包括被繼承人死亡時依第一條規定之全部財產，及依 #10 規定計算之價值。但 #16 規定不計入遺產總額之財產，不包括在內。（遺贈 #14）

> 遺產總額＝
> 被繼承人死亡時境內外之全部財產（經常居住於我國境內者）或被繼承人死亡時之境內財產（非經常居住於我國境內者）之時價
> － 不計入遺產總額之財產時價

遺產總額之範圍：（遺贈 #14、#15；遺贈細 #13）

被繼承人死亡時，下列財產均應合併申報課徵遺產稅：

1. 被繼承人死亡時遺有之不動產、動產及其他一切有財產價值之權利（包括繼承或其他法律原因取得，迄未辦理所有權移轉登記為被繼承人之財產），例如土地、房屋、現金、黃金、股票、存款、公債、債權、信託權益、獨資合夥之出資、礦業權、漁業權……等。但三七五減租土地承租權免課徵遺產稅；公有耕地承租權免課徵遺產稅。
2. 被繼承人死亡前兩年內贈與其配偶及民法 #1138 及 #1140 規定之各順序繼承人，如子女、孫子女、父母、兄弟姊妹、祖父母以及上述親屬之配偶的財產。該視為遺產併入遺產之價值以被繼承人死亡時之時價為準。惟下列情形由於贈與標的於贈與時有法律規定免徵遺產稅，因此，可免併入遺產總額計稅。
   (1) 被繼承人與受贈人間之親屬或配偶關係，在被繼承人死亡前已消滅者，該項贈與之財產，**免**合併申報課徵遺產稅；可能的情況有：被繼承人生前贈與媳婦，但死亡時該媳婦已與其子離婚。被繼承人贈與配偶：配偶比被繼承人早死亡。
   (2) 被繼承人死亡前兩年內，贈與農業用地，若於被繼承人死亡時，仍繼續做農業使用者，免予計入遺產總額。但是被繼承人死亡時，未做農業使用者，併入遺產總額，並追繳之前贈與時的贈與稅。
   (3) 被繼承人死亡前兩年贈與公共設施保留地或贈與適用新市鎮開發條例第 11 條等之土地，免予計入遺產總額。（都市計劃法 #50-1）
3. 因遺囑成立之信託，於遺囑人死亡時，其信託財產應課徵遺產稅。若於信託關係存續中，受益人死亡時，亦應就其享有信託利益權利尚未領受之部分課徵遺產稅。

4. 被繼承人死亡前因重病無法處理事務期間舉債、出售財產或提領存款，而其繼承人對該項借款、價金或存款不能證明其用途者，該項借款、價金或存款，仍應列入遺產課稅。(遺贈細#13)
5. 被繼承人死亡前短期內帶重病投保人壽保險者，將其生前之現金轉為保險給付，迨被繼承人死亡後，實質的利益轉於繼承人。以上情況應就原始投保之動機、時程、金額、健康狀況來判斷是否依實質課稅原則併入遺產總額課徵。
6. 營利事業給付因死亡而退職之員工退（離）職金、慰勞金、撫卹金，係屬死亡人遺族之所得，免予計入死亡人之遺產總額（財政部86.9.4台財稅第861914402號函）。
7. 營利事業給付死亡員工之喪葬費，仍應併入死亡員工之遺產總額計徵遺產稅（財政部86.9.4台財稅第861914402號函）。
8. 依勞工退休金條例規定，勞工個人退休金專戶之退休金，係雇主為勞工及勞工本身歷年提繳之金額及孳息，屬勞工個人所有，於勞工死亡時，應依遺產及贈與稅法第1條規定，併入遺產總額課徵遺產稅（財政部94.09.30台財稅第09404571910號）。

✪ 要保人死亡，其保單價值或保險給付如何判斷是否應列入遺產總額課稅？

　　遺贈稅法所稱財產，指動產、不動產及其他一切有財產價值之權利。

　　依保險法第3條規定，所稱要保人，指對保險標的具有保險利益，向保險人申請訂立保險契約，並負有交付保險費義務之人。

1. 當保險契約尚未期滿而要保人死亡，且要保人與被保險人非同一人時，該保單累積之利得應歸要保人所有，即屬要保人死亡時遺有財產價值之權利，應列入遺產課稅。
2. 依遺贈#16第9款規定，約定被繼承人死亡時，給付其所指定受益人之人壽保險金額不計入遺產總額，指的是要保人與被保險人同一人時，當被保險人死亡時，指定受益人領取的保險給付不計入遺產總額，惟仍應於遺產稅申報書中揭露。
3. 如前述第2點之情況，此類保險給付可不計入遺產總額，但是若經稽徵機關查得，形式上具人壽保險之外觀，卻涉有規避遺產稅等情事者，仍應依有關稅法規定，列入遺產課稅，以符實質課稅原則。

陸、不計入遺產總額之項目（遺贈#16、#16-1）

下列項目不計入遺產總額課稅：

1. 遺贈人、受遺贈人或繼承人捐贈各級政府及公立教育、文化、公益、慈善機關之財產。
2. 遺贈人、受遺贈人或繼承人捐贈公有事業機構或全部公股之公營事業之財產。

3. 遺贈人、受遺贈人或繼承人捐贈於被繼承人**死亡時，已依法登記設立**為財團法人組織且符合行政院規定標準之教育、文化、公益、慈善、宗教團體及祭祀公業之財產。
4. 遺產中有關文化、歷史、美術之圖書、物品，經繼承人向主管稽徵機關聲明登記者。但繼承人將此項圖書、物品轉讓時，仍須自動申報補稅。
5. 被繼承人自己創作之著作權、發明專利權及藝術品。
6. 被繼承人日常生活必需之器具及用品，其總價在 89 萬元（死亡事實發生日在 103 年 1 月 1 日以後適用）以下部分。（死亡事實發生日在 95 年 1 月 1 日至 102 年 12 月 31 日期間則為 80 萬元。此數額會配合消費者物價指數上漲而有所更動）
7. 被繼承人職業上之工具，其總價在 50 萬元（死亡事實發生日在 103 年 1 月 1 日以後適用）以下部分。（死亡事實發生日在 95 年 1 月 1 日至 102 年 12 月 31 日期間則為 45 萬元。此數額會配合消費者物價指數上漲而有所更動）
8. 依法禁止或限制採伐之森林。但解禁後仍須自動申報補稅。
9. 約定於被繼承人死亡時，給付其所指定受益人之人壽保險金額、軍、公教人員、勞工或農民保險之保險金額及互助金。但被繼承人死亡前短期內或帶重病投保人壽保險等，按實質課稅原則，仍屬應課徵遺產稅之財產，稽徵機關要求於本欄填報相關資料並檢附有關證明文件。
10. 被繼承人死亡前 5 年，繼承之財產已納遺產稅者。
11. 被繼承人配偶及子女之原有財產或特有財產，經登記或確有證明者。
12. 被繼承人遺產中經政府闢為公眾通行道路之土地或其他無償供公眾通行之道路土地，經主管機關證明者。但其屬建造房屋應保留之法定空地部分，仍應計入遺產總額。
13. 被繼承人之債權及其他請求權不能收取或行使確有證明者。
    此處所稱債權及其他請求權不能收取或行使確有證明者，指下列各款情形：（遺贈細 #9-1）
    (1) 債務人經依破產法和解、破產、依消費者債務清理條例更生、清算或依公司法聲請重整，致債權全部或一部不能取償，經取具和解契約或法院裁定書。
    (2) 被繼承人或繼承人與債務人於法院成立訴訟上和解或調解，致債權全部或一部不能收取，經取具法院和解或調解筆錄，且無本法第五條第一款規定之情事，經稽徵機關查明屬實。
    (3) 其他原因致債權或其他請求權之一部或全部不能收取或行使，經取具證明文件，並經稽徵機關查明屬實。
14. 遺贈人、受遺贈人或繼承人提供財產，捐贈或加入於被繼承人**死亡時已成立**之公益信託並符合下列各款規定者，該財產不計入遺產總額：
    (1) 受託人為信託業法所稱之信託業。

(2) 各該公益信託除為其設立目的舉辦事業而必須支付之費用外,不以任何方式對特定或可得特定之人給予特殊利益。
(3) 信託行為明定信託關係解除、終止或消滅時,信託財產移轉於各級政府、有類似目的之公益法人或公益信託。

> ✪ **何謂公益信託?**
> 　　稱信託者,謂委託人將財產權移轉或為其他處分,使受託人依信託本旨,為受益人之利益或為特定之目的,管理或處分信託財產之關係。
> 　　公益信託者,謂以慈善、文化、學術、技藝、宗教、祭祀或其他以公共利益為目的之信託;所以,公益信託顧名思義,就是為創造公共利益而成立的信託,凡經目的事業主管機關許可,都可以成立公益信託。
> 　　在信託法第八章設有公益信託專章,規範成立公益信託相關事宜。透過信託業者管理公益信託,委託人不需親自介入公益事務之執行,即可透過受託人達成持續幫助社會弱勢族群之目標,且一般大眾亦可捐贈或加入公益信託,也提供了社會上具有同樣熱心的人參與的機會。公益信託係為增進社會大眾之公共利益所設計,與一般以照顧自身或家人利益之私益信託並不相同。

(A) 1. 依遺產及贈與稅法第 16 條規定,下列何者不計入遺產總額?(103 身障四等)
　　(A) 被繼承人自己創作之藝術品
　　(B) 被繼承人日常生活必需之器具,總價值超過 80 萬元部分
　　(C) 被繼承人死亡前 5 年內,繼承之財產未納遺產稅者
　　(D) 被繼承人債權能收取者

(B) 2. 依現行遺產及贈與稅法之規定,下列哪些項目不計入遺產總額?(104 身障四等)①繼承人捐贈公益慈善機關之財產　②被繼承人死亡前 2 年內,贈與配偶之財產　③被繼承人死亡時遺留之土地　④被繼承人死亡時遺留之現金　⑤被繼承人死亡前 5 年內,繼承之財產已納遺產稅者
　　(A) ①②⑤　(B) ①⑤　(C) ②③④　(D) ③④

柒、遺產及贈與財產價值總額之計算

一、估價原則(遺贈 #10)

　　遺產及贈與財產價值之計算,以被繼承人死亡時或贈與時之時價為準;被繼承人如係受死亡之宣告者,以法院宣告死亡判決內所確定死亡日之時價為準。以上所稱時價,舉例說明如下:

(一) 土地以**公告土地現值**或**評定標準價格**為準；土地有 375 租約者，以公告現值 2/3 計算。

　　被繼承人生前出售土地，到死亡時還沒有把所有權登記給買方，那麼這筆土地還是屬於被繼承人的遺產，應該加入遺產總額，但是相對的也對土地買受人有未完成的過戶移轉義務，如同被繼承人還沒清償的債務一般，所以也要將等額的土地價值從遺產總額中扣除；例如某甲出售一筆土地，公告現值 200 萬元，到死亡時還沒有辦理移轉登記，那麼申報時要把這筆土地 200 萬加入遺產總額，並且列未償債務 200 萬元，如果還有應收未收的土地尾款，也算被繼承人的債權，必須併入遺產課稅。申報的時候請檢附買賣的證明文件，例如契約書、價款支付證明等（財政部 72.3.3 台財稅第 31402 號函）。

　　因此，土地遺產價值計算說明如下：
1. 購買土地：土地公告現值 − 應付未付價款（未償債務）。
2. 出售土地：土地公告現值 ＋ 銀行存款或現金（已收價款）＋ 未收價款 − 土地公告現值。

(二) 房屋以**評定標準價格**為準。

(三) 公開上市或上櫃之股票等有價證券，依繼承開始日或贈與日該上市上櫃有價證券之市場**收盤價**為時價。
1. 但當日**無**買賣價格者，依**繼承開始日**或**贈與日前最後一日**該項上市或上櫃有價證券之收盤價估定之，
2. 其價格有劇烈變動者，則依其繼承開始日或贈與日前一個月內該項上市或上櫃有價證券各日收盤價之平均價格估定之。
3. 有價證券初次上市或上櫃者，於其契約經證券主管機關核准後至掛牌買賣前，於其契約經證券櫃檯買賣中心同意後至開始櫃檯買賣前，應依該項證券之承銷價格或主辦輔導推薦證券商認購之價格估定之。
4. 除權除息日前死亡：股利屬繼承人所有，繼承人先辦過戶。除權除息日後死亡：配發之股利應屬遺產，計入遺產總額。

(四) 興櫃公司之股票於證券商營業處所該證券之遺產或贈與價值，應依繼承開始日或贈與日當日**加權平均成交價**估定之。
1. 但當日無買賣價格者，依繼承開始日或贈與日前最後一日興櫃股票之加權平均成交價估定之，
2. 其價格有劇烈變動者，則依其繼承開始日或贈與日前一個月內該項興櫃股票各日加權平均成交價之平均價格估定之。
3. 有價證券初次登錄為興櫃股票者，於其契約經證券櫃檯買賣中心同意後至開始櫃檯買賣前，應依該項證券之承銷價格或主辦輔導推薦證券商認購之價格估定之。

(五) 未上市、未上櫃且非興櫃之股份有限公司股票，除初次上市櫃（興櫃）情形外，應以繼承開始日或贈與日該公司之資產淨值估定，並按下列情形調整估價：
1. 公司資產中之土地或房屋，其帳面價值低於公告土地現值或房屋評定標準價格者，依公告土地現值或房屋評定標準價格估價。
2. 公司持有之上市、上櫃有價證券或興櫃股票，依 #28 規定估價。
3. 前項所定公司，已擅自停業、歇業、他遷不明或有其他具體事證，足資認定其股票價值已減少或已無價值者，應核實認定之。
4. 非股份有限公司組織之事業，其出資價值之估價，準用前二項規定。

表 7-1　遺產價值計算之時價標準

標的	時價標準
土地	繼承開始日或贈與日之土地現值或評定標準價格
房屋	繼承開始日或贈與日之評定標準價格（房屋評定現值）
公開上市或上櫃之股票等有價證券	繼承開始日或贈與日該上市上櫃有價證券之市場收盤價
興櫃公司之股票	繼承開始日或贈與日加權平均成交價
有價證券初次上市或上櫃或興櫃者	契約經證券主管機關核准後至掛牌買賣前，該項證券之承銷價格或推薦證券商認購之價格
未上市、上櫃公司之股票、股（或股權）或獨資合夥商號之出資	繼承開始日或贈與日之該公司或該商號資產淨值

(D) 1. 劉先生於去年 10 月 20 日（星期日）死亡，遺有某上市公司股票 10 萬股，若當年 10 月 18 日（星期五）該股票收盤價為 30 元，10 月 21 日（星期一）該股票收盤價為 29 元，10 月 22 日（星期二）該股票收盤價為 28 元，又該公司淨值為 20 元，試問計算遺產總額時應以那一個價格估定之？（改自 103 五等）
(A) 20 元　(B) 28 元　(C) 29 元　(D) 30 元

(B) 2. 下列何者不列入遺產總額課稅？①生前出售，死亡時尚未辦理移轉登記之土地　②捐贈公有事業機構之財產　③確有證明無償供公眾通行的道路土地　④以被繼承人之財產成立公益信託（103 地特三等）
(A) ①②　(B) ②③　(C) ②④　(D) ③④

二、其他財產估價

(一) 國外財產估價（遺贈細 #23）

被繼承人在國外之遺產或贈與人在國外之贈與財產，依本法 #1 或 #3 規定應徵稅

者，得由財政部委託遺產或贈與財產所在地之中華民國使領館調查估定其價額其無使領館者，得委託當地公定會計師或公證人調查估定之。

(二) 債權資產估價（遺贈細 #27）

債權作為遺產標的時，應以債權額為其價額。

債權之估價，以其債權額為其價額。其有約定利息者，應加計至被繼承人死亡日或贈與行為發生日止已經過期間之利息額。

但是如果債務人經依破產法和解、破產、依消費者債務清理條例更生、清算或依公司法聲明重整，以致債權全部或一部不能取償，經取具和解契約或法院裁定書者，不能收取部分得不計入遺產總額，即實質上是以可得取償之金額估價課徵遺產稅，因此該類債權為贈與標的時，可以該債權可得取償之金額估價課徵贈與稅（遺贈 #16、遺贈細 #9-1、遺贈細 #27，財政部 88.7.29 台財稅第 881928450 號函）。

(三) 預付租金估價（遺贈細 #30）

預付租金，應就該預付租金額按租期比例計算其賸餘期間之租金額，為其承租權之價額，但付押金者，應按押金額計算之。

(四) 運輸設備估價（遺贈細 #26）

車輛、船舶、航空器之價值，以其原始成本減除合理折舊之餘額為準，其不能提出原始成本之證明或提出原始成本之證明而與事實顯不相符者，得按其年式及使用情形估定。

(五) 其他財產估價

1. **林木之估價**：林木依其種類、數量及林地時價為標準估定之。(遺贈細 #24)
2. **珍寶之估價**：動產中珍寶、古物、美術品、圖書及其他不易確定其市價之物品，得由專家估定之。(遺贈細 #25)
3. **地上權之估價**：地上權之設定有期限及年租者，其賸餘期間依下列標準估定其價額：
   (1) 賸餘期間在五年以下者，以一年地租額為其價額。
   (2) 賸餘期間超過五年至十年以下者，以一年地租額之二倍為其價額。
   (3) 賸餘期間超過十年至三十年以下者，以一年地租額之三倍為其價額。
   (4) 賸餘期間超過三十年至五十年以下者，以一年地租額之五倍為其價額。
   (5) 賸餘期間超過五十年至一百年以下者，以一年地租額之七倍為其價額。
   (6) 賸餘期間超過一百年者，以一年地租額之十倍為其價額。

   地上權之設定，未定有年限者，均以一年地租額之七倍為其價額。但當地另有習慣者，得依其習慣決定其賸餘年限。

   地上權之設定，未定有年租者，其年租按申報地價年息百分之四估定之。

   地上權之設定一次付租、按年加租或以一定之利益代租金者，應按其設定之期間規定

其平均年租後，依第一項規定估定其價額。（遺贈細 #31）
4. **永佃權**：永佃權價值之計算，均依一年應納佃租額之五倍為標準。（遺贈細 #32）
5. **典權**：以典價為其價額。（遺贈細 #33）
6. **礦業權、漁業權**：應就其賸餘年數依下列倍數估計之：
   (1) 賸餘年數為一年者，以其額外利益額為其價額。
   (2) 賸餘年數超過一年至三年以下者，以其額外利益額之二倍為其價額。
   (3) 賸餘年數超過三年至五年以下者，以其額外利益額之三倍為其價額。
   (4) 賸餘年數超過五年至七年以下者，以其額外利益額之四倍為其價額。
   (5) 賸餘年數超過七年至十二年以下者，以其額外利益額之六倍為其價額。
   (6) 賸餘年數超過十二年至十六年以下者，以其額外利益額之七倍為其價額。
   (7) 賸餘年數超過十六年者，以其額外利益額之八倍為其價額。

   前項額外利益額，謂由各該權利最近三年平均純益減除其實際投入資本，依年息百分之十計算之普通利益額後之餘額，未經設權之土法礦窯及未經領證之漁業，本無期限，不能認為享有礦業權、漁業權者，應就其營業利得，依週息百分之五還原計算其價額。

   礦業權、漁業權除依前二項規定，就各該權利徵遺產稅或贈與稅外，就經營各該業所設廠號之商號權，不再徵遺產稅或贈與稅。（遺贈細 #34）
7. **無形資產**：除另有規定外，準用遺贈細 #34 之規定。（遺贈細 #35）
8. **定期年金**：定期年金之價值，就其未受領年數，依下列標準估計之：（遺贈細 #36）
   (1) 未領受年數在一年以下者，以一年年金額為其價額。
   (2) 未領受年數超過一年至三年以下者，以一年年金額之二倍為其價額。
   (3) 未領受年數超過三年至五年以下者，以一年年金額之三倍為其價額。
   (4) 未領受年數超過五年至七年以下者，以一年年金額之四倍為其價額。
   (5) 未領受年數超過七年至九年以下者，以一年年金額之五倍為其價額。
   (6) 未領受年數超過九年至十二年以下者，以一年年金額之六倍為其價額。
   (7) 未領受年數超過十二年至十六年以下者，以一年年金額之七倍為其價額。
   (8) 未領受年數超過十六年至二十四年以下者，以一年年金額之八倍為其價額。
   (9) 未領受年數超過二十四年至一百年以下者，以一年年金額之九倍為其價額。
   (10) 未領受年數超過一百年者，以一年年金額之十倍為其價額。
9. **無期年金**：無期年金或因特殊情形不能依前條規定計算之年金，其價值之計算，得按實際情形，比照前條所列標準估定之。（遺贈細 #37）
10. **終身年金**：終身年金以給付人或受領人或第三人之終身為付給之標準者，其年金價值之計算方法，依左列標準估定之：（遺贈細 #38）

(1) 年齡未滿十歲者,以一年年金額之九倍為其價額。

(2) 年齡十歲以上未滿二十歲者,以一年年金額之八倍為其價額。

(3) 年齡二十歲以上未滿三十歲者,以一年年金額之七倍為其價額。

(4) 年齡三十歲以上未滿四十歲者,以一年年金額之五倍為其價額。

(5) 年齡四十歲以上未滿五十歲者,以一年年金額之三倍為其價額。

(6) 年齡五十歲以上未滿六十歲者,以一年年金額之二倍為其價額。

(7) 年齡在六十歲以上者,以一年年金額為其價額。

11. **附有條件之權利及不定期之權利**:就其權利之性質,斟酌當時實際情形估定其價額。(遺贈細#39)

12. **共有財產或共營財產之價額估定**:應先估計其財產總淨值,再核算被繼承人遺產部分或贈與人贈與部分之價值。(遺贈細#40)

範例

1. 雷三為我國國民,住所在臺北市,今年逝世留下財產如下,試依據下列資料求遺產總額:(以下幣別皆為新台幣)

    (1) 上市公司台積電股票,繼承開始日之收盤價為1,500萬元,成本為1,200萬元。

    (2) 台北市房地一幢,房屋現值250萬元,土地公告地價150萬元,土地公告現值450萬元,整戶房地市價1,100萬元。

    (3) 紐約花旗銀行美金存款折臺幣200萬元。

    (4) 死亡前一年曾贈與私人秘書500萬元,已納贈與稅32萬元。

    【解析】

    遺產總額 = 1,500萬元 + 250萬元 + 450萬元 + 200萬元 = 2,400萬元

2. 大明於今年4月1日逝世於美國華盛頓之住處,大明死亡前2年在臺灣居留366天,具有中華民國國籍及美國國籍。大明並於去年1月1日正式放棄中華民國國籍,並經主管機關核准在案,大明死亡時遺有下列財產:

    (1) 在美國銀行華盛頓銀行之定期存款計美金50萬元。(死亡時假定兌換比例1美元兌換新臺幣30元)

    (2) 國內A上市公司之股票20萬股,死亡當日每股之收盤價格25元,死亡當月份之平均收盤價格為30元。

    (3) 國內B未上市公司之股票10萬股,死亡當日之每股帳面價值12元、每股淨值為15元。

    (4) 在國內有一棟不動產,土地公告現值400萬元,房屋評定標準價格200萬元;該土地之市價1,000萬元,房屋之市價400萬元。試問:

請問：(a)是否應申報在美國銀行之定期存款？如應申報，應申報多少元？
(b)應申報 A 上市公司股票多少元？
(c)應申報 B 未上市公司股票多少元？
(d)應申報房地產多少元？
(e)應申報之遺產總額為多少元？請列示計算過程（改自 100 特種三等）

【解析】
(a) 大明為居住者，境內外遺產均應申報課稅，故美國銀行之定存應列入遺產總額計稅，申報額為 50 萬美元 × 30 元 = 1,500 萬元
(b) 20 萬股 × 25 元 = 500 萬元
(c) 10 萬股 × 15 元 = 150 萬元
(d) 400 萬元 + 200 萬元 = 600 萬元
(e) 遺產總額 = 1,500 萬元 + 500 萬元 + 150 萬元 + 600 萬元 = 2,750 萬元

(A) 3. 張三死亡留有四年前繼承已納遺產稅上市股票，該股票繼承日收盤價 400 萬元，死亡日收盤價 600 萬元，淨值 500 萬元，依遺贈稅法規定，遺囑執行人申報遺產稅時該財產應申報金額為若干？（102 記帳士）
(A) 不計入遺產總額　(B) 400 萬元　(C) 500 萬元　(D) 600 萬元

(B) 4. 李四為一計程車司機，於民國 108 年 12 月 20 日過世，死亡時遺有下列財產：土地市價 1,000 萬元，公告現值 600 萬元；房屋市價 2,000 萬元，公告現值 1,000 萬元；銀行存款 500 萬元；上市公司股票 10,000 股，死亡當日每股淨值 20 元，收盤價 30 元；職業所需計程車一部 48 萬元；民國 106 年 1 月 1 日贈與妻子現金 150 萬元，民國 107 年 2 月 1 日捐贈長子 200 萬元；試問李四遺產總額為多少？（改自 104 高考）
(A) 2,480 萬元　(B) 2,330 萬元　(C) 2,320 萬元　(D) 2,378 萬元

【解析】土地公告現值 600 萬元 + 房屋公告現值 1,000 萬元 + 銀行存款 500 萬元 + 上市股票（死亡當日收盤價 × 股數）30 萬元 + 捐贈長子 200 萬元 = 2,330 萬元

捌、免稅額（遺贈 #18）

被繼承人如為經常居住中華民國境內之中華民國國民，自遺產總額中減除免稅額 1,200 萬元；其為軍警公教人員因執行職務死亡者，加倍計算（即免稅額為 2,400 萬元）。

被繼承人如為經常居住中華民國境外之中華民國國民，或非中華民國國民，其免稅額比照前項規定辦理。

死亡事實發生日在 95 年 1 月 1 日至 98 年 1 月 22 日期間則為 779 萬元。
死亡事實發生日在 98 年 1 月 23 日之後的期間則為 1,200 萬元。
免稅額會隨物價指數調整。

(D) 軍警公教人員因執行職務死亡者，其遺產稅之免稅額為多少元？(104 初等)
　　(A) 600 萬元　(B) 1,200 萬元　(C) 1,800 萬元　(D) 2,400 萬元

玖、扣除額（遺贈 #17）

一、被繼承人遺有配偶者

被繼承人遺有配偶者，可自遺產總額中扣除 **493 萬元**（死亡事實發生日在 103 年 1 月 1 日以後適用；死亡事實發生日在 95 年 1 月 1 日至 102 年 12 月 31 日期間則為 445 萬元；此數額會配合消費者物價指數上漲而有所更動）。但配偶拋棄繼承權者，**不得扣除**。

被繼承人如為經常居住中華民國境外之中華民國國民，或非中華民國國民者，**不適用**。

✪ 何謂拋棄繼承？如何辦理？

拋棄繼承係指依法有權繼承的人願意拋棄在法律上可以繼承的一切權利義務；因此，除了被繼承人生前的債務部分拋棄繼承之外，連同財產部分也不可繼承。

拋棄繼承只有對有辦理的人有效，沒有辦理的人仍有繼承權。

依照民法 #1174 規定，繼承人得拋棄其繼承權。前項拋棄，應於知悉其得繼承之時起三個月內，以書面向法院為之。拋棄繼承後，應以書面通知因其拋棄而應為繼承之人。但不能通知者，不在此限。

繼承人如要拋棄繼承權，依照民法規定，應該在得知他有繼承權那天起三個月內，以書面向法院聲請核備，並且以書面通知因其拋棄而應為繼承的人，申報時要檢附法院核准的文件影本。

✪ 何謂限定繼承？其與拋棄繼承有何不同？如何辦理？

限定繼承係指繼承人對於被繼承人之債務，以因繼承所得遺產為限，負清償責任（民法 #1148）。拋棄繼承是全部財產與債務皆放棄繼承權（如果債務小於遺產也要全數放棄），限定繼承不會有父債子還的情況，而債務沒有想像中大時，還可以繼承清償完債務的剩餘部份。繼承人之一主張限定繼承時，其他繼承人視為同為限定繼承。

我國民法已採「法定限定責任」，但前提是：**繼承人要在知悉得繼承之時開始時起三個月內，檢具遺產清冊**向法院陳報。（民法 #1156）。法院接到繼承人呈報後，應依公示催告程序公告命被繼承人之債權人於一定期限內（一個月以上三個月以下期

間，長短由法院酌定）報明其債權。期限屆滿後，繼承人對於在該期限內報明之債權及已為繼承人知悉之債權，均應按其數額比例計算，以遺產分別償還。償還後如還有剩餘遺產，而被繼承人尚有遺贈，方可對受遺贈人交付遺贈，遺產再有剩餘，則歸繼承人所有；倘遺產不足清償全部債務，對於未受償之債務，繼承人無庸負清償責任。

沒有依法定程序辦理遺產清冊申報：依民法 #1162-1 規定，繼承人未依民#1156、#1156-1 開具遺產清冊陳報法院者，對於被繼承人債權人之全部債權，仍應按其數額，比例計算，以遺產分別償還。但不得害及有優先權人之利益。繼承人違反民法 #1162-1 規定者，被繼承人之債權人得就應受清償而未受償之部分，對該繼承人行使權利。繼承人對於前項債權人應受清償而未受償部分之清償責任，不以所得遺產為限。但繼承人為無行為能力人或限制行為能力人，不在此限。繼承人違反 #1162-1 規定，致被繼承人之債權人受有損害者，亦應負賠償之責。前項受有損害之人，對於不當受領之債權人或受遺贈人，得請求返還其不當受領之數額。繼承人對於不當受領之債權人或受遺贈人，不得請求返還其不當受領之數額。其他細節規定可詳民法 #1154 至 #1162-2。

二、被繼承人遺有第一順序繼承人

　　指直系血親卑親屬，如子女及代位繼承之孫子女等

(一) 繼承人為直系血親卑親屬者，每人可自遺產總額中扣除 **50 萬元**（死亡事實發生日在 103 年 1 月 1 日以後適用；死亡事實發生日在 95 年 1 月 1 日至 102 年 12 月 31 日期間則為 45 萬元；此數額會配合消費者物價指數上漲而有所更動）。其中有未滿 20 歲者，並得按其年齡距屆滿 20 歲之年數，每年加扣 50 萬元。不滿 1 年或餘數不滿 1 年者，以 1 年計算。

(二) 拋棄繼承權不能享受此扣除額

　　親等近者拋棄繼承由次親等卑親屬繼承者，扣除之數額以拋棄繼承前原得扣除之數額為限。

(三) 被繼承人如為經常居住中華民國境外之中華民國國民，或非中華民國國民者，不適用。

三、被繼承人遺有第二順序繼承人：父母

　　被繼承人遺有父母者，每人得自遺產總額中扣除 **123 萬元**（死亡事實發生日在 103 年 1 月 1 日以後適用；死亡事實發生日在 95 年 1 月 1 日至 102 年 12 月 31 日期間則為 111 萬元；此數額會配合消費者物價指數上漲而有所更動）。拋棄繼承權者，不得扣除。

　　被繼承人如為經常居住中華民國境外之中華民國國民，或非中華民國國民者，不適用。

四、身心障礙特別扣除額

被繼承人遺有配偶、直系血親卑親屬（限繼承人）、父母，如為身心障礙者權益保障法#5規定之「重度」以上身心障礙者，或精神衛生法#3第4款規定之嚴重病人，每人得再加扣身心障礙特別扣除額 **618 萬元**（死亡事實發生日在103年1月1日以後適用；死亡事實發生日在95年1月1日至102年12月31日期間則為557萬元；此數額會配合消費者物價指數上漲而有所更動）。

申報時應檢附身心障礙手冊影本或專科醫師開具之嚴重病人診斷證明書影本。拋棄繼承權者，不得扣除。

被繼承人如為經常居住中華民國境外之中華民國國民，或非中華民國國民者，不適用。

五、被繼承人遺有受其扶養之第三順序繼承人：兄弟姊妹

被繼承人遺有兄弟姊妹，如果未滿20歲或滿20歲以上因在校就學或身心障礙或無謀生能力，受被繼承人扶養者，每人可自遺產總額中扣除 **50 萬元**（死亡事實發生日在103年1月1日以後適用；死亡事實發生日在95年1月1日至102年12月31日期間則為45萬元；此數額會配合消費者物價指數上漲而有所更動），其未滿20歲者，並得按其年齡距屆滿20歲之年數**每年加扣** 50萬元，不滿1年或餘數不滿1年者，以1年計算。拋棄繼承權者，不得扣除。

被繼承人如為經常居住中華民國境外之中華民國國民，或非中華民國國民者，不適用。

六、被繼承人遺有受其扶養之第四順序繼承人：祖父母

被繼承人遺有祖父母者，如年滿60歲以上或未滿60歲而因無謀生能力受被繼承人扶養者，每人可自遺產總額中扣除 **50 萬元**（死亡事實發生日在103年1月1日以後適用；死亡事實發生日在95年1月1日至102年12月31日期間則為45萬元；此數額會配合消費者物價指數上漲而有所更動）。拋棄繼承權者，不得扣除。

被繼承人如為經常居住中華民國境外之中華民國國民，或非中華民國國民者，不適用。

七、繼承人若為大陸地區人民

被繼承人在臺灣地區之遺產，由大陸地區人民依法繼承者，其所得財產總額，每人不得逾新臺幣二百萬元。超過部分，歸屬臺灣地區同為繼承之人；臺灣地區無同為繼承之人者，歸屬臺灣地區後順序之繼承人；臺灣地區無繼承人者，歸屬國庫。（兩#67）

大陸地區人民依臺灣地區與大陸地區人民關係條例規定，繼承臺灣地區人民之遺產，辦理遺產申報時，其扣除額仍可適用民法#1138規定各順序繼承人之可享之扣除額。

(C) 假設某甲於 108 年 2 月死亡，遺有上億財產及兩名年幼子女，其出生日期分別為 103 年 4 月及 106 年 9 月，依遺產及贈與稅法規定，某甲遺產稅之直系血親卑親屬扣除額總額為若干？（設直系血親卑親屬扣除額每人 50 萬元）（改自 97 特種三等）

(A) 1,650 萬元　(B) 1,750 萬元　(C) 1,850 萬元　(D) 1,900 萬元

【解析】

103 年 4 月者：4 歲 10 個月，算 4 歲 ➔ 20 − 4 = 16

106 年 9 月者：1 歲 5 個月，算 1 歲 ➔ 20 − 1 = 19

➔ 50 萬 + 50 萬 × 16 + 50 萬 + 50 萬 × 19 = 1,850 萬元

表 7-2　不計入遺產總額以及各項免稅扣除標準

		98.1.23-102.12.31	103.1.1 以後
不計入遺產總額	被繼承人日常生活必需之器具及用具	80 萬	89 萬
	被繼承人職業上之工具	45 萬	50 萬
免稅額		779 萬	1,200 萬
扣除額	配偶	445 萬	493 萬
	第一順位繼承人（直系血親卑親屬）	45 萬 / 人，其未滿 20 歲者，得按其年齡距屆滿 20 歲之年數，每年加扣 45 萬元。	50 萬 / 人，其未滿 20 歲者，得按其年齡距屆滿 20 歲之年數，每年加扣 50 萬元。
	第二順位繼承人（父母）	111 萬	123 萬
	受其扶養之第三順位繼承人（兄弟姐妹） ➔ 未滿 20 歲或滿 20 歲以上因在校就學或身心障礙或無謀生能力	45 萬 / 人，其未滿 20 歲者，得按其年齡距屆滿 20 歲之年數，每年加扣 45 萬元。	50 萬 / 人，其未滿 20 歲者，得按其年齡距屆滿 20 歲之年數，每年加扣 50 萬元。
	受其扶養之第四順位繼承人（祖父母） ➔ 滿 60 歲以上或未滿 60 歲無謀生能力	45 萬 / 人	50 萬 / 人
	殘障特別扣除額	557 萬	618 萬
	喪葬費扣除額	111 萬	123 萬

1. 若拋棄繼承權者，皆不得扣除。
2. 年數計算上，未滿 20 歲者，不滿 1 年或餘數不滿 1 年者，以 1 年計算。
3. 大陸地區人民依法繼承者，其所得財產總額不得逾新臺幣 200 萬。

八、遺產中有農業用地（併入再扣除）

遺產中作農業使用之農業用地及其地上農作物，由繼承人或受遺贈人承受者，扣除其土地及地上農作物價值之全數。承受人自承受之日起**5年內**，未將該土地繼續作農業使用且未在有關機關所令期限內恢復作農業使用，或雖在有關機關所令期限內已恢復作農業使用而再有未作農業使用情事者，應追繳應納稅賦。但如因該承受人死亡、該承受土地被徵收或依法變更為非農業用地者，不在此限。

被繼承人如為經常居住中華民國境外之中華民國國民，或非中華民國國民者，不適用。

九、死亡前6至9年內繼承之財產可以遞減扣除遺產價額課稅

被繼承人死亡前5年內繼承的財產，如果已經繳納過遺產稅，不計入遺產總額課稅，而在死亡前6年至9年內，繼承的財產已繳納過遺產稅者，按年遞減扣除80%、60%、40%及20%之遺產價額。

但是被繼承人如果是經常居住我國境外之我國國民，或非我國國民，則不適用前述扣除的規定。

死亡前繼承之財產已納遺產稅	死亡前一至五年內繼承之財產	死亡前六年繼承之財產	死亡前七年繼承之財產	死亡前八年繼承之財產	死亡前九年繼承之財產
是否計入遺產	不計入遺產總額	全部計入遺產總額	全部計入遺產總額	全部計入遺產總額	全部計入遺產總額
扣除額	不適用	按80%扣除	按60%扣除	按40%扣除	按20%扣除

範例

1. 被繼承人何君今年3月1日死亡，遺有土地5筆（死亡日該5筆土地公告現值總計3,000萬元）、銀行存款200萬元，該5筆土地係何君死亡前3年繼承其父之財產，且已繳納過遺產稅，何君遺產由其配偶及二名成年子女繼承，其稅負如何？（改自財政部網頁案例）

   【解析】
   (一) 不計入遺產總額：3,000萬元
   (二) 遺產總額：200萬元
   (三) 遺產淨額：200萬元 － 1,200萬元 － 493萬元 － 2×50萬元 － 123萬元
   　　　　　　　 ＝ －1,716萬元
   (四) 應納遺產稅額：0元

2. 若該 5 筆土地，係何君死亡前 6 年內繼承之財產且已繳納遺產稅者，則其稅負為何？（改自財政部網頁案例）
   (一) 遺產總額：3,200 萬元
   (二) 遺產淨額：3,200 萬元 － 1,200 萬元 － 493 萬元 － 2 × 50 萬元 － 123 萬元
        － 3,000 萬元 × 80% = － 1,116 萬元
   (三) 應納遺產稅額 0 元

十、被繼承人死亡前未繳納之稅捐

被繼承人死亡前，有依法應該繳納而尚未繳納的各項稅捐、罰鍰及罰金，以在中華民國境內發生者為限，可檢附證明文件自遺產總額中扣除，例如：被繼承人死亡年度所發生之地價稅與房屋稅，可按其生存期間占課稅期間之比例，自遺產總額中扣除。

屬於被繼承人所得部份之綜合所得稅准予扣除，財政部自 108 年 8 月 23 日發布解釋令指出，被繼承人死亡年度及以前年度之所得，以生存配偶為納稅義務人，其於被繼承人死亡日後繳納之綜合所得稅，屬被繼承人所得部分，依所定公式計算之被繼承人死亡前應納未納之綜合所得稅，可依遺贈 #17 第 1 項第 8 款規定自遺產總額中扣除。

十一、被繼承人死亡前未清償的債務

被繼承人死亡前未清償的債務（如：應開徵而未開徵之工程受益費），以在中華民國境內發生者為限，如果具有確實的債務證明文件，可以自遺產總額中扣除。但是如果是被繼承人重病無法處理事務期間所舉借之債務，其繼承人應證明該款項的用途，如不能證明其用途者，該項借款應列入遺產課稅。

十二、可扣除之喪葬費

喪葬費之扣除金額，不論實際發生金額多寡，**均以 123 萬元計算**（死亡事實發生日在 103 年 1 月 1 日以後適用；死亡事實發生日在 95 年 1 月 1 日至 102 年 12 月 31 日期間則為 111 萬元），無需檢附證明文件。如被繼承人為經常居住國外之我國國民或外國人，僅以我國境內發生的喪葬費才可扣除。

十三、執行遺囑及管理遺產之直接必要費用

適用此款規定自遺產總額中扣除者，以執行遺囑及管理遺產之直接必要費用，並以在中華民國**境內發生者為限**，例如遺囑執行人或遺產管理人所收取之報酬等；至繼承人係依民法 #1148 規定，承受被繼承人財產上一切權利及義務，其並非遺囑執行人或遺產管理人，無法適用此項費用之扣除，是以繼承人委託代理人代辦繼承之各項費用不得列為管理遺產之直接必要費用。

十四、遺產中有公共設施保留地

1. 依都市計畫法 #50-1 規定，公共設施保留地因繼承而移轉者，免徵遺產稅。但該公共設施保留地仍屬遺產之範疇，並非不計入遺產總額之財產，應列入遺產總額計算其遺產價值後，再予以同額扣除。
2. 公共設施保留地所有權人於公告徵收期間死亡，如補償費至死亡時尚未發給，該保留地仍應認定為遺產，並依都市計畫法 #50-1 規定，免徵遺產稅。都市計畫法 #50-1：公共設施保留地因依本法 #49 第 1 項徵收取得之加成補償，免徵所得稅；因繼承或因配偶、直系血親間之贈與而移轉者，免徵遺產稅或贈與稅。
3. 依法編定之「行水區」土地，非屬都市計畫法 #42 規定之公共設施用地，不適用前述免徵遺產稅之規定。
4. 申報時應檢附土地使用分區證明書（須載明公共設施用地之編定日期、名稱及是否為公共設施保留地）。

十五、遺產中屬新市鎮特定區計畫範圍內之徵收土地（新市鎮開發條例 #11）

1. 依新市鎮開發條例擬定、發布之特定區計畫及於該條例公布施行前，經行政院核定開發之新市鎮計畫，依新市鎮開發條例 #11 規定，新市鎮特定區計畫範圍內之徵收土地，所有權人於新市鎮範圍核定前已持有，且於核定之日起至依平均地權條例實施區段徵收發還抵價地 5 年內，因繼承而移轉者，免徵遺產稅。前項規定於本條例 86 年 5 月 21 日公布施行前，亦適用之。
2. 前項抵價地必須係採區段徵收方式開發之土地。
3. 被繼承人於區段徵收後領回抵價地前死亡，其應領抵價地權利應依補償地價金額列入遺產總額，再依上開規定予以同額扣除。

十六、水源特定區之土地（水源特定區之土地減免土地增值稅贈與稅及遺產稅標準 #3）

水質水量保護區依都市計畫程序劃定為水源特定區之土地，於核課遺產稅或贈與稅時，除法律另有規定外，依下列規定辦理：

(一) 農業區、保護區、河川區、行水區、公共設施用地及其他使用分區管制內容與保護區相同者，扣除該土地價值之半數。但有下列情形之一者，扣除全數：
　　1. 水源特定區計畫發布實施前已持有該土地，於發布實施後發生之繼承、第一次移轉或繼承取得後第一次移轉者。
　　2. 本法 #12-1 施行前已持有該土地，於施行後發生之繼承、第一次移轉或繼承取得後第一次移轉者。

(二) 風景區、甲種風景區及乙種風景區，扣除該土地價值之百分之四十。但管制內容與保護區相同者，適用前款規定。
(三) 住宅區，扣除該土地價值之百分之三十。
(四) 商業區及社區中心，扣除該土地價值之百分之二十。

十七、生存之配偶依民法 #1030-1 規定，主張剩餘財產差額分配請求權價值自遺產總額中扣除

(一) 剩餘財產差額分配請求權不論是夫或妻任何一方死亡，只要是剩餘財產較多的一方先過世，生存的一方即可主張行使剩餘財產差額分配請求權，是項請求權價值得自遺產總額中扣除，計算方式如下：
1. 被繼承人死亡時的原有財產價值（指於婚姻關係存續中取得而現存的原有財產，不包括因繼承或受贈取得的財產及慰撫金）－ 負債 = 被繼承人的剩餘財產
2. 生存配偶於被繼承人死亡時現存婚後財產價值 － 負債 = 生存配偶的剩餘財產
3. （被繼承人的剩餘財產 － 生存配偶的剩餘財產）× 1/2 － 重複扣除之金額
   = 剩餘財產差額分配請求權扣除額

(二) 重複扣除金額之減除，係因計算剩餘財產差額分配請求權之價值時，被繼承人遺產中如有不計入遺產總額或應自遺產總額中扣除之財產應列入計算；此應自遺產中扣除之剩餘財產差額分配請求權價值中，已包含部分免稅財產價值，致該部分會自遺產中重複扣除，該重複扣除部分自應予減除。其計算公式如下：

剩餘財產差額分配請求權價值中，應**減除**重複扣除之金額：

重複扣除金額 = 剩餘財產差額分配請求權價值 ×

$$\frac{\text{不計入遺產總額之財產價值 + 應自遺產總額中扣除之財產價值}}{\text{被繼承人所遺列入差額分配請求權計算範圍之財產價值}}$$

(三) 剩餘財產差額分配請求權，自請求權人知有剩餘財產之差額時起 2 年間不行使而消滅，自法定財產制關係消滅時（指夫或妻一方死亡、離婚、改用其他財產制、婚姻撤銷）起，逾 5 年者亦同。

(四) 應檢附之證明文件為載有結婚日期之戶籍資料、夫妻雙方財產及債務明細表、請求權計算表及相關證明文件。

(五) 應於稽徵機關核發稅款繳清證明書或免稅證明書之日起**一年內**，給付該項請求權金額之財產予被繼承人之配偶；如未於前述期間給付該項請求權金額之財產予被繼承人之配偶者，稽徵機關應於前述期間屆滿之翌日起五年內，就未給付部分追繳應納稅賦。（遺贈 #17-1）

(C) 被繼承人之配偶依民法第 1030 條之 1 規定主張配偶剩餘財產差額分配請求權者，納稅義務人得向稽徵機關申報自遺產總額中扣除。納稅義務人未於稽徵機關核發稅款繳清證明書或免稅證明書之日起多久時間內，給付該請求權金額之財產予被繼承人之配偶者，稽徵機關應於前述期間屆滿之翌日起五年內，就未給付部分追繳應納稅賦？(103 五等)
(A) 2 個月內　(B) 6 個月內　(C) 1 年內　(D) 2 年內

範例

1. 一對夫妻各自現存的婚後財產價值及負債如下表，丈夫持有的部分其中有 2,000 萬元為因繼承而獲得，妻子持有的部分其中有 1,400 萬元為丈夫贈送，假設被繼承人為丈夫，試求出剩餘財產差額分配請求權價值？

	夫	妻
現存婚後財產	6000 萬	3000 萬
財產內含繼承	2000 萬	夫贈與 1400 萬
債務	1200 萬	0
依法不計入遺產總額之財產價值及應自遺產總額中扣除之財產價值合計	500 萬	

【解析】

被繼承人的剩餘財產 = [(6,000 萬元 − 2,000 萬元) − 1,200 萬元] = 2,800 萬元

生存配偶的剩餘財產 = [(3,000 萬元 − 1,400 萬元) − 0] = 1,600 萬元

應減除重複扣除之金額 = (2,800 萬元 − 1600 萬元) × 1/2 × $\dfrac{500 \text{ 萬元}}{4,000 \text{ 萬元}}$ = 75 萬元

得扣除剩餘財產差額分配請求權價值 = (2,800 萬元 − 1600 萬元) × 1/2 − 75 萬元
= 525 萬元

2. 老王於今年初死亡，留有配偶和兩名成年子女，死亡時留有定存 500 萬元，活期儲蓄存款 80 萬元，擁有甲乙丙三地，公告現值分別為 900 萬元、850 萬元、1,200 萬元，及十年前因繼承而獲得價值 600 萬元的丁地，無任何負債。而老王死亡時其配偶名下沒有財產，試求 (1) 遺產總額　(2) 被繼承人的剩餘財產　(3) 生存配偶的剩餘財產　(4) 剩餘財產差額分配請求權價值　(5) 扣除額　(6) 遺產稅應納稅額。

【解析】
(1) 遺產總額 = 900 萬元 + 850 萬元 + 1,200 萬元 + 600 萬元 + 500 萬元 + 80 萬元
   = 4,130 萬元
(2) 被繼承人的剩餘財產 = (4,130 萬元 − 600 萬元) = 3,530 萬元
(3) 生存配偶的剩餘財產 = 0
(4) 剩餘財產差額分配請求權價值 = (3,530 萬元 − 0) × 1/2 = 1,765 萬元
(5) 扣除額 = 493 萬元 + 50 萬元 × 2 + 1,765 萬元 + 123 萬元 = 2,481 萬元
(6) 遺產稅應納稅額 = (4,130 萬元 − 1,200 萬元 − 2,481 萬元) × 10% = 44.9 萬元

3. 承上題，若老王已在死亡前一年將丙地及銀行定存 200 萬元贈與其配偶，則上述問題之金額各為多少？

【解析】
(1) 遺產總額 = 900 萬元 + 850 萬元 + 1,200 萬元 + 600 萬元 + 500 萬元 + 80 萬元
   = 4,130 萬元
(2) 被繼承人的剩餘財產 = 900 萬元 + 850 萬元 + 300 萬元 + 80 萬元
   = 2,130 萬元
(3) 生存配偶的剩餘財產 = 0
(4) 剩餘財產差額分配請求權價值 = (2,130 萬元 − 0) × 1/2 = 1,065 萬元
(5) 扣除額 = 493 萬元 + 50 萬元 × 2 + 1,065 萬元 + 123 萬元 = 1,781 萬元
(6) 遺產稅應納稅額 = (4,130 萬元 − 1,781 萬元 − 1,200 萬元) × 10% = 114.9 萬元

拾、物價指數調整（遺贈 #12-1）

　　本法規定之下列各項金額，每遇消費者物價指數較上次調整之指數累計上漲達**百分之十**以上時，自次年起按上漲程度調整之。調整金額以萬元為單位，未達萬元者按千元數四捨五入：

一、免稅額。
二、課稅級距金額。
三、被繼承人日常生活必需之器具及用具、職業上之工具，不計入遺產總額之金額。
四、被繼承人之配偶、直系血親卑親屬、父母、兄弟姊妹、祖父母扣除額、喪葬費扣除額及身心障礙特別扣除額。

　　財政部於每年十二月底前，應依據前項規定，計算次年發生之繼承或贈與案件所應適用之各項金額後公告之。

　　所稱消費者物價指數，係指行政院主計處公布，自前一年十一月起至該年十月底為止十二個月平均消費者物價指數。

(**C**) 1. 遺產稅免稅額每遇消費者物價指數較上次調整之指數累計上漲達多少以上時，自次年起按上漲程度調整之？(103 身障五等)
(A) 3%　(B) 5%　(C) 10%　(D) 25%

(**B**) 2. 依遺產及贈與稅法第 12 條之 1 規定，下列金額限額規定何者不適用按消費者物價指數調整？(104 身障四等)
(A) 喪葬費扣除額　(B) 父母於子女婚嫁時所贈與之財物　(C) 被繼承人職業上之工具　(D) 配偶扣除額

拾壹、稅率 (遺贈 #13)

一、現行稅率

遺產稅按被繼承人死亡時，依本法規定計算之遺產總額，減除 #17、#17-1 規定之各項扣除額及 #18 規定之免稅額後之課稅遺產淨額，依下列稅率課徵之：

(一) 五千萬元以下者，課徵百分之十。

(二) 超過五千萬元至一億元者，課徵五百萬元，加超過五千萬元部分之百分之十五。

(三) 超過一億元者，課徵一千二百五十萬元，加超過一億元部分之百分之二十。

表 7-3　遺產稅稅率表 (適用於被繼承人死亡日在 106.5.12 之後)

遺產淨額	稅率	累進差額
5,000 萬元以下	10%	0
超過 5,000 萬元~1 億元	15%	250 萬元
超過 1 億元	20%	750 萬元

二、近年稅率調整情況

遺產稅稅率近期屢有更動，其各期間之稅率調整如下：

♦ 自 95.1.1 至 98.1.22：採十級超額進稅制，最低稅率 2%，最高稅率 50%。[1]

♦ 自 98.1.23 至 106.5.11：單一稅率，稅率為 10%。

---

[1] 95.1.1-98.1.22 期間之適用稅率表如下：

遺產淨額	稅率	累進差額	遺產淨額	稅率	累進差額
67 萬元以下	2%		超過 668 萬元~1,113 萬元	20%	73.15 萬元
超過 67 萬元~167 萬元	4%	1.34 萬元	超過 1,113 萬元~1,670 萬元	26%	139.93 萬元
超過 167 萬元~334 萬元	7%	6.35 萬元	超過 1,670 萬元~4,453 萬元	33%	256.83 萬元
超過 334 萬元~501 萬元	11%	19.71 萬元	超過 4,453 萬元~11,132 萬元	41%	613.07 萬元
超過 501 萬元~668 萬元	15%	39.75 萬元	超過 11,132 萬元以上	50%	1,614.95 萬元

♦ 自 106.5.12 迄今：採三級超額進稅制，最低稅率 10%，最高稅率 20%。

被繼承人 A 君於今年 5 月 16 日死亡，假設其遺產總額減除免稅額及各項扣除額後之課稅遺產淨額為 7,000 萬元（假設可扣抵稅額 0 元），則其應納遺產稅額為多少？
【解析】7,000 萬元 ×15% − 250 萬元 = 800 萬元。

拾貳、扣抵稅額

一、視為遺產所納贈與稅及土地增值稅之扣除

被繼承人死亡前 2 年內贈與其配偶，及其各順序繼承人如子女、孫子女、父母、兄弟、姊妹、祖父母或上述親屬之配偶的財產，已併入遺產課稅者，其以前已繳納的贈與稅與土地增值稅，可以憑繳納收據並按中華郵政股份有限公司之 1 年期定期儲金固定利率計算之利息，一併自應納遺產稅額扣抵，但是扣抵額不得超過贈與財產併計遺產總額後增加的應納稅額。

二、國外已納遺產稅之扣除

經常居住我國境內的我國國民死亡時，其在國外的遺產依遺產所在地國家之法律已繳納的遺產稅，可以檢附我國使領館簽證之該國稅務機關發給的納稅憑證，自國內應納遺產稅額中扣抵，但是扣抵額不能超過因加計其國外遺產，而依國內適用稅率計算增加的應納稅額，上述簽證手續如無我國使領館時，可由當地公定會計師或公證人簽證。

範例

梁雷為經常居住在我國境內之我國國民，今年 7 月死亡，在我國境內遺產 2,900 萬元（已包含死亡前一年贈與其子 600 萬元），國外遺產 500 萬元。若國外已納遺產稅額 70 萬元；我國已納贈與稅 30 萬元，試求梁雷之遺產稅之應繳（或應退）稅額。（註：免稅額及扣除額共 1,600 萬元；郵局 1 年期定期儲金固定利率為 2%）
【解析】
1. 國外已納遺產稅額部分
    (1) 含國外遺產應納稅額 = [(2,900 萬元 + 500 萬元) − 1,600 萬元] ×10%
    　　　　　　　　　　 = 180 萬元
    (2) 不含國外遺產應納稅額 = (2,900 萬元 − 1,600 萬元) ×10% = 130 萬元
    　→ 國外稅額可扣抵上限 = 180 萬元 − 130 萬元 = 50 萬元 < 70 萬元
    　→ 國外稅額可扣抵 50 萬元

2. 國內已納贈與稅額部分
   (1) 含視為贈與應納稅額 = [(2,900 萬元 + 500 萬元) − 1,600 萬元] × 10%
                        = 180 萬元
   (2) 不含視為贈與應納稅額 = ((2,900 萬元 + 500 萬元) − 600 萬元
                           − 1,600 萬元) × 10% = 120 萬元
   → 已納贈與稅可扣抵上限 = 180 萬元 − 120 萬元
                         = 60 萬元 > 30 萬元 × (1 + 2%)
   → 已納贈與稅可扣抵 30 萬元 × (1 + 2%) = 30.6 萬元
3. 遺產稅應繳稅額
   180 萬元 − 50 萬元 − 30.6 萬元 = 99.4 萬元

第二節 贈與稅

本節學習重點：
- 贈與稅之課稅範圍
- 贈與稅之納稅義務人
- 贈與稅之稅額計算

贈與稅指財產所有人無償提供財產給與他人，經他人允受而生贈與之效力，作為課稅條件，並以贈與之財產做為課稅標的。依照遺產及贈與稅法的規定，贈與稅的課徵範圍，只對自然人的贈與行為課徵贈與稅，是以中華民國國民及非中華民國國民所贈與的財產為課徵標的。

至於營利事業或社團、財團法人的贈與行為都不屬於贈與稅的課徵範圍，不需要申報贈與稅。取自營利事業或社團、財團法人之贈與財產者，由受贈個人依所 #4 第 17 款規定，併入受贈年度的所得課徵綜合所得稅，綜合所得稅所得額以受贈財產價值認定，如果受贈財產為實物，以取得時政府規定之價格計算，例如土地以土地公告現值、房屋則以評定標準價格為準。

壹、課稅對象與範圍

一、課徵對象與範圍──採屬人兼屬地主義（遺贈 #3,#3-1）

(一) **屬人主義**：凡經常居住中華民國境內之中華民國國民，就其在中華民國境內或境外之財產為贈與者，應依本法規定，課徵贈與稅。

(二) **屬地主義**：經常居住中華民國境外之中華民國國民，及非中華民國國民，就其在中

華民國境內之財產為贈與者，應依本法規定，課徵贈與稅。

(三) **視同居住者採屬人主義**：贈與行為發生前兩年內自願喪失中華民國國籍者，仍應依本法關於中華民國國民之規定課徵贈與稅。

(四) **視同贈與 (擬制贈與)** (遺贈 #5)

財產之移動，具有下列各款情形之一者，以贈與論，依本法規定，課徵贈與稅：

1. 在請求權時效內無償免除或承擔債務者，其免除或承擔之債務。

   但債務人經依破產法和解、破產、依消費者債務清理條例更生、清算或依公司法聲請重整，以致債權人之債權無法十足取償者，其免除之差額部分，非本法 #5 第 1 款之贈與。(遺贈細 #2)

2. 以顯著不相當之代價，讓與財產、免除或承擔債務者，其差額部分。

3. 以自己之資金，無償為他人購置財產者，其資金。但該財產為不動產者，其不動產。

4. 因顯著不相當之代價，出資為他人購置財產者，其出資與代價之差額部分。

5. 限制行為能力人或無行為能力人所購置之財產，視為法定代理人或監護人之贈與。但能證明支付之款項屬於購買人所有者，不在此限。

6. 二親等以內親屬間財產之買賣。但能提出已支付價款之確實證明，且該已支付之價款非由出賣人貸與或提供擔保向他人借得者，不在此限。

(**D**) 1. 下列何者不是遺產及贈與稅法所稱之贈與？(103 身障四等)

(A) 在請求權時效內無償免除或承擔債務者，其免除或承擔之債務

(B) 以自己之資金，無償為他人購置不動產者，其不動產

(C) 以顯著不相當之代價，讓與財產、免除或承擔債務者，其差額部分

(D) 限制行為能力人或無行為能力人所購置之財產，且能證明支付之款項屬於購買人所有者

(**D**) 2. 下列哪一項財產非屬我國遺產及贈與稅課徵範圍？(101 高考)

(A) 經常居住中華民國境內之中華民國國民之境外財產

(B) 經常居住中華民國境外之中華民國國民之境內財產

(C) 非中華民國國民之境內財產

(D) 經常居住中華民國境外之中華民國國民之境外財產

二、贈與稅之納稅義務人

(一) 贈與稅之納稅義務人為贈與人。但贈與人有下列情形之一者，以受贈人為納稅義務人：(遺贈 #7)

1. 行蹤不明。
2. 逾本法規定繳納期限尚未繳納,且在中華民國境內無財產可供執行。
3. 死亡時贈與稅尚未核課。

依前項規定受贈人有二人以上者,應按受贈財產之價值比例,依本法規定計算之應納稅額,負納稅義務。

由前述規定可知,贈與稅之納稅義務人為贈與人;但若贈與人行蹤不明、過期未繳贈與稅又無財產可供執行或死亡時贈與稅尚未核課者,則以受贈人為納稅義務人。

(二) 下列贈與行為應辦理贈與稅申報之情況如下:(遺贈 #3、#3-1)
1. 經常居住在我國境內的我國國民,若其將我國**境內或境外**的財產贈送給別人時,該贈與人。
2. 經常居住在我國境外的我國國民或者是外國人,將其在我國**境內**的財產贈送給別人時,該贈與人。
3. 贈與人贈與行為發生的前 2 年內,自願喪失我國國籍,但是如果將他在中華民國**境內或境外**的財產贈送給別人時,該贈與人。

貳、贈與稅之應納稅額之計算

> 贈與稅應繳稅額
> = 課稅贈與淨額 × 稅率 − 累進差額 − 已納贈與稅額
> = 【贈與總額(包括擬制贈與)− 免稅額 − 扣除額】× 稅率 − 累進差額
> − 當年度前次贈與已納之贈與稅額

一、贈與總額

> 贈與稅總額
> = 贈與人在同一年內贈與境內外之財產之總額(經常居住於我國境內者)或贈與人贈與之境內財產(非經常居住於我國境內者)之時價 − 不計入贈與總額之財產時價

一年有兩次以上的贈與,應合併計算其贈與額(遺贈 #19 第 2 項)。因此,一年若有多次贈與,其計算贈與稅時應與前次贈與額合併計算,計算並說明如下:
1. 合併贈與額 = 本次贈與 + 以前各次核定之贈與財產 + 贈與人代受贈人繳納之稅捐與費用。
2. 同一年內指每年的 1 月 1 日至 12 月 31 日。
3. 贈與人在同一年內有 2 次以上的贈與行為,不論受贈人是否為同一個人,都應該於辦

理後一次贈與稅申報的時候，將同一年內以前各次的贈與事實和納稅情形合併申報。
4. 所謂同一年內以前各次的贈與事實，不是以設籍在同一稽徵機關期間內的贈與為限，凡是屬於同一個年度裡面的贈與事實，無論戶籍設在何處，都需要與最後一次設籍的贈與合併計算。
5. 同一年度裡有 2 次以上的贈與行為，如果將贈與日較後的贈與事實先申報，並且已經過稽徵機關核定，雖然比先前的贈與事實更晚申報，但仍然需要將已核定的贈與資料一併申報。

(一) 贈與總額之範圍

贈與人將自己之財產無償贈與他人，經他人允受而致贈與行為發生者，均應申報課徵贈與稅：

1. 贈與人一年內贈與之不動產、動產及其他一切有財產價值之權利，例如土地、房屋、現金、黃金、股票、存款、公債、債權、信託權益、獨資合夥之出資、礦業權、漁業權……等。
2. 財產的移轉有下列情形其中一項時，雖然沒有贈與之名，但有贈與之實，依照稅法上的規定仍以贈與論，需課徵贈與稅（擬制贈與）：
   (1) 在請求權時效內無償免除或承擔債務者，其免除或承擔的債務。例如在債務求償期間，同意債務人不用償還欠款。
   (2) 以顯著不相當的代價，讓與財產、免除或承擔債務者，其差額部分。例如甲持有公告現值 100 萬元土地交換乙公告現值 60 萬元土地，並言明不給予任何補貼，便視同甲贈與乙 40 萬元的財產。
   (3) 以自己的資金，無償為他人購置財產者，為其資金，但所購財產為不動產時，為其不動產。例如某甲以自己的資金 300 萬元替妹妹購買上市公司股票，這 300 萬元就是某甲對妹妹的贈與。
   (4) 因顯著不相當的代價出資為他人購置財產時，其出資與代價的差額部分。
   (5) 限制行為能力人或無行為能力人所購置的財產，視為法定代理人或監護人的贈與。但能證明支付的款項屬於購置人所有者，不在此限。例如公司辦理增資，父親以未成年子女名義認購股票並支付價款，就是父親對子女的贈與。
   (6) 二親等以內親屬間財產的買賣，以贈與論。但能提出支付價款的證明時，且這些已支付的價款不是由出賣人貸給或提供擔保向他人借得時，不在此限。例如某甲向哥哥購買不動產，如果無法提出支付價款的確實證明，便視同哥哥贈與不動產。
   (7) 信託契約明訂信託利益之全部或一部之受益人為非委託人者之他益信託，視為委託人將享有信託利益之權利贈與該受益人，應依遺產及贈與稅法課徵贈與稅，並

以訂定、變更信託契約之日為贈與行為發生日,及以贈與時信託財產之時價估價。

(二) 贈與財產之估價原則

1. 一般贈與財產,如土地、房屋、股票等,其估價原則可參考前述遺產稅之規定,亦即遺贈 #10。至於以債權為贈與之標的時,其估價方式亦可參考遺產稅之規範(遺贈 #16、遺贈細 #9-1、遺贈細 #27, 財政部 88.7.29 台財稅第 881928450 號函)。
2. 父母出資為子女購置不動產,無論子女成年或未成年,父母親都應依法申報贈與稅。其中贈與價值的計算,以移轉時公告土地現值或評定標準價格為準。

雷先生於今年度無償免除債務人王小明之債務 400 萬元;又於該年度以自己之積蓄,為其兒子購買土地及地上興建房屋,該土地之市價 500 萬元,房屋之市價 200 萬元;贈與時,土地之公告現值 300 萬元,房屋之公告現值 50 萬元。請問雷先生今年度之贈與總額為多少?

【解析】
請求時效內無償免除他人債務視為贈與;贈與土地及房屋以公告現值為時價
贈與總額 = 400 萬元 + 300 萬元 + 50 萬元 = 750 萬元

(三) 不課徵贈與稅之項目(遺贈 #5-2)

1. 信託財產於左列各款信託關係人間移轉所有權或為其他處分者,不課徵贈與稅:
   一、因信託行為成立,委託人與受託人間。
   二、信託關係存續中,受託人變更時,原受託人與新受託人間。
   三、信託關係存續中,受託人依信託本旨交付信託財產,受託人與受益人間。
   四、因信託關係消滅,委託人與受託人間或受託人與受益人間。
   五、因信託行為不成立、無效、解除或撤銷,委託人與受託人間。
2. 夫妻兩願離婚時,依離婚協議約定或法院判決,配偶之一方應給付他方財產者,非屬贈與行為,不必課徵贈與稅,也不課徵所得稅。若離婚給付已載明於離婚協議書,則該書面記載以外之給付,如主張亦屬離婚約定之給付,應由其負舉證責任,如無法證明係離婚當時約定之給付且屬無償移轉時,應課徵贈與稅(財政部 89.12.14 台財稅第 0890456320 號函)。

(四) 不計入贈與總額之項目(遺贈 #20, #20-1)

下列各款不計入贈與總額:
1. 捐贈各級政府及公立教育、文化、公益、慈善機關之財產。
2. 捐贈公有事業機構或全部公股之公營事業之財產。
3. 捐贈依法登記為財團法人組織且符合行政院規定標準之教育、文化、公益、慈善、宗

教團體及祭祀公業之財產。
4. 扶養義務人為受扶養人支付之生活費、教育費及醫藥費。
5. 作農業使用之農業用地及其地上農作物，**贈與民法 #1138** 所規定之繼承人者，不計入其土地及地上農作物價值之全數。受贈人自受贈之日起 5 年內，未將該土地繼續作農業使用且未在有關機關所令期限內恢復作農業使用，或雖在有關機關所令期限內已恢復作農業使用而再有未作農業使用情事者，應追繳應納稅賦。但如因該受贈人死亡、該受贈土地被徵收或依法變更為非農業用地者，不在此限。

   贈與人將農地贈與受贈人，於 5 年列管期間內，受贈人又將受贈之農地回贈贈與人，如果經查至回贈前原受贈人仍繼續作農業使用而無應追繳贈與稅之情事，因為係回復未為贈與之狀態，可以免追繳贈與稅，也可免再列管。(財政部 88.9.2 台財稅第 881940612 號函)

6. 配偶相互贈與之財產。
7. 父母於子女婚嫁時所贈與之財物，總金額不超過一百萬元，限結婚登記前後 6 個月，父母各 100 萬。所以，不論有幾位子女，或是否於同年度結婚，每一子女結婚時，除了每年父母各 220 萬元贈與免稅額之外，均可各贈與結婚子女 100 萬元，不計入贈與總額。例如，陳先生的女兒今年間登記結婚，陳先生與陳太太可各自贈與 320 萬元給女兒，女兒共收到 640 萬元，而陳先生與陳太太皆不須繳納贈與稅；而女兒收到此筆贈與不須課徵所得稅。
8. 因委託人提供財產成立、捐贈或加入符合 #16-1 各款規定之公益信託，受益人得享有信託利益之權利，不計入贈與總額。
9. 一般正常社交禮儀範圍內之婚喪喜慶禮金往來。

二、贈與之免稅額（遺贈 #22）

贈與稅納稅義務人，每年得自贈與總額中減除**免稅額二百二十萬元**（隨物價指數變動而調整）。

> ✪ 房地以贈與方式移轉涉及土地增值稅、契稅、印花稅以及贈與稅；但受贈人不同其涉及的租稅負擔會有些許差異，分以下情況說明：
>
> 一、受贈人與贈與人非為配偶關係
> 1. 土地增值稅：由受贈人負擔（土 #5：土地為無償移轉者，納稅義務人為取得所有權之人），但若由贈與人代為負擔時，則此筆土地增值稅應計入贈與總額。
> 2. 契稅：由受贈人負擔（契 #7：贈與契稅，應由受贈人估價立契，申報納稅）
> 3. 贈與稅：由贈與人負擔（遺贈 #7：贈與稅之納稅義務人為贈與人）。

二、受贈人與贈與人為互為配偶
1. 土地增值稅：配偶相互贈與之土地得申請不課徵土增稅（土 28-2）。但該筆土地再移轉第三人時，仍須以第一次贈與前之原規定地價或前次移轉現值為原地價，計算漲價總數額，核課增值稅。
2. 契稅：由受贈人負擔（契 #7：贈與契稅，應由受贈人估價立契，申報納稅）
3. 免課贈與稅；配偶間相互贈與財產不計入贈與總額（遺贈 #20）

三、有關土地增值稅自用稅率的適用：贈與移轉並非出售，而且納稅義務人是受贈人，不是原來的土地所有權人，所以不能適用自用住宅用地優惠稅率核課土地增值稅。

範例

1. 今年度父贈兒子不動產，土地現值 1,000 萬元，房屋現值 700 萬元，不動產市價 2,200 萬元，土地增值稅與契稅分別為 80 萬元與 40 萬元，求以下兩種情況的贈與淨額。

    (1) 土地增值稅與契稅由父親負擔　(2) 土地增值稅與契稅由兒子負擔

    【解析】

    (1) (1,000 萬元 + 700 萬元 + 120 萬元) − 220 萬元 − 120 萬元 = 1,480 萬元

    (2) (1,000 萬元 + 700 萬元) − 220 萬元 − 120 萬元 = 1,360 萬元

    需提出該土地增值稅、契稅確由其子支付之證明，供國稅局查核，若經查證屬實，即可扣除。

    ※贈與附有負擔，由受贈人負擔部分，可以從贈與總額中扣除。所以，前述兩種情況皆可扣除土地增值稅與契約。

(C) 2. 李先生將其名下一筆土地贈與其兒子，相關之稅負及納稅義務人，下列敘述何項正確？（103 普考）

   (A) 李先生為贈與稅及土地增值稅之納稅義務人

   (B) 李先生應繳交贈與稅，兒子則應繳交該筆贈與之所得稅

   (C) 李先生應繳交贈與稅，兒子則應繳交該筆贈與之土地增值稅

   (D) 僅李先生應繳交贈與稅，兒子並無相對應之稅負產生

✪ 贈與免稅額與婚嫁扣除之整理表

免稅額或扣除額項目		免稅額	計算期間	對象
個人一般贈與	父	220 萬元	每年1月1日至12月31日	不限
	母	220 萬元		
婚嫁贈與	父	100 萬元（每一受贈人）	受贈人辦理結婚登記前後六個月內	子女
	母	100 萬元（每一受贈人）		

範例

1. 陳雷的兩位子女分別於今年2月及3月結婚，其分別在子女結婚時各給予250萬元之現金，並且在當年4月給予其妻500萬元；若今年贈與稅免稅額為220萬元，請根據上述資料計算陳雷今年贈與淨額共計多少？

    【解析】
    (1) 配偶相互贈與之財產不計入
    (2) 今年度之贈與淨額＝(250萬元－100萬元)＋(250萬元－100萬元)－220萬元＝80萬元

(**A**) 2. 我國遺產及贈與稅法之規定，李先生之下列何項行為須課徵贈與稅？(101記帳士)

    (A) 於四年前借400萬元予張先生，雙方現已言明此筆金錢無須償還
    (B) 今年支付其赴美唸書的小兒子150萬元供其學業及生活所需
    (C) 將其一部分仍作農業使用的農地移轉登記予其大兒子繼續耕作
    (D) 將其名下一棟房子的所有權移轉登記予其配偶

(**C**) 3. 依遺產及贈與稅法規定，作農業使用之農業用地，贈與下列何人，其土地價值可不計入贈與總額計徵贈與稅？(102記帳士)

    (A) 女婿　(B) 岳父　(C) 孫女　(D) 堂兄

(**C**) 4. 依遺產及贈與稅法第20條規定，下列何者應計入贈與總額？(103身障四等)

    (A) 配偶相互贈與之財產
    (B) 父母於子女婚嫁時所贈與之財物，總金額不超過100萬元
    (C) 捐贈公股占50%之公營事業之財產
    (D) 捐贈地方政府之財產

(C) 5. 甲將作農業使用之農業用地贈與其子乙，乙自受贈之日起幾年內，未將該土地繼續作農業使用且未在有關機關所令期限內恢復作農業使用者，應追繳應納稅賦？(103 身障五等)
(A) 2 年　(B) 3 年　(C) 5 年　(D) 7 年

(D) 7. 下列何種贈與，依遺產及贈與稅法規定其財產「不計入贈與總額」內？(103 會計師)
(A) 祖父贈與孫媳婦之農業用地　(B) 父母贈與已婚子女之財產
(C) 兄於弟結婚時贈與之現金　(D) 夫贈與妻之財產

(A) 8. 周先生於今年 3 月贈與其獨生女 300 萬元現金，當年 6 月女兒出嫁時又贈與女兒 100 萬元現金，周先生今年應納贈與稅額為多少？(改自 103 身障五等)
(A) 8 萬元　(B) 10 萬元　(C) 18 萬元　(D) 30 萬元

(A) 9. 張先生於今年度無償免除債務人丁先生之債務 200 萬元；又於該年度將市價 1,200 萬元，公告現值 1,000 萬元之土地贈與配偶；又將作農業使用之農業用地贈與兒子，市價 600 萬元，公告現值 200 萬元。請問張先生今年度之贈與淨額為多少？(改自 104 身障四等)
(A) 0 元　(B) 200 萬元　(C) 780 萬元　(D) 1180 萬元

三、贈與之扣除額

(一) 負有負擔之贈與可以扣除：贈與附有負擔者，由受贈人負擔部分應自贈與額中扣除（遺贈 #21）。但此負擔之扣除，以具有財產價值，業經履行或能確保其履行者為限。負擔內容如係向贈與人以外之人為給付得認係間接之贈與者，不得主張扣除。前項負擔之扣除，以不超過該負擔贈與財產之價值為限（遺贈細 #18）。

(二) 不動產贈與移轉所繳納之契稅或土地增值稅得自贈與總額中扣除（遺贈細 #19）。不動產因為贈與移轉而發生的土地增值稅及契稅，若是由受贈人負擔，可憑納稅收據影本自贈與總額中扣除，但是如果由贈與人提供資金繳納的話，就需先併入贈與總額後，再依稅單收據影本扣除。

(三) 依都市計畫法 #50-1，土地經認定符合公共設施保留地規定，因配偶、直系血親間之贈與而移轉者，免徵贈與稅。屬於贈與事實發生日尚未徵收之公共設施保留地，核課贈與稅時，應計入贈與總額後，以同額列為扣除額自贈與總額中扣除。

(四) 依新市鎮開發條例 #11 規定，新市鎮特定區計畫範圍內之徵收土地，所有權人於新市鎮範圍核定前已持有，且於核定之日起至依平均地權條例實施區段徵收發還抵價地 5 年內，因配偶、直系血親間之贈與而移轉者，免徵贈與稅。

四、贈與稅之稅率（遺贈 #19）

(一) 現行稅率

贈與稅按贈與人每年贈與總額，減除 #21 規定之扣除額及 #22 規定之免稅額後之課稅贈與淨額，依下列稅率課徵之：

- 二千五百萬元以下者，課徵百分之十。
- 超過二千五百萬元至五千萬元者，課徵二百五十萬元，加超過二千五百萬元部分之百分之十五。
- 超過五千萬元者，課徵六百二十五萬元，加超過五千萬元部分之百分之二十。

一年內有二次以上贈與者，應合併計算其贈與額，依前項規定計算稅額，減除其已繳之贈與稅額後，為當次之贈與稅額。

表 7-4　贈與稅稅率表（適用於贈與日在 106.5.12 之後）

贈與淨額	稅率	累進差額
2,500 萬以下	10%	0
超過 2,500 萬~5,000 萬元	15%	125 萬元
5,000 萬元以上	20%	375 萬元

(二) 近年稅率調整情況：

贈與稅稅率近期屢有更動，其各各期間之稅率調整如下：

- 自 95.1.1 至 98.1.22：採十級超額進稅制，最低稅率 4%，最高稅率 50%。[2]
- 自 98.1.23 至 106.5.11：單一稅率，稅率為 10%。
- 自 106.5.12 迄今：採三級超額進稅制，最低稅率 10%，最高稅率 20%。

五、已納贈與稅額之扣抵（遺贈 #11、#19）

一年內有二次以上贈與者，應合併計算其贈與額，依前項規定計算稅額，減除其已繳之贈與稅額後，為當次之贈與稅額。

下列 2 項稅款可扣抵應納贈與稅：

1. 同 1 個年度內同一個贈與人以前各次贈與所繳納的贈與稅，在計算後一次贈與應納稅

---

[2] 95.1.1-98.1.22 期間之適用稅率表如下：

贈與淨額	稅率	累進差額	贈與淨額	稅率	累進差額
67 萬元以下	4%		超過 557 萬元~802 萬元	21%	61.58 萬元
超過 67 萬元~189 萬元	6%	1.34 萬元	超過 802 萬元~1,558 萬元	27%	109.7 萬元
超過 189 萬元~312 萬元	9%	7.01 萬元	超過 1,558 萬元~3,228 萬元	34%	218.76 萬元
超過 312 萬元~434 萬元	12%	16.37 萬元	超過 3,228 萬元~5,009 萬元	42%	477 萬元
超過 434 萬元~557 萬元	16%	33.73 萬元	超過 5,009 萬元以上	50%	877.72 萬元

額時可以扣抵。
2. 經常居住在我國境內的我國國民就國外的財產贈與時，依照贈與財產所在地國家的法律繳納的贈與稅，可以檢附經我國使領館簽證之該國稅務機關發給的納稅憑證，自國內應納贈與稅額中扣抵，但是扣抵額不能超過因為加計其國外贈與而依國內適用稅率計算增加的應納稅額。當地如果未設我國使領館時，上面所說的簽證手續可由當地公定會計師或是公證人簽證。

1. 梁三今年有三次贈與，一月贈甲 180 萬元；三月贈乙 100 萬元；五月贈丙 100 萬元，求一、三、五月之贈與稅額。
【解析】
一月：小於免稅額 220 萬元 ➔ 無需繳納贈與稅
三月：(180 萬元 + 100 萬元) − 220 萬元 = 60 萬元 ➔ 60 萬元 × 10% = 6 萬元
五月：(180 萬元 + 100 萬元 + 100 萬元) − 220 萬元 = 160 萬元 ➔ 160 萬元 × 10% = 16 萬元 ➔ 16 萬元 − 6 萬元 = 10 萬元

第三節　遺產稅及贈與稅之稽徵程序

本節學習重點：
✦ 遺產贈與稅之申報與繳納規定
✦ 遺產贈與稅之獎勵與罰則

壹、稽徵程序

一、死亡通報（遺 #37）

戶籍機關受理死亡登記後，應即將死亡登記事項副本抄送稽徵機關。

二、申報通知書（遺 #28）

稽徵機關於查悉死亡事實或接獲死亡報告後，應於一個月內填發申報通知書，檢附遺產稅申報書表，送達納稅義務人，通知依限申報，並於限期屆滿前十日填具催報通知書，提示逾期申報之責任，加以催促。

前項通知書應以明顯之文字，載明民法限定繼承及拋棄繼承之相關規定。

納稅義務人不得以稽徵機關未發第一項通知書，而免除本法規定之申報義務。

三、遺產稅之申報期限（遺 #23、#24）

(一) 被繼承人死亡時遺有財產者，納稅義務人應於被繼承人死亡之日起**六個月內**，向戶

籍所在地主管稽徵機關依本法規定辦理遺產稅申報。

如被繼承人為受死亡宣告者，其申報期限應自判決宣告日之日起算六個月內辦理申報。

(二) 依法選定遺產管理人者，以法院指定遺產管理人之日起算六個月內申報。

(三) 前述期限，如有正當理由，不能如期申報時，應在規定申報期限，以書面向稽徵機關申請延期申報，申請延長期限以 3 個月為限。

但因不可抗力或其他特殊事由，可以由稽徵機關視實際情形核定延長期限。(遺贈 #26)

(四) 台灣地區人民於大陸地區死亡，經大陸地區有關單位出具死亡證明者，應於該死亡證明取得財團法人海峽交流基金會驗證證明之日起六個月內辦理申報。

(五) 大陸地區人民繼承臺灣地區人民之遺產，應於繼承開始起三年內以書面向被繼承人住所地之法院為繼承之表示；逾期視為拋棄其繼承權，並應依遺產及贈與稅法規定申報，其有正當理由不能如期申報，應於向被繼承人住所地之法院為繼承表示之日起兩個月內辦理延期，但該繼承案件有大陸地區以外之納稅義務人者，仍應由大陸地區以外之納稅義務人辦理申報。

(A) 2. 依遺產及贈與稅法之規定，被繼承人死亡遺有財產，由稽徵機關申請法院指定遺產管理人者，應於何時向主管稽徵機關辦理遺產稅申報？(103 地特五等)
(A) 法院指定遺產管理人之日起 6 個月內
(B) 稽徵機關向法院申請之日起 6 個月內
(C) 應於被繼承人死亡之日起 6 個月內
(D) 稽徵機關收到被繼承人死亡證明之日起 6 個月內

四、贈與稅之申報期限（遺 #24、#25）

(一) 贈與人在一年內贈與他人之財產總值超過贈與稅免稅額時，應於超過免稅額之贈與行為發生後三十日內，向主管稽徵機關依本法規定辦理贈與稅申報。同一贈與人在同一年內有兩次以上依本法規定應申報納稅之贈與行為者，應於辦理後一次贈與稅申報時，將同一年內以前各次之贈與事實及納稅情形合併申報。

例如，父親於某年 12 月 1 日將某上市公司股票 200,000 股贈與其子，則其申報期間為 12 月 2 日至 12 月 31 日，若父親當年度於本次贈與之前，還有其他的贈與金額應於此次合併計算並申報。

(二) 如有正當理由不能如期申報，應在規定期限內，用書面向稽徵機關申請延期申報，申請延長期限以三個月為限，但若有不可抗力或其他特殊事由，可以由主管稽徵機關視實際情形核定延長期限。(遺贈 #26)

(三) 所謂「贈與日」係指贈與契約之訂約日。如果是以未成年人名義興建房屋時，以取得房屋使用執照日為贈與日；未成年人購置財產，或者二親等以內親屬間財產的買賣，視同是贈與時，則以買賣契約訂約日為贈與日；他益信託以信託契約訂定、變更日為贈與行為發生日 (財政部 65.6.5 台財稅第 33672 號函；財政部 67.10.5 台財稅第 36742 號函)。

(**B**) 有關贈與稅之申報期限規定，下列敘述何者正確？(104 身障四等)
(A) 應於個人當年度累計贈與總額超過贈與稅免稅額之發生日 30 日內申報
(B) 應於個人當年度累計應稅贈與總額超過贈與稅免稅額之發生日後 30 日內申報
(C) 應於個人當年度贈與金額加計受贈總額超過贈與稅免稅額之發生日後 30 日內申報
(D) 應於個人當年度發生贈與行為之發生日後 30 日內申報

五、遺產稅與贈與稅之主管機關 (遺 #23)

(一) 被繼承人或贈與人為經常居住中華民國境內之中華民國國民，向戶籍所在地主管稽徵機關依本法規定辦理遺產稅申報。
　　1. 戶籍在臺北市、高雄市者向當地國稅局總局或其所屬各分局、稽徵所申報；戶籍在臺北市、高雄市以外之其他縣市者，向當地國稅局所屬分局、稽徵所或服務處申報。戶籍在福建省金門縣者，向財政部北區國稅局金門服務處；戶籍在福建省連江縣者，向財政部北區國稅局馬祖服務處申報。
　　2. 死亡事實發生前兩年內被繼承人自願喪失中華民國國籍，仍應向其原戶籍所在地主管稽徵機關申報
(二) 被繼承人或贈與人為經常居住中華民國境外之中華民國國民或非中華民國國民死亡時，在中華民國境內遺有財產者，應向**中華民國中央政府所在地之主管稽徵機關**辦理遺產稅申報。亦即向臺北國稅局總局或其所屬分局、稽徵所申報。
(三) 大陸地區人民死亡在臺灣地區遺有財產者，或大陸地區人民就其在臺灣地區之財產為贈與者應依遺產及贈與稅法規定申報，向臺北國稅局總局或其所屬各分局、稽徵所申報。

六、決定稅額及繳納通知 (遺贈 #29)

　　稽徵機關應於接到遺產稅或贈與稅申報書表之日起二個月內，辦理調查及估價，決定應納稅額，繕發納稅通知書，通知納稅義務人繳納；
　　其有特殊情形不能在二個月內辦竣者，應於限期內呈准上級主管機關核准延期。

貳、如何繳納稅額（遺贈 #30）

一、現金繳納

(一) **原則**：送達核定通知書之日起兩個月內繳納，必要時得於期限內申請稽徵機關核準延期兩個月。

(二) **分期繳納**

1. 申請條件：應納稅額在三十萬元以上，納稅義務人確有困難，不能一次繳納現金時。
2. 分期方式：於規定繳納期限內，申請分十八期以內繳納，每期間隔以不超過兩個月為限。
3. 加計利息：經申請分期繳納者，應自繳納期限屆滿之次日起，至納稅義務人繳納之日止，依郵政儲金 1 年期定期儲金固定利率，分別加計利息一併徵收；利率有變動時，依變動後利率計算。

二、實物繳納

(一) **申請條件**

1. 應納稅額在三十萬元以上，納稅義務人確有困難，不能一次繳納現金時。
2. 實物抵繳方式：得於納稅期限內，就現金不足繳納部分申請以在中華民國境內之課徵標的物或納稅義務人所有易於變價及保管之實物一次抵繳。抵繳財產價值之估定，由財政部定之。

(二) **可抵繳稅額之財產**

1. 中華民國境內之課徵標的物指依本法規定計入本次遺產總額或贈與總額並經課徵遺產稅之遺產或課徵贈與稅之受贈財產，其所在地於中華民國境內者。
2. 中華民國境內之課徵標的物屬不易變價或保管，或申請抵繳日之時價較死亡或贈與日之時價為低者，其得抵繳之稅額，以該項財產價值占全部課徵標的物價值比例計算之應納稅額為限。
3. 被繼承人遺產中依都市計畫法 #50-1 免徵遺產稅之公共設施保留地，納稅義務人得以該項財產申請抵繳遺產稅款。

    依本法 #7 第 1 項之規定，以受贈人為納稅義務人時，納稅義務人得以受贈財產中依都市計畫法 #50-1 免徵贈與稅之公共設施保留地申請抵繳贈與稅款。

    前二項之公共設施保留地，除於劃設前已為被繼承人或贈與人所有，或於劃設後因繼承移轉予被繼承人或贈與人所有，且於劃設後至該次移轉前未曾以繼承以外原因移轉者外，得抵繳之遺產稅或贈與稅款，以依下列公式計算之金額為限：

公共設施保留地得抵繳遺產稅或贈與稅之限額 = 依本法計算之應納遺產稅額或贈與稅額×(申請抵繳之公共設施保留地財產價值÷全部遺產總額或受贈財產總額)

4. 抵繳之財產為繼承人公同共有之遺產且該遺產為被繼承人單獨所有或持分共有者,得由繼承人過半數及其應繼分合計過半數之同意,或繼承人之應繼分合計逾三分之二之同意提出申請,不受民法 #828 第三項限制。

5. 繼承人申請以被繼承人存放於金融機構之存款繳納遺產稅,可比照前述第 4 點之同意比例規定(遺贈 #30 第 7 項)提出申請,優先用以繳納遺產稅。

(三) 申請文件:

1. 申請實物抵繳遺產稅,申請書應表明繳納困難,同時應檢還遺產稅繳款書,並檢附下列文件:經全體繼承人蓋章之抵繳同意書,同意書應敘明抵繳房屋、土地之座落、地號、面積及持分或其他實物名稱及內容。

2. 以股票或其他實物抵繳:全體繼承人簽章之抵繳同意書(股票部分:應敘明股票公司名稱、股票號碼、抵繳股數、單價及抵繳價值等;其他實物:應敘明該實物名稱及內容)及該實物之證明文件。

3. 抵繳標的物如為遺產土地或房屋,應檢附土地或建物登記謄本,土地部分尚須檢附地籍圖謄本、土地使用分區證明書。使用分區證明書可憑地籍圖謄本之正本向縣市政府或各鄉、鎮、市公所申請。實物抵繳經核准後,辦理產權移轉應補送之文件,稽徵機關會詳細函復納稅義務人,納稅義務人應於文到三十日內檢齊文件送相關單位辦理所有權移轉登記。

實務操作

★遺產稅繳納:以現金為主,古董不收

★申請實物抵繳的條件:

◎現金不足,以至於繳現有困難

◎遺產扣除存款與基金不夠者才能申請

◎土地抵繳有一定比例限制

★股票抵繳

◎如果當初核定的股價較高,繳稅時股票下跌,可以核定當時較高的價格抵繳

◎如果繳稅時股票上漲,可出售股票換現金繳稅

★土地抵繳限制

◎抵繳比例不能超過遺產總額的比例,例如某塊土地佔遺產總額比例為 10%,則以土地抵繳遺產稅的比例便不能超過 10%

★案例說明

◎甲君經核定遺產稅為 1,000 萬元,所留下來的存款及基金轉換現金共計 700 萬元,700 萬元應先繳交納遺產稅,土地可抵繳的稅額僅 300 萬。1,000 萬元的遺產稅不能全以土地抵繳

以上資料來源:整理自 http://www.appledaily.com.tw/appledaily/article/finance/20140119/35588678/

(B) 1. 依遺贈稅法規定,遺產稅納稅義務人,應於稽徵機關送達核定納稅通知書之日起幾個月內繳清應納稅額?(102 記帳士)
 (A) 1 個月 (B) 2 個月 (C) 3 個月 (D) 6 個月

(C) 2. 依遺產及贈與稅法規定,遺產稅及贈與稅納稅義務人,應於稽徵機關送達核定納稅通知書之日起多少時間內,繳清應納稅款?必要時,得於限期內申請稽徵機關核准延期多少時間?(103 會計師)
 (A) 30 日;30 日　　　(B) 一個月;二個月
 (C) 二個月;二個月　　(D) 二個月;三年

(A) 3. 張三申請以遺產稅課徵標的物之土地抵繳遺產稅,其抵繳價值應如何計算?(103 高考)
 (A) 被繼承人死亡時之土地公告現值
 (B) 被繼承人死亡時之土地鑑定金額
 (C) 申請抵繳時之土地公告現值
 (D) 申請抵繳時之土地公告現值減除土地增值稅

(C) 4. 依遺產及贈與稅法之規定,有關分期繳納遺產稅之限制,下列何者正確?(103 地特四等)
 (A) 最多分 12 期,每期間隔不超過 1 個月
 (B) 最多分 12 期,每期間隔不超過 2 個月
 (C) 最多分 18 期,每期間隔不超過 2 個月
 (D) 最多分 18 期,每期間隔不超過 3 個月

參、資料調查、通報與證明書之核發

一、搜索扣押 (遺贈 #39)

稽徵機關進行調查,如發現納稅義務人有 #46 所稱故意以詐欺或不正當方法逃漏遺產稅或贈與稅時,得敘明事由,申請當地司法機關,實施搜索、扣押或其他強制處分。

二、會同點檢（遺贈 #40）

被繼承人死亡前在金融或信託機關租有保管箱或有存款者，繼承人或利害關係人於被繼承人死亡後，依法定程序，得開啟被繼承人之保管箱或提取被繼承人之存款時，應先通知主管稽徵機關會同點驗、登記。

三、核發繳清證明書（遺贈 #41）

遺產稅或贈與稅納稅義務人繳清應納稅款、罰鍰及加徵之滯納金、利息後，主管稽徵機關應發給稅款繳清證明書；

其經核定無應納稅款者，應發給核定免稅證明書；其有特殊原因必須於繳清稅款前辦理產權移轉者，得提出確切納稅保證，申請該管主管稽徵機關核發同意移轉證明書。

依 #16 規定，不計入遺產總額之財產，或依 #20 規定不計入贈與總額之財產，經納稅義務人之申請，稽徵機關應發給不計入遺產總額證明書，或不計入贈與總額證明書。

四、遺產或贈與財產移轉需繳清稅額（遺贈 #8、#42）

遺產稅未繳清前，不得分割遺產、交付遺贈或辦理移轉登記。贈與稅未繳清前，不得辦理贈與移轉登記。但依 #41 規定，於事前申請該管稽徵機關核准發給同意移轉證明書，或經稽徵機關核發免稅證明書、不計入遺產總額證明書或不計入贈與總額證明書者，不在此限。

遺產中之不動產，債權人聲請強制執行時，法院應通知該管稽徵機關，迅依法定程序核定其稅額，並移送法院強制執行。

地政機關及其他政府機關，或公私事業辦理遺產或贈與財產之產權移轉登記時，應通知當事人檢附稽徵機關核發之稅款繳清證明書，或核定免稅證明書或不計入遺產總額證明書或不計入贈與總額證明書，或同意移轉證明書之副本；其不能繳附者，不得逕為移轉登記。

肆、獎勵與罰則

一、逾期未申報之罰則（遺贈 #44）

納稅義務人如果沒有在規定期限內辦理贈與稅或遺產稅申報，除補徵稅款外，還要按核定的應納稅額處二倍以下的罰款。

但是若贈與稅的核定應納稅額在新臺幣四千元以下者，遺產稅的核定應納稅額在新臺幣三萬五千元以下者，可以免罰。

如果在還沒有經人檢舉和還沒有經國稅局或財政部指定的人員進行調查以前，就自動前來補申報的話，除了補徵稅款外，僅就補徵的稅款加計利息一起徵收不必處罰。

二、漏報與短報之罰則（遺贈 #45、#46）

納稅義務人已依照規定申報遺產稅，但是有漏報或短報的情形時，除了補徵稅款以外，還要按所漏稅額處罰二倍以下的罰款。

但是短漏報贈與稅額在新臺幣四千元以下或短漏報贈與財產淨額在新臺幣十萬元以下者；

或是短漏報遺產稅額在新臺幣三萬五千元以下或短漏報遺產淨額在新臺幣六十萬元以下，可以免罰。

但如果是故意以詐欺或其他不正當方法逃漏稅捐的話，除了補稅以外還要處以所**漏稅額一倍至三倍**的罰鍰，並且還要移送法院依刑法處理。

如果在還沒有接獲檢舉和還沒有經國稅局或財政部指定的人員進行調查以前就自動補報的話，可以分成兩種情況說明：

1. 如果在申報期限截止前提出補報的話，不必以短、漏報違章處罰。
2. 如果在申報期限屆滿後而稽徵機關還沒有查獲前自動提出補報的話，從申報期限屆滿的隔天起到自動補報那天止，就應補徵的稅款加計利息徵收不必處罰。

(B) 1. 納稅義務人應申報之遺產或贈與財產，已依遺產及贈與稅法規定申報而有漏報或短報情事者，應按所漏稅額處以幾倍以下之罰鍰？(104 初等)
(A) 1　(B) 2　(C) 3　(D) 4

三、逾期未申報、漏報與短報之罰鍰限額（遺贈 #47）

遺贈 #44~#46 規定之罰鍰，連同應徵之稅款，最多不得超過遺產總額或贈與總額。

四、未依限繳納稅款：滯納金及利息（遺贈 #51）

納稅義務人對於核定之遺產稅或贈與稅應納稅額，逾 #30 規定期限繳納者，每逾二日加徵應納稅額 1% 滯納金；逾三十日仍未繳納者，主管稽徵機關應移送強制執行。

但因不可抗力或不可歸責於納稅義務人之事由，致不能於法定期間內繳清稅捐，得於其原因消滅後十日內，提出具體證明，向稽徵機關申請延期或分期繳納經核准者，免予加徵滯納金。

前項應納稅款，應自滯納期限屆滿之次日起，至納稅義務人繳納之日止，依郵政儲金一年期定期儲金固定利率，按日加計利息，一併徵收。

五、稅款繳清前移轉財產（遺贈 #50）

納稅義務人違反 #8 之規定，於遺產稅未繳清前，分割遺產、交付遺贈或辦理移轉登記，或贈與稅未繳清前，辦理贈與移轉登記者，處一年以下有期徒刑。

但是如果於事前申請經稅務機關核准發給同意移轉證明書或免稅證明書，或不計入遺產或贈與總額之證明書者，不在此處罰之範圍內。

六、稽徵與戶政人員違反之罰則（遺贈 #48）

稽徵人員違反 #29 之規定（稽徵機關應於接到遺產稅或贈與稅申報書表之日起二個月內，辦理調查及估價，決定應納稅額，繕發納稅通知書，通知納稅義務人繳納），戶籍人員違反 #37 之規定（戶籍機關受理死亡登記後，應即將死亡登記事項副本抄送稽徵機關）者，應由各該主管機關從嚴懲處，並責令迅行補辦；其涉有犯罪行為者，應依刑法及其有關法律處斷。

七、檢舉或告發之獎勵（遺贈 #43）

告發或檢舉納稅義務人及其他關係人有短報、漏報、匿報或故意以虛偽不實及其他不正當行為之逃稅，或幫助他人逃稅情事，經查明屬實者，主管稽徵機關應以罰鍰提成獎給舉發人，並為舉發人保守秘密。

八、證明書未通知檢附（遺贈 #52）

違反 #42 之規定（地政機關及其他政府機關，或公私事業辦理遺產或贈與財產之產權移轉登記時，應通知當事人檢附稽徵機關核發之稅款繳清證明書，或核定免稅證明書或不計入遺產總額證明書或不計入贈與總額證明書，或同意移轉證明書之副本；其不能繳附者，不得逕為移轉登記），於辦理有關遺產或贈與財產之產權移轉登記時，未通知當事人繳驗遺產稅或贈與稅繳清證明書，或核定免稅證明書，或不計入遺產總額證明書，或不計入贈與總額證明書，或同意移轉證明書等之副本，即予受理者，其屬民營事業，處一萬五千元以下之罰鍰；其屬政府機關及公有公營事業，由主管機關對主辦及直接主管人員從嚴議處。

CHAPTER 8 土地稅

- 土地稅
  - 土地課稅相關之名詞
    - 土地的分類與認定：(1)公有土地 (2)都市土地 (3)自用住宅用地 (4)農業用地 (5)空地
    - 地價：(1)公告地價 (2)公告現值
  - 地價稅
    - 課稅範圍與納稅義務人：(1)課稅範圍 (2)納稅義務人
    - 納稅義務基準日與開徵期間：(1)納稅義務基準日 (2)開徵期間
    - 地價稅額之計算：(1)申報地價與累進起點地價 (2)稅額計算公式 (3)地價稅稅率
    - 地價稅之優惠：(1)稅率優惠 (2)減徵或免徵 (3)土地未有效利用之加重徵稅：空地稅
    - 地價稅之繳納與稽徵
  - 土地增值稅
    - 課稅範圍與納稅義務人：(1)課稅範圍 (2)納稅義務人
    - 土地增值稅額之計算：(1)基本公式 (2)土地漲價總數額之計算 (3)稅率 (4)土地增值稅稅額計算公式
    - 土地增值稅之減免優惠：(1)自用住宅用地之優惠稅率10% (2)免徵宇減徵 (3)二年內重購土地之退稅
    - 土地增值稅之稽徵：(1)申報及繳納 (2)租稅之保全 (3)地價稅抵繳土地增值稅之情況 (4)罰則
  - 罰則

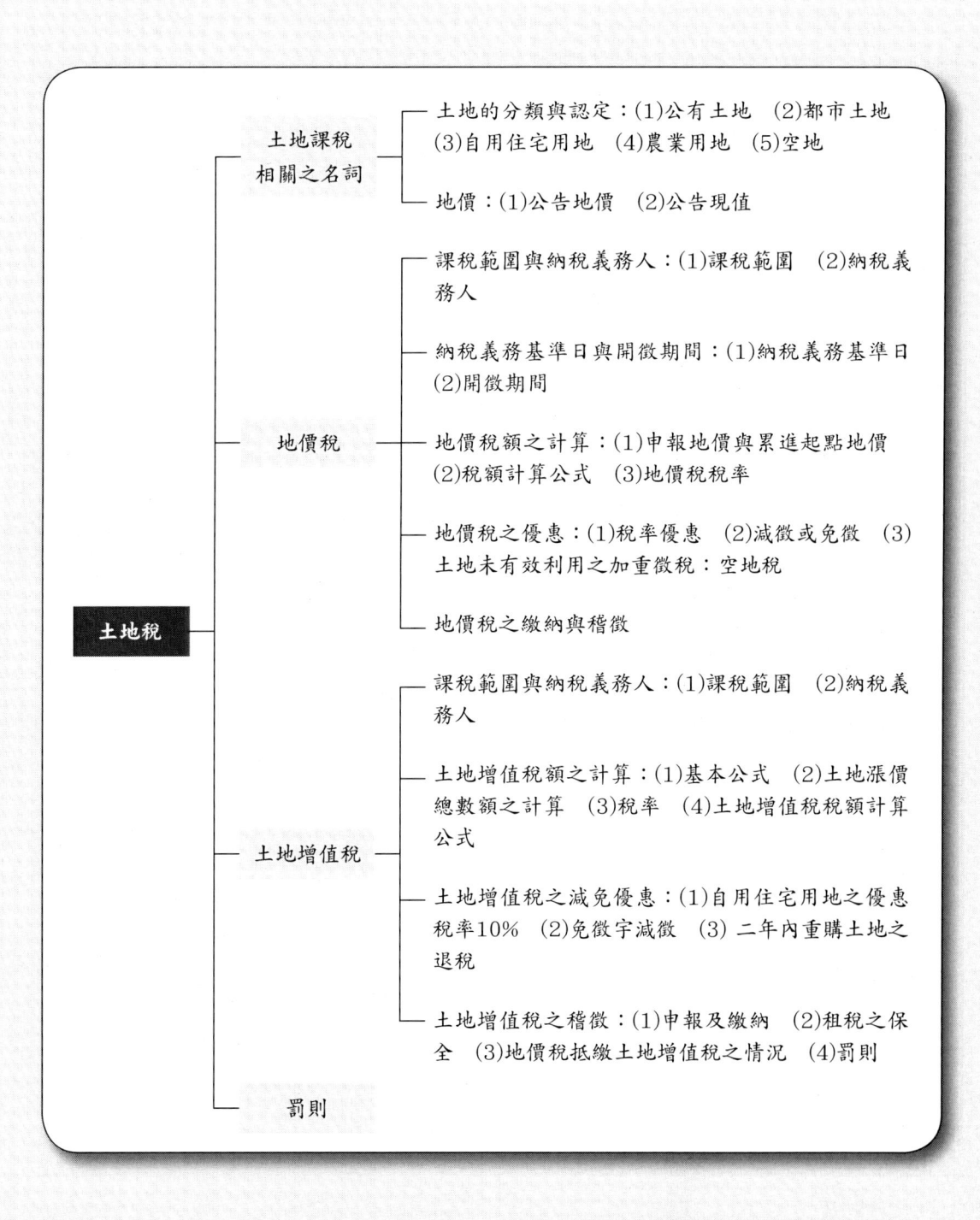

租稅的課徵必須以具有創造收益與價值的要素作為稅收之來源,即所謂的稅本。稅本四大要素有土地、勞動力、資本、企業能力。其中土地更被視為是產生價值與收益的一個重要來源,除了土地本身,土地所帶來的生產效益,包括地上的作物與土地開發所產生的利益,自古以來都是稅收的重要來源。

土地相關租稅的課徵可以分為持有時與轉讓時,我國現有的土地稅制的稅種共有三種,分別是在持有土地時的地價稅和田賦(屬財產稅);以及移轉土地時所課徵之土地增值稅(類似資本利得稅,但實務上仍歸類為財產稅)。目前規範土地相關租稅的法規有土地稅法(以下簡稱「土」)以及平均地權條例(以下簡稱「平」)。

依土 #1:土地稅分為地價稅、田賦及土地增值稅。

依土 #2:土地稅之主管機關在中央為財政部;在直轄市為直轄市政府;在縣(市)為縣(市)政府。

依平 #2:本條例所稱主管機關:在中央為內政部;在直轄市為直轄市政府;在縣(市)為縣(市)政府。其有關土地債券之發行事項,中央主管機關為財政部。

田賦實物經收機關為直轄市、縣(市)糧政主管機關。田賦自民國76年下半年起停徵。

第一節　土地課稅相關之名詞

本節學習重點:
+ 如何定義公有土地、都市土地、農業用地以及自用住宅用地。
+ 何謂公告地價?如何決定,影響為何?
+ 何謂公告現值?如何決定,影響為何?

壹、土地的分類與認定

一、公有土地

本法所稱公有土地,指國有、直轄市有、縣(市)有及鄉、鎮(市)有之土地。(土 #7)

二、都市土地

本法所稱都市土地,指依法發布都市計畫範圍內之土地。所稱非都市土地,指都市土地以外之土地。(土 #8)

三、自用住宅用地

本法所稱自用住宅用地,指土地所有權人或其配偶、直系親屬於該地辦竣戶籍登記,且無出租或供營業用之住宅用地。(土 #9)

(**D**) 土地稅法所稱之自用住宅用地,需符合的條件,不包括下列何者?(104初等)
　　(A) 土地所有權人或其配偶、直系親屬於該地辦竣戶籍登記
　　(B) 無出租或供營業用
　　(C) 其土地上之建築改良物屬土地所有權人或其配偶、直系親屬所有者為限
　　(D) 土地所有權人與其配偶及已成年子女,適用自用住宅以一處為限

四、農業用地、工業用地與礦業用地(土#10)

本法所稱農業用地,指非都市土地或都市土地農業區、保護區範圍內土地,依法供下列使用者:
一、供農作、森林、養殖、畜牧及保育使用者。
二、供與農業經營不可分離之農舍、畜禽舍、倉儲設備、曬場、集貨場、農路、灌溉、排水及其他農用之土地。
三、農民團體與合作農場所有直接供農業使用之倉庫、冷凍(藏)庫、農機中心、蠶種製造(繁殖)場、集貨場、檢驗場等用地。

本法所稱工業用地,指依法核定之工業區土地及政府核准工業或工廠使用之土地。
所稱礦業用地,指供礦業實際使用地面之土地。

五、空地(土#11)

本法所稱空地,指已完成道路、排水及電力設施,於有自來水地區並已完成自來水系統,而仍未依法建築使用;或雖建築使用,而其建築改良物價值不及所占基地申報地價百分之十,且經直轄市或縣(市)政府認定應予增建、改建或重建之私有及公有非公用建築用地。

貳、地價

一、公告地價

所謂規定地價,係指政府實施平均地權後,按照法定程序,第一次規定土地地價稱之。而由於地價並非固著不變,它會隨著經濟發展與周邊建設之完善等因素,而改變其價值,為使地價稅之課徵更為公平、合理,在辦理第一次規定地價後,**每二年**(必要時得延長之)重新辦理規定地價,稱為重新規定地價。(平#14)

政府舉辦規定地價或重新規定地價時,會參考當年期土地現值、前一期公告地價、地方財政需要、社會經濟狀況及民眾負擔能力,按法定程序評估並於1月1日公告之地價,其作用係供土地所有權人申報地價,並據以課徵地價稅。

地價評議委員會,由直轄市或縣(市)政府組織之,並應由地方民意代表及其他公正

人士參加；其組織規程，由內政部定之。(平#4)

　　直轄市或縣(市)主管機關辦理規定地價或重新規定地價之程序如下：(平#15)

(一) 分區調查最近一年之土地買賣價格或收益價格。
(二) 依據調查結果，劃分地價區段並估計區段地價後，提交地價評議委員會評議。
(三) 計算宗地單位地價。
(四) 公告及申報地價，其期限為三十日。
(五) 編造地價冊及總歸戶冊。

　　舉辦規定地價或重新規定地價時，土地所有權人未於公告期間申報地價者，以公告地價百分之八十為其申報地價。土地所有權人於公告期間申報地價者，其申報之地價超過公告地價百分之一百二十時，以公告地價百分之一百二十為其申報地價；申報之地價未滿公告地價百分之八十時，得照價收買或以公告地價百分之八十為其申報地價。(平#16)

二、公告現值

　　本法所稱公告現值，指直轄市及縣(市)政府依平均地權條例公告之土地現值。(土#12) 公告現值地價是先由各地政事務所地價人員，調查轄區內土地買賣或收益實例參酌影響地價之因素，製作買賣實例或收益實例調查表，繪製地價分布圖，並實地勘查檢討劃分地價區段，據以估計區段地價，送由縣(市)政府提經地價評議委員會評定後，於每年一月一日分區公告。

　　直轄市或縣(市)政府於辦理規定地價或重新規定地價或公告土地現值作業時，應按所蒐集之土地買賣交易資料將地價相近、位置相連或情況相同之土地劃為同一地價範圍，此一範圍稱為地價區段。區段地價係以每個地價區段為單位，按該區段內所蒐集之土地買賣或收益交易等資料估計，並提經地價評議委員會評定之地價。

　　直轄市或縣(市)政府對於轄區內之土地，應經常調查其地價動態，繪製地價區段圖並估計區段地價後，提經地價評議委員會評定，據以編製土地現值表於每年一月一日公告，作為土地移轉及設定典權時，申報土地移轉現值之參考；並作為主管機關審核土地移轉現值及補償徵收土地地價之依據。(平#46)

(C) 1. 依土地稅法規定，關於名詞定義之說明，下列何者錯誤？(103 身障四等)
　　(A) 稱都市土地，指依法發布都市計畫範圍內之土地
　　(B) 土地所有權人或其配偶、直系親屬於該地辦竣戶籍登記，且無出租或供營業用之住宅用地，為自用住宅用地
　　(C) 非都市土地或都市土地農業區、保護區範圍內土地，依法供商業使用者，為農業用地

(D)稱公告現值,指直轄市及縣(市)政府依平均地權條例公告之土地現值
(C) 2. 土地稅法所稱之公告現值,係指直轄市及縣(市)政府依據下列何者之規定所公告之土地現值?(103 地特五等)
(A)土地稅法　(B)土地法　(C)平均地權條例　(D)土地徵收條例

第二節　地價稅

本節學習重點:
✦ 地價稅之課稅範圍與納稅義務人
✦ 地價稅之基準日與開徵期間
✦ 地價稅之稅額計算以及稅率優惠
✦ 地價稅之繳納與稽徵

壹、課稅範圍與納稅義務人

一、課徵範圍

已規定地價之土地,除依 #22 規定課徵田賦者外,應課徵地價稅。(土 #14)

已規定地價之土地,應按申報地價,依法徵收地價稅。(平 #17)

由前述土地稅法規定可知,已規定地價之土地,除了依法應課徵田賦者外,即是地價稅的課稅標的,應課徵地價稅。

地價稅之課徵基礎是按每一土地所有權人在每一直轄市或縣(市)轄區內所有土地之地價總額計算課徵。

所稱地價總額是指每一土地所有權人依法定程序辦理規定地價或重新規定地價,經核列歸戶冊之地價總額。(土 #15)

二、納稅義務人

(一) 一般情況 (土 #3)

地價稅之納稅義務人如下:

1. 土地所有權人。
2. 設有典權土地,為典權人。
3. 承領土地,為承領人。
4. 承墾土地,為耕作權人。
5. 若土地所有權屬於公有或公同共有者,以管理機關或管理人為納稅義務人。
6. 若土地為分別共有者,地價稅以共有人各按其應有部分為納稅義務人。

> ✪ 何謂典權？
> 　　典權是指出典人將自己所有的不動產交由典權人，典權人向出典人支付一定典價後對出典不動產享有的占有、使用和收益的權利。
> 　　典權制度是我國特有的法律制度，廣義的典權標的既包括不動產以及動產，狹義的典權標的僅限於不動產，我國法律只認可不動產典權，即房屋與土地的典權。
> 　　典權的設定必須訂立正式的書面合約，並且須辦理登記手續，未經登記的典權不得對抗善意的第三人。典權人需支付典價，對出典房屋有先買權。在同等條件下，典權人享有優先於他人的購買典物的權利，但此種權利不能對抗其他的法定的優先購買權，如共有人的優先購買權即優先於典權人的先買權。

(D) 1. 下列何者不是地價稅之納稅義務人？(99 普考)
　　(A) 土地所有權人　(B) 承領人　(C) 耕作權人　(D) 出典人

(B) 2. 依土地稅法之規定，土地所有權屬於分別共有者，其地價稅之納稅義務人為何？(103 地特五等)
　　(A) 實際占有使用人　　　(B) 以共有人各按其應有部分為納稅義務人
　　(C) 以共有人所推舉之代表人　(D) 耕作權人

(二) 使用人之代繳義務 (土 #4)

1. 代繳之發生：

土地有下列情形之一者，主管稽徵機關得指定土地使用人負責代繳其使用部分之地價稅：

(1) 納稅義務人行蹤不明者。
(2) 權屬不明者。
(3) 無人管理者。
(4) 土地所有權人申請由占有人代繳者。

2. 按比例代繳：

土地所有權人在同一直轄市、縣(市)內有兩筆以上土地，為不同之使用人所使用時，如土地所有權人之地價稅係按累進稅率計算，各土地使用人應就所使用土地之地價比例負代繳地價稅之義務。

3. 代繳稅額可抵付地租或求償：

第一項第一款至第三款代繳義務人代繳之地價稅，得抵付使用期間應付之地租或向納稅義務人求償。

(C) 主管稽徵機關得指定土地使用人負責代繳其使用部分之地價稅或田賦的情形，不包括下列何種情形的土地？（104 初等）
(A) 納稅義務人行蹤不明者　　(B) 權屬不明者
(C) 土地所有權人未申請由占有人代繳者　　(D) 無人管理者

（三）信託土地（土 #3-1）

土地為信託財產者，於信託關係存續中，以**受託人**為地價稅之納稅義務人。

前項土地應與**委託人**在同一直轄市或縣（市）轄區內所有之土地合併計算地價總額，依 #16 規定稅率課徵地價稅，分別就各該土地地價占地價總額之比例，計算其應納之地價稅。但信託利益之受益人為非委託人且符合下列各款規定者，前項土地應與**受益人**在同一直轄市或縣（市）轄區內所有之土地合併計算地價總額：

1. 受益人已確定並享有全部信託利益者。
2. 委託人未保留變更受益人之權利者。

(C) 1. 土地為信託財產者，於信託關係存續中以何者為地價稅或田賦之納稅義務人？（100 特種四等）
(A) 受益人　(B) 委託人　(C) 受託人　(D) 管理人

(A) 2. 依土地稅法規定，關於地價稅納稅義務人之說明，下列何者錯誤？（103 身障四等）
(A) 設有典權土地，為出典人
(B) 承領土地，為承領人
(C) 土地為信託財產者，於信託關係存續中，為受託人
(D) 承墾土地，為耕作權人

(B) 3. 依土地稅法之規定，土地為信託財產者，於信託關係存續中，地價稅之納稅義務人為何人？（103 地特三等）
(A) 委託人　(B) 受託人　(C) 受益人　(D) 依信託契約約定

(A) 4. 依土地稅法規定，下列何者非屬地價稅之納稅義務人？（103 高考）
(A) 設有典權土地之出典人
(B) 承領土地之承領人
(C) 承墾土地之耕作權人
(D) 土地為信託財產者，於信託關係存續期間中之受託人

貳、納稅義務基準日與開徵期間

一、納稅義務基準日

地價稅之納稅義務基準日為八月三十一日，以當天地政機關土地登記簿上所記載土地所有權人或典權人，為地價稅的納稅義務人。因此，在八月三十一日列名於土地登記簿上的土地所有權人，不論實際擁有土地時間的長短，即為當年全年度之地價稅納稅義務人。

但經法院拍賣取得之土地，以領得法院核發權利移轉證書之日為準；另經法院判決共有分割、公用徵收或因繼承而取得他人之土地，在未辦理產權移轉登記前，分別以法院形成判決確定日、公用徵收之補償費發放完竣日或繼承開始日為準。

買賣雙方在買賣契約書中約定地價稅由誰繳納，屬於當事人之間約定之私權行為，不能因此變更地價稅納稅義務人，換言之，地價稅應由基準日土地登記簿所載之土地所有權人負責繳納全年度稅款。

(B) 1. 張先生在今年 8 月 5 日向王小姐購買土地，並於當年 9 月 15 日完成過戶，則當年度地價稅的納稅義務人為何人？（改自 103 五等）
(A) 張先生　(B) 王小姐　(C) 兩人共同為納稅義務人　(D) 視合約內容而定

(D) 2. 張三原有一處適用自用住宅用地優惠稅率課徵地價稅之土地，自今年 9 月 1 日起出租給他人供營業用，則該筆土地之地價稅應自哪一期開始應恢復一般稅率課徵？（改自 103 地特三等）
(A) 去年　(B) 今年　(C) 今年下半年　(D) 明年

二、開徵期間

地價稅每年開徵一次，繳納期間為每年 11 月 1 日至 11 月 30 日，課稅所屬期間為每年 1 月 1 日至 12 月 31 日。

參、地價稅額之計算

一、申報地價與累進起點地價

申報地價係以直轄市或縣(市)政府規定之公告地價為基礎。土地所有權人未於公告地價公告期間申報者，以公告地價的 80% 為申報地價。土地所有權人可在公告地價 80% 至 120% 範圍內申報地價，但超過公告地價 120% 時，超過部分不計，仍以公告地價之 120% 為申報地價。但申報價格不足公告地價的 80% 時，以公告地價的 80% 為申報地價。

累進起點地價係以各該直轄市或縣(市)土地 7 公畝(700 平方公尺)之平均地價為準。但不包括工業用地、礦業用地、農業用地及免稅土地在內(各縣市累進起點地價均不相同，實際金額需向各縣市地方稅稽徵機關查詢)。故其計算方式為：

地價稅累進起點地價 =
$$\frac{【直轄市或縣(市)規定地價總額-(工業用地、礦業用地、農業用地、免稅地地價)】}{【直轄市或縣(市)規定地價總面積(公畝)-\{工業用地、礦業用地、農業用地、免稅地面積(公畝)\}】} \times 7$$

地價稅按每一土地所有權人在每一直轄市或縣(市)轄區內之地價總額計徵之。前項所稱地價總額，指每一土地所有權人依法定程序辦理規定地價或重新規定地價，經核列歸戶冊之地價總額。(土 #15)

1. 假設新北市已規定地價之土地面積 300,000 公畝，其中包括農業用地 2,000 公畝及工業用地 3,000 公畝；已規定地價之總額為 200,000,000 元，其中農業用地 2,000,000 元及工業用地 3,000,000 元，試問累進起點地價？

   【解】
   [(200,000,000 元 − 2,000,000 元 − 3,000,000 元) ÷ (300,000 − 2,000 − 3,000)] × 7 = 4,627 元

(C) 2. 課徵地價稅之累進起點地價，係指各該直轄市及縣(市)土地多少公畝之平均地價？(97 會計師)
   (A)三公畝　(B)五公畝　(C)七公畝　(D)十公畝

二、稅額計算公式

地價稅係按每一土地所有權人在每一直轄市或縣(市)轄區內之地價總額(公告地價或允許範圍內的申報地價)占各地累進起點的倍數決定其適用稅率。再按課稅地價總額乘上稅率計算應納稅額。

應納稅額＝課稅總地價 × 適用稅率－(累進差額)

三、地價稅稅率 (土 #16)

地價稅基本稅率為**千分之十**。土地所有權人之地價總額未超過土地所在地直轄市或縣(市)累進起點地價者，其地價稅按基本稅率徵收；超過累進起點地價者，依下列規定累進課徵：

(一) 超過累進起點地價未達五倍者，就其超過部分課徵千分之十五。
(二) 超過累進起點地價五倍至十倍者，就其超過部分課徵千分之二十五。

(三) 超過累進起點地價十倍至十五倍者，就其超過部分課徵千分之三十五。

(四) 超過累進起點地價十五倍至二十倍者，就其超過部分課徵千分之四十五。

(五) 超過累進起點地價二十倍以上者，就其超過部分課徵千分之五十五。

前項所稱累進起點地價，以各該直轄市及縣（市）土地七公畝之平均地價為準。但不包括工業用地、礦業用地、農業用地及免稅土地在內。

1. 假設今年某縣市之累進起點地價為 24,815,000 元，若林雷在該縣市共擁有 A 與 B 兩塊土地，該二土地之地上建築物皆供出租使用，不符合任何減免地價稅之規定。A 土地之課稅地價為 10,000,000 元，B 土地之課稅地價為 15,000,000 元，則林雷今年在該縣市應納之地價稅總共為多少元？

【解析】

林先生在該縣市擁有土地地價總額 = 10,000,000 元 + 15,000,000 元 = 25,000,000 元

上述地價占累進起點地價倍數 = 25,000,000 元 / 24,815,000 元 = 1.01

→ 超過累進起點地價未達五倍，超過部分適用稅率 15‰

→ 應納地價稅 = 24,815,000 元 × 10‰ + (25,000,000 元 − 24,815,000) × 15‰
　　　　　　 = 250,925 元

或應納地價稅 = 25,000,000 元 × 15‰ − 24,815,000 元 × 5‰ = 250,925 元

2. 李雷在某縣有土地 3 筆，甲地 88 平方公尺，申報地價每平方公尺 1 萬 8,000 元；乙地 80 平方公尺，申報地價每平方公尺 2 萬 2,000 元；丙地 888 平方公尺，申報地價每平方公尺 8,800 元。請問李雷每年應納地價稅若干？（假設該縣累進起點地價為 170 萬元並假設申報地價即為課稅地價）

【解析】

申報地價 × 面積（平方公尺）= 地價總額

（甲地）18,000 元 × 88 = 1,584,000 元

（乙地）22,000 元 × 80 = 1,760,000 元

（丙地）8,800 元 × 888 = 7,814,400 元

1,584,000 元 + 1,760,000 元 + 7,814,400 元 = 11,158,400 元

課稅總地價（甲地 + 乙地 + 丙地地價總額）− 累進起點地價
= 超過累進起點之地價

11,158,400 元 − 1,700,000 元 = 9,458,400 元

9,458,400 元 ÷ 1,700,000 元 = 5.56 倍（超過累進起點地價 5 倍至 10 倍，適用 25‰ 稅率）

$$\begin{aligned}應納稅額 &= 課稅總地價 \times 稅率 - (累進起點地價 \times 0.065) \\ &= 11,158,400 \text{元} \times 25‰ - 1,700,000 \text{元} \times 0.065 \\ &= 168,460 \text{元}\end{aligned}$$

(**C**) 3. 若某市之累進起點地價為 100 萬元，李大同在該市有一筆土地，做一般用地使用，該地之申報地價為 480 萬元，公告地價為 625 萬元，則該筆土地應納地價稅額為若干？(103 地特三等)
(A) 4.8 萬元　(B) 6.7 萬元　(C) 7 萬元　(D) 9.125 萬元
【解析】625 萬元 × 0.8 = 500 萬元
　　　　100 萬元 × 10‰ + 400 萬元 × 15‰ = 7 萬元

(**D**) 4. 老林在新北市有土地二筆，臺北市土地一筆，皆屬一般用地，試問課徵地價稅時應如何計算地價總額？(103 五等)
(A) 將三筆土地合併計算地價總額累計課稅，再依各縣市地價比例分別發單徵收
(B) 將三筆土地合併計算地價總額累計課稅，並合併到戶籍所在地課徵地價稅
(C) 依各筆土地之地價分別計算，比例課稅
(D) 新北市二筆土地合併計算地價總額累計課稅，臺北市一筆單獨計算，再分別由各縣市稽徵機關發單徵收

表 8-1　地價稅計算公式表

稅級別	計　算　公　式
第一級	應徵稅額 = 課稅地價（未超過累進起點地價者）× 稅率（10‰）
第二級	應徵稅額 = 課稅地價（超過累進起點地價未達五倍者）× 稅率（15‰） － 累進差額（累進起點地價 × 0.005）
第三級	應徵稅額 = 課稅地價（超過累進起點地價五倍至十倍者）× 稅率（25‰） － 累進差額（累進起點地價 × 0.065）
第四級	應徵稅額 = 課稅地價（超過累進起點地價十倍至十五倍者）× 稅率（35‰） － 累進差額（累進起點地價 × 0.175）
第五級	應徵稅額 = 課稅地價（超過累進起點地價十五倍至二十倍者）× 稅率（45‰） － 累進差額（累進起點地價 × 0.335）
第六級	應徵稅額 = 課稅地價（超過累進起點地價二十倍以上者）× 稅率（55‰） － 累進差額（累進起點地價 × 0.545）

肆、地價稅之優惠

一、地價稅之優惠：稅率優惠

(一) 自用住宅用地按 2‰ 計徵 (土 #17)

1. 合於下列規定之自用住宅用地，其地價稅按千分之二計徵：
   (1) 都市土地面積未超過三公畝部分。
   (2) 非都市土地面積未超過七公畝部分。

   國民住宅及企業或公營事業興建之勞工宿舍，自動工興建或取得土地所有權之日起，其用地之地價稅，適用前項稅率計徵。

   土地所有權人與其配偶及未成年之受扶養親屬，適用第一項自用住宅用地稅率繳納地價稅者，以一處為限。

   自用住宅用地特別稅率不累進，故單獨計算，不必併入所有權人地價總額計算稅額。

2. 地價稅按自用住宅用地稅率課稅應具備條件如下：
   (1) 土地所有權人或其配偶、直系親屬於該地辦竣戶籍登記。
   (2) 無出租、無營業之住宅用地。
   (3) 土地上的房屋為土地所有權人或其配偶、直系親屬所有。
   (4) 都市土地面積未超過 300 平方公尺 (三公畝，90.75 坪)，非都市土地面積未超過 700 平方公尺部分 (七公畝，211.75 坪)。

   申請之自用住宅用地面積超過前述規定時，應依土地所有權人擇定之適用順序計算至該規定之面積限制為止；土地所有權人未擇定者，其適用順序如下：
   ① 土地所有權人與其配偶及未成年之受扶養親屬之戶籍所在地。
   ② 直系血親尊親屬之戶籍所在地。
   ③ 直系血親卑親屬之戶籍所在地。
   ④ 直系姻親之戶籍所在地。

   前項第二款至第四款之適用順序，依長幼次序定之。

   (5) 土地所有權人與其配偶及未成年之受扶養親屬，以一處為限。以土地所有權人擇定之戶籍所在地為準；土地所有權人未擇定者，其適用順序如下：
   ① 土地所有權人之戶籍所在地。
   ② 配偶之戶籍所在地。
   ③ 未成年受扶養親屬之戶籍所在地。

   土地所有權人與其配偶或未成年之受扶養親屬分別以所有土地申請自用住宅用地者，應以共同擇定之戶籍所在地為準；未擇定者，應以土地所有權人與其配偶、未成年之受扶養親屬申請當年度之自用住宅用地地價稅最高者為準。

   第 1 項第 3 款戶籍所在地之適用順序，依長幼次序定之。

(C) 1. 張三已婚，育二男二女，其中一男一女已成年，依土地稅法規定，張三合於自用住宅用地之土地最多可以有幾處？(103 高考)
    (A)五處　(B)四處　(C)三處　(D)一處

(C) 2. 陳先生共有 4 處房地，每處各占地 1 畝，設籍情形如下：①第一處位於臺北市仁愛路，由本人設籍　②第二處位於臺中市中港路，由配偶設籍　③第三處位於新北市文化路，由父親設籍　④第四處位於高雄市中山路，由成年子女設籍。請問依土地稅相關法規規定，前述那幾處符合地價稅自用住宅優惠稅率？(100 高考)
    (A)①②④　(B)①②③　(C)①③④　(D)②③④

3. 李雷在某市有土地 2 筆，甲地 70 平方公尺，申報地價每平方公尺 1 萬元，乙地 60 平方公尺，申報地價每平方公尺 8,800 元，假設該市累進起點地價為 170 萬元，又乙地按自用住宅用地稅率計課，請問當年應納地價稅若干？(假設申報地價即為課稅地價)

    【解析】
    (甲地) 10,000 元 × 70 = 700,000 元
        70 萬元 × 10‰ = 7,000 元
    (乙地) 8,800 元 × 60 = 528,000 元
        528,000 元 × 2‰ = 1,056 元
    李雷當年應納稅額 = 7,000 元 + 1,056 元 = 8,056 元

3. 自用住宅稅率之適用需提出申請

(1) 每年地價稅開徵 40 日前（每年 9 月 22 日前），檢附相關文件（包括戶籍證明文件、土地以及建物權狀影本以及自用住宅用地申請書等），向當地稅捐處提出自用住宅用地之申請，逾期申請者，自申請之次年開始適用。

(2) 原按自用住宅用地稅率課徵地價稅之土地，如因繼承、贈與、自益信託或撤銷信託而移轉土地，新土地所有權人均應重新申請自用住宅稅率之適用。由於因為繼承、贈與或撤銷信託而移轉之土地，使課稅主體（土地所有權人）已發生改變，其適用自用住宅用地條件亦隨之改變，所以繼承、贈與或撤銷信託後，新土地所有權人均應重新申請，經審查核准後，地價稅才能按自用住宅用地稅率課徵。

(3) 信託土地，於信託關係存續中，由受託人持有時，經提出申請仍可按自用住宅用地稅率課徵地價稅。信託土地，於信託關係存續中，土地所有權應移轉登記與受託人，如委託人與受益人同屬一人（自益信託），且該地上房屋仍供委託人本人、配偶、或其直系親屬做住宅使用，與該土地信託目的不相違背者，該委託人視同

土地所有權人，如其他要件符合自用住宅用地規定，受託人持有土地期間，仍准按自用住宅用地稅率課徵地價稅。

4. 依 106 年 1 月 13 日開始施行的住宅法（以下簡稱「住」）規定之優惠稅率：

(1) 住 #14：受自建住宅貸款利息補貼者，其土地於興建期間之地價稅，按自用住宅用地稅率課徵。

前項土地經核准按自用住宅用地稅率課徵地價稅後，未依建築主管機關核定建築期限完工者，應自核定期限屆滿日當年期起，改按一般用地稅率課徵地價稅。

第一項申請程序、前項申報改課程序及未依規定申報之處罰，依土地稅法相關規定辦理。

(2) 住 #16：公益出租人出租房屋之土地，直轄市、縣（市）政府應課徵之地價稅，得按自用住宅用地稅率課徵。

前項租稅優惠之期限、範圍、基準及程序之自治條例，由直轄市、縣（市）主管機關定之，並報財政部備查。

第一項租稅優惠，實施年限為五年，其年限屆期前半年，行政院得視情況延長之，並以一次為限。

(3) 住 #22：社會住宅於興辦期間，直轄市、縣（市）政府應課徵之地價稅及房屋稅，得予適當減免。

自 106 年開始，被認定為是「公益出租人」（即俗稱「愛心房東」）身份者，其出租土地可適用千分之二的地價稅優惠稅率。亦即，房子出租給沒有自有住宅之中低所得家庭或低收入戶、身心障礙者，而這些承租戶可向政府申請租金補貼，而出租人便會被認定為是「公益出租人」。為了鼓勵屋主將房屋出租給弱勢家庭，各地方政府依住宅法規定分別制定相應的「社會住宅與公益出租人地價稅及房屋稅優惠自治條例」。

(二) 都市計畫公共設施保留地按 6‰ 計徵 (土 #19)

都市計畫公共設施保留地，在保留期間仍為建築使用者，除自用住宅用地依 #17 之規定外，統按千分之六計徵地價稅；其未作任何使用並與使用中之土地隔離者，免徵地價稅。

(三) 特殊目的用途之土地以及公有土地按 10‰ 計徵 (土 #18, 20)

1. 供下列事業直接使用之土地，按千分之十計徵地價稅。但未按目的事業主管機關核定規劃使用者，不適用之：

(1) 工業用地、礦業用地。

(2) 私立公園、動物園、體育場所用地。

(3) 寺廟、教堂用地、政府指定之名勝古蹟用地。

(4) 經主管機關核准設置之加油站及依都市計畫法規定設置之供公眾使用之停車場用地。

(5) 其他經行政院核定之土地。

在依法劃定之工業區或工業用地公告前,已在非工業區或工業用地設立之工廠,經政府核准有案者,其直接供工廠使用之土地,準用前項規定。

第一項各款土地之地價稅,符合第六條減免規定者,依該條減免之。

2. 公有土地按基本稅率徵收地價稅。但公有土地供公共使用者,免徵地價稅。

二、優惠稅率之適用申請 (土 #41, 42)

1. 依 #17 及 #18 規定,得適用特別稅率之用地,土地所有權人應於每年(期)地價稅開徵四十日前提出申請,逾期申請者,自申請之次年期開始適用。前已核定而用途未變更者,以後免再申請。

適用特別稅率之原因、事實消滅時,應即向主管稽徵機關申報。

2. 主管稽徵機關應於每年(期)地價稅開徵六十日前,將 #17 及 #18 適用特別稅率課徵地價稅之有關規定及其申請手續公告通知。

表 8-2　地價稅特別稅率表

適用土地	稅率種類
自用住宅用地、國民住宅用地、企業或公營事業興建之勞工宿舍用地以及自 106.1.13 開始實施之公益出租人出租土地	2‰
都市計畫公共設施保留地	6‰
工礦業用地、體育場所動物園公園、寺廟教堂、加油站、停車場等事業直接使用之土地	10‰
公有土地(公有土地供公共使用者免徵)	10‰

(B) 1. 都市計畫公共設施保留地,在保留期間未作任何使用並與使用中之土地隔離者,其地價稅如何課徵?(103 五等)
(A) 千分之六　(B) 免徵地價稅　(C) 千分之二　(D) 千分之十

(D) 2. 依土地稅法之規定,有關適用地價稅優惠稅率之土地的敘述,下列何者錯誤?
(103 地特四等)
(A) 經主管機關核准設置之加油站用地,稅率為千分之十
(B) 企業興建之勞工宿舍用地,稅率為千分之二
(C) 非供公共使用之公有地,稅率為千分之十
(D) 未作任何使用並與使用中土地隔離之公共設施保留地,稅率為千分之六

(**B**) 3. 地價稅之基本稅率為多少？（104 初等）
  (A)千分之二　(B)千分之十　(C)百分之二　(D)百分之十

(**B**) 4. 設臺北市累進起點地價為 500 萬元，黃先生在臺北市中心有自用住宅用地，面積 5 公畝經核列歸戶冊之地價總額 3,000 萬元，每年應繳地價稅多少元？（104 普考）
  (A) 6 萬元　(B) 19.1 萬元　(C) 30 萬元　(D) 42.5 萬元

【解析】
自用土地：3000 × 3/5 = 1,800 萬元
一般土地面積：3000 × 2/5 = 1,200 萬元
1,800 萬元 × 2‰ + 500 萬元 × 10‰ + (1,200 萬元 − 500 萬元) × 15‰
= 19.1 萬元

二、地價稅之優惠：減徵或免徵

為發展經濟，促進土地利用，增進社會福利，對於國防、政府機關、公共設施、騎樓走廊、研究機構、教育、交通、水利、給水、鹽業、宗教、醫療、衛生、公私墓、慈善或公益事業及合理之自用住宅等所使用之土地，及重劃、墾荒、改良土地者，得予適當之減免；其減免標準及程序，由行政院定之。(土 #6)

相關的減免則參考土地稅減免規則（以下簡稱「土減」）。

(一) 下列公有土地地價稅全免（土減 #7）

1. 供公共使用之土地。
2. 各級政府與所屬機關及地方自治機關用地及其員工宿舍用地。但不包括供事業使用者在內。
3. (刪除)。
4. 國防用地及軍事機關、部隊、學校使用之土地。
5. 公立之醫院、診所、學術研究機構、社教機構、救濟設施及公、私立學校直接用地及其員工宿舍用地，以及學校學生實習所用之直接生產用地。但外國僑民學校應為該國政府設立或認可，並依私立高級中等以下外國僑民學校及附設幼稚園設立及管理辦法設立，且以該國與我國有相同互惠待遇或經行政院專案核定免徵者為限；本國私立學校，以依私立學校法立案者為限。
6. 農、林、漁、牧、工、礦機關直接辦理試驗之用地。
7. 糧食管理機關倉庫用地。
8. 鐵路、公路、航空站、飛機場、自來水廠及垃圾、水肥、污水處理廠（池、場）等直接用地及其員工宿舍用地。但不包括其附屬營業單位獨立使用之土地在內。

9. 引水、蓄水、洩水等水利設施及各項建造物用地。
10. 政府無償配供貧民居住之房屋用地。
11. 名勝古蹟及紀念先賢先烈之館堂祠廟與公墓用地。
12. 觀光主管機關為開發建設觀光事業，依法徵收或協議購買之土地，在未出賣與興辦觀光事業者前，確無收益者。
13. 依停車場法規定設置供公眾使用之停車場用地。

前項公有土地係徵收、收購或受撥用而取得者，於其尚未辦妥產權登記前，如經該使用機關提出證明文件，其用途合於免徵標準者，徵收土地自徵收確定之日起、收購土地自訂約之日起、受撥用土地自撥用之日起，準用前項規定。

原合於第1項第5款供公、私立學校使用之公有土地，經變更登記為非公有土地後，仍供原學校使用者，準用第1項規定。

公立學校之學生宿舍，由民間機構與主辦機關簽訂投資契約，投資興建並租與該校學生作宿舍使用，且約定於營運期間屆滿後，移轉該宿舍之所有權予政府者，於興建及營運期間，其基地之地價稅得由當地主管稽徵機關專案報請直轄市、縣(市)主管機關核准免徵。

(二) 私有土地減免地價稅之標準如下 (土減 #8)

1. 財團法人或財團法人所興辦業經立案之私立學校用地、為學生實習農、林、漁、牧、工、礦等所用之生產用地及員生宿舍用地，經登記為財團法人所有者，全免。但私立補習班或函授學校用地，均不予減免。
2. 經主管教育行政機關核准合於私立社會教育機構設立及獎勵辦法規定設立之私立圖書館、博物館、科學館、藝術館及合於學術研究機構設立辦法規定設立之學術研究機構，其直接用地，全免。但以已辦妥財團法人登記，或係辦妥登記之財團法人所興辦，且其用地為該財團法人所有者為限。
3. 經事業主管機關核准設立，對外絕對公開，並不以營利為目的之私立公園及體育館場，其用地減徵百分之五十；其為財團法人組織者減徵百分之七十。
4. 經事業主管機關核准設立之私立農、林、漁、牧、工、礦試驗場，辦理五年以上，具有試驗事實，其土地未作其他使用，並經該主管機關證明者，其用地減徵百分之五十。
5. 經事業主管機關核准設立之私立醫院、捐血機構、社會救濟慈善及其他為促進公眾利益，不以營利為目的，且不以同業、同鄉、同學、宗親成員或其他特定之人等為主要受益對象之事業，其本身事業用地，全免。但為促進公眾利益之事業，經由當地主管稽徵機關報經直轄市、縣(市)主管機關核准免徵者外，其餘應以辦妥財團法人登記，或係辦妥登記之財團法人所興辦，且其用地為該財團法人所有者為限。

6. 經事業主管機關核准設立之私立公墓，其為財團法人組織，且不以營利為目的者，其用地，全免。但以都市計畫規劃為公墓用地或非都市土地經編定為墳墓用地者為限。
7. 經事業主管機關核准興建之民營鐵、公路或專用鐵、公路，經常開放並附帶客貨運輸者，其基地，全免。
8. 經事業主管機關核准興辦之農田水利事業，所有引水、蓄水、洩水各項建造物用地，全免；辦公處所及其工作站房用地減徵百分之五十。
9. 有益於社會風俗教化之宗教團體，經辦妥財團法人或寺廟登記，其專供公開傳教佈道之教堂、經內政部核准設立之宗教教義研究機構、寺廟用地及紀念先賢先烈之館堂祠廟用地，全免。但用以收益之祀田或放租之基地，或其土地係以私人名義所有權登記者不適用之。
10. 無償供給政府機關、公立學校及軍事機關、部隊、學校使用之土地，在使用期間以內，全免。
11. 各級農會、漁會之辦公廳及其集貨場、依法辦竣農倉登記之倉庫或漁會附屬之冷凍魚貨倉庫用地，減徵百分之五十。
12. 經主管機關依法指定之私有古蹟用地，全免。

前項第1款之私立學校，第2款之私立學術研究機構及第5款之私立社會救濟慈善各事業，其有收益之土地，而將全部收益直接用於各該事業者，其地價稅得專案報請減免。
第3款、第4款、第6款、第7款、第8款及第11款之各事業用地，應以各該事業所有者為限。但第3款之事業租用公地為用地者，該公地仍適用該款之規定。

(三) 無償供公眾通行之道路土地及供公共通行之騎樓（土減 #9,10）

1. 無償供公眾通行之道路土地，經查明屬實者，在使用期間內，地價稅全免。但其屬建造房屋應保留之法定空地部分，不予免徵。
2. 供公共通行之騎樓走廊地，無建築改良物者，應免徵地價稅，有建築改良物者，依下列規定減徵地價稅。
    (1) 地上有建築改良物一層者，減徵二分之一。
    (2) 地上有建築改良物二層者，減徵三分之一。
    (3) 地上有建築改良物三層者，減徵四分之一。
    (4) 地上有建築改良物四層以上者，減徵五分之一。
    前項所稱建築改良物係指附著於土地之建築物或工事。

(**C**) 供公共通行之騎樓走廊地，地上有建築改良物五層者，地價稅如何課徵？（103身障五等）
(A) 免徵　(B) 減徵四分之一　(C) 減徵五分之一　(D) 減徵六分之一

(四) 其他
 1. 由國防部會同內政部指定海岸、山地或重要軍事設施區，經依法劃為管制區而實施限建或禁建之土地，減免地價稅之標準如下：(土減 #11-1)
  (1) 限建之土地，得在百分之三十範圍內，由直轄市、縣(市)主管機關酌予減徵。
  (2) 禁建之土地，減徵百分之五十。但因禁建致不能建築使用且無收益者，全免。
 2. 水源水質水量保護區依都市計畫程序劃定為水源特定者，減免地價稅之標準如下：(土減 #11-2)
  (1) 農業區及保護區，減徵百分之五十。
  (2) 住宅區，減徵百分之三十。
  (3) 商業區，減徵百分之二十。
 3. 依法劃定為古蹟保存區或編定為古蹟保存用地之土地，減免地價稅之標準如下：(土減 #11-3)
  (1) 土地或建築物之使用及建造受限制者，減徵百分之三十。
  (2) 禁建之土地，減徵百分之五十；但因禁建致不能建築使用而無收益者，全免。
 4. 飛航管制區依航空站飛行場助航設備四周禁止限制建築物及其他障礙物高度管理辦法規定禁止建築之土地，其地價稅減徵百分之五十。但因禁止建築致不能建築使用且無收益者，全免。
   依前項辦法規定限制建築地區之土地，因實際使用確受限制者，其地價稅得在百分之三十範圍內，由直轄市、縣(市)主管機關酌予減徵。(土減 #11-4)
 5. 已發布主要計畫尚未發布細部計畫之都市計畫地區，其主要計畫變更案於本規則中華民國九十六年十二月十九日修正施行前，業經內政部都市計畫委員會審議，因受限於防洪計畫致尚未能核定者，於該地區細部計畫發布實施前，其地價稅得在百分之三十範圍內，由當地主管稽徵機關報請直轄市、縣(市)主管機關酌予減徵。(土減 #11-5)
 6. 因山崩、地陷、流失、沙壓等環境限制及技術上無法使用之土地，或在墾荒過程中之土地，地價稅全免。(土減 #12)
 7. 依耕地三七五減租條例規定，出租人無償供承租人使用之農舍土地，地價稅全免。(土減 #16)
 8. 區段徵收或重劃地區內土地，於辦理期間致無法耕作或不能為原來之使用而無收益者，其地價稅全免。辦理完成後，自完成之日起其地價稅減半徵收二年。(土減 #17)

三、土地未有效利用之加重徵稅：空地稅 (土 #21)

凡經直轄市或縣(市)政府核定應徵空地稅之土地，按該宗土地應納地價稅基本稅額加徵二至五倍之空地稅。

伍、地價稅之繳納與稽徵

(一) **核定地價**：地價稅由直轄市或縣(市)主管稽徵機關按照地政機關編送之地價歸戶冊及地籍異動通知資料核定，每年徵收一次，必要時得分二期徵收；其開徵日期，由省(市)政府定之。(土 #40)

(二) **特別稅率申請**：依 #17 及 #18 規定，得適用特別稅率之用地，土地所有權人應於每年(期)地價稅開徵四十日前提出申請，逾期申請者，自申請之次年期開始適用。前已核定而用途未變更者，以後免再申請。

適用特別稅率之原因、事實消滅時，應即向主管稽徵機關申報。(土 #41)

(三) **地價申報公告**：主管稽徵機關應於每年(期)地價稅開徵六十日前，將 #17 及 #18 適用特別稅率課徵地價稅之有關規定及其申請手續公告週知。(土 #42)

(四) **填發稅單**：主管稽徵機關於查定納稅義務人每期應納地價稅額後，應填發地價稅稅單，分送納稅義務人或代繳義務人，並將繳納期限、罰則、收款公庫名稱地點、稅額計算方法等公告週知。(土 #43)

(五) **繳納**：地價稅納稅義務人或代繳義務人應於收到地價稅稅單後三十日內，向指定公庫繳納。(土 #44)

(六) **繳納有困難者可申請分期**：應納地價稅額因公告地價調整致納稅義務人繳納困難者，得於規定繳納期間內，向稅捐稽徵機關申請延期或分期繳納，延期繳納期間不得逾六個月，分期繳納期間不得逾一年。

前項延期或分期繳納辦法，直轄市及縣(市)政府得依社會經濟情況及實際需要定之。(平 #17)

(七) **逾期繳納**：納稅義務人或代繳義務人未於稅單所載限繳日期內繳清應納稅款者，每逾二日按滯納數額加徵百分之一滯納金；逾三十日仍未繳納者，移送法務部行政執行署所屬行政執行分署強制執行。經核准以票據繳納稅款者，以票據兌現日為繳納日。(土 #53)

(八) **隱匿土地使用情況**：納稅義務人藉變更、隱匿地目等則或於適用特別稅率、減免地價稅之原因、事實消滅時，未向主管稽徵機關申報者，依下列規定辦理：(土 #54)

　1. 逃稅或減輕稅賦者，除追補應納部分外，處短匿稅額或賦額三倍以下之罰鍰。

　2. 規避繳納實物者，除追補應納部分外，處應繳田賦實物額一倍之罰鍰。

土地買賣未辦竣權利移轉登記，再行出售者，處再行出售移轉現值百分之二之罰鍰。

第一項應追補之稅額或賦額、隨賦徵購實物及罰鍰，納稅義務人應於通知繳納之日起一個月內繳納之；屆期不繳納者，移送強制執行。

（C）2. 李四在臺北市擁有房地產兩筆，請問其會收到多少張房屋稅及地價稅的稅單？（104 初等）
(A) 各 1 張　　　　　　　　　　(B) 房屋稅 1 張，地價稅 2 張
(C) 房屋稅 2 張，地價稅 1 張　　(D) 各 2 張

第三節 土地增值稅

壹、課稅範圍與納稅義務人

一、課稅範圍

已規定地價之土地於土地所有權移轉或設定典權時，則應課徵土地增值稅。

(一) **土地移轉**：已規定地價之土地，於土地所有權移轉時，應按其土地漲價總數額徵收土地增值稅。

但因繼承而移轉之土地，各級政府出售或依法贈與之公有土地，及受贈之私有土地，免徵土地增值稅。(土 #28)

(二) **設定典權**：已規定地價之土地，設定典權時，出典人應依本法規定預繳土地增值稅。但出典人回贖時，原繳之土地增值稅，應無息退還。(土 #29)

二、納稅義務人

(一) **一般情況**（土 #5）

土地增值稅之納稅義務人如下：

1. 土地為有償移轉者，為原所有權人。(指移轉時取得相當之代價。例如：買賣、交換、政府照價收買)
2. 土地為無償移轉者，為取得所有權之人。(指移轉時，取得所有權人並未付出代價。例如：贈與或遺贈)
3. 土地設定典權者，為出典人。(根據稅法規定，已規定地價之土地設定典權時，出典人須繳納土地增值稅。待回贖時，再要求無息退還原繳稅款)

(二) **由取得所有權人為代繳人**（土 #5-1）

土地所有權移轉，其應納之土地增值稅，納稅義務人未於規定期限內繳納者，得由取得所有權之人代為繳納。依平 #47 規定由權利人單獨申報土地移轉現值者，其應納之土地增值稅，應由權利人代為繳納。

(三) 土地交換 (土細 #42)

土地交換，應分別向原土地所有權人徵收土地增值稅。

分別共有土地分割後，各人所取得之土地價值與其分割前應有部分價值相等者，免徵土地增值稅；其價值減少者，就其減少部分課徵土地增值稅。

公同共有土地分割，其土地增值稅之課徵，準用前項規定。

土地合併後，各共有人應有部分價值與其合併前之土地價值相等者，免徵土地增值稅。其價值減少者，就其減少部分課徵土地增值稅。

前三項土地價值之計算，以共有土地分割或土地合併時之公告土地現值為準。

(四) 土地信託 (土 #5-2)

受託人就受託土地，於信託關係存續中，有償移轉所有權、設定典權或依信託法 #35 第 1 項規定轉為其自有土地時，以受託人為納稅義務人，課徵土地增值稅。

以土地為信託財產，受託人依信託本旨移轉信託土地與委託人以外之歸屬權利人時，以該歸屬權利人為納稅義務人，課徵土地增值稅。

(C) 1. 關於土地增值稅之納稅義務人，以下敘述何者錯誤？(98 特種五等)
    (A) 土地為有償移轉者，原所有權人為其納稅義務人
    (B) 土地為遺贈者，受遺贈人為其納稅義務人
    (C) 土地為贈與者，贈與人為其納稅義務人
    (D) 土地設定典權者，出典人為其納稅義務人

(A) 2. 有關土地增值稅之納稅義務人，下列敘述何者正確？(103 五等)
    (A) 土地為有償移轉者，為原所有權人
    (B) 土地為無償移轉者，為原所有權人
    (C) 土地為有償移轉者，為取得所有權之人
    (D) 土地為設定典權者，為典權人

(C) 3. 依我國現行土地稅法規定，土地設定典權者，其土地增值稅及地價稅之納稅義務人各為何者？(103 普考)
    (A) 土地增值稅及地價稅之納稅義務人皆為典權人
    (B) 土地增值稅及地價稅之納稅義務人皆為出典人
    (C) 土地增值稅之納稅義務人為出典人，地價稅之納稅義務人為典權人
    (D) 土地增值稅之納稅義務人為典權人，地價稅之納稅義務人為出典人

貳、土地增值稅額之計算

一、基本公式

> **土地增值稅應納稅額** ＝ 土地漲價總數額×【依漲價數額決定之適用稅率 －［(適用稅率 － 20%)×減徵率］】－ 累進差額

二、土地漲價總數額之計算

　　土地漲價總數額之計算，應自該土地所有權移轉或設定典權時，經核定之申報移轉現值中減除下列各款後之餘額，為漲價總數額：

(一) 規定地價後，未經過移轉之土地，其原規定地價。規定地價後，曾經移轉之土地，其前次移轉現值。

(二) 土地所有權人為改良土地已支付之全部費用，包括已繳納之工程受益費、土地重劃費用及因土地使用變更而無償捐贈一定比率土地作為公共設施用地者，其捐贈時捐贈土地之公告現值總額。

前項第一款所稱之原規定地價，依平均地權條例之規定；所稱前次移轉時核計土地增值稅之現值，於因繼承取得之土地再行移轉者，係指繼承開始時該土地之公告現值。但繼承前依 #30-1 第 3 款規定領回區段徵收抵價地之地價，高於繼承開始時該土地之公告現值者，應從高認定。(土 #31)

> **土地漲價總數額** ＝ 申報土地移轉現值
> － 原規定地價或前次移轉時所申報之土地移轉現值 ×(臺灣地區消費者物價總指數 ÷100)
> －(改良土地費用 ＋ 工程受益費 ＋ 土地重劃負擔總費用 ＋ 因土地使用變更而無償捐贈作為公共設施用地其捐贈土地之公告現值總額)

(一) 申報土地移轉現值，可用下列二種價格擇一為申報移轉現值。

　　1. 契約總價值：買賣雙方簽訂之契約價格，即實際交易價格。

　　2. 公告土地現值：為每年 1 月 1 日地政機關公告之每平方公尺土地現值乘以移轉土地面積。但契約總價值經審核低於公告土地現值者，得由主管機關照其申報之契約總價值收買或照公告土地現值徵收土地增值稅。

(二) 申報土地移轉現值之審核標準：

　　土地所有權移轉或設定典權，其申報移轉現值之審核標準，依下列規定：

　　1. 申報人於訂定契約之日起三十日內申報者，以**訂約日**當期之公告土地現值為準。

2. 申報人逾訂定契約之日起三十日始申報者，以受理申報機關**收件日**當期之公告土地現值為準。
3. 遺贈之土地，以遺贈人**死亡日當期**之公告土地現值為準。
4. 依法院判決移轉登記者，以申報人向法院**起訴日**當期之公告土地現值為準。
5. 經法院拍賣之土地，以**拍定日**當期之公告土地現值為準。但拍定價額低於公告土地現值者，以拍定價額為準；拍定價額如已先將設定抵押金額及其他債務予以扣除者，應以併同計算之金額為準。
6. 經政府核定照價收買或協議購買之土地，以政府收買日或購買日當期之公告土地現值為準。但政府給付之地價低於收買日或購買日當期之公告土地現值者，以政府給付之地價為準。

前項第一款至第四款申報人申報之移轉現值，經審核低於公告土地現值者，得由主管機關照其自行申報之移轉現值收買或照公告土地現值徵收土地增值稅。前項第1款至第3款之申報移轉現值，經審核超過公告土地現值者，應以其自行申報之移轉現值為準，徵收土地增值稅。

八十六年一月十七日本條修正公布生效日後經法院判決移轉、法院拍賣、政府核定照價收買或協議購買之案件，於本條修正公布生效日尚未核課或尚未核課確定者，其申報移轉現值之審核標準適用第1項第4款至第6款及第2項規定。

(三) 原規定地價或前次移轉現值
1. 該筆土地前一次移轉時向稅捐機關申報之移轉現值，如果沒有移轉過的土地就以政府第一次辦理規定地價之地價為準。
2. 前次移轉現值或原規定地價，應按申報時最新公告之臺灣地區消費者物價指數調整之。

三、稅率

(一) 基本規定（土 #33 第 1 項）

土地增值稅之稅率，依下列規定：

1. 土地漲價總數額超過原規定地價或前次移轉時核計土地增值稅之現值數額未達百分之一百者，就其漲價總數額徵收增值稅百分之二十。
2. 土地漲價總數額超過原規定地價或前次移轉時核計土地增值稅之現值數額在百分之一百以上未達百分之二百者，除按前款規定辦理外，其超過部分徵收增值稅百分之三十。

3. 土地漲價總數額超過原規定地價或前次移轉時核計土地增值稅之現值數額在百分之二百以上者,除按前二款規定分別辦理外,其超過部分徵收增值稅百分之四十。

(二) 長期持有之減徵 (土 #33 第 6、7、8 項)

1. 持有土地年限超過二十年以上者,就其土地增值稅超過第一項最低稅率部分減徵百分之二十。
2. 持有土地年限超過三十年以上者,就其土地增值稅超過第一項最低稅率部分減徵百分之三十。
3. 持有土地年限超過四十年以上者,就其土地增值稅超過第一項最低稅率部分減徵百分之四十。

四、土地增值稅稅額計算公式

表 8-3　土地增值稅計算公式表

稅級別	計算公式
第一級	應徵稅額 = 土地漲價總數額【超過原規定地價或前次移轉時申報現值(按臺灣地區消費者物價總指數調整後)未達百分之一百者】× 稅率(20%)
第二級	應徵稅額 = 土地漲價總數額【超過原規定地價或前次移轉時申報現值(按臺灣地區消費者物價總指數調整後)在百分之一百以上未達百分之二百者】×【稅率(30%) − [(30% − 20%)× 減徵率]】− 累進差額(按臺灣地區消費者物價總指數調整後之原規定地價或前次移轉現值 ×A) 註:持有土地年限未超過 20 年者,無減徵,A 為 0.10 　　持有土地年限超過 20 年以上者,減徵率為 20%,A 為 0.08 　　持有土地年限超過 30 年以上者,減徵率為 30%,A 為 0.07 　　持有土地年限超過 40 年以上者,減徵率為 40%,A 為 0.06
第三級	應徵稅額 = 土地漲價總數額【超過原規定地價或前次移轉時申報現值(按臺灣地區消費者物價總指數調整後)在百分之二百以上者】×【稅率(40%) − [(40% − 20%)× 減徵率]】− 累進差額(按臺灣地區消費者物價總指數調整後之原規定地價或前次移轉現值 × B) 註:持有土地年限未超過 20 年者,無減徵,B 為 0.30 　　持有土地年限超過 20 年以上者,減徵率為 20%,B 為 0.24 　　持有土地年限超過 30 年以上者,減徵率為 30%,B 為 0.21 　　持有土地年限超過 40 年以上者,減徵率為 40%,B 為 0.18
自用住宅用地一律 10%	

表 8-4　土地增值稅稅率速算公式表

持有年限稅級別	20 年以下	20 年～30 年	30 年～40 年	40 年以上
第一級 漲價倍數 < 1	a × 20%	a × 20%	a × 20%	a × 20%
第二級 漲價倍數 ≧ 1 < 2	a × 30% − b × 10%	a × 28% − b × 8%	a × 27% − b × 7%	a × 26% − b × 6%
第三級 漲價倍數 ≧ 2	a × 40% − b × 30%	a × 36% − b × 24%	a × 34% − b × 21%	a × 32% − b × 18%

a：土地漲價總數額
b：原規定地價或前次移轉現值總額（按物價指數調整後之總額）

1. 雷明持有土地 50 平方公尺於 83 年 11 月 1 日取得，取得時每平方公尺之公告現值為 5,000 元。雷明於 108 年 2 月 3 日出售，出售時每平方公尺之公告現值為 20,000 元。出售當年較購入時消費者物價指數調整為 150%，持有期間曾經繳納工程受益費 50,000 元。試計算雷明出售時要繳納之土地增值稅額。

   【解析 A】雷明適用一般稅率
   土地漲價總數額(a) = 20,000 元 × 50 − 5,000 元 × 50 × 150% − 50,000 元
   　　　　　　　　 = 575,000 元
   前次移轉現值總額(b) = 5,000 元 × 50 × 150% = 375,000 元
   漲價倍數 = 575,000 元 /375,000 元 = 1.53
   適用第二級之稅率，持有期間為二十四年多，減徵率 20%。
   方法一：運用表 8-3
   應納稅額 = 575,000 元 ×【30% − [(30% − 20%) × 20%]】− 375,000 元 × 0.08
   　　　　 = 131,000 元
   方法二：運用表 8-4
   應納稅額 = 土地漲價總數額(a) × 28% − 前次移轉現值總額(b) × 8%
   　　　　 = 575,000 元 × 28% − 375,000 元 × 8% = 131,000 元

   【解析 B】雷明適用自用住宅優惠稅率 10%
   土地增值稅稅額 = 土地漲價總數額 × 10% = 575,000 元 × 10% = 57,500 元

2. 甲君於民國 108 年 3 月 21 日出售土地一筆給乙君，售價新臺幣 500 萬元，雙方約定按出售時之公告現值 400 萬元申報土地移轉現值。甲君用以出售之土地，係於 99 年 5 月 1 日以 350 萬元向丙君購得，當時丙君以公告現值 180 萬元申報土地移轉現值，甲君售地時物價較購地時上升 10%，請計算 A 君出售土地時應繳納之土地增值稅額。

【解析】

漲價總數額 = 400 萬元 − 180 萬元 × 110% = 400 萬元 − 198 萬元 = 202 萬元

漲價總數額佔取得成本百分比 = 202 萬元 ÷ 198 萬元（物價指數調整過後）= 1.02

→ 適用第二級，持有期間七年多

方法一：運用表 8-3

土地增值稅稅額

= 202 萬元 ×【稅率 (30%) − [(30% − 20%) × 減徵率]】− 198 萬元 × 0.1

= 202 萬元 × 30% − 198 萬元 × 0.1

= 40.8 萬元

方法二：運用表 8-4

土地增值稅稅額

= 土地漲價總數額 (a) × 30% − 前次移轉現值總額 (b) × 10%

= 202 萬元 × 30% − 198 萬元 × 10% = 40.8 萬元

參、土地增值稅之減免優惠

一、自用住宅用地之優惠稅率 10%（土 #34）

(一) 一生一次

　　土地所有權人出售其自用住宅用地者，都市土地面積未超過三公畝部分或非都市土地面積未超過七公畝部分，其土地增值稅統就該部分之土地漲價總數額按百分之十徵收之；超過三公畝或七公畝者，其超過部分之土地漲價總數額，依前條規定之稅率徵收之。

　　前項土地於出售前一年內，曾供營業使用或出租者，不適用前項規定。

　　第一項規定於自用住宅之評定現值不及所占基地公告土地現值百分之十者，不適用之。但自用住宅建築工程完成滿一年以上者不在此限。

　　土地所有權人，依第一項規定稅率繳納土地增值稅者，以一次為限。

(二) 一生一屋

　　土地所有權人適用前項規定後，再出售其自用住宅用地，符合下列各款規定者，不受前項一次之限制：

1. 出售都市土地面積未超過一・五公畝部分或非都市土地面積未超過三・五公畝部分。
2. 出售時土地所有權人與其配偶及未成年子女，無該自用住宅以外之房屋。
3. 出售前持有該土地六年以上。

4. 土地所有權人或其配偶、未成年子女於土地出售前,在該地設有戶籍且持有該自用住宅連續滿六年。
5. 出售前五年內,無供營業使用或出租。

　　因增訂前項規定造成直轄市政府及縣(市)政府稅收之實質損失,於財政收支劃分法修正擴大中央統籌分配稅款規模之規定施行前,由中央政府補足之,並不受預算法 #23 有關公債收入不得充經常支出之用之限制。

　　前項實質損失之計算,由中央主管機關與直轄市政府及縣(市)政府協商之。

表 8-5　土地增值稅自用住宅優惠稅率適用比較

		一生一次	一生一屋
說明		適用自用住宅用地優惠稅率每人一生以一次為限	適用一生一次之後,若再售自用住宅不受左方一生一次之限制,但僅限一屋
優惠稅率		10%	10%
自用住宅用地之適用優惠條件	設籍要求	土地所有權人或其配偶、**直系親屬**於該地辦竣戶籍登記	土地所有權人或其配偶、**未成年子女**於土地出售前,在該地設有戶籍
	設籍期間	不限	在該地設有戶籍且持有該自用住宅連續滿六年
	用途	土地於出售前一年內,未曾供營業使用或出租者	出售前五年內,無供營業使用或出租
	面積限制	都市土地面積未超過 3 公畝部分或非都市土地面積未超過 7 公畝部分	都市土地面積未超過 1.5 公畝部分或非都市土地面積未超過 3.5 公畝部分
	房地戶數限制	不限	出售時土地所有權人與其配偶及未成年子女,無該自用住宅以外之房屋。
	土地持有期間	不限	出售前持有該土地六年以上
	地上自用住宅面積限制	自用住宅之評定現值不及所占基地公告土地現值百分之十者,不適用之。但自用住宅建築工程完成滿一年以上者不在此限。	不限

(**C**) 1. 依照土地稅法之規定,土地所有權人再出售其自用住宅用地,符合各款規定條件者,其適用自用住宅優惠稅率不受一次之限制,下列有關該各款條件敘述何者錯誤?(103 五等)

(A)出售時土地所有權人與其配偶及未成年子女,無該自用住宅以外之房屋

(B)出售前持有該土地六年以上

(C)出售前六年內,無供營業使用或出租

(D)出售都市土地面積未超過一・五公畝部分或非都市土地面積未超過三・五公畝部分

(B)2. 下列何者不是土地稅法第34條第5項適用自用住宅用地優惠稅率一生一屋規定之條件?(104身障四等)

(A)出售前5年內,無供營業使用或出租

(B)出售前持有該土地5年以上

(C)出售時土地所有權人與其配偶或未成年子女,無該自用住宅以外之房屋

(D)出售都市土地面積未超過1.5公畝、非都市土地面積未超過3.5公畝

(A)3. 依現行土地稅法,有關土地增值稅之規定,下列敘述何者正確?(104身障四等)

(A)納稅義務人申請適用一生一屋優惠稅率,必須出售前持有該土地6年以上

(B)一生一次或一生一屋的優惠稅率,納稅義務人可自行選擇採用

(C)自用住宅用地稅率為2%

(D)僅限於納稅義務人本人或其配偶於土地出售前,在該地設有戶籍

(D)4. 土地所有權人出售其自用住宅用地滿足相關條件者,可就該部分之土地漲價總數額按百分之十繳納土地增值稅,且一生以一次為限。前述相關條件,不包括下列何者?(104初等)

(A)出售前1年內,不曾供營業使用或出租者

(B)都市土地面積未超過3公畝部分

(C)非都市土地面積未超過7公畝部分

(D)自用住宅之評定現值不及所占基地公告土地現值百分之十

(B)5. 王五有一筆土地且持有15年,面積為100平方公尺,申報移轉時每平方公尺公告土地現值為20萬元,上次取得該土地之申報移轉現值每平方公尺3萬元,上次取得土地至今臺灣地區消費者物價指數調整150%,此土地曾繳納改良土地費用6萬元以及工程受益費4萬元,若王五適用一生一次自用住宅用地優惠,則應納土地增值稅金額為何?(104高考)

(A)1,550,000元 (B)1,540,000元 (C)4,810,000元 (D)4,850,000元

實務探討

1. 土地以贈與方式移轉並非出售,而且納稅義務人是受贈人,不是原來的土地所有權人,所以不能適用自用住宅用地優惠稅率核課土地增值稅。
2. 個人利用自用住宅從事理髮、燙髮、美容、洋裁等家庭手工藝副業,未具備營業牌號,亦未僱用人員,免辦營業登記,免徵營業稅,該房屋並准按住家用稅率課徵房屋稅。房屋之基地如符合土地稅法第9條、第17條及第34條規定之要件者,亦准按自用住宅用地稅率課徵地價稅及土地增值稅。(財政部 74/12/09 台財稅第 25965 號函)
3. 房地騰空待售,以致在簽定買賣契約時,戶籍已不在該土地上,凡是遷出戶籍距離出售時間不滿1年,且在遷出戶籍期間,該自用住宅用地無出租或供營業使用,仍然可以享受自用住宅用地稅率繳納土地增值稅。(財政部 72.8.17. 台財稅第 35797 號)
4. 土地無償供村里長職務使用,如果確實沒有出租,而且符合自用住宅要件,出售時可以享受自用住宅用地稅率繳納土地增值稅。(財政部 68.11.2. 台財稅第 37663 號)

二、免徵與減徵(土減 #20;土 #28、#28-1、#28-2、#39、#39-1、#39-2)

(一) 土地增值稅全免

1. 因繼承而移轉之土地,全免。
2. 各級政府出售或依法贈與之公有土地
3. 各級政府受贈之私有土地,全免。
4. 被徵收之土地,全免。
5. 依都市計畫法指定之公共設施保留地尚未徵收前移轉者,全免。
6. 依法得徵收之私有土地,土地所有權人自願按徵收補償地價售與需地機關者,全免。
7. 區段徵收之土地,以現金補償其地價者,及因領回抵價地不足最小建築單位面積而領取現金補償者,或以抵價地補償其地價者,全免。
8. 土地重劃時土地所有權人依法應負擔之公共用地及抵費地,全免。於重劃區內原土地所有權人應分配之土地因未達最小分配面積標準改領差額地價者,亦同。
9. 分別共有土地分割後,各人所取得之土地價值與其分割前應有部分價值相等者,全免。公同共有土地分割,各人所取得之土地價值與分割前相等者,亦同。
10. 土地合併後,各共有人應有部分價值與其合併前之土地價值相等者,全免。

11. 私人捐贈供興辦社會福利事業或依法設立私立學校使用之土地，全免。但以符合下列規定者為限：
    (1) 受贈人為財團法人。
    (2) 法人章程載明法人解散時，其賸餘財產歸屬當地地方政府所有。
    (3) 捐贈人未以任何方式取得所捐贈土地之利益。

(二) 土地增值稅減徵

1. 區段徵收之土地，領回抵價地後第一次移轉時，減徵百分之四十。但領回抵價地後第一次移轉時，應以原土地所有權人實際領回抵價地之地價為原地價，計算漲價數額後，課徵土地增值稅。

2. 經重劃之土地，於重劃後第一次移轉時，減徵百分之四十。但以下列土地，於中華民國六十六年二月二日平均地權條例公布施行後移轉者為限：
   (1) 在中華民國五十三年舉辦規定地價或重新規定地價之地區，於該次規定地價或重新規定地價以後辦理重劃之土地。
   (2) 在中華民國五十三年以前已依土地法規定辦理規定地價及在中華民國五十三年以後始舉辦規定地價之地區，於其第一次規定地價以後辦理重劃之土地。

3. 水源特定區土地減免土地增值稅贈與稅及遺產稅標準 #2：
   水質水量保護區依都市計畫程序劃定為水源特定區之土地，其土地增值稅之減免，除依土地稅法之規定外，並依下列規定辦理：
   (1) 農業區、保護區、河川區、行水區、公共設施用地及其他使用分區管制內容與保護區相同者，減徵百分之五十。但有下列情形之一者，全免：
       ①水源特定區計畫發布實施前已持有該土地，且在發布實施後第一次移轉或因繼承取得後第一次移轉者。
       ②本法 #12-1 施行前已持有該土地，且在施行後第一次移轉或因繼承取得後第一次移轉者。
   (2) 風景區、甲種風景區及乙種風景區，減徵百分之四十。但管制內容與保護區相同者，適用前款規定。
   (3) 住宅區，減徵百分之三十。
   (4) 商業區及社區中心，減徵百分之二十。

(三) 土地增值稅緩課或有條件免徵

1. 配偶相互贈與之土地，得申請不課徵土地增值稅。但於再移轉第三人時，以該土地第一次贈與前之原規定地價或前次移轉現值為原地價，計算漲價總數額，課徵土地增值稅。
   前項受贈土地，於再移轉計課土地增值稅時，贈與人或受贈人於其具有土地所有權之

期間內,有支付 #31 第 1 項第 2 款改良土地之改良費用或同條第 3 項增繳之地價稅者,準用該條之減除或抵繳規定;其為經重劃之土地,準用 #39 條第 4 項之減徵規定。該項再移轉土地,於申請適用 #34 規定稅率課徵土地增值稅時,其出售前一年內未曾供營業使用或出租之期間,應合併計算。(土 #28-2)

進階說明

配偶相互贈與之土地得申請不課徵土地增值稅,但是此種不課徵並非真的免稅,僅延緩課稅。未來若該筆土地再由承接的配偶移轉第三人時,須按第一次贈與前之原規定地價或前次移轉現值為原地價,計算漲價總數額,核課增值稅。而且,不論是否申請不課徵土地增值稅,均須申報土地移轉現值,若需申請不課徵,應於土地現值申報書註明「配偶相互贈與不課徵土地增值稅」字樣提出申請。

2. 作農業使用之農業用地,移轉與自然人時,得申請不課徵土地增值稅。

   前項不課徵土地增值稅之土地承受人於其具有土地所有權之期間內,曾經有關機關查獲該土地未作農業使用且未在有關機關所令期限內恢復作農業使用,或雖在有關機關所令期限內已恢復作農業使用而再有未作農業使用情事時,於再移轉時應課徵土地增值稅。

   前項所定土地承受人有未作農業使用之情事,於配偶間相互贈與之情形,應合併計算。

   作農業使用之農業用地,於本法中華民國八十九年一月六日修正施行後第一次移轉,或依第 1 項規定取得不課徵土地增值稅之土地後再移轉,依法應課徵土地增值稅時,以該修正施行日當期之公告土地現值為原地價,計算漲價總數額,課徵土地增值稅。本法中華民國八十九年一月六日修正施行後,曾經課徵土地增值稅之農業用地再移轉,依法應課徵土地增值稅時,以該土地最近一次課徵土地增值稅時核定之申報移轉現值為原地價,計算漲價總數額,課徵土地增值稅,不適用前項規定。(土 #39-2)

進階說明

作農業使用之農業用地,移轉與自然人時,得申請不課徵土地增值稅。因此,必須同時具備「作農業使用之農業用地」及「移轉與自然人」此二項要件,方能申請暫不課徵土地增值稅。申請時需檢附農業主管機關核發之「農業用地作農業使用證明書」,稅捐稽徵機關才會核准。由於暫不課稅的先決條件就是此農地一定要作農業使用,所以,土地承受人於其具有土地所有權之期間內,曾經有關機關查獲該土地未作農業使用,且未在有關機關所令期限內恢復作農業使用,或雖在有關機關所令期限內已恢復作農業使用而再有未作農業使用情事時,於再移轉時應課徵土地增值稅。

農業用地申請不課徵土地增值稅者，應由權利人及義務人於申報土地移轉現值時，於土地現值申報書註明農業用地字樣提出申請；其未註明者，得於土地增值稅繳納期間屆滿前補行申請，逾期不得申請不課徵土地增值稅。

但依規定得由權利人單獨申報土地移轉現值者，該權利人得單獨提出申請。

農業用地移轉，其屬無須申報土地移轉現值者，主管稽徵機關應通知權利人及義務人，其屬權利人單獨申報土地移轉現值者，應通知義務人，如合於前條第一項規定不課徵土地增值稅之要件者，權利人或義務人應於收到通知之次日起三十日內提出申請，逾期不得申請不課徵土地增值稅。

3. 土地為信託財產者，於下列各款信託關係人間移轉所有權，不課徵土地增值稅：(土 #28-3)
   (1) 因信託行為成立，委託人與受託人間。
   (2) 信託關係存續中受託人變更時，原受託人與新受託人間。
   (3) 信託契約明定信託財產之受益人為委託人者，信託關係消滅時，受託人與受益人間。
   (4) 因遺囑成立之信託，於信託關係消滅時，受託人與受益人間。
   (5) 因信託行為不成立、無效、解除或撤銷，委託人與受託人間。

依 #28-3 規定不課徵土地增值稅之土地，於所有權移轉、設定典權或依信託法 #35 第 1 項規定轉為受託人自有土地時，以該土地不課徵土地增值稅前之原規定地價或最近一次經核定之移轉現值為原地價，計算漲價總數額，課徵土地增值稅。但屬 #39 第 2 項但書規定情形者，其原地價之認定，依其規定。

因遺囑成立之信託，於成立時以土地為信託財產者，該土地有前項應課徵土地增值稅之情形時，其原地價指遺囑人死亡日當期之公告土地現值。

以自有土地交付信託，且信託契約明定受益人為委託人並享有全部信託利益，受益人於信託關係存續中死亡者，該土地有第一項應課徵土地增值稅之情形時，其原地價指受益人死亡日當期之公告土地現值。

前項委託人藉信託契約，不當為他人或自己規避或減少納稅義務者，不適用該項規定。

第一項土地，於計課土地增值稅時，委託人或受託人於信託前或信託關係存續中，有支付 #31 第 1 項第 2 款改良土地之改良費用或同條第 3 項增繳之地價稅者，準用該條之減除或抵繳規定；第 2 項及第 3 項土地，遺囑人或受益人死亡後，受託人有支付前開費用及地價稅者，亦準用之。

本法中華民國一百零四年六月十二日修正之條文施行時，尚未核課或尚未核課確定案

件,適用前三項規定。(土 #31-1)
4. 依都市計畫法指定之公共設施保留地尚未被徵收前之移轉,全免。

但經變更為非公共設施保留地後再移轉時,以該土地第一次免徵土地增值稅前之原規定地價或前次移轉現值為原地價以計算漲價總數額。

道路用地,而非屬都市計畫法內之「公共設施保留地」,無免稅之優惠。
5. 企業或金融機構因併購移轉土地,可申請記存土地增值稅。
   (1) 因併購核准記存土地增值稅之土地,於公司再併購而移轉時,如符合相關規定,其原記存之土地增值稅准予一併記存。
   (2) 經核准記存土地增值稅之土地,於移轉該土地部分持分時,其應一併繳納之,原記存土地增值稅,得僅就該移轉土地之持分比例一併繳納,其餘未移轉部分,准予繼續記存。
   (3) 經核准記存土地增值稅之土地再移轉時,由該併購後取得土地之公司、機構,負責將該次再移轉應納之土地增值稅及原記存土地增值稅一併繳納。其破產或解散時,經記存之土地增值稅應依相關法規規定優先受償。

範例

(C) 1. 下列何種之土地移轉免徵土地增值稅?(98普考)
   (A) 出典 (B) 贈與 (C) 繼承 (D) 交換

(C) 2. 土地稅法關於土地增值稅之規定,下列何者錯誤?(103身障四等)
   (A) 被徵收之土地,免徵其土地增值稅
   (B) 已規定地價之土地,設定典權時,出典人應依本法規定預繳土地增值稅
   (C) 經重劃之土地,於重劃後第1次移轉時,其土地增值稅減徵20%
   (D) 作農業使用之農業用地,移轉與自然人時,得申請不課徵土地增值稅

(D) 3. 張先生於今年5月份結婚紀念日時贈送其妻一處房地產(包括房屋及土地),其相關的課稅規定為何?(改自103地特三等)
   (A) 贈與稅、土地增值稅及契稅均無須課徵
   (B) 無須課徵贈與稅及契稅,但須課徵土地增值稅
   (C) 無須課徵贈與稅,但須課徵土地增值稅及契稅
   (D) 無須課徵贈與稅,土地增值稅得申請不課徵,但須課徵契稅

(A) 4. 張先生於民國92年購入公告現值為500萬元之土地,民國108年該土地之公告現值為900萬元,被政府以1,260萬元徵收,其應繳納之土地增值稅為多少?(改自103地特三等)
   (A) 免徵 (B) 40萬元 (C) 80萬元 (D) 78萬元

(A) 5. 民國 103 年中謝先生以 100 萬元取得公告現值 60 萬元土地,108 年土地公告現值 80 萬元,經區段徵收,謝先生取得 112 萬元現金補償其地價,謝先生應繳土地增值稅多少元?(改自 104 普考)
(A) 0 元 (B) 2.4 萬元 (C) 4 萬元 (D) 10.4 萬元

三、二年內重購土地之退稅(土 #35～#37)

(一) 土地所有權人於出售土地後,自完成移轉登記之日起,二年內重購土地合於下列規定之一,其新購土地地價超過原出售土地地價,扣除繳納土地增值稅後之餘額者,得向主管稽徵機關申請就其已納土地增值稅額內,退還其不足支付新購土地地價之數額:

　　1. 自用住宅用地出售後,另行購買都市土地未超過三公畝部分或非都市土地未超過七公畝部分仍作自用住宅用地者。
　　2. 自營工廠用地出售後,另於其他都市計畫工業區或政府編定之工業用地內購地設廠者。
　　3. 自耕之農業用地出售後,另行購買仍供自耕之農業用地者。

　前項規定土地所有權人於先購買土地後,自完成移轉登記之日起二年內,始行出售土地者,準用之。

　第一項第一款及第二項規定,於土地出售前一年內,曾供營業使用或出租者,不適用之。

(二) 前條第一項所稱原出售土地地價,以該次移轉計徵土地增值稅之地價為準。所稱新購土地地價,以該次移轉計徵土地增值稅之地價為準;該次移轉課徵契稅之土地,以該次移轉計徵契稅之地價為準。

(三) 土地所有權人因重購土地退還土地增值稅者,其重購之土地,自完成移轉登記之日起,五年內再行移轉時,除就該次移轉之漲價總數額課徵土地增值稅外,並應追繳原退還稅款;重購之土地,改作其他用途者亦同。

(四) 整理說明:

　　1. 買賣的間隔時間要在兩年內。

　　　重購退土地增值稅必須符合兩年內買賣之條件,兩年期間的計算如下:
　　　先賣後買:以出售土地辦好產權登記日起兩年內,重購土地如期申報(訂立買賣契約日起 30 日內)時,以立契日為準;逾期申報,以申報日為準計算兩年期間。
　　　先買後賣:以重購土地辦好產權登記日起算兩年,出售原有土地如期申報時,以立契日為準;逾期申報,以申報日為準計算兩年期間。

2. 是否只限一次？重購退稅**無次數限制**，且同時出售多處自用住宅用地，可申請重購退稅。自益信託土地也可以適用，土地所有權人重購自用住宅用地後辦理自益信託，如該地上房屋仍供委託人本人、配偶、或其直系親屬做住宅使用，與土地信託目的不相違背且符合自用住宅用地條件，准予辦理重購退稅。

3. 可退稅金額計算如下：

   A = 不足支付新購土地地價之總額
     = 新購買土地申報移轉現值 －（出售土地申報移轉現值 － 土地增值稅）
   B = 出售土地所納土地增值稅
   可退稅金額 = MIN{A, B}

4. 五年內不可再移轉以及不可改變原有用途：使用土地所有人於申辦重購退稅後，若是原作自用住宅用地，則新購買的房子必須繼續作自用住宅五年，也就是重購後五年內不可以再行移轉或供出租、營業、戶籍遷出等非自用住宅的情形，即使是夫妻之間贈與都是不可以的，否則將被追繳原退還之稅款；同樣的，若是工廠或農業用地而適用此退稅條款者，亦同。

5. 90 年 1 月 1 日行政程序法施行後，重購退稅請求護時效為五年。

表 10-6　土地增值稅重購退稅整理

適用用地種類	時間限制	面積限制	原有土地之用途限制	新購土地之用途限制	價格限制	所有權人限制	移轉限制
自用住宅用地	自完成移轉登記之日起二年內重購：先賣後買或先買後賣皆可	另行購買都市土地未超過三公畝部分或非都市土地未超過七公畝部分	自用住宅於出售土地前一年未曾供營業使用或出租	自用住宅本人、配偶或直系親屬設籍且五年內戶籍不得中斷	新購土地地價超過原出售土地地價減去土地增值稅	原有土地與新購土地之所有權人為同一人	土地所有權人因重購土地退還土地增值稅者，其重購之土地，自完成移轉登記之日起，五年內再行移轉時，除就該次移轉之漲價總數額課徵土地增值稅外，並應追繳原退還稅款；重購之土地，改作其他用途者亦同。
自營工廠用地		無	自營工廠用地	都市計畫工業區或政府編定之工業用地內購地設廠者			
自耕之農業用地		無	自耕之農業用地	購買仍供自耕之農業用地者			

CHAPTER 8　土地稅

(**D**) 1. 丁先生把臺北市舊公寓以市價 1,500 萬元出售（土地現值 500 萬元，繳納土地增值稅 100 萬元），另於 2 年內在新北市購入市價 1,800 萬元之大樓一層（土地現值 350 萬元），試問丁先生可以申請重購退回土地增值稅多少？(101 高考)
　　(A) 50 萬元　(B) 100 萬元　(C) 200 萬元　(D) 無法申請重購退回土地增值稅

(**A**) 2. 王五於去年 3 月 5 日出售自用住宅土地移轉現值為 600 萬元，已繳納土地增值稅 60 萬元。另於今年 3 月 6 日購買 A 屋之自用住宅土地現值為 580 萬元。試問王五可申請退還已繳納之土地增值稅款為多少？(改自 102 高考)
　　(A) 可退還 40 萬元　(B) 可退還 60 萬元　(C) 可退還 20 萬元　(D) 不可退還

(**D**) 3. 某甲民國 107 年 1 月 3 日出售名下自用住宅土地一筆，售價 900 萬元，按當期公告現值 600 萬元申報繳納土地增值稅 30 萬元。民國 108 年 12 月 3 日某甲又以妻名義，以 620 萬元購買另一筆自用住宅土地，請問民國 108 年，某甲重購自用住宅之土地退還稅額為多少元？(103 普考)
　　(A) 50 萬元　(B) 30 萬元　(C) 20 萬元　(D) 無法退還稅額

4. 明君於 106 年 10 月 25 日辦妥出售自用住宅用地移轉登記，申報移轉現值總價 120 萬元，課徵土地增值稅 25 萬元，其後又於 108 年 10 月 15 日以明君的名義訂約購入土地一處，同年 11 月 5 日申報移轉重購自用住宅用地乙筆，申報移轉現值 (1) 110 萬元 (2) 125 萬 (3) 80 萬，請問明君是否符合重購退稅要件？可申請退稅若干？試以三種情況作答。

【解析】
本例新購土地係於訂立契約後 30 日內申報土地增值稅，因此應以買入立約日 108 年 10 月 15 日為計算基準，符合辦理重購退稅的條件，至其退稅額說明如下：
(1) 新購土地申報移轉現值 －（出售土地申報移轉現值 － 土地增值稅）
　　= 110 萬元 －（120 萬元 － 25 萬元）= 15 萬元
　　明君可申請退還的土地增值稅是 15 萬元。
(2) 125 萬元 －（120 萬元 － 25 萬元）= 30 萬元
　　不足額為 30 萬元，已繳納之土地增值稅 25 萬元就可以全部申請退還。
(3) 80 萬元 －（120 萬元 － 25 萬元）= － 15 萬元
　　不足額為負數，表示原出售土地即使繳了土地增值稅還是足夠購買新的土地，已繳納之土地增值稅，不得申請退還。

肆、土地增值稅之稽徵

一、申報及繳納 (土 #49、#50)

(一) 申報

土地所有權移轉或設定典權時,權利及義務人應於訂定契約之日起三十日內,檢附契約影本及有關文件,共同向主管稽徵機關申報其土地移轉現值。
但依規定得由權利人單獨申請登記者,權利人得單獨申報其移轉現值。

(二) 核定

主管稽徵機關應於申報土地移轉現值收件之日起七日內,核定應納土地增值稅額,並填發稅單,送達納稅義務人。但申請按自用住宅用地稅率課徵土地增值稅之案件,其期間得延長為二十日。

(三) 繳納

1. 土地增值稅納稅義務人於收到土地增值稅繳納通知書後,應於三十日內向公庫繳納。
2. 權利人及義務人應於繳納土地增值稅後,共同向主管地政機關申請土地所有權移轉或設定典權登記。主管地政機關於登記時,發現該土地公告現值、原規定地價或前次移轉現值有錯誤者,立即移送主管稽徵機關更正重核土地增值稅。
3. 依法免徵土地增值稅之土地,主管稽徵機關應依下列規定核定其移轉現值並發給免稅證明,以憑辦理土地所有權移轉登記:
   (1) 依 #28 規定免徵土地增值稅之公有土地,以實際出售價額為準;各級政府贈與或受贈之土地,以贈與契約訂約日當期之公告土地現值為準。
   (2) 依 #28-1 規定,免徵土地增值稅之私有土地,以贈與契約訂約日當期之公告土地現值為準。
   (3) 依 #39-1 第 2 項規定,免徵土地增值稅之抵價地,以區段徵收時實際領回抵價地之地價為準。
   (4) 依 #39-2 第 2 項規定,免徵土地增值稅之農業用地,以權利變更之日當期之公告土地現值為準。(土 #30-1)

二、租稅之保全 (土 #51, 52)

1. 繳土地稅之土地,在欠稅未繳清前,不得辦理移轉登記或設定典權。
2. 經法院拍賣之土地,依 #30 第 1 項第 5 款但書規定審定之移轉現值核定其土地增值稅者,如拍定價額不足扣繳土地增值稅時,拍賣法院應俟拍定人代為繳清差額後,再行發給權利移轉證書。
3. 第一項所欠稅款,土地承受人得申請代繳或在買賣、典價內照數扣留完納;其屬代繳者,得向繳稅義務人求償。

4. 經徵收或收買之土地，該管直轄市、縣(市)地政機關或收買機關，應檢附土地清冊及補償清冊，通知主管稽徵機關，核算土地增值稅及應納未納之地價稅或田賦，稽徵機關應於收到通知後十五日內，造具代扣稅款證明冊，送由徵收或收買機關，於發放價款或補償費時代為扣繳。

三、地價稅抵繳土地增值稅之情況（土#31 第 3、4 項）

土地所有權人辦理土地移轉繳納土地增值稅時，在其持有土地期間內，因重新規定地價增繳之地價稅，就其移轉土地部分，准予抵繳其應納之土地增值稅。但准予抵繳之總額，以不超過土地移轉時應繳增值稅總額百分之五為限。

前項增繳之地價稅抵繳辦法，由行政院定之。

(C) 土地所有權人辦理土地移轉繳納土地增值稅時，在其持有土地期間內，因重新規定地價增繳之地價稅，就其移轉土地部分，准予抵繳其應納之土地增值稅。但准予抵繳之總額，以不超過土地移轉時應繳增值稅總額百分之多少為限？(104 初等)
(A) 3%　(B) 4%　(C) 5%　(D) 6%

第四節　罰則

一、未於期限內繳納

納稅義務人或代繳義務人未於稅單所載限繳日期內繳清應納稅款者，每逾二日按滯納數額加徵百分之一滯納金；逾三十日仍未繳納者，移送法務部行政執行署所屬行政執行分署強制執行。經核准以票據繳納稅款者，以票據兌現日為繳納日。(土#53)

二、藉變更、隱匿地目減輕稅負

納稅義務人藉變更、隱匿地目等則或於適用特別稅率、減免地價稅或田賦之原因、事實消滅時，未向主管稽徵機關申報者，依下列規定辦理：
1. 逃稅或減輕稅賦者，除追補應納部分外，處短匿稅額或賦額三倍以下之罰鍰。
2. 規避繳納實物者，除追補應納部分外，處應繳田賦實物額一倍之罰鍰。
3. 土地買賣未辦竣權利移轉登記，再行出售者，處再行出售移轉現值百分之二之罰鍰。
   第一項應追補之稅額或賦額、隨賦徵購實物及罰鍰，納稅義務人應於通知繳納之日起一個月內繳納之；屆期不繳納者，移送強制執行。(土#54)

三、受贈土地之財團法人未依規使用土地

依 #28-1 受贈土地之財團法人，有下列情形之一者，除追補應納之土地增值稅外，並處應納土地增值稅額二倍之罰鍰：

1. 未按捐贈目的使用土地者。
2. 違反各該事業設立宗旨者。
3. 土地收益未全部用於各該事業者。
4. 經稽徵機關查獲或經人舉發查明捐贈人有以任何方式取得所捐贈土地之利益者。(土#55-1)

CHAPTER 9 稅捐稽徵法

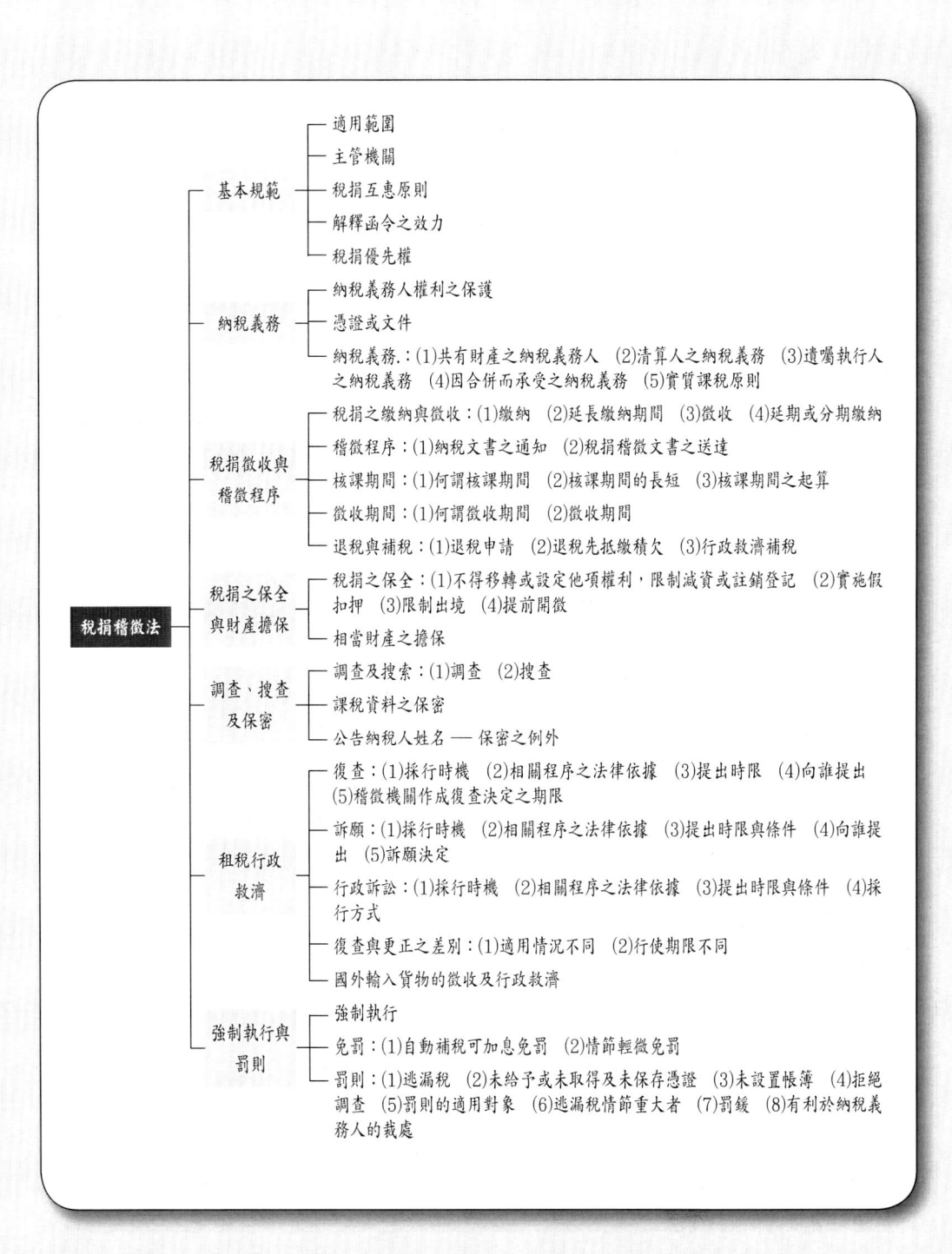

稅捐稽徵法
├─ 基本規範
│   ├─ 適用範圍
│   ├─ 主管機關
│   ├─ 稅捐互惠原則
│   ├─ 解釋函令之效力
│   └─ 稅捐優先權
├─ 納稅義務
│   ├─ 納稅義務人權利之保護
│   ├─ 憑證或文件
│   └─ 納稅義務：(1)共有財產之納稅義務人 (2)清算人之納稅義務 (3)遺囑執行人之納稅義務 (4)因合併而承受之納稅義務 (5)實質課稅原則
├─ 稅捐徵收與稽徵程序
│   ├─ 稅捐之繳納與徵收：(1)繳納 (2)延長繳納期間 (3)徵收 (4)延期或分期繳納
│   ├─ 稽徵程序：(1)納稅文書之通知 (2)稅捐稽徵文書之送達
│   ├─ 核課期間：(1)何謂核課期間 (2)核課期間的長短 (3)核課期間之起算
│   ├─ 徵收期間：(1)何謂徵收期間 (2)徵收期間
│   └─ 退稅與補稅：(1)退稅申請 (2)退稅先抵繳積欠 (3)行政救濟補稅
├─ 稅捐之保全與財產擔保
│   ├─ 稅捐之保全：(1)不得移轉或設定他項權利，限制減資或註銷登記 (2)實施假扣押 (3)限制出境 (4)提前開徵
│   └─ 相當財產之擔保
├─ 調查、搜查及保密
│   ├─ 調查及搜索：(1)調查 (2)搜查
│   ├─ 課稅資料之保密
│   └─ 公告納稅人姓名——保密之例外
├─ 租稅行政救濟
│   ├─ 復查：(1)採行時機 (2)相關程序之法律依據 (3)提出時限 (4)向誰提出 (5)稽徵機關作成復查決定之期限
│   ├─ 訴願：(1)採行時機 (2)相關程序之法律依據 (3)提出時限與條件 (4)向誰提出 (5)訴願決定
│   ├─ 行政訴訟：(1)採行時機 (2)相關程序之法律依據 (3)提出時限與條件 (4)採行方式
│   ├─ 復查與更正之差別：(1)適用情況不同 (2)行使期限不同
│   └─ 國外輸入貨物的徵收及行政救濟
└─ 強制執行與罰則
    ├─ 強制執行
    ├─ 免罰：(1)自動補稅可加息免罰 (2)情節輕微免罰
    └─ 罰則：(1)逃漏稅 (2)未給予或未取得及未保存憑證 (3)未設置帳簿 (4)拒絕調查 (5)罰則的適用對象 (6)逃漏稅情節重大者 (7)罰鍰 (8)有利於納稅義務人的裁處

稅捐稽徵法（以下簡稱「稽」）的立法目的在統一租稅稽徵程序。稅捐稽徵法於民國65年10月22日公布施行，立法意旨係基於當時各項稅捐之核課、稽徵規定均散見於各稅法，分別立法的結果，導致各稅之稽徵程序互有出入，常有相互衝突的情況，為改善此一情況，乃制定本法，就重要之稅捐稽徵程序為統一之規範；因此就租稅稽徵的規定而言，此為普通法的性質，對於各稅（排除關稅以及礦稅）的稽徵程序作出統一的規定。但是，據稽#1規定，稅捐之稽徵，依本法之規定，本法未規定者，依其他有關法律之規定；也表示了在租稅稽徵的規定上，本法是具有優先適用性，又具備了特別法的性質。

　　稅捐稽徵法規範之稽徵流程，包括：納稅義務、申報、核定稅款、開徵稅款、繳納稅款、行政救濟、強制執行及稅捐保全。具備實體法與程序法的特性。

第一節　基本規範

本節學習重點：
- 稅捐稽徵法的法律位階與適用範圍
- 稅捐之主管機關
- 稅捐受償之優先順位

壹、適用範圍

(一) 本法所稱稅捐，指一切法定之國、直轄市、縣(市)及鄉(鎮、市)稅捐。但不包括關稅。(稽#2)

(二) 本法所定稅捐，包括各稅依法附徵或代徵之捐。(稽細#2)

(三) 滯納金、利息、滯報金、怠報金、短估金及罰鍰等，除本法另有規定者外，準用本法有關稅捐之規定。但#6關於稅捐優先及#38，關於加計利息之規定，對於罰鍰不在準用之列。(稽#49)

(**A**) 依稅捐稽徵法第2條規定，該法所稱之「稅捐」，不包括下列哪一種稅？(104身障四等)
　(A)關稅　(B)特種貨物及勞務稅　(C)菸酒稅　(D)印花稅

貳、主管機關

　　稅捐由各級政府主管稅捐稽徵機關稽徵之，必要時得委託代徵；其辦法由行政院定之。(稽#3)

　　稅捐之主管機關需視稅種為國稅或地方稅而定，細節可詳第一章。

參、稅捐互惠原則

(一) 財政部得本互惠原則,對外國派駐中華民國之使領館及享受外交官待遇之人員,暨對雙方同意給與免稅待遇之機構及人員,核定免徵稅捐。(稽 #4) 例如:所 #4 有關免納所得稅之規定指出,各國駐在中華民國使領館及其附屬機關內,除外交官、領事官及享受外交官待遇之人員以外之其他各該國國籍職員在職務上之所得。但以各該國對中華民國駐在各該國使領館及其附屬機關內中華民國籍職員,給與同樣待遇者為限。

(二) 財政部得本互惠原則,與外國政府商訂互免稅捐,於報經行政院核准後,以外交換文方式行之。(稽 #5)

由於跨境交易產生的各項稅捐,往往涉及不同國家或地區的課稅權,為避免雙方的企業或個人,因此類交易造成的重複課稅或租稅逃漏的問題,財政部可視需要,與外國政府商訂各項租稅協定,以利課稅環境以及跨境交易的推展;租稅協定的位階優於國內法。據所 #124 指出,凡中華民國與其他國家所簽訂之所得稅協定中另有特別規定者,依其規定。

(三) 稅務用途之資訊交換(稽 #5-1)

1. 財政部得本互惠原則,與外國政府或國際組織商訂稅務用途資訊交換及相互提供其他稅務協助之條約或協定,於報經行政院核准後,以外交換文方式行之。

與外國政府或國際組織進行稅務用途資訊交換及提供其他稅務協助,應基於互惠原則,依已生效之條約或協定辦理;條約或協定未規定者,依本法及其他法律規定辦理。但締約他方有下列情形之一者,不得與其進行資訊交換:

(1) 無法對等提供我國同類資訊。
(2) 對取得之資訊予以保密,顯有困難。
(3) 請求提供之資訊非為稅務用途。
(4) 請求資訊之提供將有損我國公共利益。
(5) 未先盡其調查程序之所能提出個案資訊交換請求。

2. 財政部或其授權之機關執行第一項條約或協定所需資訊,依下列規定辦理;應配合提供資訊者不得規避、妨礙或拒絕,並不受本法及其他法律有關保密規定之限制:

(1) 應另行蒐集之資訊:得向有關機關、機構、團體、事業或個人進行必要之調查或通知到財政部或其授權之機關辦公處所備詢,要求其提供相關資訊。
(2) 應自動或自發提供締約他方之資訊:有關機關、機構、團體、事業或個人應配合提供相關之財產、所得、營業、納稅、金融帳戶或其他稅務用途資訊;

應進行金融帳戶盡職審查或其他審查之資訊，並應於審查後提供。
3. 財政部或其授權之機關依第一項條約或協定提供資訊予締約他方主管機關，不受本法及其他法律有關保密規定之限制。
4. 前二項所稱其他法律有關保密規定，指下列金融及稅務法律有關保守秘密規定：
   (1) 銀行法、金融控股公司法、國際金融業務條例、票券金融管理法、信託業法、信用合作社法、電子票證發行管理條例、電子支付機構管理條例、金融資產證券化條例、期貨交易法、證券投資信託及顧問法、保險法、郵政儲金匯兌法、農業金融法、中央銀行法、所得稅法及關稅法有關保守秘密規定。
   (2) 經財政部會商各法律中央主管機關公告者。
5. 於 106 年 5 月 26 日前已簽訂之租稅協定，定有稅務用途資訊交換及其他稅務協助者，於修正之條文施行後，適用第二項至第四項及依前項所定辦法之相關規定。

肆、解釋函令之效力

(一) 從新從輕原則：財政部依本法或稅法所發布之解釋函令，對於據以申請之案件發生效力。但有利於納稅義務人者，對於尚未核課確定之案件適用之。
(二) 財政部發布解釋函令，變更已發布解釋函令之法令見解，如不利於納稅義務人者，自發布日起或財政部指定之將來一定期日起，發生效力；於發布日或財政部指定之將來一定期日前，應核課而未核課之稅捐及未確定案件，不適用該變更後之解釋函令。
(三) 本條中華民國一百年十一月八日修正施行前，財政部發布解釋函令，變更已發布解釋函令之法令見解且不利於納稅義務人，經稅捐稽徵機關依財政部變更法令見解後之解釋函令核課稅捐，於本條中華民國一百年十一月八日修正施行日尚未確定案件，適用前項規定。

財政部發布之稅務違章案件裁罰金額或倍數參考表變更時，有利於納稅義務人者，對於尚未核課確定之案件適用之。(稽 #1-1)

伍、稅捐優先權 (稽 #6)

(一) **稅捐之徵收，優先於普通債權**。
(二) 土地增值稅、地價稅、房屋稅之徵收及法院、行政執行處執行拍賣或變賣貨物應課徵之營業稅，優先於一切債權及抵押權。此土地增值稅、地價稅、房屋稅之徵收優先受償之規定，以該土地及建築物所應課徵之土地增值稅、地價稅、房屋稅為限。
(稽細 #3)

(三) 經法院、行政執行處執行拍賣或交債權人承受之土地、房屋及貨物，執行法院或行政執行處應於拍定或承受五日內，將拍定或承受價額通知當地主管稅捐稽徵機關，依法核課土地增值稅、地價稅、房屋稅及營業稅，並由執行法院或行政執行處代為扣繳。

(四) 破產財團成立後，其應納稅捐為財團費用，由破產管理人依破產法之規定清償之。(稽#7)

(五) 公司重整中所發生之稅捐，為公司重整債務，依公司法之規定清償之。(稽#8)

> **觀念整理**
>
> ✪ **租稅受償順序整理如下：**
> 一、土地增值稅、房屋稅、地價稅，法院、行政執行處執行拍賣或變賣貨物應課徵之營業稅。
> 二、有擔保債權。
> 三、稅捐稽徵（含破產財團費用中之稅、重整之稅捐，稅捐含滯納金、滯報金、怠報金、短估金）。
> 四、普通債權、罰鍰。

(D) 1. 下列何種稅捐之徵收，優先於一切債權及抵押權？(101 地特五等)
　　(A) 所得稅　(B) 遺產稅　(C) 貨物稅　(D) 房屋稅

(D) 2. 依現行稅捐稽徵法，下列哪項租稅，優先於一切債權及抵押權？(101 初考)
　　(A) 所得稅　(B) 貨物稅　(C) 遺產稅
　　(D) 行政執行處執行拍賣貨物應課徵之營業稅

(C) 3. 依稅捐稽徵法有關租稅之優先受償規定，下列敘述何者錯誤？(103 會計師)
　　(A) 稅捐之徵收，優先於普通債權
　　(B) 土地增值稅、地價稅、房屋稅之徵收，及法院或行政執行處拍賣、變賣貨物應課徵之營業稅，優先於一切債權及抵押權
　　(C) 破產財團成立後，其應納稅捐為財團債務，由破產管理人依公司法之規定清償之
　　(D) 公司重整中所發生之稅捐，為公司重整債務，依公司法之規定清償之

(D) 4. 孫先生積欠下列稅捐及債務均已到期，包括：①向好友借款 100 萬元，未設定抵押　②向銀行辦理抵押借款 600 萬元　③所得稅 15 萬元　④房屋稅 20 萬元，依稅捐稽徵法之規定，孫先生應清償之稅捐及債務順序依序為何？(104 普考)
　　(A) ③②④①　(B) ②④③①　(C) ④③②①　(D) ④②③①

第二節 納稅義務

本節學習重點：
✦ 納稅義務人之認定與權利保護
✦ 實質課稅原則

壹、納稅義務人權利之保護

設置專法，建立納稅義務人之保護機制：立法院於 105 年 12 月 28 日制定公布「納稅者權利保護法」（以下簡稱：納保法），並自 106 年 12 月 28 日施行。納保法內容包括：低於基本生活費部份不課稅、法律程序正當之落實、課稅公平合理、納稅者權利保護組織之設置及納稅者救濟保障之強化等五個部份。

前述維持基本生活所需之費用，由中央主管機關參照中央主計機關所公布最近一年全國每人可支配所得中位數百分之六十定之，並於每二年定期檢討。

> ✪ **什麼是「稅式支出」？**
>
> 「稅式支出」，係指稅法或其他法令針對特定個人、團體或事項給予之租稅減免，一經立法通過，則造成稅基之侵蝕與稅收之損失。
>
> 截至 2010 年底止，所得稅租稅減免項目，共計 101 項，其中個人綜合所得稅部分，金額最大前 3 項為：(1) 儲蓄投資特別扣除額，稅收影響金額估計約為 329 億元；(2) 雇主負擔之公、勞保及全民健康保險保費不視為員工薪資所得，稅收影響金額估計約為 193 億元；及 (3) 退職所得定額免稅，稅收影響金額估計約為 114 億元。
>
> 營利事業所得稅部分，金額最大前 3 項為：(1) 公司投資於自動化、資源回收、研究發展、節約能源等設備或技術之支出適用投資抵減，稅收影響金額估計約為 741 億元；(2) 符合規定之新興重要策略性產業五年免徵營利事業所得稅，稅收影響金額估計約為 340 億元；(3) 製造業及相關技術服務業新投資創立或增資擴展 5 年免稅，稅收影響金額估計約為 82 億元。
>
> 資料來源：http://www.ttc.gov.tw/ct.asp?xItem=57795&CtNode=150&CtUnit=70&BaseDSD=7&nowPage=1&pag)eSize=15&xiList=57801,57800,57802,57803,57790,57796,57795,57794,68036,57799,57791

貳、憑證或文件

(一) 依稅法規定應自他人取得之憑證及給予他人憑證之存根或副本，應保存五年。（稽 #11）

(二) 依本法或稅法規定應辦理之事項及應提出之文件，得以電磁紀錄或電子傳輸方式辦理或提出；其實施辦法，由財政部訂之。（稽 #11-2）

參、納稅義務

一、共有財產之納稅義務人（稽 #12）

共有財產，由管理人負納稅義務。

未設管理人者，共有人各按其應有部分負納稅義務。

其為公同共有時，以全體公同共有人為納稅義務人。

二、清算人之納稅義務（稽 #13）

法人、合夥或非法人團體解散清算時，清算人於分配賸餘財產前，應依法按稅捐受清償之順序，繳清稅捐。

清算人違反前項規定者，應就未清繳之稅捐負繳納義務。

三、遺囑執行人之納稅義務（稽 #14；稽細 #4）

納稅義務人死亡，遺有財產者，其依法應繳納之稅捐，應由遺囑執行人、繼承人、受遺贈人或遺產管理人，依法按稅捐受清償之順序，繳清稅捐後，始得分割遺產或交付遺贈。

納稅義務人之順位如下：

1. 有遺囑執行人者，為遺囑執行人。
2. 無遺囑執行人者，為繼承人及受遺贈人。
3. 無遺囑執行人及繼承人者，為依法選定之遺產管理人。

前項第三款應選定之遺產管理人，於被繼承人死亡發生之日起六個月內未經選定報明法院者，稅捐稽徵機關得依有關規定聲請法院選任遺產管理人。

遺囑執行人、繼承人、受遺贈人或遺產管理人，違反前項規定者，應就未清繳之稅捐，負繳納義務。

四、因合併而承受之納稅義務（稽 #15；稽細 #5）

營利事業因合併而消滅時，其在合併前之應納稅捐，應由合併後存續或另立之營利事業負繳納之義務。

營利事業因合併而消滅時，其於合併前應退之稅捐，應由合併後存續或另立之營利事業受領。

但獨資合夥之營利事業，在合併時另有協議，並已向稅捐稽徵機關報備者，從其協議。

表 9-1　共有與解散之納稅義務人整理

情況	類別	納稅義務人
共有財產	分別共有	管理人 未設管理人時，為各共有人
	公同共有	全體共有人
解散	法人、合夥 非法人團體	解散時之清算人
合併	營利事業因合併而消滅	合併後存續或另立之營利事業
遺產之稅捐清償	納稅義務人死亡，遺有財產者	1.遺囑執行人。2.繼承人或受遺贈人。3.遺產管理人

五、實質課稅原則（稽 #12-1）

(一) 涉及租稅事項之法律，其解釋應本於租稅法律主義之精神，依各該法律之立法目的，衡酌經濟上之意義及實質課稅之公平原則為之。

(二) 稅捐稽徵機關認定課徵租稅之構成要件事實時，應以實質經濟事實關係及其所生實質經濟利益之歸屬與享有為依據。

(三) 納稅義務人基於獲得租稅利益，違背稅法之立法目的，濫用法律形式，規避租稅構成要件之該當，以達成與交易常規相當之經濟效果，為租稅規避。

(四) 前項租稅規避及第2項課徵租稅構成要件事實之認定，稅捐稽徵機關就其事實有舉證之責任。

(五) 納稅義務人依本法及稅法規定所負之協力義務，不因前項規定而免除。

(六) 稅捐稽徵機關查明納稅義務人及交易之相對人或關係人有第2項或第3項之情事者，為正確計算應納稅額，得按交易常規或依查得資料依各稅法規定予以調整。

(七) 納稅義務人在從事特定交易行為前提供相關證明文件，向稅捐稽徵機關申請諮詢，稽徵機關應於六個月內答覆。

(B) 1. 依稅捐稽徵法規定，納稅義務人死亡，遺有財產者，其依法應繳納之稅捐，第一順位應由下列何者負責繳清後始得分割遺產？（102 記帳士）
(A)遺產管理人　(B)遺囑執行人　(C)繼承人　(D)受遺贈人

(D) 2. 甲公司與乙公司在107年4月5日合併為丙公司，同年8月10日經核定甲公司應補繳105年度營利事業所得稅10萬元，依稅捐稽徵法規定，何人應負繳納之義務？（改自102 記帳士）
(A)甲公司　(B)甲公司股東　(C)乙公司　(D)丙公司

第三節 稅捐徵收與稽徵程序

本節學習重點：
+ 稅捐徵收規定
+ 核課期間之目的、起算以及期間規定
+ 徵收期間之目的、起算以及期間規定

壹、稅捐之繳納與徵收（稽 #9、#10、#20、#26、#27）

一、繳納

納稅義務人應為之行為，應於稅捐稽徵機關之辦公時間內為之。但繳納稅捐，應於代收稅款機構之營業時間內為之。

二、延長繳納期間

因天災、事變而遲誤依法所定繳納稅捐期間者，該管稅捐稽徵機關，得視實際情形，延長其繳納期間，並公告之。

三、徵收

依稅法規定逾期繳納稅捐應加徵滯納金者，每逾二日按滯納數額加徵百分之一滯納金；逾三十日仍未繳納者，移送法院強制執行。

四、延期或分期繳納

納稅義務人因天災、事變、不可抗力之事由或為經濟弱勢者，不能於法定期間內繳清稅捐者，得於規定納稅期間內，向稅捐稽徵機關申請延期或分期繳納，其延期或分期繳納之期間，不得逾三年。

前項天災、事變、不可抗力之事由、經濟弱勢者之認定及實施方式之辦法，由財政部定之。

納稅義務人對核准延期或分期繳納之任何一期應繳稅捐，未如期繳納者，稅捐稽徵機關應於該期繳納期間屆滿之翌日起三日內，就未繳清之餘額稅款，發單通知納稅義務人，限十日內一次全部繳清；逾期仍未繳納者，移送法院強制執行。

(A) 1. 李先生本期房屋稅 4 萬元，在繳納期限後 90 天才繳納，依稅捐稽徵法規定，應加徵滯納金多少？(102 記帳士)
(A) 6 千元　(B) 1 萬 7 千 6 百元　(C) 1 萬 8 千元　(D) 3 萬 6 千元

（B）2. 依稅捐稽徵法規定，逾期繳納稅捐應加徵滯納金者，每逾二日按滯納數額加徵百分之一滯納金；最遲逾幾日仍未繳納者，移送法院強制執行？（103 高考）
(A) 15 日　(B) 30 日　(C) 45 日　(D) 60 日

貳、稽徵程序

一、納稅文書之通知（稽 #16、#17；稽細 #6）

(一) 繳納通知文書，應載明繳納義務人之姓名或名稱、地址、稅別、稅額、稅率、繳納期限等項，由稅捐稽徵機關填發。

(二) 納稅義務人如發現繳納通知文書有記載、計算錯誤或重複時，於規定繳納期間內，得要求稅捐稽徵機關，查對更正。

(三) 稅捐稽徵機關依本法 #17 規定受理查對更正之案件，逾原限繳日期答復者，應改訂繳納期限。

（C）依稅捐稽徵法之規定，納稅義務人如發現繳納通知文書有計算錯誤時，下列敘述何者正確？（103 地特五等）
(A) 於 2 年時間內，得要求稅捐稽徵機關，查對更正
(B) 於規定繳納期間屆滿之翌日起 30 日內，得要求稅捐稽徵機關，查對更正
(C) 於規定繳納期間內，得要求稅捐稽徵機關，查對更正
(D) 於規定繳納期間屆滿之日起 30 日內，得向稅捐稽徵機關，申請復查

二、稅捐稽徵文書之送達

(一) 開徵前送達

繳納稅捐之文書，稅捐稽徵機關應於該文書所載開始繳納稅捐日期前送達。（稽 #18）

(二) 送達方式（稽 #19）

1. 為稽徵稅捐所發之各種文書，得向納稅義務人之代理人、代表人、經理人或管理人以為送達；
2. 應受送達人在服役中者，得向其父母或配偶以為送達；無父母或配偶者，得委託服役單位代為送達。
3. 為稽徵土地稅或房屋稅所發之各種文書，得以使用人為應受送達人。
4. 納稅義務人為全體公同共有人者，繳款書得僅向其中一人送達；稅捐稽徵機關應另繕發核定稅額通知書並載明繳款書受送達者及繳納期間，於開始繳納稅捐日期前送達全體公同共有人。

5. 但公同共有人有無不明者，得以公告代之，並自黏貼公告欄之翌日起發生效力。
6. 其他送達規定可詳行政訴訟法 #67~#91。

(C) 1. 依稅捐稽徵法規定，下列敘述何者正確？(101 普考)
　　(A)納稅義務人如發現繳納通知文書有計算錯誤，應於繳納期間屆滿之日起 30 日內，向稅捐稽徵機關申請查對更正
　　(B)應受送達人在服役中，無父母或配偶者，得委託戶籍地兵役課代為送達
　　(C)為稽徵土地稅或房屋稅所發之各種文書，得以使用人為應受送達人
　　(D)納稅義務人為全體公同共有人者，繳款書須向全體共有人送達

(C) 2. 依我國稅捐稽徵法之規定，繳納稅捐之文書，稅捐稽徵機關應於何時送達？(102 初考)
　　(A)應於該文書所載繳款截止日之前送達
　　(B)應於開徵前 2 個月內送達
　　(C)應於該文書所載開始繳納稅捐日期前送達
　　(D)應通知納稅義務人至所屬稽徵機關領取稅額核定通知書

(C) 3. 依稅捐稽徵法規定，為稽徵稅捐所發文書之送達認定，下列敘述何者錯誤？(104 高考)
　　(A)為稽徵稅捐之文書，得向納稅義務人之代理人、代表人、經理人或管理人以為送達
　　(B)為稽徵房屋稅之文書，得以使用人為應受送達人
　　(C)應受送達人在服役中者，得向其父母、配偶或兄姊以為送達
　　(D)納稅義務人為全體公同共有人者，繳款書得僅向其中一人送達

參、核課期間

一、何謂核課期間

核課權係指確定納稅義務人納稅義務之權；而核課期間係指稽徵機關對納稅義務人行使其核課權之期間。

稅捐稽徵機關依稅法規定核課稅捐，乃屬行政行為，稅捐核課期間乃行政行為之行為期間，為「不變期間」，逾越核課期間即不得再補稅處罰。

在核課期間內，經另發現應徵之稅捐者，仍應依法補徵或並予處罰。

在核課期間內未經發現者，以後不得再補稅處罰。

立法用意在使稅收安定以維社會秩序，並減少稅務行政負擔。

前述所謂的另外發現的應徵稅捐係指：
1. 稽徵機關、上級監督機關調查發現尚有應繳納之稅捐者。
2. 其他機關函知原處份機關查明，尚有應繳納之稅捐者。
3. 經人檢舉發現尚有應繳納之稅捐者。

二、核課期間的長短（稽 #21）

稅捐之核課期間，依下列規定：

(一) 依法應由納稅義務人申報繳納之稅捐，已在規定期間內申報，且無故意以詐欺或其他不正當方法逃漏稅捐者，其核課期間為**五年**。

(二) 依法應由納稅義務人實貼之印花稅，及應由稅捐稽徵機關依稅籍底冊或查得資料核定課徵之稅捐(指地價稅、田賦、房屋稅、使用牌照稅及查定課徵之營業稅、娛樂稅)，其核課期間為**五年**。

(三) 未於規定期間內申報，或故意以詐欺或其他不正當方法逃漏稅捐者；其核課期間為**七年**。

在前項核課期間內，經另發現應徵之稅捐者，仍應依法補徵或並予處罰，在核課期間內未經發現者，以後不得再補稅處罰。

(C) 1. 依稅捐稽徵法規定，未於規定期間內申報，或故意以詐欺或其他不正當方法逃漏稅捐者，其稅捐之核課期間最長為幾年？(103 高考)
(A) 5 年　(B) 6 年　(C) 7 年　(D) 8 年

(C) 2. 依法應由納稅義務人實貼之印花稅，其核課期間為多少年？(103 身障五等)
(A) 2 年　(B) 3 年　(C) 5 年　(D) 7 年

(C) 3. 假設納稅義務人張三因故延遲至今年 6 月 4 日(星期三)才申報繳納其去年度之綜合所得稅，若未故意以詐術或其他不正當方法逃漏稅捐者，依現行稅捐稽徵法之規定，其核課期間為：(改自 103 身障五等)
(A) 3 年　(B) 5 年　(C) 7 年　(D) 10 年

三、核課期間之起算（稽 #22）

核課期間之起算，依下列規定：

(一) 依法應由納稅義務人申報繳納之稅捐，已在規定期間內申報者，自**申報日**起算。

(二) 依法應由納稅義務人申報繳納之稅捐，未在規定期間內申報繳納者，自**規定申報期間屆滿之翌日**起算。

(三) 印花稅自依法**應貼用印花稅票日**起算。

(四) 由稅捐稽徵機關按稅籍底冊或查得資料核定徵收之稅捐，自該稅捐所屬**徵期屆滿之翌日**起算。

(**A**) 某甲於今年度 5 月 16 日申報辦理前一年度之綜合所得稅結算申報，其核課期間之起算日為下列何日？(**106 初等**)
(A) 5 月 16 日　(B) 5 月 17 日　(C) 5 月 31 日　(D) 6 月 1 日

表 9-2　核課期間性質整理表

性質	說明
定義與立法意旨	核課期間係指稽徵機關對納稅義務人行使其核課權之期間；亦即稽徵機關確定納稅義務人納稅義務之權的期間。 稅捐稽徵機關依稅法規定核課稅捐，乃屬行政行為，稅捐核課期間乃行政行為之行為期間，逾越核課期間即不得再補稅處罰。 在前項核課期間內，經另發現應徵之稅捐者，仍應依法補徵或並予處罰；在核課期間內未經發現者，以後不得再補稅處罰。 立法用意在使稅收安定以維社會秩序，並減少稅務行政負擔。
期間長度	1. 依法應由納稅義務人申報繳納之稅捐，已在規定期間內申報，且無故意以詐欺或其他不正當方法逃漏稅捐者，其核課期間為五年。 2. 依法應由納稅義務人實貼之印花稅，及應由稅捐稽徵機關依稅籍底冊或查得資料核定課徵之稅捐(如地價稅、房屋稅、使用牌照稅及查定課徵之營業稅、娛樂稅)，其核課期間為五年。 3. 未於規定期間內申報，或故意以詐欺或其他不正當方法逃漏稅捐者，其核課期間為七年。
起算日	1. 依法應由納稅義務人申報繳納之稅捐，已在規定期間內申報者，自申報日起算。
起算日	2. 依法應由納稅義務人申報繳納之稅捐，未在規定期間內申報繳納者，自規定申報期間屆滿之翌日起算。 3. 印花稅自依法應貼用印花稅票日起算。 4. 由稅捐稽徵機關按稅籍底冊或查得資料核定徵收之稅捐，自該稅捐所屬徵期屆滿之翌日起算。
期間扣除之適用情況	無扣除核課期間情況之適用

(**D**) 1. 下列關於稅捐核課期間和核課期間之起算規定，何者錯誤？(**103 身障四等**)
(A) 依法應由納稅義務人實貼之印花稅，其核課期間為 5 年
(B) 依法應由納稅義務人申報繳納之稅捐，已在規定期間內申報者，其核課期間自申報日起算

(C)依法應由納稅義務人申報繳納之稅捐，未在規定期間內申報繳納者，其核課期間自規定申報期間屆滿之翌日起算

(D)依法應由納稅義務人申報繳納之稅捐，已在規定期間內申報，且無故意以詐欺或其他不正當方法逃漏稅捐者，其核課期間為 7 年

(D) 2. 依稅捐稽徵法之規定，核課期間之起算，下列敘述何者正確？(103 地特五等)

(A)應由納稅義務人申報繳納之稅捐，未在規定期間內申報者，自申報日起算

(B)應由納稅義務人申報繳納之稅捐，已在規定期間內申報繳納者，自規定申報期間屆滿之翌日起算

(C)印花稅自依法應申報印花稅之日起算

(D)由稅捐稽徵機關按查得資料核定徵收之稅捐，自該稅捐所屬徵期屆滿之翌日起算

(C) 3. 依稅捐稽徵法規定，關於稅捐核課期間之起算，下列敘述何者錯誤？(104 高考)

(A)依法應由納稅義務人申報繳納之稅捐，已在規定期間內申報者，自申報日起算

(B)依法應由納稅義務人申報繳納之稅捐，未在規定期間內申報者，自規定申報期間屆滿之翌日起算

(C)由稅捐稽徵機關按稅籍底冊核定徵收之稅捐，自該稅捐所屬徵期屆滿之日起算

(D)印花稅自依法應貼用印花稅票日起算

肆、徵收期間

一、何謂徵收期間？(避免人民被無限期追討稅賦)

徵收期間又稱徵收時效或追徵時效，係針對已經過核課而確定的稅款，在一段時間之後，稽徵機關仍未徵收者，便喪失徵收稅款之權利，此段期間稱之為徵收期間；意即應課徵的稅捐沒有在徵收期間徵起者，則不得再行徵收。原則是如此，但於徵收期間屆滿前，已移送執行，或已依強制執行法規定聲明參與分配，或已依破產法規定申報債權尚未結案者，不在此限。

二、徵收期間 (稽 #23)

(一) 原則：稅捐之徵收期間為五年，自繳納期間屆滿之翌日起算；應徵之稅捐未於徵收期間徵起者，不得再行徵收。

(二) 例外：但於徵收期間屆滿前，有下列情況者，則仍可徵收：
　　1. 已移送執行
　　2. 已依強制執行法規定聲明參與分配
　　3. 已依破產法規定申報債權尚未結案者
(三) 徵收期間起算日
　　1. 原則：自**繳納期間屆滿之翌日**起算。罰鍰之徵收期間亦自繳納期間屆滿之翌日起算。
　　2. 例外：應徵之稅捐，如有稅捐稽徵法 #10、#25、#26 或 #27 規定情事，以及未依法送達之繳款書等情況，其徵收期間自各該**變更繳納期間屆滿之翌日起算**。
(四) 期間扣除情況
　　納稅義務人已依稽 #35 規定申請復查，暫緩移送強制執行者，或其他法律規定停止稅捐之執行者，第一項徵收期間之計算，**應扣除暫緩執行或停止執行之期間**。
(五) 稅捐之徵收，於徵收期間屆滿前已移送執行者，自徵收期間屆滿之翌日起，五年內未經執行者，不再執行，其於五年期間屆滿前已開始執行，仍得繼續執行；但自五年期間屆滿之日起已逾五年尚未執行終結者，不得再執行。
(六) 本法中華民國九十六年三月五日修正前已移送執行尚未終結之案件，自修正之日起逾五年尚未執行終結者，不再執行。
但截至一百零六年三月四日納稅義務人欠繳稅捐金額達新臺幣一千萬元或執行期間有下列情形之一者，仍得繼續執行，其執行期間不得逾一百十一年三月四日：
　1. 法務部行政執行署所屬各分署依行政執行法 #17 規定，聲請法院裁定拘提或管收義務人確定。
　2. 法務部行政執行署所屬各分署依行政執行法 #17-1 第 1 項規定，對義務人核發禁止命令。
本法中華民國一百零五年十二月三十日修正之條文施行前，有修正施行前第五項第一款情形，於修正施行後欠繳稅捐金額截至一百零六年三月四日未達新臺幣一千萬元者，自一百零六年三月五日起，不再執行。

表 9-3　徵收期間性質整理表

性質	說明
定義與立法意旨	徵收期間又稱徵收時效或追徵時效，係針對已經過核課而確定的稅款，行使徵收權的期間；在該期間內，稅捐稽徵機關要求納稅義務人履行已成立且屆清償期之租稅債務。稅捐徵收權是一種請求權，徵收期間為執行徵收權的期間。應課徵的稅捐沒有在徵收期間徵起者，則不得再行徵收。立法用意在使稅收安定以維社會秩序，並減少稅務行政負擔。

表 14-3　徵收期間性質整理表（續）

性質	說明
期間長度	原則：稅捐之徵收期間為五年，應徵之稅捐未於徵收期間徵起者，不得再行徵收。 例外：於徵收期間屆滿前，已移送法院強制執行，或已依強制執行法規定聲明參與分配，或已依破產法規定申報債權尚未結案者，仍可徵收。

期間起算	原則：自繳納期間屆滿之翌日起算。
	罰鍰之徵收期間亦自繳納期間屆滿之翌日起算。
	例外：應徵之稅捐，如有稽 #10、#25、#26 或 #27 規定情事，以及未依法送達之繳款書等情況，其徵收期間自各該變更繳納期間屆滿之翌日起算。詳細說明如下：
	• **稽 #10**：因天災、事變而遲誤依法所定繳納稅捐期間者，該管稅捐稽徵機關，得視實際情形，延長其繳納期間，並公告之。
	• **稽 #25**：有下列情形之一者，稅捐稽徵機關，對於依法應徵收之稅捐，得於法定開徵日期前稽徵之。但納稅義務人能提供相當擔保者，不在此限：
	  1. 納稅義務人顯有隱匿或移轉財產，逃避稅捐執行之跡象者。
	  2. 納稅義務人於稅捐法定徵收日期前，申請離境者。
	  3. 因其他特殊原因，經納稅義務人申請者。
	納稅義務人受破產宣告或經裁定為公司重整前，應徵收之稅捐而未開徵者，於破產宣告或公司重整裁定時，視為已到期之破產債權或重整債權。
	• **稽 #26**：納稅義務人因天災、事變、不可抗力之事由或為經濟弱勢者，不能於法定期間內繳清稅捐者，得於規定納稅期間內，向稅捐稽徵機關申請延期或分期繳納，其延期或分期繳納之期間，不得逾三年。
	• **稽 #27**：納稅義務人對核准延期或分期繳納之任何一期應繳稅捐，未如期繳納者，稅捐稽徵機關應於該期繳納期間屆滿之翌日起三日內，就未繳清之餘額稅款，發單通知納稅義務人，限十日內一次全部繳清；逾期仍未繳納者，移送法院強制執行。
	• 未依法送達之繳款書，經展延限繳期限後送達者，其徵收期間應自展延後送達之繳納期間屆滿之翌日起算。

期間中斷	依 #39 暫緩移送執行或其他法律規定停止稅捐之執行者，徵收期間之計算，應扣除暫緩執行或停止執行之期間。 據此，徵收期間係自稅捐稽徵機關原核定應納或應補徵稅額之繳納期間屆滿之翌日起算，惟如有暫緩執行或停止執行之原因者，該暫緩執行或停止執行期間可予扣除，即不算入五年徵收期間內。 前述暫緩移送強制執行之規定，包括下列兩種情況： 1. 為納稅義務人對於稅捐稽徵機關核定之應納稅捐已依法申請復查者。 2. 已依法申請復查案件，納稅義務人對復查決定之應納稅額不服，經繳納半數稅額並依法提起訴願者。

進階說明

✪ 核課期間與徵收期間之比較：

　　核課期間是稽徵機關確定納稅義務人的租稅負擔的期間，這中間只要有掌握納稅資訊，即可發單要求納稅義務人繳納租稅。

確認納稅義務，並限定一定的繳納期間，在繳納期間屆滿之翌日起算五年間即為徵收期間。

所以，需先有核課權確認納稅義務，再有後續徵收權的啟動。

✪ 稽徵機關的繳稅通知書，納稅義務人可以不理會、不繳納嗎？稅捐稽徵機關可以追稅追多久？

稽徵機關核發稅單送達納稅義務人之後，若納稅義務人並不理會也不願繳納，則從稅單所載的繳款期間屆滿之翌日起算五年，便是稽徵機關的「徵收期間」。

> 未按期繳稅，首先會有滯納金(逾期繳納稅捐應加徵滯納金者，每逾二日按滯納數額加徵百分之一滯納金)。
> 還是不繳納，便移送法院強制執行(逾三十日仍未繳納者，移送法院強制執行；於徵收期間屆滿前，已移送法院強制執行，仍可徵收)，所以，稅捐稽徵機關將欠稅案件移送法務部行政執行署進行執行後，行政執行署將有五年的「執行期間」，此種狀況之下，「徵收期間」五年加上「執行期間」五年，追稅期間最長可達十年。
> 行政執行署「執行期間」內，如已開始調查程序，或通知納稅義務人到場或自動繳清應納稅額、報告其財產狀態或有其他陳述的執行動作，還可再延五年，等於追稅期間最長為十五年，期滿不得再執行。
> 徵收期間五年的計算，還可以再扣除納稅義務人提起復查，以及納稅義務人依法提起訴願的期間。。

伍、退稅與補稅

一、退稅申請(稽 #28)

(一) 納稅義務人自行適用法令錯誤或計算錯誤溢繳之稅款，得自繳納之日起**五年內**提出具體證明，申請退還；屆期未申請者，不得再行申請。

(二) 納稅義務人因稅捐稽徵機關適用法令錯誤、計算錯誤或其他可歸責於政府機關之錯誤，致溢繳稅款者，稅捐稽徵機關應自知有錯誤原因之日起二年內查明退還，其退還之稅款不以五年內溢繳者為限。

(三) 加計利息：前二項溢繳之稅款，納稅義務人以現金繳納者，應自其繳納該項稅款之日起，至填發收入退還書或國庫支票之日止，按溢繳之稅額，依繳納稅款之日郵政儲金一年期定期儲金固定利率，按日加計利息，一併退還。

本條修正施行前,因第二項事由致溢繳稅款者,適用修正後之規定。

前項情形,稅捐稽徵機關於本條修正施行前已知有錯誤之原因者,二年之退還期間,自本條修正施行之日起算。

(四) 行政救濟退稅:經依復查、訴願或行政訴訟等程序終結決定或判決,應退還稅款者,稅捐稽徵機關應於復查決定,或接到訴願決定書,或行政法院判決書正本後十日內退回;並自納稅義務人繳納該項稅款之日起,至填發收入退還書或國庫支票之日止,按退稅額,依各年度一月一日郵政儲金一年期定期儲金固定利率,按日加計利息,一併退還。(稽 #38)

二、退稅先抵繳積欠 (稽 #29;稽細 #8)

(一) 納稅義務人應退之稅捐,稅捐稽徵機關應先抵繳其積欠。並於扣抵後,應即通知該納稅義務人。

(二) 稅捐稽徵機關依本法 #29 規定,就納稅義務人應退之稅捐抵繳其積欠者,應依下列順序抵繳:
  1. 同一稅捐稽徵機關同一稅目之欠稅。
  2. 同一稅捐稽徵機關同一稅目欠繳之滯納金、滯報金、怠報金、利息及罰鍰。
  3. 同一稅捐稽徵機關其他稅目之欠稅。
  4. 同一稅捐稽徵機關其他稅目欠繳之滯納金、滯報金、怠報金、利息及罰鍰。
  5. 同級政府其他稅捐稽徵機關各項稅目之欠稅。
  6. 同級政府其他稅捐稽徵機關各項稅目欠繳之滯納金、滯報金、怠報金、利息及罰鍰。
  7. 其他各項稅目之欠稅及欠繳之滯納金、滯報金、怠報金、利息及罰鍰。依前項規定抵繳,同一順序應以徵收期間屆至日期在先者先行為之;徵收期間屆至日期相同而分屬不同稅捐稽徵機關管轄者,按各該積欠金額比例抵繳。

納稅義務人欠繳應納稅捐,已逾限繳日期,而於本法 #35 第 1 項第 1 款及第 3 款所定申請復查期間,尚未依法申請復查者,應俟其期間屆滿後,確未申請復查,再依本法 #29 規定辦理退稅抵欠。

三、行政救濟補稅 (稽 #38)

(一) 經依復查、訴願或行政訴訟程序終結決定或判決,應補繳稅款者,稅捐稽徵機關應於復查決定,或接到訴願決定書,或行政法院判決書正本後十日內,填發補繳稅款繳納通知書,通知納稅義務人繳納;並自該項補繳稅款原應繳納期間屆滿之次日起,至填發補繳稅款繳納通知書之日止,按補繳稅額,依各年度一月一日郵政儲金一年期定期儲金固定利率,按日加計利息,一併徵收。

(二) 本條中華民國一百年一月十日修正施行前，經復查、訴願或行政訴訟程序終結，稅捐稽徵機關尚未送達收入退還書、國庫支票或補繳稅款繳納通知書之案件，或已送達惟其行政救濟利息尚未確定之案件，適用修正後之規定。但修正前之規定有利於納稅義務人者，適用修正前之規定。

(B) 1. 納稅義務人自行適用法令錯誤或計算錯誤溢繳之稅款，得自繳納之日起幾年內提出具體證明，申請退還；屆期未申請者，不得再行申請？(102 初考)
(A) 二年　(B) 五年　(C) 十年　(D) 申請退稅時間沒有限制

(B) 2. 因稅捐稽徵機關適用法令錯誤，致納稅義務人溢繳稅款者，稅捐稽徵機關應於多久期間內查明退還？(102 特種三等)
(A) 自知有錯誤原因之日起一年內
(B) 自知有錯誤原因之日起二年內
(C) 納稅義務人申請退稅之日起一個月
(D) 納稅義務人溢繳稅款之日起五年內

(D) 3. 依稅捐稽徵法規定，可歸責於政府機關之錯誤，致溢繳稅款者，其得退還之溢繳稅款以幾年為限？(102 記帳士)
(A) 2 年　(B) 5 年　(C) 7 年　(D) 無限期

(A) 4. 經復查、訴願或行政訴訟程序終結決定或判決，應補繳稅款者，稅捐稽徵機關應於復查決定，或接到訴願決定書，或行政法院判決書正本後十日內，填發補繳稅款繳納通知書，通知納稅義務人繳納；並應按補繳稅額，依哪一年度一月一日郵政儲金一年期定期儲金固定利率，按日加計利息，一併徵收？(103 會計師)
(A) 各年度　　　(B) 原應繳納年度
(C) 判決確定年度　(D) 原復查、訴願或行政訴訟申請年度

(D) 5. 依現行稅捐稽徵法第 28 條有關退稅之規定，下列敘述何者正確？(104 身障四等)
(A) 因稅捐稽徵機關適用法令錯誤，致使納稅義務人溢繳稅款者，納稅義務人應自發現錯誤日起 5 年內申請退還
(B) 納稅義務人自行計算錯誤溢繳之稅款，得自發現之日起 5 年內提出具體證明，申請退還
(C) 納稅義務人溢繳之稅款，按溢繳之稅額，依退還稅款之日郵政儲金 1 年期定期儲金固定利率，按日加計利息，一併退還

(D) 因稅捐稽徵機關計算錯誤，致使納稅義務人溢繳稅款者，稅捐稽徵機關應自知有錯誤原因之日起 2 年內查明退還，其退還之稅款不以 5 年內溢繳者為限。

第四節 稅捐之保全與財產擔保

本節學習重點：
✦ 租稅保全的做法有哪些？何時適用？

壹、稅捐之保全 (稽 #24)

一、不得移轉或設定他項權利，限制減資或或註銷登記

納稅義務人欠繳應納稅捐者，稅捐稽徵機關得就納稅義務人相當於應繳稅捐數額之財產，通知有關機關，不得為移轉或設定他項權利。

納稅義務人為營利事業者，欠繳應納稅捐者，得通知主管機關限制其減資或註銷登記。

二、實施假扣押

(一) **要件**：欠繳應納稅捐之納稅義務人，有隱匿或移轉財產、逃避稅捐執行之跡象者。
(二) **執行方式**：稅捐稽徵機關得聲請法院就其財產實施假扣押，並免提供擔保。但納稅義務人已提供相當財產擔保者，不在此限。

三、限制出境

(一) **所欠稅額達一定金額以上**：納稅義務人欠繳稅款及已確定罰鍰單計或合計達得限制出境金額者，或其在行政救濟程序終結前欠繳稅捐（不含罰鍰）單計達得限制出境金額者。
(二) **執行方式**：得由財政部函請內政部入出國及移民署限制其出境；其為營利事業者，得限制其負責人出境。

財政部函請內政部入出國及移民署限制出境時，應同時以書面敘明理由並附記救濟程序通知當事人，依法送達。

稅捐稽徵機關未執行 (1) 禁止財產移轉或設定他項權利，限制營利事業減資或註銷登記；或 (2) 聲請法院就其財產實施假扣押之規定者。

財政部不得依前述規定函請內政部入出國及移民署限制出境。

(三) **排除適用**：但已提供相當擔保者，應解除其限制。

(四) **限制出境期間**：自內政部入出國及移民署限制出境之日起，不得逾五年。

(五) **限制出境之解除**：
  1. 限制出境已逾前項所定五年期間者。
  2. 已繳清全部欠稅及罰鍰，或向稅捐稽徵機關提供欠稅及罰鍰之相當擔保者。
  3. 經行政救濟及處罰程序終結，確定之欠稅及罰鍰合計金額未滿第三項所定之標準者。
  4. 欠稅之公司組織已依法解散清算，且無賸餘財產可資抵繳欠稅及罰鍰者。
  5. 欠稅人就其所欠稅款已依破產法規定之和解或破產程序分配完結者。

表 9-4　限制出境之金額起算表　　　　　　　　　　單位：新台幣

	個人	營利事業
已確定之應納稅捐逾法定繳納期限尚未繳納完畢，所欠繳稅款及已確定之罰鍰單計或合計	100 萬元以上	200 萬元以上
已提起行政救濟其程序尚未終結前，各案欠繳稅捐金額（罰鍰不計入）	150 萬元以上	300 萬元以上

據「限制欠稅人或欠稅營利事業負責人出境規範」所整理之限制出境規範

個人			營利事業		
欠繳金額（新臺幣）		限制出境條件	欠繳金額（新臺幣）		限制出境條件
已確定	未確定		已確定	未確定	
一百萬元以上未達三百萬元	一百五十萬元以上未達四百五十萬元	中華民國境內居住之個人欠繳金額已達左列金額且隱匿或處分財產，有規避稅捐執行之虞者，限制其出境。	二百萬元以上未達六百萬元	三百萬元以上未達九百萬元	中華民國境內之營利事業欠繳金額已達左列金額且隱匿或處分財產，有規避稅捐執行之虞者，限制其負責人出境。

個人			營利事業		
欠繳金額（新臺幣）		限制出境條件	欠繳金額（新臺幣）		限制出境條件
已確定	未確定		已確定	未確定	
三百萬元以上未達一千萬元	四百五十萬元以上未達一千五百萬元	中華民國境內居住之個人欠繳金額已達左列金額且有下列情形之一者，限制其出境： (一)出國頻繁。 (二)長期滯留國外。 (三)行蹤不明。 (四)隱匿或處分財產，有規避稅捐執行之虞。	六百萬元以上未達二千萬元	九百萬元以上未達三千萬元	中華民國境內之營利事業欠繳金額已達左列金額且有下列情形之一者，限制其負責人出境： (一)非屬正常營業之營利事業。 (二)營利事業負責人出國頻繁。 (三)營利事業負責人長期滯留國外。 (四)營利事業負責人行蹤不明。 (五)隱匿或處分財產，有規避稅捐執行之虞。
一千萬元以上	一千五百萬元以上	中華民國境內居住之個人有下列情形之一者，限制其出境： (一)欠繳金額已達左列金額。 (二)出國頻繁。 (三)長期滯留國外。 (四)行蹤不明。 (五)隱匿或處分財產，有規避稅捐執行之虞。	二千萬元以上	三千萬元以上	中華民國境內之營利事業有下列情形之一者，限制其負責人出境： (一)欠繳金額已達左列金額。 (二)非屬正常營業之營利事業。 (三)營利事業負責人出國頻繁。 (四)營利事業負責人長期滯留國外。 (五)營利事業負責人行蹤不明。 (六)隱匿或處分財產，有規避稅捐執行之虞。

四、提前開徵（稽 #25）

(一) **適用情況**：有下列情形之一者，依法應徵之稅捐得於法定開徵日期前稽徵之。
　　1. 納稅義務人顯有隱匿或移轉財產，逃避稅捐執行之跡象者。
　　2. 納稅義務人於稅捐法定徵收日期前，申請離境者。
　　3. 因其他特殊原因，經納稅義務人申請者。
(二) **排除適用**：納稅義務人能提供相當擔保者。
(三) 納稅義務人受破產宣告或經裁定為公司重整前，應徵收之稅捐而未開徵者，於破產宣告或公司重整裁定時，視為已到期之破產債權或重整債權。

（**C**）1. 有關稅捐之保全及強制執行，下列何者錯誤？（104 高考）
　　(A) 納稅義務人欠繳應納稅捐者，稅捐機關得就其應繳稅額，通知有關機關，不得為移轉或設定他項權利
　　(B) 營利事業欠繳應納稅捐者，得通知有關機關，限制其減資或註銷之登記
　　(C) 納稅義務人欠繳應納稅捐，有隱匿或移轉財產或逃避稅捐執行之跡象者，納稅義務人已提供財產擔保時，得實施假扣押
　　(D) 營利事業欠繳應納稅捐且逾法定繳納期限者，在新臺幣 200 萬元以上，得由財政部函請內政部移民署限制負責人出境

（**C**）2. 在中華民國境內之營利事業，其已確定之應納稅捐逾法定繳納期限尚未繳納完畢，所欠繳稅款及已確定之罰鍰單計或合計，在新臺幣多少元以上者得由財政部函請內政部移民署限制其負責人出境？（104 普考）
　　(A) 100 萬元　(B) 150 萬元　(C) 200 萬元　(D) 300 萬元

（**B**）3. 納稅義務人如有欠繳稅捐，稅捐稽徵機關得作為之行政處分，依稅捐稽徵法規定，下列敘述何者錯誤？（105 初等）
　　(A) 聲請法院就其財產實施假扣押
　　(B) 函請內政部警政署限制其出境
　　(C) 移送法務部行政執行署強制執行
　　(D) 通知有關機關，不得為財產移轉或設定他項權利

表 9-5　稽徵機關對個人與營利事業欠稅之租稅保全方式與順序

	順序	保全方式
個人	1	就納稅義務人相當於應繳稅捐數額之財產，通知有關機關，不得為移轉或設定他項權利
	2	聲請法院就其財產實施假扣押（或提前開徵），並免提供擔保 （納稅義務人有隱匿或移轉財產、逃避稅捐執行之跡象者）
	3	限制出境 （一定金額以上者）
營利事業	1	通知主管機關限制其減資或註銷登記
	2	相當於應繳稅捐數額之財產，通知有關機關，不得為移轉或設定他項權利
	3	聲請法院就其財產實施假扣押（或提前開徵），並免提供擔保 （納稅義務人有隱匿或移轉財產、逃避稅捐執行之跡象者）
	4	限制負責人出境 （一定金額以上者）

貳、相當財產之擔保（稽 #11-1）

本法所稱相當擔保，係指相當於擔保稅款之下列擔保品：
1. 黃金，按九折計算，經中央銀行掛牌之外幣、上市或上櫃之有價證券，按八折計算。
2. 政府發行經規定可十足提供公務擔保之公債，按面額計值。
3. 銀行存款單摺，按存款本金額計值。
4. 易於變價、無產權糾紛且能足額清償之土地或已辦妥建物所有權登記之房屋。
5. 其他經財政部核准，易於變價及保管，且無產權糾紛之財產。

前項第一款、第四款與第五款擔保品之計值、相當於擔保稅款之認定及其他相關事項之辦法，由財政部定之。

(D) 1. 依現行稅捐稽徵法規定，納稅義務人欠繳應納營業稅時，若能提供相當財產擔保，則可免被稅捐稽徵機關聲請法院就其財產實施假扣押。下列何者不符合相當擔保之規定？（102 會計師）
(A) 累積留抵稅額　(B) 黃金　(C) 公債　(D) 機器設備

(D) 2. 依稅捐稽徵法規定，所稱擔保稅款擔保品之相當擔保，下列何項正確？（102 記帳士）
(A) 核准上市之有價證券，按七折計算
(B) 黃金，按八折計算
(C) 經中央銀行掛牌之外幣，按九折計算
(D) 銀行存款單摺，按存款本金額計值

(**C**) 3. 有關稅捐稽徵法所稱相當擔保之敘述，下列何者錯誤？(103 身障五等)
　　(A) 黃金按 9 折計算
　　(B) 經中央銀行掛牌之外幣按 8 折計算
　　(C) 核准上市之有價證券按當天的收盤價計算
　　(D) 銀行存款單摺按存款本金額計值

(**A**) 4. 稅捐稽徵法所稱相當擔保，不包括下列何項擔保品？(103 會計師)
　　(A) 應收帳款　(B) 黃金　(C) 公債　(D) 銀行存款

(**A**) 5. 稅捐稽徵法所稱之相當擔保，關於相當於擔保稅款之擔保品，下列敘述何者正確？(104 高考)
　　(A) 核准上市之有價證券，按八折計算
　　(B) 經中央銀行掛牌之外幣，按九折計算
　　(C) 黃金，按八折計算
　　(D) 銀行存單，按存款本金加計利息計算

第五節　調查、搜查及保密

本節學習重點：
✦ 稽徵機關調查與搜查之方法
✦ 課稅資料之保密與例外

壹、調查及搜索

一、調查 (稽 #30)

(一) 調查之配合
　　1. 稅捐稽徵機關或財政部賦稅署指定之調查人員，為調查課稅資料，得向有關機關、團體或個人進行調查，要求提示帳簿、文據或其他有關文件，或通知納稅義務人，到達其辦公處所備詢，被調查者不得拒絕。
　　2. 前項調查，不得逾課稅目的之必要範圍。

(二) 被調查者以調查人員之調查為不當者，得要求調查人員之服務機關或其上級主管機關為適當之處理。

(三) 納稅義務人及其他關係人提供帳簿、文據時，該管稽徵機關或財政部賦稅署應掣給收據，除涉嫌違章漏稅者外，應於帳簿、文據提送完全之日起，七日內發還之；其

有特殊情形，經該管稽徵機關或賦稅署首長核准者，得延長發還時間七日。
(四) **出示證明文件**：稅捐稽徵機關或財政部指定之調查人員依法執行公務時，應出示有關執行職務之證明文件；其未出示者，被調查者得拒絕之。(稽 #32)

二、搜查 (稽 #31)

(一) **適用案件**：稅捐稽徵機關對逃漏所得稅及營業稅涉有犯罪嫌疑之案件辦理。
(二) **進行方式**：稅捐稽徵機關得敘明事由，聲請當地司法機關簽發搜索票後，會同當地警察或自治人員，進入藏置帳簿、文件或證物之處所，實施搜查；搜查時非上述機關人員不得參與。
(三) 司法機關接到稽徵機關前項聲請時，如認有理由，應儘速簽發搜索票；稽徵機關應於搜索票簽發後十日內執行完畢，並將搜索票繳回司法機關。其他有關搜索及扣押事項，準用刑事訴訟法之規定。
(四) **證物處理**：經搜索獲得有關帳簿、文件或證物，統由參加搜查人員，會同攜回該管稽徵機關，依法處理。

> (C) 1. 依稅捐稽徵法第 31 條規定，稅捐稽徵機關對逃漏下列何種稅目，涉有犯罪嫌疑之案件，得聲請當地司法機關進行搜索？(103 會計師)
> (A) 所得稅及遺產稅　(B) 營業稅及遺產稅
> (C) 所得稅及營業稅　(D) 土地稅及房屋稅

貳、課稅資料之保密 (稽 #33)

(一) 稅捐稽徵人員對於納稅義務人之財產、所得、營業、納稅等資料，除對下列人員及機關外，應絕對保守秘密：
1. 納稅義務人本人或其繼承人。
2. 納稅義務人授權代理人或辯護人。
3. 稅捐稽徵機關。
4. 監察機關。(對稅捐稽徵機關所提供第一項之資料，不得另作其他目的使用，如有洩漏，準用稽 #43 洩漏秘密之規定)
5. 受理有關稅務訴願、訴訟機關。(對稅捐稽徵機關所提供第一項之資料，不得另作其他目的使用，如有洩漏，準用稽 #43 洩漏秘密之規定)
6. 依法從事調查稅務案件之機關。(對稅捐稽徵機關所提供第一項之資料，不得另作其他目的使用，如有洩漏，準用稽 #43 洩漏秘密之規定)
7. 經財政部核定之機關與人員。(對稅捐稽徵機關所提供第一項之資料，不得另作其他目的使用，如有洩漏，準用稽 #43 洩漏秘密之規定)

8. 債權人已取得民事確定判決或其他執行名義者。(對稅捐稽徵機關所提供第一項之資料,不得另作其他目的使用,如有洩漏,準用稽#43洩漏秘密之規定)
(二) 稅捐稽徵機關對其他政府機關、學校與教研人員、學術研究機構與研究人員、民意機關與民意代表等為統計、教學、研究與監督目的而供應資料,並不洩漏納稅義務人之姓名或名稱,且符合政府資訊公開法規定者,不受前項之限制。

參、公告納稅人姓名——保密之例外 (稽 #34)

財政部或經其指定之稅捐稽徵機關,對重大欠稅案件或重大逃漏稅捐案件經確定後,得公告其欠稅人或逃漏稅捐人姓名或名稱與內容,不受稽#33第一項限制。

財政部或經其指定之稅捐稽徵機關,對於納稅額較高之納稅義務人,得經其同意,公告其姓名或名稱,並予獎勵;其獎勵辦法,由財政部定之。

第一項所稱確定,係指下列各種情形:
1. 經稅捐稽徵機關核定之案件,納稅義務人未依法申請復查者。
2. 經復查決定,納稅義務人未依法提起訴願者。
3. 經訴願決定,納稅義務人未依法提起再訴願者。
4. 經再訴願決定,納稅義務人未依法提行政訴訟者。
5. 經行政訴訟判決者。

(**C**) 稅捐稽徵法對納稅義務人之財產、所得、營業及納稅等課稅資料,有關「保密」之規定,下列敘述何者正確?(103會計師)
　　(A)對所有人員及機關,應絕對保守秘密,違者應予處分
　　(B)稅捐稽徵機關對其他政府機關為統計目的,可提供資料並洩漏納稅義務人之姓名或名稱
　　(C)經財政部核定獲得租稅資訊之政府機關或人員不可就其所獲取之租稅資訊,另作其他目的使用
　　(D)財政部對重大欠稅案件或重大逃漏稅捐案件經確定後,仍不得公告欠稅人之姓名與內容

第六節 租稅行政救濟

本節學習重點:
✦ 租稅行政救濟的程序以及申請期限
✦ 復查與更正之差別

納稅義務人對於核定稅捐的處份如有不服，可以循租稅行政救濟的途徑，進行申訴。行政救濟的步驟依序為：

復查 ➔ 訴願 ➔ 行政訴訟（第一審）➔ 行政訴訟（第二審）

(B) 1. 納稅義務人對於核定稅捐之處分不服時，得依法提起行政救濟，有關行政救濟之順序何者正確？(103 高考)
(A) 查對更正→復查→訴願→再訴願→行政訴訟　(B) 復查→訴願→行政訴訟
(C) 查對更正→復查→訴願→行政訴訟　(D) 訴願→復查→行政訴訟

(C) 2. 下列何者不是現行稅捐稽徵法規定納稅義務人行政救濟程序的方法之一？(104 初等)
(A) 復查　(B) 訴願　(C) 再訴願　(D) 行政訴訟

壹、復查 (稽 #35)

一、採行時機

納稅義務人對於核定稅捐之處分如有不服，應依規定格式，敘明理由，連同證明文件提出復查。

二、相關程序之法律依據

復查的程序，優先適用稅捐稽徵法。

三、提出時限

1. 依核定稅額通知書所載有應納稅額或應補徵稅額者，應於繳款書送達後，於繳納期間屆滿之翌日起三十日內，申請復查。
2. 依核定稅額通知書所載無應納稅額或應補徵稅額者，應於核定稅額通知書送達之翌日起三十日內，申請復查。
3. 依 #19 第 3 項規定受送達核定稅額通知書或以公告代之者，應於核定稅額通知書或公告所載應納稅額或應補徵稅額繳納期間屆滿之翌日起三十日內，申請復查。
4. 納稅義務人或其代理人，因天災事變或其他不可抗力之事由，遲誤申請復查期間者，於其原因消滅後一個月內，得提出具體證明，申請回復原狀。但遲誤申請復查期間已逾一年者，不得申請。
   前項回復原狀之申請，應同時補行申請復查期間內應為之行為。
5. 若對加徵滯納金之行政處分不服者，應於應繳滯納金之期間屆滿之翌日起算三十日提出申請。

四、向誰提出

原核定稅捐處分之稽徵機關。

五、稽徵機關作成復查決定之期限

(一) 稅捐稽徵機關對有關復查之申請，應於接到申請書之翌日起二個月內復查決定，並作成決定書，通知納稅義務人；

(二) 納稅義務人為全體公同共有人者，稅捐稽徵機關應於公同共有人最後得申請復查之期間屆滿之翌日起二個月內，就分別申請之數宗復查合併決定。

(三) 前項期間屆滿後，稅捐稽徵機關仍未作成決定者，納稅義務人得逕行提起訴願。

(A) 1. 納稅義務人對稽徵機關所核定之稅捐若有不服時，應先：(101 地特五等)
   (A) 申請復查　(B) 提出抗告　(C) 提起訴願　(D) 提出行政訴訟

(B) 2. 依稅捐稽徵法規定，稽徵機關對有關復查之申請，如於接到申請書之翌日起最遲多久期間內，未作成決定，納稅義務人即得逕行提起訴願？(103 高考)
   (A) 一個月　(B) 二個月　(C) 三個月　(D) 六個月

(B) 3. 依稅捐稽徵法之規定，納稅義務人除為全體公同共有人者外，稅捐稽徵機關對有關復查之申請，應於多久期間內復查決定，並作成決定書，通知納稅義務人？(103 地特五等)
   (A) 於納稅義務人申請之日起 2 個月內
   (B) 於接到申請書之翌日起 2 個月內
   (C) 於接到申請書之翌日起 3 個月內
   (D) 於納稅義務人最後申請復查之期間屆滿之翌日起 2 個月內

(C) 4. 老李於民國今年 4 月 20 日收到財政部國稅局核定應補繳綜合所得稅 5 萬元之核定通知書及繳款書，其繳款書上之限繳日期為民國今年 4 月 27 日至 5 月 8 日，老李因不服財政部國稅局之核定稅額，應於何時提出申請行政救濟？(改自 104 高考)
   (A) 應於今年 5 月 20 日前提出復查申請
   (B) 應於今年 5 月 20 日前提出訴願申請
   (C) 應於今年 6 月 7 日前提出復查申請
   (D) 應於今年 6 月 7 日前提出訴願申請

貳、訴願

一、採行時機
(一) 納稅義務人對稅捐稽徵機關之復查決定如有不服，得依法提起訴願。
(二) 稅捐稽徵機關對有關復查之申請，於期限二個月的期限，未作成決定者，納稅義務人得逕行提起訴願。

二、相關程序之法律依據
訴願的程序，適用訴願法。

三、提出時限與條件
(一) 訴願之提起，應自行政處分達到或公告期滿之次日起三十日內為之，即收到復查決定書之次日起算三十日內，依據訴願法 #56 規定，繕具訴願書載明相關資料，並將訴願書正、副本經由原行政處分機關，向財政部提起訴願。而且以原行政處分機關或受理訴願機關收受訴願書之日期為準，而非訴願書寄發或付郵日期為準。
(二) 繳交復查決定之應納稅額半數，方可暫緩移送強制執行
　　1. 對復查決定的應納稅額應繳納半數；
　　2. 納稅義務人若繳納半數稅額有困難，經稅捐稽徵機關核准，可提供相當擔保；
　　3. 繳納半數稅額及提供相當擔保都有困難者，稅捐稽徵機關可就復查決定納稅義務人應納稅額中的財產，通知相關機關，不可移轉或設定他項權利。
(三) 訴願人因天災或其他不應歸責於己之事由，致遲誤前條之訴願期間者，於其原因消滅後十日內，得以書面敘明理由向受理訴願機關申請回復原狀。但遲誤訴願期間已逾一年者，不得為之。申請回復原狀，應同時補行期間內應為之訴願行為。

四、向誰提出
1. 地方稅：向縣市政府（直轄市政府）提起訴願。
2. 國稅：向財政部提起訴願。

五、訴願決定
訴願之決定，自收受訴願書之次日起，應於三個月內為之；必要時，得予延長，並通知訴願人及參加人。延長以一次為限，最長不得逾二個月。

(C) 1. 下列何者不是現行稅捐稽徵法規定納稅義務人行政救濟程序的方法之一？
　　（104 初等）
　　(A)復查　(B)訴願　(C)再訴願　(D)行政訴訟

(C) 2. 納稅義務人對稅捐稽徵機關之復查決定如有不服，得於接獲復查決定書之次日起幾日內，依訴願法之規定提起訴願？(104 初等)
(A) 7 日　(B) 15 日　(C) 30 日　(D) 60 日

(C) 3. 張先生因遺產稅補稅案件申請復查，嗣後遭原查機關駁回，試問依稅捐稽徵法及相關法律規定，張先生應向下列哪一機關提起訴願？(101 特種四等)
(A) 國稅局總局　(B) 高等行政法院
(C) 財政部訴願會　(D) 各縣市政府訴願會

參、行政訴訟

一、採行時機
(一) 納稅義務人對訴願機關作成之決定不服，得依法提起行政訴訟。
(二) 訴願機關對有關訴願之申請，自收受訴願書之次日起，三個月內未作成決定；或延長訴願決定期間逾二個月，仍未作成決定者。

二、相關程序之法律依據
行政訴訟的程序，適用行政訴訟法。

三、提出時限與條件
納稅義務人於訴願決定書送達次日起，二個月內提出行政訴訟。

四、採行方式
行政訴訟可以分為簡易行政事件(簡易訴訟程序)以及普通行政事件(通常訴訟程序)。

(一) 簡易行政事件
　　1. 適用條件：
　　　(1) 關於稅捐課徵事件涉訟，所核課之稅額在新臺幣四十萬元以下者。
　　　(2) 因不服行政機關所為新臺幣四十萬元以下罰鍰處分而涉訟者。
　　2. 程序
　　　(1) 第一審(事實審)：地方法院行政訴訟庭
　　　　　地方法院判決書送達後 20 日內可向高等行政法院提起上訴，逾期則判決確定。
　　　(2) 第二審(法律審)：高等行政法院
　　　　　收到高等行政法院判決書後，判決確定。

(二) 普通行政事件

1. 適用條件：

   不適用簡易行政事件者。

2. 程序

   (1) 第一審(事實審)：高等行政法院

   高等行政法院判決書送達後 20 日內可向最高行政法院提起上訴，逾期則判決確定。

   (2) 第二審(法律審)：最高行政法院

   收到最高行政法院判決書後，判決確定。

表 9-6　內地稅行政救濟受理機關與申請期限

行政救濟	受理機關		申請期限	決定期限
復查	國稅	各該轄區國稅局	繳納期限屆滿之翌日起算 30 日內	二個月
	地方稅	直轄市稅捐稽徵處 各縣市稅捐稽徵處		
訴願	國稅	財政部	收到復查決定書次日起 30 日內	三個月。 必要時得延長二個月
	地方稅	直轄市政府 各縣市政府		
行政訴訟一審	國稅	高等行政法院或 地方法院之行政訴訟庭	收到訴願決定書後二個月內	
	地方稅			
行政訴訟二審	國稅	最高行政法院或 高等行政法院	收到高等行政法院，或地方法院之行政訴訟庭判決書後 20 日內	
	地方稅			

肆、復查與更正之差別

一、適用情況不同

1. 復查是對徵納雙方認定課稅內容有爭議，或引用法條不同所造成。
2. 更正是因記載或計算錯誤以及重複而產生。

二、行使期限不同

1. 復查須於繳納期限屆滿翌日起算三十日或核定稅額通知書送達後三十日內申請復查。
2. 更正須於繳納期限內為之。

(C) 1. 依稅捐稽徵法第 17 條規定，納稅義務人如發現繳納通知文書有計算錯誤時，得於規定繳納期間內，要求稽徵機關做下列何行為？(102 記帳士)
(A)復查 (B)訴願 (C)查對更正 (D)行政訴訟

(A) 2. 孫先生收到稅款繳納通知書，發現部分內容記載有誤，可循何種途徑解決？(103 身障五等)
(A)要求查對更正 (B)申請復查 (C)提起訴願 (D)提起行政訴訟

伍、國外輸入貨物的徵收及行政救濟

稽 #35-1：國外輸入之貨物，由海關代徵之稅捐，其徵收及行政救濟程序，準用關稅法及海關緝私條例之規定辦理。

第七節 強制執行與罰則

本節學習重點：
+ 強制執行的實施以及暫緩
+ 稅捐稽徵之罰則

壹、強制執行 (稽 #39、#40)

(一) **移送強制執行的情況**：納稅義務人應納稅捐，於繳納期間屆滿三十日後仍未繳納者，由稅捐稽徵機關移送強制執行。

(二) **暫緩強制執行**：
1. 納稅義務人已依 #35 規定申請復查者，暫緩移送強制執行。
2. 納稅義務人對復查決定之應納稅額繳納半數，並依法提起訴願者。
3. 納稅義務人依前款規定繳納半數稅額確有困難，經稅捐稽徵機關核准，提供相當擔保者。
4. 納稅義務人依前二款規定繳納半數稅額及提供相當擔保確有困難，經稅捐稽徵機關依 #24 第 1 項規定，已就納稅義務人相當於復查決定應納稅額之財產，通知有關機關，不得為移轉或設定他項權利者。

(三) 本條中華民國一百零二年五月十四日修正施行前，經依復查決定應補繳稅款，納稅義務人未依前項第一款或第二款規定繳納或提供相當擔保，稅捐稽徵機關尚未移送強制執行者，適用修正後之規定。

(四) 稅捐稽徵機關，認為移送法院強制執行不當者，得向法院撤回。已在執行中者，應即聲請停止執行。

(B) 1. 依現行稅捐稽徵法規定，納稅義務人應納稅捐在下列何種情況下，應由稅捐稽徵機關移送法院強制執行？(102 會計師)
(A) 已依規定申請復查者
(B) 於繳納期間屆滿 30 日後仍未繳納者
(C) 納稅義務人對復查決定之應納稅額繳納半數，並依法提起訴願者
(D) 繳納半數稅額確有困難，經稽徵機關核准，提供相當擔保者

(C) 2. 納稅義務人有下列哪一種情況時，將由稅捐稽徵機關移送強制執行？(103 高考)
(A) 於稅捐繳納期間屆滿 30 日內始依法申請復查
(B) 申請復查時未繳納應納稅額之半數
(C) 提起訴願時，對復查決定之應納稅額未繳納半數或提供相當擔保者
(D) 提起行政訴訟時，對訴願決定之應納稅額未繳清或提供相當擔保者

貳、免罰 (稽 #48-1)

一、自動補稅可加息免罰

(一) 納稅義務人自動向稅捐稽徵機關補報並補繳所漏稅款者，凡屬未經檢舉、未經稅捐稽徵機關或財政部指定之調查人員進行調查之案件，下列之處罰一律免除；其涉及刑事責任者，並得免除其刑：
  1. #41 至 #45 之處罰。
  2. 各稅法所定關於逃漏稅之處罰。

此項補繳之稅款，應自該項稅捐原繳納期限截止之次日起，至補繳之日止，就補繳之應納稅捐，依原應繳納稅款期間屆滿之日郵政儲金匯業局之一年期定期存款利率按日加計利息，一併徵收。

(二) 營利事業應保存憑證而未保存，如已給與或取得憑證且帳簿記載明確，不涉及逃漏稅捐，於稅捐稽徵機關裁處或行政救濟程序終結前，提出原始憑證或取得與原應保存憑證相當之證明者，免依 #44 規定處罰；其涉及刑事責任者，並得免除其刑。

(B) 1. 依據稅捐稽徵法第 48 條之 1 規定，對納稅義務人符合條件之逃漏稅案件可以補稅並加計利息但免除其所有處罰。下列何者非屬第 48 條之 1 規定之條件？（103 五等）
(A) 需屬未經檢舉之案件
(B) 需屬情節輕微，或漏稅在一定金額以下者
(C) 屬未經稽徵機關或財政部指定之調查人員進行調查之案件
(D) 納稅義務人需自動向稅捐稽徵機關補報並補繳所漏稅款

(D) 2. 依稅捐稽徵法規定，納稅義務人自動向稅捐稽徵機關補報並補繳所漏稅款者，凡屬未經檢舉、未經稽徵機關或財政部指定之調查人員進行調查之案件，得免除之處罰或負擔，不包括下列何者？（103 身障五等）
(A) 有期徒刑　(B) 滯納金　(C) 罰鍰　(D) 利息

二、情節輕微免罰（稽 #48-2）

依本法或稅法規定應處罰鍰之行為，其情節輕微，或漏稅在一定金額以下者，得減輕或免予處罰。

前項情節輕微、金額及減免標準，由財政部擬訂，報請行政院核定後發布之。依據此，財政部訂有「稅務違章案件減免處罰標準」。

參、罰則

一、逃漏稅

(一) 納稅義務人以詐術或其他不正當方法逃漏稅捐者，處五年以下有期徒刑、拘役或科或併科新台幣六萬元以下罰金。（稽 #41）

(二) 代徵人或扣繳義務人以詐術或其他不正當方法匿報、短報、短徵或不為代徵或扣繳稅捐者，處五年以下有期徒刑、拘役或科或併科新台幣六萬元以下罰金。
代徵人或扣繳義務人侵占已代繳或已扣繳之稅捐者，亦同。（稽 #42）

(三) 教唆或幫助犯 #41 或 #42 之罪者，處三年以下有期徒刑、拘役或科新台幣六萬元以下罰金。

(四) 稅務人員、執行業務之律師、會計師或其他合法代理人犯前項之罪者，加重其刑至二分之一。

(五) 稅務稽徵人員違反 #33 規定者，處一萬元以上五萬元以下罰鍰。（稽 #43）

二、未給予或未取得及未保存憑證

(一) 依稅法規定應自他人取得之憑證及給予他人憑證之存根或副本應保存五年。(稽 #11)

(二) 營利事業依法規定應給與他人憑證而未給與，應自他人取得憑證而未取得，或應保存憑證而未保存者，應就其未給與憑證、未取得憑證或未保存憑證，經查明認定之總額，處百分之五罰鍰。

(三) 但營利事業取得非實際交易對象所開立之憑證，如經查明確有進貨事實及該項憑證確由實際銷貨之營利事業所交付，且實際銷貨之營利事業已依法處罰者，免予處罰。前項處罰金額最高不得超過新臺幣一百萬元。(稽 #44)

(C) 1. 乙公司今年 7 月 31 日向使用統一發票之甲公司進貨，進貨金額為 3,000 萬元，甲公司未依規定開立統一發票，卻開立普通收據給乙公司作為憑證，而乙公司未提出扣抵其銷項稅額，以乙公司此項行為，依稅捐稽徵法第 44 條規定，下列敘述何者正確？(改自 103 地特五等)
(A) 未扣抵其銷項稅額免罰
(B) 其進貨金額處 5% 罰鍰為 150 萬元
(C) 其進貨金額處 5% 罰鍰，但最高不得超過 100 萬元，本案處罰鍰為 100 萬元
(D) 其所漏稅額處 5% 罰鍰，但最高不得超過 100 萬元

(B) 2. 稅捐稽徵法規定，稅務人員、執行業務之律師、會計師或其他合法代理人教唆或幫助他人以詐術或其他不正當方法逃漏稅捐者，關於其處罰之敘述下列何者正確？(106 初等)
(A) 其刑責與逃漏稅捐的納稅義務人相同
(B) 與一般的教唆或幫助他人逃漏稅捐者相較，加重其刑至 1/2
(C) 其刑責為逃漏稅捐的納稅義務人之 1.5 倍
(D) 其刑責為逃漏稅捐的納稅義務人之 2 倍

三、未設置帳簿 (稽 #45)

依規定應設置帳簿而不設置，或不依規定記載者，處新臺幣三千元以上七千五百元以下罰鍰，並應通知限於一個月內依規定設置或記載；期滿仍未依照規定設置或記載者，處新臺幣七千五百元以上一萬五千元以下罰鍰，並再通知於一個月內依規定設置或記載；期滿仍未依照規定設置或記載者，應予停業處分，至依規定設置或記載帳簿時，始予復業。

依規定應驗印之帳簿，未於規定期限內送請主管稽徵機關驗印者，除通知限期補辦

外,處新臺幣一千五百元以上一萬五千元以下罰鍰；逾期仍未補辦者,得連續處罰至補辦為止。

不依規定保存帳簿或無正當理由而不將帳簿留置於營業場所者,處新臺幣一萬五千元以上六萬元以下罰鍰。

四、拒絕調查 (稽 #46)

拒絕稅捐稽徵機關或財政部賦稅署指定之調查人員調查,或拒不提示有關課稅資料、文件者,處新臺幣三千元以上三萬元以下罰鍰。

納稅義務人經稅捐稽徵機關或財政部賦稅署指定之調查人員通知到達備詢,納稅義務人本人或受委任之合法代理人,如無正當理由而拒不到達備詢者,處新臺幣三千元以下罰鍰。

五、罰則的適用對象 (稽 #47)

本法關於納稅義務人、扣繳義務人及代徵人應處徒刑之規定,於下列之人適用之：
1. 公司法規定之公司負責人。
2. 民法或其他法律規定對外代表法人之董事或理事。
3. 商業登記法規定之商業負責人。
4. 其他非法人團體之代表人或管理人。

前項規定之人與實際負責業務之人不同時,以實際負責業務之人為準。

六、逃漏情節重大者 (稽 #48)

納稅義務人逃漏稅捐情節重大者,除依有關稅法規定處理外,財政部應停止並追回其違章行為所屬年度享受租稅優惠之待遇。

納稅義務人違反環境保護、勞工、食品安全衛生相關法律且情節重大,租稅優惠法律之中央主管機關應通知財政部停止並追回其違章行為所屬年度享受租稅優惠之待遇。

七、罰鍰 (稽 #50-2、#50-4；稽細 #15)

(一) 依本法或稅法規定應處罰鍰者,由主管稽徵機關處分之,不適用稅法處罰程序之有關規定,受處分人如有不服,應依行政救濟程序辦理。但在行政救濟程序終結前,免依本法 #39 規定予以強制執行。

稅捐稽徵機關依本法 #50-2 規定為罰鍰處分時,應填具裁處書及罰鍰繳款書送達受處分人。

受處分人如僅對於應繳稅捐不服提起行政救濟,經變更或撤銷而影響其罰鍰金額者,稅捐稽徵機關應本於職權更正其罰鍰金額。

(二) 依本法或稅法規定應處罰鍰之案件，於本法修正施行前尚未移送法院裁罰者，依本法之規定由主管稽徵機關處分之；其已移送法院裁罰者，仍依本法修正施行前各稅法之規定由法院裁罰。

八、有利於納稅義務人的裁處（稽 #48-3）

　　納稅義務人違反本法或稅法之規定，適用裁處時之法律。但裁處前之法律有利於納稅義務人者，適用最有利於納稅義務人之法律。